Manfred Flügge
Das Jahrhundert der Manns

 aufbau

Manfred Flügge

Das Jahrhundert der Manns

 aufbau

FSC
www.fsc.org
MIX
Papier aus ver-
antwortungsvollen
Quellen
FSC® C083411

ISBN 978-3-351-03590-7

Aufbau ist eine Marke der Aufbau Verlag GmbH & Co. KG

1. Auflage 2015
© Aufbau Verlag GmbH & Co. KG, Berlin 2015
Einbandgestaltung hißmann, heilmann, Hamburg
Gesetzt aus der Kepler und der DTL Nobel durch die LVD GmbH, Berlin
Druck und Binden CPI books, Leck, Germany
Printed in Germany

www.aufbau-verlag.de

Will es denn das Schicksal, daß unsere Existenz symbolisch wird,
so haben wir uns diesem Schicksal zu stellen.
Thomas Mann, Paulskirche 1949

Man kennt meine Herkunft aus dem Roman meines Bruders.
Heinrich Mann, 1944

Wir alle waren bestimmt, Weltkinder zu sein.
Monika Mann

Es ist doch eine wirklich erlauchte Versammlung,
aber einen Knacks hat jeder.
Thomas Mann an Klaus Mann, 1942

محمود حدادی

Für Mahmud Haddadi (Teheran),
der die Werke von Heinrich Mann und Thomas Mann
ins Persische übersetzt

Inhalt

Manns

Vorsicht ist geboten bei allen Personen namens Mann.
Ordnungsamt Lübeck, Dezember 1936

Im Sommer 1997 reiste Frido Mann zum ersten Mal nach Nidden, einem kleinen Ort auf der Kurischen Nehrung. Oberhalb des Ostseestrandes stand noch immer das geräumige Sommerhaus seiner Großeltern. Bei einem Abstecher von Königsberg aus hatten sie den Ort im Jahr 1929 entdeckt und beschlossen, dort ein Feriendomizil zu errichten. Als das braungestrichene Holzhaus mit Strohdach und blauen Fensterläden im Sommer 1930 bezogen wurde, kam es zu einem Auflauf wie bei einem Volksfest. Die Einheimischen feierten den zum Nobelpreisträger avancierten Autor und seine Angehörigen. Auch in den beiden folgenden Jahren verbrachten die Manns hier ausgedehnte Ferien, dann beendete das Exil diese Phase. In wechselndem Besitz überdauerte das Gebäude die Jahrzehnte und Regime, ehe es im souveränen Litauen restauriert und als Thomas-Mann-Kulturzentrum eingeweiht werden konnte.

Frido Mann ist mehrmals wiedergekommen und konnte erleben, wie sich an diesem Ort auf der schmalen Landzunge zwischen Meer und Haff die Epochen überlagern und alle noch spürbar sind. 1997 reiste er auch in den brasilianischen Küstenort Paraty, wo seine Urgroßmutter Julia da Silva-Bruhns geboren wurde, die Mutter von Heinrich und Thomas Mann. Von Nidden bis Paraty, von Lübeck bis Venedig, von München bis Los Angeles, von Capri bis Halifax reichen die Schicksalswege der Mitglieder dieser besonderen Familie, deren Erlebnisse ein Jahrhundert beleuchten und deren Werke alle Themen ihrer Zeit berührt haben.

»Die Manns kommen!« Dieser Schreckensruf tönte Thomas Mann entgegen, als er eines Tages in der Nähe seines Münchner Hauses mit seinem Hund spazieren ging. Ein paar Kinder flüchteten ... vor seinem eigenen Nachwuchs. »Die Mannkinder«, wie man auch sagte, ärgerten ihre Nachbarschaft mit Telefonterror, Ladendiebstählen und anderen bösen Streichen (vielleicht weil im Haus des Vaters immer Ruhe herrschen musste). Kadidja Wedekind erinnerte sich: »Zuweilen, wenn wir so am Isarufer hinpilgerten, begegneten wir vor einer eleganten Villa einigen finster blickenden, etwas verwahrlosten Kindern, und wir erfuhren, daß dies ›Thomas Manns‹ seien.«

Der Roman, der den Grundstein für den Mythos der Familie Mann bildete, trägt in seinem Titel keinen bestimmten Artikel: *Buddenbrooks*. Im Deutschen werden Personennamen ohne Artikel gebraucht. Für Vornamen gelten regional geprägte Eigenheiten, mal mit, mal ohne Artikel. Wer die Sippschaft meint, sollte also sagen: Bei Manns wurde Weihnachten seit Generationen groß gefeiert. Und doch heißt es längst überall *Die Manns*, als handle es sich um eine Firma, ein Unternehmen, ein Markenzeichen. Dabei schwingt etwas Abschätziges mit, im Sinne von »diese Manns«, mit denen es, wie man ja wisse, etwas Besonderes auf sich habe.

Auf ihrer Weltreise von 1927 traten Klaus und Erika Mann als »die literarischen Mann-Zwillinge« auf, als Angehörige eines Kollektivs wie Kinder aus einer berühmten Zirkusfamilie. Vielleicht hatte sie Rudolf Grossmanns bebilderter Artikel »Die Romanzwillinge. Thomas und Heinrich Mann« auf diese Idee gebracht, der am 9. Februar 1926 im *Berliner Tageblatt* erschienen war. Die Pluralform bezog sich ursprünglich auf das schreibende Brüderpaar mit seinen Unterschieden in Schreib- und Lebensstil, im Denken und öffentlichen Auftreten. Im November 1918 wurden in München Postkarten mit den beiden Türmen der Frauenkirche gedruckt, deren Kuppeln jeweils die

Köpfe der beiden Romanciers darstellten: »Feindliche Brüder?« Links der schmunzelnde Heinrich über einer roten Fahne, rechts Thomas, missmutig hinüberschielend und von lästigen Krähen umschwärmt.

Schon als junger Autor war Klaus Mann Gegenstand von Karikaturen. Th. Th. Heine zeichnete ihn 1925 im *Simplicissimus* mit einem Manuskript in der Hand, hinter seinem Vater stehend: »Du weißt doch, Papa, Genies haben niemals geniale Söhne, also bist du kein Genie.« Egon Friedrich Maria Aders illustrierte seinen Artikel »Die Dichterdynastie Mann«, der 1927 in der *Essener Wochenschau* erschien, mit eigenen Zeichnungen: »Heinrich: Aristokrat und Grandseigneur in Gang und Haltung, Manieren und Kleidung, nicht aber im Zuschnitt der Lebensführung, der Behausung und der Repräsentation«. Thomas skizzierte er flau, glatt, konturlos; im Text hieß es, man würde ihn nie für einen Dichter halten, gleichwohl umgebe ihn ein besonderer Glanz im Gegensatz zu Heinrich. »Klaus Mann, der älteste Sohn von Thomas, auch bereits als Dichter bekannt, ist ein sehr begabter Junge, jedenfalls besser als seine allzu scharfen Kritiker.« Klaus wurde im Halbprofil gezeichnet, mit stark betonter Nase.

Im Mai 1929 veröffentlichten die *Leipziger Neuesten Nachrichten* folgende Karikatur: »Die Familie Mann, Heinrich, Thomas, Klaus und Erika, marschieren unter dem Ruf ›Selbst ist der Mann‹ geschlossen in Weimar ein, um dort ihren eigenen Dichtertag abzuhalten.« Auf der Zeichnung paradieren sie etwas unpassend im Stechschritt, Klaus trägt kurze Hosen. Als Kollektiv tauchten die schreibenden Manns 1930 in Ottomar Starkes *Kleinem Literaturbilderbogen* auf, einer gezeichneten Kolumne, die regelmäßig in der Zeitschrift *Literarische Welt* erschien. Die Porträts von Heinrich und Thomas Mann wurden mit Lorbeerkränzen verziert, der ovale Bilderrahmen für Klaus Mann blieb leer (»Klaus noch nicht«).

11

Ganz beiläufig erhielt der Begriff den bestimmten Artikel in einer kleinen Parodie mit dem Titel »Literatur = Conference. The Th. & H. Mann Family« im *Berliner Tageblatt* vom 1. Januar 1931. Paul Nikolaus, damals der bekannteste Conférencier der Hauptstadt, ließ für die Neujahrsausgabe der Zeitung einige Dichter wie auf einer Kabarettbühne auftreten. Zu dieser Konferenz erschienen »vier Mann«, nämlich Heinrich, Thomas, Erika und Klaus. Hier ist die Rede davon, »dass die Manns Lübecker sind« und dass die Kinder Klaus und Erika »literarisch erblich belastet« seien. In der NS-Presse wurden die Manns kollektiv verhöhnt, wobei Heinrich Mann der Lieblingsfeind war und mit antisemitischen Klischees verunziert wurde. Nach dem Januar 1933 nahmen die bösartigen Karikaturen zu. Auch auf ihre Exilorte am Mittelmeer wurde dabei angespielt.

Nach 1945 dauerte es lange, ehe die Manns öffentlich wieder als Kollektiv wahrgenommen wurden. Walter Arthur Berendsohn publizierte 1973 eine Sammlung von Aufsätzen und Besprechungen unter dem Titel *Thomas Mann und die Seinen*; Marcel Reich-Ranicki brachte 1987 eine Essay-Sammlung unter demselben Titel heraus. Schon lange vor Heinrich Breloers TV-Dokumentarspiel aus dem Jahr 2001 finden sich viele Belege für die Formel *Die Manns*.

Die beiden ältesten Söhne eines Lübecker Kaufmanns und dessen musisch begabter Frau wenden sich zu Beginn der 1890er Jahre vom Getreidehandel ab, dem ihre Vorfahren Ansehen und Wohlstand verdankten. Nach einer familiären Katastrophe – Tod des Vaters, Untergang der Firma – und nach zehn Jahren des Suchens, Irrens, Reifens verleihen beide Brüder ab etwa 1900 ihrem Namen Glanz und Klang auf dem Feld der Literatur. Sie selbst wie auch die folgende Generation sind von einer besonderen Aura umgeben, doch ist ihr Prestige mit menschlichen Dramen und massiven Anfeindungen erkauft. Die Lebensgeschichten der einzelnen Mitglieder der literarischen Dynastie beschäftigen die Öffentlickeit noch Jahrzehnte nach dem Tod der Gründerfiguren, machen sie als Familienverband zu einem »Monument« der deutschen, ja der europäischen Kulturgeschichte, mitsamt einer amerikanischen Phase.

»[…] es ist ja alles schon so oft erzählt worden, Süßes und Herbes, von Hoffnung und Resignation, Stolz und Ehrgeiz, Neid, Liebe und Wollust, Spott und Verzweiflung«, diese Worte aus einer Erzählung des jungen Golo Mann gelten längst für »die Manns« insgesamt. Es fehlt nur noch ein Gesellschaftsspiel: Nenne mir deinen Lieblings-Mann! Gemeint ist: Wer aus der Generationenfolge der Manns und ihrem Umfeld ist deine Lieblingsgestalt? Dabei sollten die Pringsheims, die Vorfahren von Katia Mann, einbezogen werden, denn durch sie wird die Familiengeschichte um einen jüdischen Schicksalskomplex erweitert. Dieses Ranking-Spiel könnte Anlass zu ernsten und heiteren Vergleichen sein und dabei helfen, uns bewusst zu machen, was wir an den Manns haben: eine große Saga voller Glanz und Glorie, voller Widersprüche und Leid, voller Irrtümer und Sonderwege, voller Errungenschaften und Gedächtnisorte, kurzum: einen Königsweg zum Verstehen von Gesellschaft und Geschichte in Deutschland, von Deutschlands Position in der Welt und einen Spiegel, in dem wir manche Züge und Neigungen der Deutschen besser erkennen können.

Der Aufstieg zum Mythos eines Landes wurde durch die Magie der Literatur bewirkt, aber auch durch nachhaltige Engagements in öffentlichen Angelegenheiten zwischen dem Kaiserreich und der Zeit der deutschen Teilung, über die NS-Zeit, das Exil und beide Weltkriege hinweg. Begründer der neuen Dynastie war Heinrich Mann, der als erster eine literarische Existenz wählte. Der jüngere Bruder Thomas folgte seinem Beispiel und erlangte höchsten Ruhm. Doch erst durch das eigenständige künstlerische und politische Auftreten der »Kinder der Manns«

wurde der kulturelle Clan zu einem generationenübergreifenden Gebilde, das an die griechische Mythologie erinnert.

Schon als Kind hatte Thomas Mann gerne »Zeus« gespielt. Zu einer Art Göttervater geworden, versammelte er um sich und seine Gattin eine muntere Schar von Nebengöttinnen und -göttern, Halbgöttern, zu Göttern geadelten Helden und Heldinnen, Gefährtinnen und Gefährten, Geliebten, Hausfreunden und Haustieren und natürlich auch von hartnäckigen Gegenspielern und Todfeinden. Zu allen gehören ihre Kose- und Spitznamen, ihre bezeichnenden Anekdoten, fröhlich gemischt aus Dichtung und Halbwahrheit, von Forschern humorlos entwirrt. Was immer sie taten oder was ihnen zustieß – es war nur eine Spielart der Kernidentität, eines geschlossenen Seelenkosmos, der von den beiden Zentralgestalten zusammengehalten wurde. *Manns* also, oder »in Gottes Namen denn«: *Die Manns*.

Herkunft

Dies ist eine kleine, alte Handelsstadt,
mancher verlässt sie nie.
Heinrich Mann, *Eine Liebesgeschichte,* 1936

Lübeck war einst die mächtigste Hansestadt und nach Köln die zweitgrößte Stadt im Alten Reich. Im 12. Jahrhundert zwischen zwei Flussarmen auf einer länglichen Anhöhe gegründet, erhielt die Stadt 1226 die Reichsfreiheit, die bis in die Neuzeit verteidigt wurde. Ihre Selbstverwaltung bestand auch nach 1866 innerhalb des Norddeutschen Bundes; 1871 trat sie dem geeinten Reich als eigenständiges Land bei. Erst unter dem NS-Regime verlor Lübeck im Jahr 1937 seinen Status. Damit entfiel die bis dahin erhaltene lübecksche Staatsangehörigkeit, die auch in den Pässen der Manns vermerkt gewesen war. Nach 1945 wurde die Stadt dem Land Schleswig-Holstein zugeordnet.

Lübeck war ein in sich geschlossenes Kunstwerk mit seiner Insellage, seinen Stadttoren, seinen bedeutenden Kirchen, seinem Rathaus, den engen, langen Straßen, den Gassen, Hinterhöfen und Gängen. Etwa 100 große Familien bestimmten das politische Leben. Als Stoff und Schauplatz der Literatur war die Stadt erst noch zu entdecken. Ehrgeizige Kaufleute hatte sie immer schon angezogen.

Im Jahr 1775 war ein Johann Siegmund Mann als vierzehnjähriger Kaufmannslehrling von Rostock nach Lübeck gekommen. Schon von dessen mecklenburgischen Vorfahren hatte es geheißen, sie hätten »sich sehr gut gestanden«. 1790 wurde in Lübeck die Firma »Johann Siegmund Mann, Commissions- und Speditionsgeschäfte« gegründet. Der Patron heiratete eine gebürtige Hamburgerin, war als Kaufmann erfolgreich und starb 1848 nach einem Schlaganfall. Er hinterließ nicht nur eine angesehene Firma, sondern auch die Tradition, auf den letzten leeren Seiten einer Bibel in knapper Form die Fakten der Familiengeschichte schriftlich festzuhalten oder sie in Broschüren zu erzählen.

Sein Sohn, ebenfalls Johann Siegmund Mann mit Namen, geboren 1797, führte die Firma zu hoher Blüte und konnte das Firmenvermögen verzwanzigfachen. Aus seiner ersten Ehe mit Emilie Wunderlich hatte Johann Siegmund der Jüngere fünf Kinder. Fünf Jahre nach dem Tod von Emilie heiratete er 1837 in zweiter Ehe Elisabeth Marty, eine wesentlich jüngere Frau, deren Vorfahren aus der Schweiz zugewandert waren; auch aus dieser Ehe gingen fünf Kinder hervor. Von seinem Schwiegervater Marty übernahm Johann Siegmund Titel und Amt des »Königlich Niederländischen Konsuls«. Im November 1841 erwarb er von Verwandten seiner Frau das Haus in der Mengstraße 4, das nachmalige »Buddenbrookhaus«. Im Frühjahr 1842 wurde es zum Firmensitz und zur Familienresidenz. Seit 1848 saß er in der Bürgerschaft von Lübeck. Johann Siegmund starb 1863 an Lungentuberkulose.

Der älteste Sohn aus der zweiten Ehe, Thomas Johann Heinrich, Rufname Heinrich, wurde 1840 geboren und begann 1855 eine Lehre in der väterlichen Firma. Die erwünschte Auslandserfahrung sammelte er in London und in Amsterdam. Als sein Vater dem Tode nahe war, kehrte der Junior nach Lübeck zurück und übernahm mit 23 Jahren die Leitung der Firma »Johann Siegmund Mann, Getreidehandlung, Kommissions- und Speditionsgeschäfte«, wie sie inzwischen hieß. Zudem erbte er den Titel eines niederländischen Konsuls.

1869 heiratete der neue Firmenchef. Seine elf Jahre jüngere Braut, die ihn an Körpergröße deutlich überragte, hieß Julia da Silva-Bruhns. Ihr Vater, der Kaufmann Johann Ludwig Hermann Bruhns, stammte aus einer Lübecker Familie, war aber nach Brasilien ausgewandert, wo er die Tochter einer einheimischen

Kreolin und eines Portugiesen heiratete, der in vierter Generation in Brasilien lebte. Julia wurde 1851 als viertes von fünf Kindern geboren und erhielt den Rufnamen Dodo. Ihre Mutter starb mit 28 Jahren bei der Geburt des sechsten Kindes. Die achtjährige Julia wurde von ihrem Vater nach Lübeck gebracht und dem Mädchenpensionat von Therese Bousset vor den Toren der Stadt anvertraut. Der Vater kehrte zunächst nach Brasilien zurück, lebte aber später bis zu seinem Tod im Jahr 1893 mit einer neuen Gefährtin bei Kassel. Als Julia siebzehn war, lernte sie auf einem Ball ihren künftigen Mann kennen. Nach der Heirat zog das junge Ehepaar nicht in das Haus Mengstraße 4; dort blieb jedoch vorerst der Firmensitz. Im Februar 1877 wurde Thomas Johann Heinrich Mann zum Senator auf Lebenszeit gewählt, ein Höhepunkt in der Familiengeschichte. Unter den 14 Mitgliedern der Stadtregierung war er ab 1885 für Steuerwesen und Wirtschaft zuständig.

Das junge Ehepaar Mann wohnte zunächst zur Miete in einer Etagenwohnung im Haus Breite Straße 54, in dem am 27. März 1871 der erste Sohn geboren wurde, Luiz Heinrich Mann. 1872 erwarb die Familie ein eigenes Haus, Breite Straße 38, an der Ecke zur Beckergrube. Dort kamen Heinrich Manns Geschwister zur Welt: am 6. Juni 1875 der Bruder Paul Thomas; am 23. August 1877 die erste Schwester Julia Elisabeth Therese, Rufname Lula; am 23. September 1881 die zweite Schwester, Carla Augusta Olga Maria, Rufname Carla.

Als am 12. April 1890 ein weiterer Sohn geboren wurde, Carl Viktor, bewohnten die Manns das repräsentative Gebäude, das Senator Mann 1883 auf dem Grundstück Beckergrube 52 hatte errichten lassen. Von stabilen Wohnverhältnissen, wie sie die Bezugnahme auf den imaginären Fixpunkt des »Buddenbrookhauses« suggeriert, konnte kaum die Rede sein.

Auf den 21. Mai 1890 fiel das einhundertjährige Jubiläum der Firma Mann. Wenige Wochen später wurde beim Senator Blasenkrebs festgestellt, eine Operation war unvermeidlich. Am 30. Juni 1891 setzte der Firmenchef sein Testament auf. Und er verkaufte das Haus seiner Eltern in der Mengstraße. Der Senator starb am 13. Oktober 1891 mit 51 Jahren; mit einem langen Trauerzug zum Friedhof vor dem Burgtor im Norden der Stadt erwies Lübeck ihm die letzte Ehre. Alsbald kursierten Gerüchte über den fragwürdigen Lebenswandel der Witwe; der Hauptpastor der Marienkirche brachte das Schmähwort von der »verrotteten Familie« in Umlauf. Aber was den einen als Niedergang vorkommt, ist für andere der Ausgangspunkt eines neuen Lebens.

Senator Mann war in dem Bewusstsein gestorben, dass mit ihm eine Tradition erlosch und seiner Witwe sowie den fünf Kindern schwere Zeiten bevorstünden. Der eingesetzte Testamentsvollstrecker erwies sich als unfähig und unzuverlässig. Die Liquidation der Firma ergab lediglich 400 000 Mark, die Hälfte der erhofften Summe. Die monatlichen Zinsen für die Mutter betrugen 600 Mark, für die beiden ältesten Söhne je 180 Mark – aber erst nach deren Volljährigkeit auszuzahlen. Der zuständige Vormundschaftsrichter hieß übrigens Leverkuehn.

Nach dem Tod ihres Gatten war Julia Manns Leben von einem zwanghaften Umzugstrieb geprägt. Ihr Sohn Viktor sprach von »krankhafter Unstetheit«. Zunächst zog sie mit den Kindern aus dem großen Stadthaus in eine Villa vor dem Burgtor (Roeckstraße 7). Im Sommer 1893 verließ sie Lübeck, wo sie nie recht heimisch geworden war, und zog von der Trave an die Isar; aber auch in Bayern fand sie keine Ruhe. Ihren Kindern jedoch bot die Kunststadt München neue Perspektiven.

Kaisers neue Bühne

In Heinrich Manns Geburtsjahr 1871 hatte für Deutschland eine neue Epoche begonnen. Bismarck und der greise Kaiser Wilhelm I. hatten mit dem geeinten Deutschland einen neuen politischen Akteur auf dem europäischen Kontinent platziert, dessen Gleichgewicht dadurch aus der Balance kam. Auch dank der Reparationszahlungen aus dem unterlegenen Frankreich setzte in den Gründerjahren ein Aufschwung ohnegleichen ein, eine gewaltige Modernisierung von Infrastruktur, Bildungswesen, Technik.

In Frankreich war mit dem Krieg von 1870/71 das zweite Kaiserreich zu Ende gegangen; in einem Prozess, der sich über mehrere Jahre hinzog, setzte sich danach die Republik als Staatsform durch. Sie war das Neue in der französischen Geschichte, aber sie nannte sich »die Dritte Republik«, wodurch eine Bezugnahme auf das Jahr 1792 sowie auf das Jahr 1848 gegeben war. Durch ein republikanisches Bildungswesen wurde sie tief im allgemeinen Bewusstsein verankert.

Die Bilanz des deutschen Kaiserreichs war auf den ersten Blick positiv. Unbestreitbar waren der wirtschaftliche Aufschwung und der langsam wachsende Wohlstand; hinzu kamen Formen sozialer Absicherung wie in keinem vergleichbaren Land der Welt. Vor 1914 gehörte Deutschland zu den drei führenden Industrienationen, nach den USA und Großbritannien, aber vor Frankreich. Es vollzogen sich ein kolossaler Bevölkerungszuwachs sowie eine enorme Binnenwanderung in die neuen Zentren der Industrie. Die autoritäre Regierungsform stieß sich an den Gegebenheiten, die für die moderne Gesellschaft unabdingbar waren: freie Wirtschaft, offene Gesellschaft, Universalismus der Werte. Der Reichstag symbolisierte ein uneingelöstes Versprechen, eine künftige Gegenmacht, deren Bedeutung im Laufe der Jahre allerdings zunahm.

Das Bismarck-Reich schien die historisch endgültige Form Deutschlands geworden zu sein und war dann doch nur eine relativ kurze Etappe in der langen und konfliktreichen Nationenbildung. Es war mächtig: industriell, wissenschaftlich, technisch, militärisch. Doch es konnte seinen Frieden nicht finden, nach innen nicht und nicht nach außen. Und es schuf auch keine wirkliche Einheit im Innern: Es wurden stets »Reichsfeinde« ausgemacht oder notfalls erfunden. Die halbabsolutistische Struktur war ein Anachronismus, das feudalaristokratische Machtzentrum stand in krassem Widerspruch zur stürmischen Entwicklung von Industrie und Technik; das Wachstum von Arbeiterschaft, Städten und Massengesellschaft trieb die alten Mächte in die Enge. Es war ein reiner Machtstaat ohne übergreifende Idee und ohne grundlegende Werte, mit der Obsession von Sicherheit und Stabilität, in Wahrheit stets virtuell im Krieg mit allen liegend, sich auf den nächsten Waffengang vorbereitend. Die innere Leere wurde mit Getöse und Getue überdeckt, mit dem stillosen Schauspiel hohler Macht.

Ab 1888 begann eine neue Ära, deren Beginn mit der Thronbesteigung Wilhelms II. zusammenfiel. Die archaischen Formen und Ideologien, die aus dem Alten Reich überlebt hatten, stießen auf die Gegebenheiten der entfesselten Moderne. Die Deutschen wie ihr Kaiser schwankten zwischen Selbstüberschätzung und Minderwertigkeitsgefühl.

Kaiser Wilhelm II. war der Hauptdarsteller dieses Reiches. Niemand verkörperte Ansprüche und Schwächen, Triumphgeheul und Jammer des Zweiten Deutschen Kaiserreichs umfassender und überzeugender als dieser Staatsschauspieler. Er interpretierte eine Vielzahl von Rollen in immer neuen Kostümen, vom Heerführer bis zum Familienpatriarchen, vom Kunstdiktator bis zum Herrenreiter, vom Edelmann bis zum Arbeiterversteher, vom Judenfreund bis zum Antisemiten. Er beherrschte das Genre der Hetzrede ebenso wie die huldvolle Hinwendung zu seinen Untertanen. Und doch hatte dieser Reisekaiser einen heimlichen Makel, ein brüchiges Selbstbewusstsein, und vieles an seinem Imponiergehabe war nur Kompensation.

Die Binnenseite der politischen Widersprüche war die allgemeine Nervosität. Sie war eine Signatur der modernen Zeiten schlechthin, fand aber im Wilhelminischen Deutschland ihren greifbarsten Ausdruck. Leben und Werk des jungen Heinrich Mann ergäben schönes Anschauungsmaterial für das »Zeitalter der Nervosität«. Dies meinte die Reizbarkeit im »ruhelosen Reich« als eine der Wurzeln der Katastrophe von 1914, wobei es unwichtig ist, ob es sich um ein Phantasma oder um medizinische Realität handelte.

»Raste nie, doch haste nie, sonst haste die Neurasthenie«, reimte der Volksmund. Den Begriff Neurasthenie hatte der New Yorker Nervenarzt George M. Beard 1880 eingeführt. Diese Nervenschwäche, ein Grenzzustand zwischen Krankheit und Gesundheit, wurde als charakteristisches Leiden verstanden und galt als Grund, sich in spezielle Kuren zu begeben. Die Rede davon verbarg allerlei Unaussprechliches, nicht zuletzt Probleme mit der Sexualität. Aus solchen zeittypischen Vorstellungen von Nervenschwäche und neu zu gewinnender Energie wird verständlich, warum beim Ausbruch des Ersten Weltkriegs so viele Kur-Begriffe benutzt wurden bis hin zu Formulierungen wie »Stahlbad«.

Im Neuen Reich kam der Stadt Lübeck nur noch eine marginale Bedeutung zu; sie verkörperte eher die Vergangenheit, gemessen an der rasanten Entwicklung des geeinten Landes; Hamburg hatte der Stadt endgültig den Rang abgelaufen. Eine

Sonderstellung nahm Berlin ein als stetig wachsende Hauptstadt und als zweitwichtigste Industrieregion nach dem Ruhrgebiet. München bildete den maximalen Kontrast dazu, auch wenn es hier einiges an Industrie gab. Unter dem Prinzregenten Luitpold wurde es zur Stadt der künstlerischen Freiheit (wozu es seine intolerante katholische Vorgeschichte nicht prädestiniert hatte). Jenseits von München gab es nur noch Paris, das viele Münchner Künstler anzog.

Denn die Intelligentia des neuen Reiches begab sich gerne an die Seine. Das besiegte Frankreich hatte das siegreiche Deutschland übertrumpft – in künstlerischer Hinsicht. Vorreiter einer Hinwendung nach Frankreich, ohne dass die Tradition der Italienreise verloren ging, war Friedrich Nietzsche, der befand, dass man den deutschen Geist zugunsten der deutschen Einheit geopfert hatte. Alle großen Namen in Malerei, Journalismus, Literatur, Theater, von Max Liebermann und Rainer Maria Rilke, Stefan George, Frank Wedekind bis Franz Hessel, Erich Mühsam, Wilhelm Herzog, Paula Modersohn-Becker, Annette Kolb und viele andere, verbrachten Lehrjahre in Paris. In dieser beeindruckenden Liste fehlen nur die Brüder Mann. Gleichwohl spielte das Bild von Frankreich zwischen ihnen eine wesentliche Rolle.

In seinem erfolgreichen Roman *Prinz Kuckuck* (1907) hat Otto Julius Bierbaum alle gesellschaftlichen, menschlichen und moralischen Widersprüche des Wilhelminischen Reiches veranschaulicht, das er als »Hurrasien« verspottete. Dieses sprachmächtige und erotisch freizügige Kunstwerk war auch eine wichtige Anregung für die Schriftstellerbrüder Mann. Deren Laufbahn begann zu einer Zeit, als Kunst und Künstler in Deutschland ideologisch überhöht wurden und sich die materiellen Voraussetzungen durch einen Aufschwung im Verlagswesen erheblich verbesserten.

Der Bereich der Kunst hatte im Verlauf des 19. Jahrhunderts eine erstaunliche Ausweitung erfahren. Maler, Dichter, Komponisten gewannen einerseits an kreativer Freiheit und an technischen Möglichkeiten, sahen sich andererseits politischen Kontrollen und ökonomischem Druck ausgesetzt. Die Kunstszene wurde vielfältiger und internationaler; europäische Musiker reisten durch alle Länder des Kontinents und gelegentlich in die Neue Welt; Romane wurden übersetzt, Gemälde wurden international gehandelt; ästhetische Entwicklungen in einem Land hatten Auswirkungen auf andere Länder. Museen, Galerien, Salons, Akademien, Kultusministerien stützten die Geltung der Künste. Die rapiden Fortschritte der Drucktechnik und anderer Verfahren zur Vervielfältigung bewirkten Neugründungen von Presseorganen und Verlagen und steigerten die Nachfrage nach Texten.

Mit den neuen Techniken und ihren vielfältigen Möglichkeiten wuchs ein buntes Künstlervölkchen heran: Maler, Zeichner, Romanciers, Liederdichter, Dramatiker, Kabarettisten, Kritiker, Journalisten, Fotografen. Es entstand eine sozial ungesicherte und ungebundene Zwischenschicht: die Boheme. Am anderen Ende der Skala standen Maler- und Dichterfürsten, die zu nationalen Ikonen wurden. Kunst- und Buchhandel sowie das Pressewesen entwickelten sich zu neuen Erwerbszweigen und gesellschaftlichen Instanzen.

Seit 1887 galten für Bücher feste Ladenpreise; der Buchmarkt hatte sich erheblich ausgeweitet. Im Deutschen Reich erschienen im Jahr 1909 insgesamt 31000 Titel, in Frankreich etwa nur 11000. Ausländische Romane wurden in Deutschland billiger verkauft, gefertigt von schlecht bezahlten Feierabend-Übersetzern. Rechtsabkommen über Grenzen hinweg gab es nur selten und wurden nicht immer respektiert.

Eine Serie von Verlagsgründungen sorgte für neue Formen und Dimensionen des literarischen Lebens, so durch Samuel

Fischer (Berlin, 1886), Eugen Diederichs (Florenz, 1896), Albert Langen (1893, erst Paris, dann München), Georg Müller (München, 1903), Reinhard Piper (München, 1904). Der Verlag Die Insel, aus der gleichnamigen Zeitschrift hervorgegangen, wurde 1899 in München gegründet und ab 1906 in Leipzig von Anton Kippenberg geleitet; 1910 begann Ernst Rowohlt in Leipzig, zog aber bald nach Berlin; 1913 gründete Kurt Wolff einen Verlag in Leipzig (mit den Lektoren Kurt Pinthus und Franz Werfel). Kleinformatige Bücher (als Reiselektüre in der Eisenbahn) spielten eine besondere Rolle, so Langens »Kleine Bibliothek« (seit 1897) mit dem Einheitspreis 1 Mark (dort erschienen die Novellen von Heinrich Mann). Ähnliches versuchte die »Collection Fischer« (in der Thomas Mann mit Erzählungen debütierte).

In Malerei, Bildhauerei und Literatur, in Musik, Theater und Mode beanspruchten die Frauen ihren Platz, nicht länger als geduldete Ausnahmen, sondern als gleichberechtigte kreative Persönlichkeiten. Ihr Zugang zu den entsprechenden Institutionen wurde von dominanten Männern und gängigen kulturellen Zuschreibungen behindert. Als neue Akteure im kulturellen Feld wirkten seit Beginn des 19. Jahrhunderts jüdische Künstler, ein Zeichen ihrer fortschreitenden gesellschaftlichen Integration.

Alle Tendenzen der Kunstideologie des 19. Jahrhunderts kulminierten in einer Person, einem Werk und an einem Ort: in Richard Wagner und dem Festspielhaus in Bayreuth. In Wagners Idee vom Gesamtkunstwerk flossen verschiedene ästhetische Formen zusammen; ergänzt und überhöht wurde dies ab 1876 durch einen Ort, an den man pilgern konnte, um weihevollen Aufführungen beizuwohnen. Die Kräfte des Imaginären in neue Mythen und neue integrale Formen eingebunden zu haben, die Aufführung als soziales und beinahe sakrales Ereignis, das eigene Werk zum kulturgeschichtlichen Faktum überhöht zu haben, das war Wagners Leistung. Eben diese Entwicklung führte zum Abfall seines einstigen Bewunderers Friedrich Nietzsche. Nietzsches Wagnerkritik (*Der Fall Wagner*) wiederum wurde zum ästhetischen Schlüsseltext für Thomas Mann. Durch Nietzsche vermittelt, entwickelte Thomas Mann ein lebenslanges Misstrauen gegen Wagner als »Dichter« und als Effekthascher – und versuchte doch, dessen Selbstbewusstsein und Werkkult nachzuahmen. Richard Wagner vereinte mehrere Künstlermythen: als Dichter, als Musiker, als Politiker, als Held einer abenteuerlichen Lebensgeschichte.

Brennpunkt der Entwicklung von Kunstpraxis und Kunsttheorie um 1900 war München. Hier erschien 1890 das folgenreiche Buch von Julius Langbehn *Rembrandt als Erzieher.* Darin wurde der Kunst eine erzieherische Aufgabe zugewiesen, jedoch beschränkt auf das eigene Volk. Der Künstler galt als eine Art Führer, welchen man den Spezialisten des wissenschaftlich-technischen Zeitalters, aber auch demokratischen Politikern entgegensetzte. Diese heroische Auffassung von Künstlertum passte in das Weltbild der Völkischen und ihrer Vorstellung von einer Wiedererstarkung des Deutschtums. Die Künstlerideologie geriet hier zum nationalpädagogischen Projekt, bewusst gegen die Moderne gesetzt.

Symbolismus und Satire

Du träumtest Leben, und du lebtest Mythen.
Heinrich Mann, Jugendgedicht

Apart sein war alles. Er suchte das Abseitige und Marginale, um sich zu unterscheiden, um aufzufallen. Mit 15 Jahren schrieb er eine kleine Erzählung mit dem Titel *Apart*, die kurzgefasste Lebensgeschichte eines Snobs und Exzentrikers aus Paris. Dieser ist mit dem Leben fertig, bevor er es kennen gelernt hat, schaut gelangweilt und amüsiert auf das Treiben der anderen hinab. Noch seinen Tod inszeniert der blasierte Dandy als theatralische Provokation. In seinem Verhalten, seinen politischen Ansichten, in seinem Liebesleben wie in seinem Schreiben suchte der junge Heinrich Mann das Ausgefallene. Das Lebenswerk des Vaters fortzusetzen war nicht apart genug.

Vergeblich hatte Senator Mann versucht, seinen ältesten Sohn für die Familienfirma und den Kaufmannsberuf zu gewinnen. Auch eine Reise zu Verwandten nach Sankt Petersburg konnte den 13-Jährigen nicht für den Fernhandel begeistern. Schon als Schüler schickte Heinrich Gedichte und Erzählungen an Zeitungen und Zeitschriften. In der Schule, dem Katharineum in der Königstraße, fand er kaum Anregungen. Nach der Obersekunda verließ er die Schule und begann im Oktober 1889 eine Buchhandelslehre in Dresden. Die Arbeit empfand er als stumpfsinnig, genoss aber das kulturelle Leben der sächsischen Hauptstadt. Er las Heine, Fontane und bald auch Nietzsche. Seine Zukunft sah er vage als »Verleger – Redakteur – Schriftsteller«. Als die Zeitschrift *Gesellschaft* im Herbst 1890 ein Gedicht von ihm abdruckte, nannte er dies seinen ersten Schritt in die Öffentlichkeit. Im Herbst 1890 entstand die autobiographische Novelle *Haltlos* über einen jungen Mann aus gutem Hause, der im Buchhandel arbeitet und eine Affäre mit einer Verkäuferin hat. Erlebnisse oder Wünsche verwandelte er in Literatur – das war sein Weg.

Im August 1891 trat er als Volontär in den Verlag von Samuel Fischer in Berlin ein. Um die neue Situation zu begutachten, führte der Vater ein Gespräch mit dem Chef des Hauses. Aus Heinrichs Sicht war das (unbezahlte) Volontariat nur Mittel zum Zweck: »Hauptsache Berlin«. In seinen Erinnerungen schreibt Heinrich Mann, der Vater habe seine literarischen Pläne auf dem Totenbett gebilligt, aber als der Senator starb, hielt sich der älteste Sohn noch in der Hauptstadt auf. Immer wieder hat Heinrich Mann kleine Geschichten erfunden, um das Bild seines Lebens auszuschmücken. Der Vater hatte in seinem Testament vom 30. Juni 1891 ausdrücklich gewünscht, seine Frau möge den »Neigungen meines ältesten Sohnes zu einer so genannten literarischen Tätigkeit« entgegentreten. Nach dem Tod des Vaters musste Heinrich keine Rücksicht mehr nehmen, er sprach von seiner »Freilassung« und gab sich seinem ungezügelten Bummelantenleben hin. Ein kurzes Zwischenspiel als Gasthörer an der Berliner Friedrich-Wilhelm-Universität war eher ein mondäner Zeitvertreib. Sein Wissen bezog er aus den Feuilletons, wie er seinem einstigen Mitschüler Ludwig Ewers gegenüber zugab.

Im Januar 1892 erlitt Heinrich Mann einen Blutsturz, seine Lungen waren stark angegriffen. Er musste sich nach Wiesbaden in ein Sanatorium begeben, und so endete die Berliner Zeit sehr plötzlich. Da die Erkrankung alle Züge einer Krise, ja eines Zusammenbruchs aufwies, muss man darin eine Reaktion auf das Ableben des Vaters und den unerledigten Konflikt mit ihm sehen. Krankheiten, Nervenleiden und Erfahrungen in Sanatorien bestimmten sein Leben in den nächsten Jahren.

Die verwitwete Julia Mann dachte nicht daran, die literarische Tätigkeit ihres Ältesten zu behindern, ja sie begann selbst, Erinnerungen an ihre Jahre in Brasilien aufzuschreiben, und sie konnte herrlich erzählen von ihrem Leben in einem wunderlichen Haus zwischen Ozean und Regenwald unter pittoresken Menschen und Tieren. Sie spielte auch gut Klavier und sang vortrefflich. Die künstlerischen Ambitionen ihrer beiden ältesten Söhne hat sie nachhaltig unterstützt.

Neben der literarischen Neigung entwickelte Heinrich einen starken Drang, seine Meinung öffentlich zur Geltung zu bringen. Seinen ersten publizistischen Auftritt hatte er als Mitarbeiter und Herausgeber der Zeitschrift *Das Zwanzigste Jahrhundert. Deutschnationale Monatshefte für soziales Leben, Politik, Wissenschaft und Literatur*. Das Blatt existierte von Oktober 1890 bis Oktober 1896 im Verlag der Deutschsozialen Antisemitischen Partei, die damals im Reichstag vertreten war. Dann wurde es mangels Absatz eingestellt.

Heinrich Mann verfasste insgesamt etwa 50 Beiträge für diese völkische Kulturzeitschrift. Auch seinen Bruder Thomas zog er als Rezensenten heran. Die proklamierten Inhalte standen konträr zu allem, was Heinrich Mann später vertreten hat und was sein Bild prägte. Hier sprach er sich für einen starken Monarchen aus, für eine Ständeverfassung, für deutsche Kolonien, für die gesunde Familie als Basis der Gesellschaft.

Von allen reaktionären Meinungsäußerungen dieser Phase sind die antisemitischen am schwersten erträglich. Kenntnis von jüdischer Religion, jüdischem Leben oder der realen Lage der im Deutschen Reich lebenden Juden besaß er nicht. In einem scharfen Artikel vom September 1895 (*Jüdischen Glaubens*) heißt es, Juden könnten keine Deutschen sein. Deshalb müsse man auch für die »Unterdrückung der Judenschaft« eintreten. Die jüdische Hochfinanz müsse man wie eine unheilvolle Bestie in Käfige sperren oder ausrotten. Erstaunlicherweise setzte sich Heinrich Mann für die Verständigung zwischen Deutschland und Frankreich ein, allerdings mit der Begründung, auch in französischen Adern schlage germanisches Blut. Mit dieser Sicht stand er innerhalb der völkischen Rechten allein, für die Frankreich als der Erbfeind galt.

Zwischen 1894 und 1910 lebte Heinrich Mann vor allem in Italien. Er fand jedoch keinen Anschluss an die kulturelle oder soziale Elite des Landes, die in seinen Texten gleichwohl vorkommt. Sein Italienbild war vermittelt über die Reisebücher französischer Autoren wie Chateaubriand, Stendhal, Balzac, Flaubert, Bourget sowie die Brüder Goncourt. In den Süden gereist war Heinrich Mann der Gesundheit wegen. Auf der Suche nach einem Kurort entdeckte er am Nordzipfel des Gardasees den Ort Riva, der damals noch zur Monarchie Österreich-Ungarn gehörte. Der Wiener Homöopath Christoph Hartung von Hartungen leitete dort ein »Physiatrisches Sanatorium (Naturheilanstalt)«. Der »Curarzt« von Hartungen praktizierte eine Art Psychotherapie, die sich als ganzheitliche Methode verstand, den Körper wie die Lebensweise von der Ernährung bis zur Sexualität einbezog. Die Betreuung muss Heinrich Mann zugesagt haben, denn bis 1908 kam er immer wieder nach Riva. Auch Bruder Thomas und Schwester Carla besuchten ihn dort. Als er die Côte d'Azur entdeckte, brauchte er von Hartungens Kuren nicht mehr.

Heinrich Manns frühe Erzählungen tragen Titel wie *Beweise*, *Mondnachtphantasien*, *Haltlos*, *Vor einer Photographie*, *Der Löwe*, *Auf Reisen*. Dieser Erinnerungszauber, diese Eifersuchts- oder Kriminalgeschichten, in denen oft eigene Erlebnisse oder familiäre Reminiszenzen verarbeitet werden, stehen in starkem Kontrast zu den grob-dummen antisemitischen Artikeln, die zur selben Zeit entstanden. Der tiefste Einfluss auf seine frühen

Erzählungen ging vom französischen Symbolismus aus, der seiner träumerischen Veranlagung entgegenkam. Diese Spur ging in seinem ganzen Werk nie mehr verloren, kehrte sogar in seinen allerletzten Romanen wieder. Sein Weg führte immer tiefer hinein in das, was er in einem Aufsatz von 1892 »Neue Romantik« nannte. Von dieser Position her lehnte Heinrich Mann den damals im Roman wie auf der Bühne dominierenden Naturalismus ab. Im Jahr 1892 befasste er sich, als einer der Ersten in Deutschland, mit Maurice Maeterlincks Stück *Pelléas et Mélisande.*

Das literarische Erwachen geschieht Ende 1894 in *Contessina*: In dieser Erzählung über das Verhältnis von Kunst und Leben wird eine Schwelle überschritten, in den Stil zieht Leichtigkeit ein, man ahnt die elegante Knappheit, zu der Heinrich Mann fähig ist. Der Text war in seiner ersten Novellensammlung zu lesen, *Das Wunderbare*, die 1897 erschien. Ein Kritiker gebrauchte die Vokabeln »zart, fein, ein Juwel« – mit Recht.

Seit 1891 schrieb Heinrich Mann an einem Roman, der 1894 unter dem Titel *In einer Familie* als Privatdruck erschien (von der Mutter finanziert). Er widmete ihn dem französischen Romancier Paul Bourget, dessen Werke ihn stark beeinflussten, vor allem *Le Disciple* und *Cosmopolis*. Von der behaupteten Korrespondenz mit dem Autor hat sich nie eine Spur gefunden, und wir dürfen dies wohl unter »autobiographische Erfindung« abbuchen. Diese Liebes- und Eifersuchtsgeschichte eines reichen Erben und Dilettanten mit zeitkritischen Ansichten ist handlungsarm, entscheidende Wendungen werden flüchtig, ja sprunghaft erzählt. Noch handelt es sich um das Werk eines talentierten Anfängers, der eine Form andeutenden Erzählens sucht.

Im Mai 1895 nahm Heinrich Mann Quartier in dem Landstädtchen Palestrina in einer Pension mit dem Namen Casa Bernardini. Bald fand sich Thomas ein, der sich im Gästebuch des

Hauses als »poeta di Monaco« verewigte. Der junge Dichter aus München blieb bis Oktober und machte mehrere Ausflüge mit dem älteren Bruder. Im Frühjahr 1898 bezogen beide eine Wohnung in Rom, nahe am Pantheon, in der Via Torre Argentina 34. An die kleine Wohnung mit Steinboden und Korbstühlen konnte Heinrich Mann sich noch Jahrzehnte später erinnern, auch daran, dass er und Thomas in Rom einen Hund aufnahmen, den sie in einem Heuhaufen gefunden hatten.

Den Sommer 1898 verbrachten die Brüder wieder in Palestrina. Das Städtchen und die Casa Bernardini sollten bei beiden ein literarisches Nachleben haben. In *Doktor Faustus* machte Thomas Mann Palestrina zum Schauplatz einer zentralen Szene: Hier wurde Leverkühns Teufelspakt geschlossen. Bei Heinrich Mann wurde der gesamte Ort zum Vorbild der »Kleinen Stadt« seines gleichnamigen Romans von 1909.

Der Roman, an dem Heinrich Mann seit 1897 schrieb, stellte eine wohlhabende jüdische Familie in den Mittelpunkt. *Im Schlaraffenland*, 1901 erschienen, ist ein erfrischendes Stück Prosa, leicht, spritzig, humorvoll, frivol, mit flotten Dialogen und Pointen. Das »Schlaraffenland« meint das Leben der in der Gründerzeit reich gewordenen Geschäftsleute südlich des Berliner Tiergartens. In dieses Milieu schickt der Autor seine Hauptfigur, einen ehrgeizigen, nicht sonderlich begabten Jüngling aus der Provinz, der sich als Nichtsnutz, Hochstapler und Schnorrer erweist. Er fühlt sich seinen Gönnern moralisch überlegen – weil sie Juden sind. Vom Judentum weiß er nichts, doch das gehässige Repertoire des Antisemitismus ist ihm geläufig, wie er beweist, als seine kurze Karriere durch eigenen Übermut ihr beschämendes Ende findet. So konnte der Romancier seinen eigenen Antisemitismus kreativ überwinden, indem er ihn an eine Figur delegierte.

Zwei Jahre nach dem satirischen Berlin-Roman trat Heinrich Mann mit einer Trilogie hervor, die in ganz anderem Ambiente spielte: *Die Göttinnen – Die drei Romane der Herzogin von Assy.* Die »Göttinnen« Diana, Minerva und Venus meinen eine einzige Person in drei verschiedenen Lebensstadien, in drei mythologischen und gesellschaftlichen Erscheinungsformen. War *Im Schlaraffenland* ein Gesellschaftsmärchen, so kann man *Die Göttinnen* als erotisches Märchen bezeichnen, freilich auch als ein politisches.

Die Hauptgestalt, die Herzogin Violante von Assy, kostet ihre Leidenschaften für Politik, Kunst und Liebe aus – in dieser Reihenfolge. Wir verfolgen auch eine Trilogie der Städte: Rom, Venedig, Neapel. Die Geschichte ist nicht schlecht erfunden, es gibt viele schöne Passagen, aber dem Ganzen mangelt es an Komposition, an Ökonomie der Mittel, an Tempo. Seine Figuren sind Traumgestalten ohne rechte soziale Existenz. Es wird ein Lebensgefühl ausgebreitet, eine Pose geschildert in endlosen Dialogen, die sich ohne jedes Feuer dahinschleppen. Zugleich machen diese Unvollkommenheiten einen gewissen Reiz aus, passen zu der vor Vitalität überbordenden Hauptgestalt.

Der Wunsch nach dem Auskosten der großen Träume und Leidenschaften vergangener Zeiten war mit der Trilogie *Die Göttinnen* nicht befriedigt. Noch 1903 erschien ein anderer umfangreicher Roman von Heinrich Mann im Verlag von Albert Langen, dessen Titel eine Art Programm zu sein schien: *Die Jagd nach Liebe.* Erneut ging es um den Widerspruch von Kunst und Leben, aber nicht um die bildende Kunst, sondern um Schauspiel. Der reiche Erbe Claude Marehn, als Geschäftsmann untauglich, ist hoffnungslos verliebt in die Schauspielerin Ute Ende, und die Auseinandersetzung mit der Diva, mit deren Liebhaber, mit anderen Frauen machen den Hauptinhalt des Romans aus. Marehn stirbt, erschöpft vom hektischen Leben und einer rätselhaften Krankheit, die Versöhnung mit der geliebten Aktrice erfolgt erst auf dem Totenbett. Auch dieser Roman gefällt sich in Posen, Ekstasen, Monologen, uferlosen Gesprächen, leidet unter der Unvollkommenheit der Mittel, wahrscheinlich ein Zeichen übergroßer Hast und Selbstgefälligkeit beim Schreiben.

Erst nach dieser barock-exaltierten Phase kam Heinrich Mann zum satirischen Realismus des *Schlaraffenlandes* zurück mit dem Roman *Professor Unrat*, der reale Ereignisse ausgestaltete. Glaubt man seinen Erinnerungen, kam die Inspiration zu diesem Roman in Florenz im Dezember 1903. Im Theater schaute er Carlo Goldonis Stück *La bottega del caffè* an, in dem eine Tänzerin den Männern eines kleinen Ortes den Kopf verdreht. In der Pause fiel ihm das *Berliner Tageblatt* mit dem Artikel *Vom Professor zum Kuppler* in die Hände. Ein Berliner Ökonomiedozent namens Meyer hatte mit einer 20-jährigen Sängerin zusammengelebt und sich öffentliches unsittliches Verhalten sowie zahlreiche Betrügereien zu Schulden kommen lassen. Beide Übeltäter büßten mit mehrmonatigen Haftstrafen.

Als er die Meldung vom Skandal in Berlin las, begriff Heinrich Mann sofort, dass sich aus dieser wahren Geschichte ein Roman machen ließe, doch er verlegte die Handlung in das Lübeck seiner Jugend. *Professor Unrat oder Das Ende eines Tyrannen*, mitten aus seiner italienischen Sturm- und Drangperiode heraus entstanden, sollte eines der bleibenden Meisterwerke von Heinrich Mann werden. Dieser schlicht und unprätentiös daherkommende Roman hat alle Vorzüge seiner besten Novellen: Tempo, Dichte, Prägnanz. Die Exposition ist gedrängt und rasant, das Erzähltempo bleibt hoch. Ohne vordergründig politisch zu sein, ist der Roman auch eine Parabel auf die wilhelminische Gesellschaft. Er erschien 1905 bei Albert Langen in München und kam mit weniger als 250 Seiten aus. Erzählt wird die Geschichte eines Schultyrannen, der bei dem Versuch, seinen Schülern nachzuspionieren und ihnen unsittliches Verhalten nachzuweisen, selber auf Abwege gerät. Im Bann einer Tingeltangel-Sängerin gefangen, lässt er sich in deren Milieu hineinziehen und macht schließlich das Etablissement, in dem sie auftritt, den »Blauen Engel«, zu einer Stätte der Unmoral, die sich auf das ganze Städtchen auswirkt und dessen Atmosphäre verdirbt.

»Sie sollten versuchen, der deutsche Maupassant zu werden«, riet der wohlmeinende Verleger Albert Langen im Dezember 1900, wies aber darauf hin, dass Heinrich Mann dazu noch einiges fehle. Bei Langen erschienen die deutschen Übersetzungen von Maupassants Romanen, außerdem hatte der Verleger viele Jahre in Paris gelebt, er wusste also genau, warum er sich auf dieses Vorbild bezog. 1893 hatte der Rheinländer Albert Langen einen Verlag gegründet und sich in nur drei Jahren mit französischen und skandinavischen Autoren durchgesetzt, zugleich radikalisierten sich seine politischen Ansichten. Nach 1900 erschienen bei ihm vermehrt deutsche Autoren wie Wedekind, Wassermann, Holitscher und eben Heinrich Mann. Um Anklagen wegen Majestätsbeleidigung zu entgehen – er gab auch die satirische Zeitschrift *Simplicissimus* heraus –, musste Langen nach 1898 den Verlag von Paris aus führen. Als Geschäftsführer in München agierte derweil Korfiz Holm, den die Brüder Mann aus Lübeck kannten.

Nach einem Gnadengesuch an den Kaiser lebte Langen seit 1903 wieder in München. Am 2. April 1909 zog er sich beim Versuch, dem Zeppelin des gleichnamigen Grafen im offenen Auto hinterherzufahren, eine Mittelohrentzündung zu, die einen tragischen Verlauf nahm. Dies war ein Schicksalsschlag auch für Heinrich Mann; einen so wohlwollenden und an seinem Werk interessierten Verleger sollte er nicht mehr finden. Allerdings war er im Umgang mit Verlegern oft genug sein eigener Feind.

Dem Verlag gefiel der von Heinrich Mann eingeschlagene Weg nicht. Langen wie Holm fanden *Die Göttinnen* entschieden zu weitschweifig. Nach Langens Tod verhandelte Heinrich Mann mit Korfiz Holm, doch da sich beide nicht über die Tantiemen einigen konnten, wechselte er zunächst zum Insel Verlag, Leipzig, danach zu Paul Cassirer, Galerist und Verleger in Berlin, was aber trotz der Förderung durch dessen Gattin Tilla Durieux, die in mehreren Theaterstücken von Heinrich Mann auftrat, zu keiner dauerhaften Zusammenarbeit führte.

Literarisch blieb Heinrich Mann seiner Linie treu, wobei auffiel, dass seine kritisch-realistischen Erzählungen in Deutschland spielten, während die träumerisch-symbolistischen Geschichten italienische Schauplätze hatten. Heinrich Manns Novellenproduktion dauerte bis in die zwanziger Jahre hinein. In der kurzen Form bewährte sich sein impressionistisch-symbolistischer Stil mit hingetupften Dialogen (etwa in der Erzählung *Pippo Spano*).

Von hier zu Theaterstücken war es nur ein kleiner Schritt. Von 1910 bis 1928 reichte die Phase des Dramatikers Heinrich Mann, aus der aber nur ein Stück von Bedeutung übrig blieb (*Madame Legros*, 1913). Immerhin wurden seine Dramen an großen Häusern von den ersten Schauspielern jener Zeit aufgeführt. Bedeutsamer für seine Stellung als Autor waren die Romane, die er bis 1914 schrieb, in denen er vom Symbolismus zur Satire überging. Bei jungen Schriftstellern und bei emanzipierten Frauen war der »Erotiker« Heinrich Mann ein beliebter Autor, doch überschritt kaum ein Werk eine Auflage von 4000 Exemplaren.

Politisch haben wir es seit 1904 mit einem gewandelten Heinrich Mann zu tun. Nun trat er als Aufklärer und Demokrat in Erscheinung, als Vernunftrepublikaner und als Apostel von Freiheit und Kritik. Ihr Deutschen, schrieb Heinrich Mann an seinen Schulfreund Ludwig Ewers, »beugt Euch nicht nur unter die Vergewaltigung der Menschenrechte, die man Euch zumutet: Ihr feiert sie sogar«. Der Anblick des heutigen Deutschlands habe ihn fast zum Revolutionär werden lassen. (10.4.1904)

In der von Maximilian Harden herausgegebenen Wochenzeitung *Die Zukunft* war ein Pamphlet gegen Frankreich und die »gallische Republik« erschienen, in dem eine Seelenverwandtschaft Frankreichs mit Russland behauptet wurde. Das veranlasste Heinrich Mann zu einem offenen Brief an den Herausgeber, der diesen Text am 8. Oktober 1904 drucken ließ. Darin bezeichnete sich Heinrich Mann, dessen letzte Romane und Erzählungen vor allem in Italien spielten, als »Romancier, der Frankreich sehr viel verdankt«. Frankreich, schrieb er, sei doch etwas anderes als »die Tierseele Rußlands«. Und er verteidigte die republikanische Idee als die für Frankreich angemessene Staatsform. Die Republik sei dort erkämpft worden, während Deutschland die Monarchie erdulde.

Maximilian Harden, ein ehemaliger Schauspieler und getaufter Jude, war ein nonkonformistischer Konservativer und Bismarck-Verehrer, ein Traditionalist mit einem radikalen Flair. Seine *Wochenschrift für Politik, öffentliches Leben, Kunst und Literatur* war die schärfste journalistische Opposition gegen Kaiser Wilhelm II., bei einer Auflage von über 5000 Exemplaren. Dieser offene Brief markierte den Anfang von Heinrich Manns Laufbahn als kritischer Intellektueller, denn er verteidigte ja nicht nur Frankreich, sondern stellte sich auch gegen die in Deutschland herrschende Monarchie.

Sein Leben lang kam Heinrich Mann nicht ohne Illusionen aus, in politischer wie in literarischer Hinsicht. Die folgenreichste Illusion war sein Bild von Frankreich. Die französische Ausrichtung macht die Einheit und Kontinuität seines Lebens aus, von allem Anfang an bis zu seinen letzten Texten und Zeichnungen. In der Familientradition hatte Frankreich ein positives Image, was vielleicht noch aus der Franzosenzeit vor 1813 herrührte, die der Firma Mann durchaus Gewinn eintrug. Davon zeugen die französischen Sprachbrocken in den ersten Kapiteln von Thomas Manns Roman *Buddenbrooks*. Julia Mann sprach sehr gut Französisch, und von ihr mag Heinrich einiges gelernt haben. In der Schule hatte er nur wenig Französischunterricht gehabt, gerade mal zwei Stunden pro Woche; zur Lektüre der Klassiker des 17. Jahrhunderts ist er nie gekommen. Sein Frankreich-Bild war aus Büchern und Zeitungen und eigenen Träumen gespeist. Französische Autoren las er intensiv seit etwa 1891. Nach seiner Erkrankung und mehreren Sanatoriumsaufenthalten wagte er eine vorsichtige Annäherung an die französischsprachige Welt. Von Oktober 1892 bis zum März 1893 lebte er in Lausanne, unternahm Ausflüge nach Montreux und Genf, in die große Welt, »wo gespielt und geliebt wird«.

Von der Schweiz aus reiste er am 14. April 1893 endlich für zwei Wochen nach Paris. An Ewers schrieb er, die Stadt habe ihm ausgezeichnet gefallen, und er rühmte in angeberischem Ton des scheinbaren Kenners und Weltmannes die Cafés, Museen und Theater. Man wird das Gefühl nicht los, dass Paris eine Enttäuschung war, dass die Stadt ihn nervlich und finanziell überforderte, er es jedoch nicht zugeben wollte. Da er aber stets seine Prägung durch Frankreich betont hat, sei vermerkt, dass sein nächster Aufenthalt in Paris erst in das Jahr 1923 fiel.

Der französische Traum war mit dem ersten Versuch nicht erledigt, sondern erfuhr jetzt seine ausführlichste Darstellung, allerdings in Florenz, das er im Herbst 1893 entdeckte. Für den jungen Heinrich Mann war entscheidend, dass in Florenz »das Glück nichts kostet und das Leben fast so billig ist wie das Glück«, um eine Formulierung der Brüder Goncourt zu benutzen. Heinrich Mann sprach Italienisch, las Französisch und schrieb auf Deutsch. In einem Lesekabinett fand er die Presse aus Paris und aus Berlin.

Am 11. November 1893 verfasste er einen Text, den er *Mein*

Plan nannte und in dem er ein exquisites, elegantes, leicht theatralisches Leben in der großen Welt imaginierte. Absolut modern sein wollte er und ein bisschen dekadent. Und: »Natürlich müsste Paris der Schauplatz sein.« Er tat aber nichts, um diesen Plan umzusetzen. Sein Bruder Thomas besuchte Paris erstmals im Jahr 1908, gemeinsam mit dem Lübecker Schulkameraden Otto Grautoff. Sie schickten eine Ansichtskarte vom Panthéon an Heinrich Mann nach München.

Die wenigen Übersetzungen aus dem Französischen (Choderlos de Laclos, Anatole France), die Heinrich Mann angefertigt hat, waren so schlecht, dass man sie besser stillschweigend übergeht. Es fehlte ihm nicht nur an Geduld für diese mühselige Arbeit, sondern schlicht an Kenntnis der Umgangssprache. Das reale Frankreich war Heinrich Mann vor 1914 unbekannt, auch das kulturelle Leben in Paris mit seinen Intrigen, Salons und Moden. Erst nach 1923 lernte er Paris und ausgesuchte Gegenden des Landes kennen, dank des Germanisten Félix Bertaux, der ihn eingeladen hatte.

Nur mit einem Ort in Frankreich war Heinrich Mann wirklich vertraut, der zugleich zum heimlichen Fixpunkt seines unsteten Lebens wurde, mit dem mondänen Nizza. Die Stadt und ihr Umland waren erst 1860 zu Frankreich gekommen, als Preis für die französische Unterstützung der italienischen Einheit. An der Schwelle zwischen den Kulturen Italiens und Frankreichs gelegen, galt sie als »Hauptstadt des Winters«. Nizza besaß keinen wichtigen Hafen wie Marseille, keine besondere politische, militärische oder ökonomische Funktion, es war eine Stadt der Feste und des Luxus, der Fremden, der Aristokraten und der Künstler, der Glücksritter wie der Emigranten, der gekrönten Häupter wie der Ganoven. Neben dem Blumenhandel wurde der Tourismus zur ökonomischen Basis der Stadt und die Illusion, der Aufenthalt an der Côte d'Azur (ein Name, der erst 1887 erfunden wurde) sei für Lungenkranke besonders hilfreich. Für die Deutschen war Nizza spätestens seit Nietzsches wiederholten Aufenthalten zwischen 1883 und 1888 eine intellektuelle Adresse.

Es hatte der Anregung des befreundeten Autors Wilhelm Herzog bedurft, damit Heinrich Mann die französische Grenze überschritt. Beide logierten im Herbst 1908 in der Pension von Madame Vaury in einer kurzen Verbindungsstraße unweit der Oper (3, Rue de l'Opéra). Im November 1909 kamen Thomas und Katia Mann zu Besuch und logierten ebenfalls bei Madame Vaury. Bis 1914 fuhr Heinrich Mann nun jeden Winter nach Nizza, außer 1913. In München blieb er ein Besucher, mietete dort ein kleines Zimmer; Möbel und Bücher wurden bei einer Spedition untergestellt. In Nizza interessierten ihn die Oper und die Damen, die er in den Hotels kennen lernte. Allerdings lebte der norddeutsche Gast über seine Verhältnisse und musste seinen Bruder Thomas um finanzielle Hilfe bitten.

Als Mensch und Autor hat sich Heinrich Mann unter französischem Einfluss verändert. Zunächst wechselte er die literarischen Vorbilder; von den politisch reaktionären Symbolisten ging er über zu den realistischen Romanciers wie Anatole France und Émile Zola. Auf diesem Weg entdeckte er die Französische Republik als ideale Staatsform, denn ihm ging auf, dass Literatur und Literaten hier eine andere Rolle spielten als im kaiserlichen Deutschland. Hatte er seine literarische Existenz im Trotz gegen den Vater errungen, so geriet er nun mehr und mehr in Opposition zur deutschen Monarchie.

Heinrich Mann, der unterdessen die zehnbändige Geschichte Frankreichs von Jules Michelet gründlich durchgearbeitet hatte, in deren Zentrum die Bedeutung der Revolution von 1789 stand, glorifizierte in mehreren Essays die Rolle der französischen Schriftsteller als Lehrmeister der Demokratie, die in enger Verbindung mit ihrem Volk standen. Was ihn fortan inspirierte, war *Französischer Geist*. So lautete der ursprüngliche Titel eines Aufsatzes von 1910 mit Reflexionen über Macht und Geist, in dem er Vorbildfiguren erträumte, um sich selbst zu definieren in seiner Rolle als kritischer Intellektueller, als engagierter Romancier.

In seiner literarischen Produktion spielten französische Themen zunächst kaum eine Rolle. 1907 erschien der Roman *Zwischen den Rassen*; damit meinte er den erlebten Gegensatz von Norden und Süden, aber auch: männlich und weiblich, empfindsam und handlungsorientiert. Zwar lässt der Roman den Schwulst der *Göttinnen* hinter sich, doch gleitet er hier und da noch ab in Seelenkitsch und opernhaftes Pathos.

Auf den ersten Blick unpolitisch ist auch *Die kleine Stadt*, das Resümee seiner italienischen Erfahrungen (1909). In diesem Roman überträgt er die Unrat-Thematik auf eine italienische Kleinstadt nach dem Vorbild von Palestrina. Hier bringt eine ganze Operntruppe Unordnung in die Stadt, Theater- und Liebes-Intrigen vermischen sich mit politischem Händel, Liebe und Rache, Eitelkeit und Gier treiben die Handlung an, die sich etwas zu sehr kompliziert. Die Komödianten entfesseln private und politische Leidenschaften, ja sogar eine organisierte Opposition mit dem Pfarrer an der Spitze. Es entbrennt eine Art Bürgerkrieg, der immer heftigere Formen annimmt. Die aufgeführte Oper wird zur Allegorie für die Lieb- und Feindschaften der Menschen in der kleinen Stadt. Die Liebe zwischen dem Heldentenor und einer geheimnisvollen Schönheit endet mit einer opernhaften Erdolchung, die aber nur angedeutet wird, während sich der Rest der turbulenten Truppe schon in der Ferne verliert.

Die vielen amüsanten Episoden ertrinken in einer allzu komplexen, polyphon erzählten Handlung. Für den Insel Verlag, zu dem Heinrich Mann gewechselt hatte, war der Roman mit seinen scharfen Rededuellen zwischen Advokaten der neuen Freiheit und Verteidigern der alten Ordnung viel zu politisch. Der Autor klagte bald, dass sich die Verbindung mit dem Leipziger Verlag als Irrtum erwiesen habe. Thomas Mann goss noch Öl ins Feuer, als er dem Bruder suggerierte, der Roman sei »das Hohelied der Demokratie«. Daran hatte Heinrich nie gedacht, doch übernahm er diese Formulierung in seinen Waschzettel. Immerhin rufen die Kleinstädter während eines Aufruhrs: »Wir sind das Volk!«

Nach dieser Arbeit nahm sich Heinrich Mann Größeres vor. Die »Geschichte der öffentlichen Seele in Deutschland« wollte er schreiben. In seiner Satire *Der Untertan* versuchte Heinrich Mann, seelische, politische, ästhetische und sexuelle Einstellungen in eine Geschichte zu binden, in ein soziales Panorama, an deren beiden Enden der Untertan und der Kaiser stehen. Ihm gelang eine scharfe Auseinandersetzung mit den fragwürdigen Grundlagen des Reiches und der dubiosen Moral seiner Untertanen. »Der Nerv der Öffentlichkeit ist Reklamesucht«, erkennt der Fabrikant Diederich Heßling, die Hauptperson des Romans. Das Komödiantische durchdringt die ganze Gesellschaft, von ihrer Spitze her. *Der Untertan* kann als bleibendes Meisterwerk von Heinrich Mann gelten. Es ist die Abrechnung mit dem Wilhelminischen Deutschland, aber auch mit seinen eigenen Dämonen. So einer wie Diederich Heßling hätte Heinrich Mann werden können, denkt man an seine peinlichen publizistischen Anfänge.

Von der damaligen politischen Brisanz dieses Romans macht man sich heute nur schwer einen Begriff. Der Vorabdruck in einer Zeitschrift wurde nach dem Ausbruch des Ersten Weltkriegs im August 1914 eingestellt. Nur in Privatdrucken ist der Text zunächst verbreitet worden. Erst als die Untertanen ihren Monarchen verloren hatten, im revolutionären Jahr 1919, konnte das Werk im Druck erscheinen. Es war nicht etwa überholt, sondern aktueller denn je. Vor allem die eifrige Reklame durch Heinrich Manns neuen Verlag (Kurt Wolff, Leipzig) machte aus dem *Untertan* den literarischen Bestseller des Jahres.

Damen und Dramen

Aber es ist doch Liebe, das einzige,
was das Chaos lichten kann.
Heinrich Mann an Edith Kann, 1911

In dem Roman *Die Jagd nach Liebe* lässt Heinrich Mann eine Gestalt sagen: »Die Liebe! Dieser Wechselzopf von Selbstbetrug, Einsamkeitsfluch, niedrigen Interessen, Herrschsucht, Suggestion, gemeiner Sinnlichkeit.« Die Heirat sei für einen Schriftsteller ohnehin ausgeschlossen, folgerte er aus dem Leben des großen Vorbilds Flaubert. »Für mich ist ›Liebe‹ Einbildung wie alles übrige«, hatte schon der 20-jährige Heinrich Mann an seinen Freund Ewers geschrieben. Auch seine Gedichte sprechen nur von sachlichen Romanzen. Die Selbstverständlichkeit, mit der in seinen Romanen von Sexualität die Rede ist, machte ihn zum Avantgardisten des Eros, wobei er Kitsch nicht immer vermieden hat. Von einem expliziten Frauenideal, von Heirat, von Familie, geschweige denn von Kindern war bei all dem nie die Rede.

Spuren hat das unstete Liebesleben des Autors kaum hinterlassen. In seiner persönlichen Sammlung finden sich einige Fotokarten im Stil der Zeit um 1900 mit Namen, die exotisch klingen (Erna Denera, Erna Morena, Graziella Pareto). In einem Brief an Thomas vom Dezember 1903 deutet er eine Beinahe-Affäre mit der Malerin und Dichterin Hermione von Preuschen an, eine selbstbewusste Erotikerin, eine furchtlose Weltreisende, deren Temperament der kühle Hanseat nicht gewachsen war. Die Novellen von Heinrich Mann hatten sie in einen »Rausch von Seligkeit« versetzt. In ihren Memoiren *Der Roman meines Lebens* (1926) hat sie geschildert, wie enttäuschend die Begegnung mit dem Menschen »H. M.« verlief.

Lag es an der allgemeinen Verwandlung, die mit Heinrich Mann vor sich gegangen war, oder lag es am Vorbild des Bruders Thomas, der Anfang 1905 geheiratet hatte? Plötzlich war auch bei Heinrich von Hochzeit die Rede – mit einer Frau, deren Biographie und Wesen an die eigene Mutter erinnerte. Im Frühjahr 1905 machte er in Florenz die Bekanntschaft der Deutsch-Argentinierin Inés Schmied, die Gesangsstunden bei einer Opernsängerin nahm. Vier Jahre währte der Versuch, dieser Beziehung Gestalt zu geben. Nach kurzer Euphorie gab es Mitte Juli 1905 erste Anzeichen einer Krise, ausgelöst durch eine kritische Äußerung von Inés über einige Passagen des Romans *Zwischen den Rassen* (das eigentliche literarische Dokument dieser Liebe). Im Mai 1908 reisten Heinrich und Inés zu Thomas und Katia nach Venedig, aber hier wie bald darauf bei einem Besuch im Sommerhaus in Bad Tölz fühlte Inés sich unwillkommen und herablassend behandelt. Es folgte eine Phase der langsamen Agonie, die 1908 mit Heinrichs »Flucht« nach Nizza endete. Seine Vorstellung von einer Ehe war genauso ein Suggestivtraum wie Inés' Hoffnung auf eine Laufbahn als Schauspielerin. Heinrich Mann stürzte sich in einen Wirbel von Affären in Nizza, München und Wien, ehe die überraschende Wende zur Ehe erfolgte.

Am 4. Februar 1913 veranstaltete die Zeitschrift *Die Aktion* einen »Großen Revolutionsball«. Zum Organisationskomitee gehörte auch der mit Heinrich Mann befreundete Maler Max Oppenheimer, der ein rotschwarzes Plakat mit einem expressionistischen Bonaparte-Porträt entwarf. Der Kostümball fand statt in den Johann-Georg-Festsälen in Halensee und hatte so großen Erfolg, dass er am 12. Februar 1913 wiederholt wurde. Auf diesem zweiten Fest machte Heinrich Mann eine Bekanntschaft, die sein Herz näher anging.

Am Tag darauf erhielt Heinrich Mann den ersten Brief des neuen Flirts. Mary Kaanova nannte sich die Dame; in ihrem tschechoslowakischen Heimatschein steht die Namensform Marie Kahnová, geboren am 28. Januar 1886, aus einer tschechisch-jüdischen Familie stammend. In amtlichen Dokumenten wird sie als »dramatische Schauspielerin« bezeichnet, hat aber wohl in Deutschland niemals auf einer Bühne gestanden. Auch Heinrich Mann, dessen Stück *Die große Liebe* (die Verarbeitung einer Affäre in Wien) gerade aufgeführt wurde, konnte ihr zu keinem Engagement verhelfen. Er gab ihr den Kosenamen »Mimi«, nach der weiblichen Hauptfigur in Puccinis Oper *La Bohème*. Im Juni 1913 reisten die beiden nach Venedig. Dort grassierte nicht die Cholera, sondern eine Durchfallepidemie, die später im Familienkreis nur noch »venezianische Krankheit« genannt wurde. Krankheiten, Kuren, Ärzte sollten ein Dauerthema werden, vor allem aber Diäten und Programme zum Abnehmen, denn Mimi litt unter Übergewicht.

1913 war Heinrichs Winterreise nach Nizza wegen finanzieller Probleme ausgefallen, im Februar 1914 begab er sich aber wieder an die blaue Küste. Für lange Zeit war es sein letzter Karneval an der Riviera; es war sein Abschied vom Junggesellendasein, aber auch von einer Epoche. Mimi kurte und langweilte sich in Prag, wo es dunkel und trübe war. Heinrich tröstete sie mit lieben Briefen, Geldgeschenken und mit französischer Wäsche.

In München mieteten sie eine Fünf-Zimmer-Wohnung in der Leopoldstraße. Doch vor der Heirat gab es einige bürokratische Hürden zu bewältigen. Mimi besaß die österreichische Staatsangehörigkeit und war jüdischer Konfession, Heinrich war Bürger des Stadtstaates Lübeck und Protestant. Heinrich Mann trat aus der evangelischen Kirche aus, erst danach konnte die Hochzeit am 27. August 1914 stattfinden, also nach Kriegsbeginn. Der Anwalt Maximilian Brantl und Thomas Mann waren die Trauzeugen. Hedwig Pringsheim, die Schwiegermutter von Thomas, hatte ihre Vorbehalte gegen Mimi: »Heinrich Mann erwartet ein Kind. Wird's nach der Mama – oh weh!« Dem Vater ähnelte es dann recht wenig. Am 10. September 1916 brachte Mimi eine Tochter zur Welt. Sie erhielt die Namen Carla Marie Henriette Leonie Mann, Rufname Leonie; in der Familie wurde sie nur »Goschi« genannt.

Auch in ihrem neuen Status als Mutter musste sich die Frau des Autors Heinrich Mann gehässige Kommentare gefallen lassen. Erich Mühsam notierte bösartig: »Mit Heinrich Mann und seinem Unglück von Eheweib.« Ähnlich abschätzig äußerten sich Tilla Durieux und Thea Sternheim. Positiv fiel hingegen das Urteil von Tilly Wedekind aus, die Mimis Organisationstalent in mageren Zeiten lobte; im Hunger-Herbst 1917 habe sie es immer verstanden, auf dem Schwarzmarkt Lebensmittel zu besorgen.

In den Jahren nach dem Krieg hat Mimi ihren Mann auf mehreren Reisen begleitet. 1925 waren die beiden zum einzigen Mal gemeinsam in Nizza. Ansonsten hießen die Ziele Biarritz (1927 und 1928), Royan (1928), Usedom (1929). Gelegentlich reiste Heinrich Mann auch allein, so immer öfter nach Bad Gastein, dem österreichischen Treffpunkt der Berliner Kulturprominenz. Dort lernte er die Schauspielerin Trude Hesterberg kennen.

Die Liaison mit Trude Hesterberg fiel in die Jahre 1926 bis 1929. In dieser Zeit hielt sich der Autor meist in Berlin auf. Die Affäre wurde publik, als bei der »roten Trude« eingebrochen wurde und dabei einige Dinge verschwanden, die Heinrich Mann gehört hatten. Die Presse hatte ihre kleine Sensation. Und die erboste Mimi reiste aus München an, soll der Rivalin gegenüber sogar handgreiflich geworden sein.

Trude Hesterberg hat später behauptet, die Idee einer Verfilmung von *Professor Unrat* stamme von ihr; ihre Hoffnung auf die Hauptrolle, von Heinrich Mann tapfer unterstützt, blieb unerfüllt. *Bibi*, eine Farce mit Musik, die Heinrich Mann für sie schrieb, fiel durch und verursachte eher peinliche Gefühle bei seinen Bekannten. Der weltweit erfolgreiche Film *Der blaue Engel*, nach seinem Roman *Professor Unrat*, dessen Premiere im März 1930 stattfand, nützte Heinrich Manns Ruhm nur indirekt, seinem Konto aber sehr. Auf das Drehbuch und die Besetzung hatte er keinen Einfluss.

Heinrich Manns Ehe mit Mimi wurde 1930 geschieden, bei geteilter Schuld, denn auch sie musste eine außereheliche Affäre zugeben. Sie behielt das Sorgerecht für Leonie; in ihrer Münchner Wohnung verblieben die Bücher und Briefe des Autors. Als Mimi und Leonie 1933 nach Prag flüchteten, konnten die wertvollen Dokumente vom tschechoslowakischen Konsulat außer Landes gebracht werden; dass sie im Kohlenkeller eines Nachbarhauses im Ortsteil Smíchov den Krieg überdauerten, ist ein großes Glück für die Biographen.

1930 gab es schon eine andere Frau in Heinrich Manns Leben. Wenn man die neue Freundin als »Bardame« bezeichnet, ist das nur eine Verschleierung der Tatsache, dass sie von käuflicher Liebe lebte, als ihr der Dichter begegnete. Diese Feststellung ärgert manche Verteidiger des »Moralisten« Heinrich Mann. Dabei hat er diese Beziehung auf seine diskrete Art öffentlich gemacht. 1931 schrieb er einen Essay, in dem er eine weit ausholende Begründung dafür gab, warum er eine Hure zur Gefährtin nahm. Es schien, als könne er nur in dieser Einkleidung von sehr persönlichen Dingen reden. *Die Wege des Geschlechts* nannte er seinen Text über die Geschichte der Prostitution, der im Oktober 1931 in der *Literarischen Welt* erschien. Die biographische Pointe dieser Ausführungen war: Der Präsident der Dichterakademie, der international angesehene Autor, bekannte sich indirekt zu seinem Liebchen aus der *Bajadere*.

Das Sozialgefälle könne auch mit Lust genossen werden, schrieb Heinrich Mann (aus Erfahrung). In der mythischen Figur der Manon Lescaut zeige sich die »Höchstwirkung der Frau auf einen Mann«. Die Frauen vom »Gewerbe« hätten den bürgerlichen Frauen das Verhalten vorgegeben, im Schminken und Auftreten wie in der Mode. Von der »Höchstwirkung« solcher Frauen auf sich selbst sprach er wieder indirekt, mit einem abschließenden Flaubert-Zitat: »Die Dirnen haben für mich die ganze, unvermindert furchtbare Anziehung der barbarischen Gefühle. Sooft ich an einer dunklen Straßenecke eine warten sehe, klopft mir das Herz.«

Die Gestalt, deren Leben Heinrich Mann im Roman *Ein ernstes Leben* (1932) nachzeichnet, ist begabt fürs Unglück, für das eigene, das sie nicht verhindern kann, wie für das der anderen, das sie vorzeitig ahnt. Die Kindheit einer Dirne wird darin einfühlsam geschildert. Und es wurde eine Art Heimatroman, denn viele Szenen spielen an der Ostseeküste, einige sogar in Lübeck. Wer der Person, die als Vorbild diente, den Rufnamen Nelly gegeben hat, weiß man nicht. Im Taufregister der Kirchengemeinde Ahrensbök ist sie vermerkt als Emmy Johanna, geboren am 15. Februar 1898, getauft am 11. April desselben Jahres. Der Vater ist angegeben mit Nikolaus Wilhelm Heinrich Kröger, die Mutter heißt Bertha Margareta Fließ, geb. Westphal. Nellys Mutter heiratete später jenen Fischer Kröger, der Nelly als seine Tochter anerkannte. Die gelernte Näherin stammte aus ärmlichsten Verhältnissen, kam irgendwann nach Berlin, wo sie ins Nachtleben geriet.

Margot Voss, eine damalige Berufskollegin von Nelly, mit der Heinrich Mann nach 1945 einen längeren Briefwechsel führte, lieferte einige Details zu ihrer gemeinsamen »Arbeit«. Gewohnt hat Nelly in der Marburger Straße 5. Das Lokal *Bajadere*, in dem Heinrich Mann Nelly kennen lernte, lag in der Kleiststraße, unweit vom Wittenbergplatz. Im Februar 1930 nahm er sie erstmals mit nach Nizza. Dort besuchte sie der Filmproduzent Erich Pommer von der UFA. Gemeinsam sahen sie die Kopie des *Blauen Engel* in einem Kino an der Promenade des Anglais. Ein Foto zeigt Heinrich und Nelly auf einer Café-Terrasse in Nizza. Nelly hat sich à la Marlene Dietrich zurechtgemacht. Bei der Premiere des Films in Berlin im März war Heinrich Mann nicht anwesend.

Die Tragödie von Carla Mann

Dieser Mensch kann nichts Hässliches tun.
Theodor Lessing über Carla Mann, 1906

Im kurzen und tragischen Leben der Schauspielerin Carla Mann spielten Fragen der Kunst und des Privatlebens eine ganz andere Rolle als bei ihren Brüdern. Carla war ein leicht exzentrisches Wesen mit romantischen Neigungen, mit viel mehr Temperament und größerer Offenheit im Umgang mit anderen Menschen als ihre Geschwister. Das Symbol für ihre Einstellung zum Leben war ein Hamlet-Utensil, ein Totenschädel, den sie in ihrem Gepäck stets mit sich führte. Heinrich Mann hat dieses Detail im Roman *Die Jagd nach Liebe* verwendet, Thomas Mann im *Doktor Faustus*. Carlas Porträt zierte 1898 den ersten Novellenband von Thomas Mann. In den Jahren nach 1900 stand sie ihrem Bruder Heinrich besonders nah.

Carla Augusta Olga Maria Mann wurde als viertes Kind des Lübecker Steuersenators und seiner Frau Julia am 23. September 1881 geboren. Noch 1896 war sie nach dem Zeugnis ihres Bruders Viktor eine höhere Tochter, die Backfischromane las, ein Mädchen mit Bleichsucht, Ohnmachten und Anfällen von Bulimie. Frauen hatten um 1900 nur wenige Möglichkeiten: Lehrerin zu werden, als Künstlerin zu leben, zu heiraten oder ins Kloster zu gehen. Der Vorbereitung auf die Ehe diente, wie schon bei der Mutter, ein Aufenthalt in Pensionaten. Schwester Julia hatte das Jahr 1896 in einem Institut in Karlsruhe verbracht. 1898 schickte man die 17-jährige Carla nach Lausanne in das Pensionat Villamont, von wo sie einen regen Briefwechsel mit Heinrich führte (»Liebster Hinz!«).

Im Herbst 1899 kehrte Carla nach München zurück und

nahm privaten Schauspielunterricht. Schauspielerinnen mussten für ihre Garderobe und Kostüme selbst aufkommen; wurden sie im bürgerlichen Sinn nicht gerade mit Respekt bedacht, konnten sie durch ihre Kostüme neue Modetrends setzen. In ihrer Laufbahn waren sie abhängig von der Gunst ihrer Agenten oder von privaten Mäzenen.

Am 23. September 1902 wurde Carla volljährig; ihr erstes Engagement trat sie in der sächsischen Stadt Zittau an (34 000 Einwohner). Von da an musste Carla ein rechtes Wanderleben führen; fast jede Saison ein neues Engagement an einem neuen Ort, dazu Engagements für die Sommerwochen: 1902/03 Stadttheater Zittau, Saison 1903/04 Stadttheater in Düsseldorf; auf ein Gastspiel in Braunschweig folgten Kassel, Reichenberg in Böhmen und Königshütte in Schlesien; 1905/06 spielte sie in Flensburg, Nürnberg und Göttingen. Ihre letzten Engagements hatte sie in Elsass-Lothringen, 1907 in Metz, September 1907 bis April 1910 in Mülhausen.

Ihr unausgefülltes Berufsleben ließ ihr Zeit, das Alltagsleben zu genießen, etwa im Düsseldorfer Karneval des Jahres 1904. Inmitten des ausgelassenen Treibens tauchte ein Mensch auf, der sie mit seinem Ernst tief beeindruckte. An Heinrich schrieb sie: »Er heißt Alfred Flechtheim, ist 26 Jahre alt und besitzt ebensoviele Millionen. Er ist natürlich ein Jude, aus einer uralten Familie, die zur Zeit der Inquisition aus Spanien einwanderte, und die sich von jeglicher christlichen Blutmischung rein erhält. Er ist ein Großneffe von Heinrich Heine. [...] Er ist Getreidehändler und Kompagnon seines Vaters und besitzt den Geschmack, in keiner Kunst zu dilettieren. Aber er ist gänzlich mit Kunst und Literatur angefüllt. [...] Im Theater ist man überzeugt, dass wir ein Verhältnis haben und ich werde als Millionärs-Geliebte von allen Kollegen mit großer Hochachtung behandelt.« Die für Carla quälende Beziehung blieb eine »Seelenfreundschaft«.

Als Heinrich seine Schwester 1904 auf deren Drängen hin in Düsseldorf besuchte, traf er auch Alfred Flechtheim. Dieser stand im Spannungsverhältnis zwischen der Firma seines Vaters (Getreidehändler wie der Vater der Manns) und seinen künstlerischen Neigungen; zwischen Judentum und Christentum; zwischen Heiratserwartung der Familie und seiner homosexuellen Veranlagung.

Die Umstände der Auflösung von Carlas Beziehung zu Flechtheim gehen aus ihren Briefen an Heinrich nicht hervor; alles Weitere müssen die Geschwister mündlich erörtert haben. Immerhin hatte Heinrich Mann durch seine Schwester eine jüdische Persönlichkeit kennen gelernt und ließ sich von dieser anregen, eine literarische Figur fernab der antisemitischen Klischees zu schaffen, denen er noch ein paar Jahre zuvor angehangen hatte, nämlich in der Novelle *Schauspielerin*, die er kurz nach dem Besuch schrieb. Der problematische Nicht-Verlobte von Carla Mann wurde später neben Paul Cassirer zum bedeutendsten Kunsthändler im Berlin der zwanziger Jahre.

An fast jeder Station verliebte sich Carla in jüdische Schauspielkollegen, zunächst in Kassel, eine Saison später im schlesischen Ort Königshütte. »Leo Landau [...] hat das reinseelische seiner Liebe aufgegeben. Und ich? Ach lieber Heinrich, er ist mein Typus. [...] Es ist einfach der Jude, der verfeinerte natürlich, mit schönen Händen, sehr breitem Munde, schweren Augenlidern, glattrasiert, und ganz angefüllt mit Literatur. Wenn dieser kommt und mich liebt, und er liebt mich immer, so bin ich wehrlos.«

Das ist nicht ohne schmerzliche Selbstironie geschrieben, und man hört beinahe das Chanson, das sich aus einer solchen »Saisonliebe« machen ließe. Sie habe plötzlich den Entschluss gefasst, »10 Tage lang skrupellos, gesund und sehr glücklich zu sein. Nun ist es schon nach drei Tagen zu Ende, und das ist schwerer als wir dachten und wollten. [...] Meine bewährte Widerstandskraft wird ja auch hiermit fertig werden. [...] Findest Du es verächtlich?«

Nach dem Bruch mit Landau schrieb Carla:»Heute hatte ich keine Probe und war in der Synagoge. Dort war unser gesamtes besseres Theaterpublikum versammelt. Die Damen auf der Galerie erkannten mich und staunten mich an. Ich hörte eine sehr hübsche Predigt. [...] Weißt Du, ich möchte Hebräisch lernen. [...] Habe keine Angst, ich will nicht übertreten. Ich möchte nur Hebräisch lesen können.« In der Novelle *Schauspielerin* lässt Heinrich Mann seine Hauptfigur Leonie mit Stolz auf ihr Schicksal sagen:»Es müssen da geheime Verwandtschaften sein oder so. Wer mir aufgefallen ist, war noch immer Jude; und Erfolg habe ich auch nur bei ihnen.«

Von dem Honorar für die Novelle *Schauspielerin* (1500 Mark aus Wien) hat ihr Heinrich ein Geldgeschenk gemacht. Seine Großzügigkeit war gerechtfertigt, denn die Veröffentlichung war, wie er an seinen Freund Ewers im Dezember 1904 schrieb, das beste Geschäft seines Lebens. Sie erschien in einer Wiener Zeitschrift und wurde als Separatdruck in 10 000 Exemplaren verkauft.

Im April 1906 trat Carla ein schlecht bezahltes Sommerengagement in Nürnberg an, wo sie in Frank Wedekinds neuestem Stück *Totentanz* eine stumme Szene in einem Freudenhaus spielen musste. Carla begriff erst vor Ort, dass man ihr das Rollenfach »französische Salondame« zugedacht hatte, was schlicht »Prostituierte« meinte. Alle interessanten Rollen waren für die Geliebte des Spielleiters vorgesehen. Carla bat um ihre vorzeitige Entlassung, ein Reinfall mehr.

In der Spielzeit 1906/07 in Göttingen konnte sie einige Erfolge erringen, und endlich fand sich ein Kritiker, der wohlwollend über sie schrieb: der junge Theodor Lessing, der in Göttingen Philosophie studierte und mit Theaterkritiken etwas Geld verdiente. Er ahnte durchaus die Zerbrechlichkeit der Person: »Fräulein Mann [...] hat ein tief edles, keusches Spiel. Sie spielt nach Innen. Sie spielt, wie in sich selbst gebannt. Als sei sie eben allein auf der Welt. Sie spielt nie ins Publikum und für Publikum.« In Göttingen durfte Carla nach der Julia im Dezember 1906 auch die Hero spielen in Grillparzers Stück *Des Meeres und der Liebe Wellen*, die wohl ihre Traumrolle war.

Im April 1910 entbrannte ein Streit zwischen Thomas Mann und Theodor Lessing, nachdem dieser Samuel Lublinski persönlich angegriffen hatte. Thomas Mann verteidigte den Kritiker mit scharfer Klinge, denn Lublinski hatte den Verfasser der *Buddenbrooks* als »bedeutendsten Romandichter der Moderne« bezeichnet. Seither herrschte zwischen Lessing und Thomas Mann bleierne Feindschaft. Und auch Carla hat sich in jenem Streit vom einstigen Bewunderer distanziert, schrieb nun von dessen Schnorrer-Zudringlichkeiten.

Im elsässischen Mülhausen, wo sie seit der Wintersaison 1907/08 spielte, hatte sich Carla mit Arthur Gibo verlobt, einem Industriellensohn. Seine Mutter allerdings intrigierte gegen diese Verbindung, denn Carlas großzügiger Lebensstil und ihr extravagantes Auftreten, vor allem aber eine heimliche Italienreise mit Arthur hatten ihr missfallen. Im Juni 1910 schrieb Carla verzweifelte Briefe an Heinrich und bat ihn zu intervenieren, um ihre Liebe zu retten.

Madame Gibo hatte damit gedroht, ihr Kapital aus der Firma ihres Sohnes abzuziehen, sollte dieser Carla Mann heiraten. Carla hoffte, diesen Ausfall mit dem Erbe wettzumachen, das ihr im Falle einer Hochzeit ausgezahlt würde (25 000 Mark), wie im Testament ihres Vaters verfügt. Der Testamentsverwalter verweigerte sich diesem Ansinnen, denn es wären bis zu 43 000 Mark vonnöten gewesen, um die Firma zu erhalten. Ob

Heinrich den gewünschten Brief an Madame Gibo geschrieben hat, ist unbekannt.

Als ob die Lage noch nicht theatralisch genug gewesen wäre (Arthur wollte seine Mutter in die Psychiatrie einweisen lassen), kam ein weiterer Liebhaber von Carla ins Spiel, ein Arzt aus Mülhausen. Es muss zu dramatischen Auseinandersetzungen zwischen Carla und Arthur gekommen sein. Unter dem Datum vom 22. Juni 1910 ist ein Brief in französischer Sprache von Arthur Gibo an Carla erhalten, recht wirr und widersprüchlich; er versicherte sie seiner Liebe, aber auch er schien am Rande des Nervenzusammenbruchs zu sein, und fatalerweise redete er davon, wenn es so weitergehe, würde er bald Zyankali schlucken.

Am 29. Juli 1910 kam Arthur Gibo nach Polling. Einen Tag später gab es zwischen den Verlobten erneut Streit. Er habe von Abreise und möglichem Bruch gesprochen, so berichtete Gibo später Viktor Mann. Carla Mann ging nach dem Streit auf ihr Zimmer, schloss sich ein und schrieb einige Abschiedszeilen. Sie gestand, dass sie Arthur an einem Abend mit dem Arzt betrogen habe, dass sie ihn aber immer noch liebe. Auf den Umschlag dieses Briefes notierte Carlas Mutter: »Das letzte Schreiben meines lieben Kindes«; denn das war es leider. Carla vergiftete sich mit einer hohen Dosis Zyankali, das sie wohl schon seit Längerem besaß. Sie starb unter entsetzlichen Qualen. Am 2. August 1910 wurde Carla Mann auf dem Waldfriedhof in München beigesetzt.

Zum zweiten Mal nach dem frühen Tod des Vaters traf die Familie Mann ein schweres Unglück. Thomas Mann litt ganz egoistisch und auch familienbewusst. »Es ist das Bitterste, was mir geschehen konnte. Mein geschwisterliches Solidaritätsgefühl läßt es mir so erscheinen, daß durch Carla's That unsere Existenz mit in Frage gestellt, unsere Verankerung gelockert ist.« Als die aufreizende und schnippische Clarissa in *Doktor Faustus* ging sie später in sein Werk ein.

Die Mutter wollte, dass Heinrich Mann ihre Tochter an den »Hyänen und Schurken« räche, die ihr so zugesetzt hatten. Unverzüglich hat Heinrich Carlas Tod zu Literatur gemacht. Er schrieb in sehr kurzer Zeit das Drama *Schauspielerin*, in dem er das Schicksal seiner Schwester im Lichte seiner Themen und Figuren gestaltete. Mehrere ihrer Briefe sind in den Text eingeflossen.

»Wer weiß denn genug von mir, um mich wiederzuerkennen?«, hatte Carla in einem Brief vom Herbst 1904 gefragt, nachdem sie die Novelle *Schauspielerin* gelesen hatte, die noch untragisch endet, wenn auch die Heldin mit Todesgedanken spielt. Eine Erlösung durch das Theater, wie von Heinrich Mann oft imaginiert, gab es in ihrem Leben nicht. Über dem Leben der Manns aber hing nach dem Untergangstrauma von 1891 nun auch das Gespenst des Freitodes.

Ironie und Schicksal

»... und hast eine Art,
dich in die Mitte der Dinge zu stellen ...«
Thomas Mann, *Joseph in Ägypten*, 1936

In der Bibel (Buch Genesis, Kapitel 37, Vers 5) heißt es schlicht:
»Einst hatte Joseph einen Traum und erzählte ihn seinen Brüdern.« In seinem vierteiligen Roman *Joseph und seine Brüder*
schildert Thomas Mann diesen Moment besonders ausführlich.
Joseph ist mit den Brüdern auf dem Feld, aber während sie ern-
ten und über neue Methoden des Dreschens nachdenken, ist er
eingeschlafen. Ihre Arbeitsgeräusche wecken ihn nach einer
Weile. »›Ich habe geträumt‹, sagte er und blickte verwundert
lächelnd unter den Brüdern umher.« Die Brüder wollen nichts
von seinen Träumen wissen. Joseph insistiert: »Es geht euch alle
an, denn ihr kommt alle darin vor.« Sie hätten alle miteinander
auf Feldern geerntet und ihre Garben gebunden, dabei habe
seine Garbe aufrecht in der Mitte gestanden – »eure aber, die
sie umringen, neigen sich vor ihr im Kreise, neigen sich, neigen
sich, und meine steht«. Danach sei er aufgewacht.

Die Brüder wollen sich nicht anmerken lassen, dass sie beeindruckt sind, und machen allerlei spöttische Bemerkungen.
Joseph ist betrübt, dass seine Erzählung keine größere Wirkung
erzielt hat. Untereinander sagen die Brüder: Und wenn Josephs
Traum wirklich von Gott käme, wäre das nicht ein Zeichen seiner »Erwählung«? Gott müsse man verehren, Joseph freilich sei
böse wie eine Viper, sagt einer.

Der begabte Junge träumt ein zweites Mal, und zwar denselben Traum von seiner Erhöhung, doch in »viel pomphafter Gestalt«. Wieder drängt es ihn, den anderen seinen Traum zu erzählen, nur macht er sich Gedanken über eine wirksamere »Form

57

der Mitteilung«. Nach getaner Arbeit beim Vater Jaakob daheim berichtet er, dass im Traum die Sonne, der Mond und elf Sterne sich vor ihm geneigt hätten.

Die Gestirne hätten sich vor Joseph verneigt, diesem kleinen Wichtigtuer und Angeber? Der Vater ist empört und hält dem arroganten Burschen eine Strafpredigt. Die Brüder jedoch beschließen, bestärkt durch den Fluch des Vaters, sich an Joseph zu rächen. Es vergeht einige Zeit, die Erzählung dehnt sich aus, fernab von biblischer Knappheit, aber es kommt, wie es geschrieben steht: Joseph wird von den Brüdern in einen Brunnen geworfen, und er bleibt drei Tage dort unten, ehe ein reumütiger Bruder ihn heimlich emporholt und an eine vorbeiziehende Karawane verkauft, die ihn als Sklaven nach Ägypten mitnimmt. Josephs blutiges Gewand sollte den Vater glauben machen, er sei einem wilden Tier zum Opfer gefallen.

In der Fremde aber wird er nach schweren Jahren wirklich erhöht; seine Fähigkeit, mit Träumen geschickt umzugehen und den Menschen zu gefallen und ihnen nützlich zu sein, eröffnet ihm eine große Karriere: Joseph wird Finanzberater und Wirtschaftsminister beim Pharao. Zuletzt profitieren auch die bösen Brüder von seinem Aufstieg in der Fremde. In einer großen Hungersnot ziehen sie nach Ägypten, wo sie unvermutet Hilfe und Rettung finden, und zwar durch den, an dem sie sich versündigt hatten. Erst spät gibt er sich zu erkennen, alle vergeben einander und versöhnen sich.

In Thomas Manns literarischer Ausgestaltung von Josephs Verschleppung haben wir es mit einem komplizierten Fall von Ironie des Schicksals zu tun. Zunächst schlägt dem Träumer sein erzählerisches Talent zum Fluch aus. Später aber wird das Vergehen seiner Brüder zur Voraussetzung seines Glücks. Sodann ist die geschilderte Szene lesbar als eine Parabel auf die bürgerliche und künstlerische Laufbahn Thomas Manns. Zunächst liegen Talent und Fluch dicht beieinander, doch schließlich schafft das Geträumte, das Erdichtete, das Ein- und Wiedergegebene eine eigene Wirklichkeit, eine herausgehobene Stellung und eine ökonomische Basis. Die zu Erzählungen verwandelten Träume und Phantasien, die um erweiterte, verwandelte, idealisierte Bilder des Selbst kreisen, erzeugen tatsächlich die erträumte repräsentative Stellung des Dichters.

Das Leben und Schreiben von Thomas Mann hat kein Geheimnis. Es muss nichts enthüllt oder aufgeschlüsselt werden: Immer wieder hat er über sich gesprochen und geschrieben, über seine Herkunft, über seine Werke, über seine Arbeitsweise und auch über sein Privatleben. Man kann nicht einmal behaupten, dass erst mit der Veröffentlichung der Tagebücher, über zwanzig Jahre nach seinem Tod, seine homophilen Neigungen offengelegt wurden. Auch diese waren in den Werken wie in den Selbstbeschreibungen durchaus zu erkennen gewesen, freilich in elegant-indirekter Form. »Mein Leben und was es zeitigte liegt offen da«, schrieb Thomas Mann in seinem vorletzten Lebensjahr.Und doch hat man das Gefühl, einen Zauberer und Großillusionisten zu erleben, dessen Geheimnis man ahnt, aber nicht durchschaut.

Das Geheimnis liegt in der Sprache, im Klang, im Tonfall, in der Gedankenmelodie, die aus den unverkennbaren Sätzen tönt, in der leichten Spannung, die jeder Erzählanfang erzeugt. Das Geheimnis liegt im Stil, den man wiedererkennt wie das Echo von Etwas, das wir schon gehört, aber vergessen haben. Das Geheimnis liegt in der Attitüde des Erzählers, die man hinter allem ahnt, im Schwebend-Andeutenden, Doppelsinnigen und Doppelgesichtigen, das noch das Tragischste leicht macht und eine höhere Heiterkeit erzeugt. Ludwig Marcuse hatte durchaus recht, wenn er die Sprache von Thomas Mann als eigenen deutschen Dialekt bezeichnete. Das Geheimnis liegt auch in den erhabenen Bildungsinhalten, die der Schullabbrecher in seine Romane hineinträgt, ein wenig im Gegensatz zu seinem Anspruch, als Humorist zu gelten.

Der Weg, den Thomas Mann gegangen ist, führte von der Selbstdisziplinierung über maskierte Selbstdarstellung zur Selbstmythologisierung. Darüber trat in seiner zweiten Lebenshälfte das realistische Erzählen beinahe in den Hintergrund – zugunsten legendenhaft-mythischer und märchenhafter Formen. Seine großen Werke waren im weitesten Sinne Familienromane, die auf das Erscheinungsbild der Manns zurückgewirkt haben.

Julia Mann war mit ihren Kindern Mitte 1893 nach München gezogen; Thomas blieb noch bis Ostern 1894 in Lübeck, um die Schule so weit zu absolvieren, dass sein späterer Militärdienst auf ein Jahr begrenzt würde (es blieb dann bei wenigen Wochen). Die auferlegte Disziplin der Schule oder des Studiums war seine Sache nicht. Inhalt und Form seiner Bildung hat er selbst bestimmt, durch die Italienaufenthalte, durch ein sehr kurzes Gaststudium an der Universität München und durch ausgiebige Lektüren.

Über Thomas Manns literarische Anfänge sind wir unterrichtet durch Briefe an seinen Bruder Heinrich sowie an seinen Lübecker Klassenkameraden Otto Grautoff, der nach einer Buchhändlerlehre als Feuilleton-Redakteur der *Münchner Neuesten Nachrichten* an die Isar kam und ab 1905 als freier Autor und Übersetzer in Paris lebte. In den Schreiben an Grautoff ist zunächst von einem trägen Leben mit durchwachten Nächten die Rede, verschlafenen Vormittagen und ersten Schreibversuchen. Nur wenige Monate dauerte sein Volontariat bei einer Feuerversicherung in München, vermittelt durch einen Bekannten seiner Mutter. 1897 in Rom begann die eigentliche literarische Arbeit, mit der eine Selbstdisziplinierung einherging, die er auch seinem Briefpartner anempfahl. Bis 1900 entstanden bemerkenswerte und durchaus bemerkte Erzählungen, und vor allem setzte er sich an seinen ersten Roman, der zum Geniestreich des 25-Jährigen werden sollte. Darüber wurde er zu dem konzentrierten literarischen Arbeiter, der er sein Leben lang blieb.

Das Grundproblem des jungen Thomas Mann war: Schriftsteller zu werden und respektabler Bürger zu bleiben. Die literarische Existenz durfte nicht als Fortsetzung des Niedergangs seiner Familie erscheinen. Zugleich war ihm bewusst, dass die Kreativität aus sehr unbürgerlichen, ja anrüchigen Quellen stammte. Das Schreiben war für ihn nur gerechtfertigt, wenn es echte Kunst hervorbrachte. Thomas Manns Lösung bestand darin, indirekt von sich zu erzählen, seine inneren Probleme, Antriebe und Widersprüche an seine Gestalten zu delegieren. Dazu musste er lernen, zwischen der unmittelbaren Ansprache im Tagebuch und der gesellschaftsfähigen Form zu unterscheiden. An Grautoff schrieb er: »Seit einiger Zeit ist es mir, als hätte ich die Ellenbogen frei bekommen, als hätte ich Mittel und Wege gefunden, […] mich künstlerisch auszuleben, und während ich früher eines Tagebuchs bedurfte, um, nur fürs Kämmerlein, mich zu erleichtern, finde ich jetzt *novellistische*, öffentlichkeitsfähige Formen und Masken, um meine Liebe, meinen Haß, mein Mitleid, meine Verachtung, meinen Stolz, meinen Hohn und meine Anklagen – von mir zu geben …« (21.7.1897)

Aber welches spezielle Problem bedurfte der Maskierung? Was konnte er nicht direkt benennen? Dass er Knaben liebte. Und vielleicht war sein vorbildlicher Bruder Heinrich, von dem er sich später deutlich distanziert hat, der erste in der Reihe der bewunderten Knaben. Was ihn am meisten rührte, davon konnte er nicht reden, denn es hätte ihn ins gesellschaftliche Abseits gestellt; aber er wollte ein anerkannter Künstler sein. So musste er Wege finden, von seinen Problemen verschlüsselt zu reden. Das wichtigste Mittel in diesem Ringen war die Ironie, eine Form der literarischen Maskerade.

In einem Brief von 1926 sprach Thomas Mann von »meiner vielberedeten Ironie«. Diesen Begriff, der gleichsam zu seinem Markenzeichen geworden ist, seit er ihn selbst in die Debatte um sein Werk eingeführt hat, kann man gar nicht weit genug fassen, auch dies ein Gedanke, den er selbst formuliert hat. Die größte und grundlegende Ironie im Schicksal von Thomas Mann war, dass die Untergangsgeschichte der eigenen Vorfahren zur Grundlage einer großen neuen Familiengeschichte wurde.

Ironie ist zunächst ein Stilmittel aus dem Arsenal der literarischen Rhetorik. Ein Sachverhalt wird durch Wörter ausgedrückt, die formal das Gegenteil des eigentlich Gemeinten besagen. Ironie kann sich auf einzelne Wörter oder Begriffe beziehen (etwa wenn man einen notorischen Lügner Wahrheitsfreund nennt), aber auch auf die Darstellung eines Vorgangs oder einer Gegebenheit (wenn eine Niederlage als Triumph geschildert wird). In diesem Fall ist Ironie ein verstellendes und verspottendes Erzählen.

Solch spöttische Verdrehung zeugt von gedanklicher Freiheit gegenüber dem behandelten Thema, von Lust am Spiel mit den Worten, auch von Provokationslust. Mit dem Verstellen gegenüber dem jeweiligen Publikum, an das man sich wendet, geht eine bestimmte Haltung des Redners einher, etwa bei lobenden Worten, die als versteckter Tadel gemeint sind (eine Figur, die in Briefen von Thomas Mann besonders häufig vorkommt – wenn er das Werk eines Korrespondenten lobt, muss man immer die Vorbehalte suchen, die »zwischen den Zeilen« stecken).

Wenn eine erfreuliche Situation in Unglück umschlägt (Katastrophe) oder in einer Notlage unvermutet Rettung auftaucht (Katastase), spricht man von »Ironie des Schicksals« auch außerhalb literarischer oder rhetorischer Zusammenhänge. Es gibt eine stilistische Ironie auf der Ebene des Benennens und eine epische Ironie, die den Fortgang einer Erzählung oder einer Handlung betrifft. Die berühmte sokratische Ironie ist ein pädagogisches Mittel; scheinbares Nichtwissen soll beim Gesprächspartner kreative Leistungen anregen.

Sagen und Meinen sind beim Gebrauch der Ironie nicht identisch; das Gemeinte wird nur hinter einer Maske vorgeführt. Diese Form des Uneigentlichen bildet die Grundform der Ironie bei Thomas Mann. Sie wurzelt im Existenziellen. Von existenzieller Ironie kann die Rede sein, wenn es um die Geisteshaltung geht, die hinter solch taktisch-unaufrichtigem Darstellen steht, vielleicht sogar von Identitätsironie. Musterbeispiel dafür ist das Auftreten des Gottes Jupiter in der Gestalt des Amphitryon, um dessen Frau zu verführen. Dieses Thema hat Thomas Mann ausführlich behandelt, allerdings in der Vertauschung der männlichen mit einer weiblichen Erscheinung. »Mythische Identität« wird er dies in einer späteren Phase nennen.

Philosophisch gesehen ist Ironie eine Form des Relativismus. Nichts hat absoluten Charakter, alles ist ironisierbar, selbst der eigene Untergang – der radikale Ironiker lässt keine Position bestehen. Ironie zeugt vom Bewusstsein der Unordnung der Welt, der Uneindeutigkeit der Verhältnisse, der Identitäten oder der Geschlechtlichkeit, von der Auflösung aller Polaritäten. Auch die Kategorien Männlich/Weiblich verlieren ihre Eindeutigkeit.

Der Philosoph Kierkegaard meinte, der Ironiker lebe gleichsam im Konjunktiv. Er könne sich nicht bekennen, sich nicht festlegen. Im Fall von Thomas Mann hieß das: Er konnte das Objekt seines Begehrens nicht benennen, er brauchte die Maskerade, das Indirekte. Ironie hat also einen psychologischen Aspekt, der zugleich einer literarischen Strategie entspricht.

Wenn das Negative an der Ironie überhandnimmt, bekommt sie einen Zug ins Selbstzerstörerische. Die Leichtfertigkeit gegenüber wichtigen Themen kippt dann um in den Wunsch nach Untergang. Der Ursprung der Ironie in psychologischer

Hinsicht, falls sich dergleichen überhaupt ausmachen lässt, liegt in der persönlichen Veranlagung von Thomas Mann, der Abweichung von dem, was er als Norm scheinbar akzeptierte.

In einem Essay vom Mai 1907 mit dem Titel *Versuch über das Theater* resümiert Thomas Mann die Handlung von *Othello*, ohne den Titel und die Figur dieses Theaterstücks zu nennen. Er spricht von einem edlen und leidenschaftlichen Mann, der ein Liebling des Volkes war, vornehm als Ausnahme, aber unvornehm als Leidender, einsam und ausgeschlossen vom Glück, dafür ganz und gar auf Leistung eingestellt, was eine wichtige Voraussetzung für seine Größe war; dieser Mann leistete Außerordentliches und wurde dafür geehrt und gerühmt. In seinem Gemüt aber blieb er eine dunkle Gestalt, »ohne Glauben daran, daß man ihn lieben könne«. Dennoch trat ein junges Weib in sein Leben, erwählte ihn und bewirkte seine Versöhnung mit der Welt. Aber dann erlag er den bösen Einflüsterungen, dass sein Weib ihn hintergehe, und kam zu der Erkenntnis, »daß er sein Leben niemals auf Glück und Liebe hätte gründen dürfen«; Mord und Selbstmord waren die Folge. Auf der Bühne werde dieser Charakter aus Gründen der augenfälligen Symbolik als Schwarzer gezeigt, zum Zeichen dafür, dass alle, die in »irgendeinem Sinne ›schwarz‹ sind, [...] nicht klug tun, sich zu vermählen«. Der Mann, der das schrieb, war schon zwei Jahre verheiratet. Er sagte schwarz, aber er meinte schwul. Und er gab einen Einblick in seine innere Verfassung und zeigte zugleich, wie literarische Maskerade funktioniert, ein zentrales Verfahren seiner frühen Erzählungen.

Der Weg ins Schreiben war eine Form der Selbstbehauptung und der Selbstdefinition, aber auch der Abgrenzung. Heinrich Detering zitiert aus einer Notiz im Arbeitsheft von 1901, in der Thomas Mann von der seltsamen »Unsicherheit des Ichs« spricht, von der er sich abheben müsse und die er in ästhetischer Hinsicht bei drei Personenkreisen am Werk sieht: »Juden, Frauen und Litteraten«. Das ist eine sonderbare Dreiheit und ein bezeichnendes Vorurteil; es zeugt von seiner tiefen Abneigung gegen Formen des Schreibens ohne Kunst-Anspruch. Detering geht von einer Art Selbststigmatisierung aus, die wiederum in Thomas Manns geschlechtlicher Veranlagung zu suchen sei. Solche Verweise beziehen sich in erster Linie auf die Thematik der frühen Erzählungen sowie auf einige Briefstellen und lassen sich rechtfertigen mit der engen Verschränkung von Autobiographie und Fiktion: »Nur wo das Ich eine Aufgabe ist, hat es einen Sinn, zu schreiben.« Diese früh geäußerte Maxime gilt für sein gesamtes Werk.

Seine Erzählungen handeln vom Anspruch auf Schönheit und Liebe, der immer nur zu Demütigung und Enttäuschung führt (*Tobias Mindernickel, Luischen*). Allmählich rückt die Künstlerproblematik in den Mittelpunkt, in dem Maße, wie er selbst sich als Autor etabliert und um seinen bürgerlichen Status ringt (*Tonio Kröger*). Schließlich, als er eine Ehe eingeht, wird das Thema des Glücks zentral und damit zusammenhängend der Anspruch auf Repräsentanz (*Königliche Hoheit*). Jeder dieser thematischen Stränge bleibt im Werk erhalten, nur wechselt die Perspektive.

Indem er seine Erzählungen gestaltete, arbeitete er auch an seiner Erscheinung als Autor. Ein wesentliches Mittel dazu war das Vorlesen. Das wurde im Familienkreis ohnehin gepflegt, man las sich etwa am Abend gegenseitig aus Fontanes *Effi Briest* vor (dort fand er den Namen Buddenbrook). Thomas Mann hat auch aus dem entstehenden Lübeck-Roman im Kreis der Seinen gelesen. So gewöhnte er sich früh daran, die Wirkung des Geschriebenen zu testen. Das Publikum hat der einsame Schreiber also stets vor Augen gehabt. Und wer einmal seine Stimme vernommen hat, wird ihn auch beim Lesen »hören«.

Um sein öffentliches Ansehen war der junge Autor sehr besorgt. Er nutzte seine vielfältigen Verbindungen, um die Kritik zu beeinflussen und sein »Image« mitzugestalten. Daher maß er der lebenslang gepflegten Korrespondenz große Bedeutung bei; sie kann als Teil seines Werkes angesehen werden, denn hier finden sich Selbstdeutungen, Erläuterungen, Kommentare. Ein frühes Beispiel für diese Strategie ist ein Brief an Grautoff (26.11.1901): »Ein paar Winke noch, *Buddenbrooks* betreffend.« In seiner Besprechung möge der Freund den deutschen Charakter des Buches betonen mit den echt deutschen Ingredienzen Musik und Philosophie, und er möge auf die Technik des Leitmotivs im Sinne von Richard Wagner verweisen; als Vorbilder könne er Dickens und die großen Russen nennen. Tadeln dürfe er die »Hoffnungslosigkeit und Melancholie des Ausganges«, eine »gewisse nihilistische Neigung«, aber positiv sei der Humor hervorzuheben. Der große Umfang des Romans zeuge »von ungewöhnlicher künstlerischer Energie«. Nach vielen Jahren solcher Einflüsterungen konnte der Meister der Ironie dann frech behaupten, er habe in der Kritik zu seinem Werk kaum einen Gedanken gefunden, den er selbst nicht auch schon gedacht hätte.

Werkwanderung

War nicht Leben und Werk mir immer eines gewesen?
Thomas Mann, 1919

Sonderbar und erhebend ist die Wanderung am breiten Strom von Thomas Manns Erzählwerk entlang. Nach nur wenigen Versuchen ist der typische Klang da, die perfekte Satzbildung, die Selbstgewissheit in der Darbietung, der kluge Aufbau, die Geschlossenheit jeder einzelnen Erzählung, die Klarheit selbst da, wo es um Zweideutigkeiten und Zwischenzonen geht, die treffende Benennung von Zuständen, Gefühlen, Verhaltensweisen, doch auch immer wieder eine gesuchte Umständlichkeit, eine scheinbare Pedanterie, ein Transportieren komplexer Inhalte, ein Jonglieren mit schwebend-zweideutigen Begriffen oder zweigliedrigen Adjektiven, ein Nebeneinander von scheinbar Widersprüchlichem, ein Benennen und gleich wieder Dementieren im Widerspiel der Wörter.

Wir werden vertraut mit der Art der Namensbildung, die Figuren prägen sich ein, wie kurz auch ihr Auftritt sein mag, ja wir bekommen das Gefühl, sie seien alle miteinander verwandt wie Angehörige einer weitläufigen Gemeinschaft. Die Motive verdichten sich, werden abgewandelt oder weiterentwickelt, länger ausgeführt oder nur kurz gestreift (wir kennen ja das Lied).

Wir erleben eine große Geschlossenheit ohne Brüche und Sprünge, ohne sichtbare Krise. In den frühen Erzählungen erkennt man schon alle Motive der späteren Romane; immer wieder lassen sich Linien ziehen zum *Zauberberg*, zu *Joseph und seine Brüder*, zu *Doktor Faustus*, zu *Felix Krull*. Die persönliche Entwicklung des Autors, die großen Krisen der Weltpolitik ändern nur wenig an dem eingeschlagenen Kurs, an der literarischen Methode; alles hat den ursprünglichen Ansatz nur bestätigt. So kann mancher Plan nach Jahrzehnten wieder aufgenommen werden. Mit jedem vollendeten Roman werden andere Pläne hinfällig, weil keine zu große Ähnlichkeit der Texte untereinander entstehen soll.

Die grundlegende Einheit des Werkes von Thomas Mann liegt in dem imaginären Erzähler, der hinter allem Erzählten steht, unsichtbar oder angedeutet, und dieser Geschichtenträger ist eine Abschattung des Autors, der uns Leser komplizenhaft anzusprechen scheint. Inwieweit dieses erzählende Ich mit dem biographischen Ich identisch ist oder sich von ihm unterscheidet oder es nach und nach ersetzt, das ist die Hauptfrage in der literarischen Auseinandersetzung mit Thomas Mann.

»In mir lebt der Glaube, daß ich nur von mir zu erzählen brauche, um auch der Zeit, der Allgemeinheit die Zunge zu lösen, und ohne diesen Glauben könnte ich mich der Mühen des Produzierens entschlagen.« Das sagte Thomas Mann 1925 im Gespräch mit seinem ersten Biographen Artur Eloesser. Zum Selbstbezug auf dem Umweg über das Werk gehörte die Verwebung von den Namen seiner Figuren mit den realen Namen der Manns: Thomas, Erika, Heinrich, Klaus, auch Kosenamen wie Bibi; abgegrenzt davon sind »Ekelnamen« wie Mindernickel oder Klöterjahn. Auch dieser Namenszauber dient der mythologischen Verdichtung des Bildes von den Manns.

Für Thomas Manns ersten Roman bedurfte es einer Anregung von außen. Als bei S. Fischer der erste Novellenband von Thomas Mann vorbereitet wurde, habe der Verleger den Wunsch geäußert, bald »ein größeres, zusammenhängendes Prosawerk von mir zu verlegen«, ließ er den Freund Grautoff wissen, er habe »ziemlich plötzlich, einen Stoff entdeckt, einen Entschluß gefasst«.

68

Beim Lesen von *Buddenbrooks*, im Frühjahr 1897 in Palestrina begonnen, im Sommer 1900 in München beendet, kann man dem Beginn einer Meisterschaft nachspüren und verfolgen, wie Thomas Mann über gewundene Anfänge hinweg nach etwa 80 Seiten dem souveränen Erzählfluss Bahn gibt, wie Reste von Naivität und einzelne nicht völlig gelungene Sätze überdauern, ehe große Aufschwünge und Kadenzen uns mitnehmen. Man folgt den oft sehr linearen Passagen, transparent, schlicht, einladend, und entdeckt die Komposition aus Beschreibungen, Reflexionen, Dialogen, Anekdoten. Der Autor zeigt die Gestalten mit ihren Marotten, Redeweisen, Fehlern und Vorzügen, manchmal etwas stereotyp in den Wiederholungen. Die Kapitel sind klug ausgewählt; trotz der Gesamtlänge kann man von einer Ökonomie der Erzählmittel reden; die Stilmittel wechseln immer wieder (Briefe, theaterhafte Dialoge, Zitate, Fundstücke, Gedichte, Lieder). Der Erzählfluss bleibt schlicht und zugänglich, die innere Chronologie erkennbar.

Die Geschichte der Familie Buddenbrook spielt zwischen 1835 und 1875, womit die reale Familienchronologie der Manns etwas vorverlegt (und zugleich vereinfacht) wird. Sie beginnt mit der Einweihung eines neu erworbenen Hauses in der Mengstraße und endet kurz nach dessen Verkauf. Schon die Vorbesitzer erlebten Niedergang und Verfall, es war »eine ehemals glänzende Familie«, die verarmte und sodann fortzog. Damit ist das Thema des Romans deutlich benannt.

Aus der Generationenfolge der Manns wird die Geschichte der Buddenbrooks, aus den realen Gestalten einer Kaufmannsdynastie werden Romanfiguren mit unterschiedlichen Charakteren, aus einer realen Stadt wird ein gedankliches Modell, aus einem großen Haus eine Puppenstube der Phantasie und zugleich ein Anhaltspunkt der Erinnerung. Aus Untergang und Tragödie wird glanzvolle Auferstehung – in einer anderen Sphäre: Händler, Pastoren, Dichter, Senatoren, Betrüger, Ärzte,

Arbeiter, Musiker, Hausangestellte, Gattinnen, alte Jungfern, Witwen ... jede einzelne Figur ist durch Namen, Taten, Untaten, Ansichten plastisch vor Augen gestellt, jede hat ihr Drama, ihre Rolle, ihre Sprechweise.

Der Verfall einer Familie, die durch Tradition und das Haus zusammengehalten wurde, soll als unvermeidliche Entwicklung verstanden werden. Glaubensdinge spielen diesseits der amtlichen Religion eine wichtige Rolle; ein biblischer Tonfall bricht sich immer wieder Bahn. Der Roman beginnt und endet mit Glaubensfragen. Er beginnt mit einer Kinderstimme und endet mit einem Kindertod.

Interessant ist vor allem die Gestaltung der unsympathischen Figuren. Gerade an die negativen Charaktere hat der Romancier viele Züge von sich selbst (aber auch von Heinrich) delegiert. Der Versager und eingebildete Kranke Christian Buddenbrook ist eine originelle Gestalt, sehr komplex, auch schrill, doch verhutzelte Charaktere liebte der Autor besonders. Zentralgestalt ist der Senator Thomas Buddenbrook, der letzte Inhaber der Firma. Sein Leben ist eine einzige große Willensanstrengung, um die Tradition aufrechtzuerhalten, bis zuletzt seine Kraft erlischt und er auf der schmutzig-nassen Straße zusammenbricht. Über ihn fließen philosophische Gedanken in den Roman ein; der Senator hat eine leichte Neigung zum Katholizismus, die er jedoch für sich behält; als er das Ende nahen spürt, entdeckt er Schopenhauers Gedanken über den Tod als Erlösung. Dieser innere Monolog ist das psychologische Zentrum des Romans.

Die zweite wichtige Figur ist Tony Buddenbrook, die Schwester des Senators, eine lebenslustige, temperamentvolle, etwas naiv-schwatzhafte Person, die nur Unglück im Leben hat, insbesondere durch die Männer. Sie hat das stärkste Familienbewusstsein (»wir Buddenbrooks«), hält am moralischen Erbe fest (»wir fühlen uns als Adel«). Ihr Lieblingswort ist »das Leben«, von dem sie immer wieder schlecht behandelt, enttäuscht, gequält wird.

Etwas blass bleibt die Mutter-Figur. Mit Gerda Arnoldsen, einer Musikerin aus Amsterdam, aber in Lübeck aufgewachsen, kommt die Dekadenz ins Haus: sehnsüchtiges Musizieren, Liebeleien mit Musikerfreunden, hoheitsvoller Abstand zur Handelswelt. Apart wird sie genannt, und mehr noch als ihr Mann hat sie »ein bißchen was Gewisses«, eine Neigung zum Superfeinen und Aristokratischen, die sie ungeeignet macht für die pragmatische Welt, in die sie hineingeheiratet hat. Sie ist »von einer eleganten, fremdartigen, fesselnden und rätselhaften Schönheit«, und in ihrem einzigen Kind Hanno verdichten sich diese Eigenschaften zu völliger Lebensuntüchtigkeit.

Eine Ehrenrettung der Literatur und der Kunst geschieht über die reizende Nebenfigur Kai, Hannos einzigen Freund. Dieser leicht verkommene Adelsknabe hat Lust an Geschichten, schreibt und erzählt gern, während Hanno am Klavier phantasiert, sich im reinen Klang verliert. Talent ohne Tüchtigkeit ist nutzlos, ja gefährlich.

Der Familien-Roman ist so sehr zum Volks- und Erfolgsbuch geworden, dass man nicht mehr über die Manns reden kann, ohne an die Buddenbrooks zu denken. Selbst Heinrich Mann schien das zu akzeptieren, als er in seinem Erinnerungsbuch von 1944 kühl und ironisch schrieb: »Man kennt meine Herkunft aus dem Roman meines Bruders.« Allerdings findet sich im Streit zwischen Thomas und Christian Buddenbrook folgender Satz, der auch für das Bruderverhältnis der Manns gelten mag: »Ich bin geworden wie ich bin [...], weil ich nicht werden wollte wie du.«

Die »Karriere« des Romans ist bekannt. Thomas Mann schickte das einzige Exemplar des Manuskripts als versiegeltes Paket an den S. Fischer Verlag, und es ging nicht auf der Post verloren. Der Lektor Moritz Heimann lehnte den Text zunächst ab wegen seiner Länge; in einem pathetischen Brief an Samuel Fischer verteidigte Thomas Mann sein Werk, das nur in dieser Vollständigkeit existieren könne; schließlich erschien das Buch im Herbst 1901 ungekürzt in zwei Bänden. Der eigentliche Verkaufserfolg begann 1903 mit der einbändigen »Volksausgabe« und hielt dann über Jahrzehnte hinweg beständig an.

Den Brunnen der eigenen Vorgeschichte hatte er im ersten Roman zu ergründen versucht, nun konnte er an seiner repräsentativen Stellung arbeiten. In einer spöttischen Selbstdarstellung von 1907 (*Im Spiegel*) platzt er geradezu vor Selbstbewusstsein. Er nennt sich einen »verkommenen Gymnasiasten« mit einer dunklen Vergangenheit, seine Lehrer hätten ihm den sicheren Untergang vorhergesagt, er sei nach München entwichen, wo er sich dem Müßiggang überlassen habe. »[...] wie ein rechter Vagabund, ließ ich alles liegen und ging ins Ausland, nach Rom, wo ich mich ein Jahr lang plan- und beschäftigungslos umhertrieb. Ich verbrachte meine Tage mit Schreiben und der Vertilgung jenes Lesestoffes, den man den belletristischen nennt«; nach München zurückgekehrt, habe er eine kurze militärische Ausbildung absolviert und alsbald sein fahrlässiges Leben fortgesetzt. Aber er sei nicht verkommen, sondern habe sich glorreich vermählt mit einer Prinzessin von Frau, Glanz umgebe ihn, nichts gleiche seinem Glücke, sein Hausstand sei reich bestellt, er werde eingeladen, vollziehe Triumphreisen, werde geehrt – und wieso? Er habe nichts an seinem Leben geändert. Er träume, lese Dichterbücher und stelle selber solche her. Die Wächter seiner Jugend, sähen sie ihn, müssten irre werden. Dabei habe er selbst doch dem Dichterleben immer misstrauisch gegenübergestanden. Innerlich sei er kindisch, ein zu Ausschweifungen geneigter Scharlatan, dem eigentlich stille Verachtung gebühre. Und doch erlaube es die Gesellschaft einem wie ihm, zu Ansehen und Wohlstand zu gelangen!

Da haben wir sie, die berühmte Ironie, reichlich kompakt. Inzwischen hat er eine erzählbare Lebensgeschichte, die er immer weiter ausspinnen wird durch direkte Selbstdarstellungen, durch Interviews, durch sein Erzählwerk. Die Selbstverklärung sollte nie mehr aufhören. Und wenn Thomas Mann sich dabei durchaus als Hochstapler fühlte (denn es war ja alles auf sprachlichen Suggestionen aufgebaut), so war er doch überaus erfolgreich mit seiner Methode.

Welches literarische Niveau der Autor erreicht hatte, zeigte schon *Gladius dei* aus dem Herbst 1901. In dieser München-Novelle geht es um Kunstideologie und Kunsthandel. Ein erzürnter Jüngling, mittellos, aber mit festen Überzeugungen, will einen jüdischen Kunsthändler dazu bringen, die Reproduktion einer nackten Madonna aus dem Schaufenster zu nehmen, was dieser ablehnt. Dem Jüngling ist sein Anliegen heiliger Ernst, aber ihm fehlen die Mittel, es durchzusetzen. Gerade in der Rückschau zeigt sich, dass dies keine unpolitische Novelle ist; wie meistens bei Thomas Mann ist das Politische indirekt präsent.

Im Leben bewirkt die Schönheit nur Übles. Das ist die Moral der Sanatoriumsnovelle *Tristan* (1901). Ein Dichter, der seiner Attitüde mehr Aufmerksamkeit widmet als seinem Werk, will eine Patientin, Gattin eines Industriellen, zur Schönheit verführen, vor allem durch Wagners Musik (sie ist Klavierspielerin). Dass sie wirklich krank ist und nicht nur unter ihrem amusischen Gatten und Geldgeber leidet, übersieht er. Aber sie lässt sich auf sein Spiel ein und stirbt nach ausgiebigem Musizieren.

Die Ansichten über den Künstler im Gegensatz zu den lebensfrohen Normalmenschen werden verdichtet in der Novelle *Tonio Kröger* vom November 1902. War der Dichter in *Tristan* noch eine Parodie, so tritt mit Tonio Kröger ein neuer Typus auf, der pathetisch-heroische Künstler, der Märtyrer seines Talents, welcher der Kunst alles opfert. Dieser Künstler ist ungebunden, aber bürgerlich in seiner Lebensweise. Thomas Mann hatte damit die Grundfigur gefunden, die er in fast allen großen Romanen variieren wird. Dies wird so konsequent und suggestiv entfaltet, dass man vergessen kann, welche anderen produktiven Wege es auch zur Kunst gab – ohne Disziplin, ohne Sublimierung der Triebe.

Tonio Kröger ist ein Schritt über *Buddenbrooks* hinaus, noch bevor dieser Roman den Autor an die Spitze der literarischen Entwicklung brachte, ist also keine Reaktion auf den Erfolg. Hier findet der Autor durch die neue Maske den Ausweg aus dem Untergangszenarium: Tonio ist ein Hanno, der überlebt hätte. Man kennt die wichtigsten Sätze aus der Novelle wie Klassikerzitate (die heilige russische Literatur, Wonnen der Gewöhnlichkeit, der Bürger, der sich in die Kunst verirrt hat etc.), ebenso die Verachtung der Dilettanten, aber auch die Furcht, als stilistischer Könner kalt und unmenschlich zu wirken, und diese Sorge hegte Thomas Mann selber.

Die München-Geschichte *Beim Propheten* (April 1904) entstand in der Zeit, als Thomas Mann sich schon um Katia Pringsheim bemühte, und sie war ein Mittel seiner Werbestrategie. Mitglieder der besseren Gesellschaft wohnen in einer Schwabinger Dachwohnung dem Verlesen eines ästhetisch-politisch-religiösen Manifestes bei. Die Proklamation ist ein Mischmasch, ein Aufruf zum Kampf – vermutlich gegen die Wirklichkeit selbst. Das reale Vorbild war ein Künstler namens Ludwig Derleth, ein Jünger von Stefan George. Auch andere Teilnehmer sind identifizierbar, etwa Franziska zu Reventlow. Thomas Manns künftige Schwiegermutter Hedwig Pringsheim erscheint hier als »reiche Dame« mit »Tizian-Augen«, deren Tochter Sonja, eine Abschattung Katias, sei »ein unglaubhafter Glücksfall von einem Geschöpf, ein Wunder an allseitiger Ausbildung, ein erreichtes Kulturideal«. Der Autor fügt sich als »Novellist« in den

Figurenreigen ein und behauptet von sich, er habe ein Verhältnis zum Leben behalten.

Als Künstlerroman lesbar ist auch das einzige Drama, das Thomas Mann verfasst hat, für das er aber keine theatralische Dialogform fand. In *Fiorenza* (1908) stehen sich im Florenz der Renaissance der schwerkranke Machthaber und Mäzen Lorenzo de' Medici und der eifrige und eitle Bußprediger Savonarola gegenüber. Beide ringen um den Einfluss auf die Dame Fiorenza, die Geliebte des Fürsten und zugleich ein Symbol der Kunststadt. Man ahnt, dass hinter dem Gegensatz von Mönch und Macht auch jener der Brüder Thomas und Heinrich steht.

Ein Moment seiner literarischen Selbstverklärung ist *Schwere Stunde* – das Bildnis des jungen Thomas Mann als Friedrich Schiller, geschrieben im Mai 1905, bald nach seiner Hochzeit. Die indirekten Kontrahenten Schiller und Goethe werden nicht genannt. Thematisiert wird der Moment des Zweifels beim schweren Ringen mit dem Text und zugleich mit dem fernen und doch so nahen Rivalen (»der Andere, *der* dort, in Weimar, den er mit einer sehnsüchtigen Feindschaft liebte«), bei gleichzeitiger Rücksicht auf das Familienleben (das bei Schiller erheblich prekärer war als bei Thomas Mann).

Wenn man über den autobiographischen Sinn der Erzählung *Wälsungenblut* nachdenkt, die Ende 1905 geschrieben, im Januar 1906 gedruckt, dann aber von Thomas Mann zurückgezogen wurde, gerät man leicht in Abgründe. Nach *Beim Propheten* und *Schwere Stunde* war dies der dritte Text mit autobiographischem Bezug hinsichtlich seiner neuen Familiensituation – zuvor hatte er mit *Buddenbrooks* und thematisch verwandten Erzählungen das Entstehen einer künstlerischen Ambition als Folge einer Familientragödie abgehandelt. Nach einem Abend in der Oper mit Wagners *Walküre*, in der ein Inzest am Ende des ersten Aktes steht, lieben sich die verwöhnten Zwillinge Siegmund und Sieglinde. Der Titel nimmt das letzte Wort des Aktes auf: »So blühe denn Wälsungenblut!« In der Oper entspringt dieser Verbindung der erhoffte neue Held Siegfried, aber eine solche Konsequenz bleibt in der Erzählung ausgespart. Sieglinde ist verlobt mit einem zehn Jahre älteren Herrn vom Auswärtigen Amt, einem Adligen namens von Beckerath.

Die Zwillinge sind als jüdisch gekennzeichnet, denn Siegmund schaut sich vor der Liebeshandlung mit der Schwester im Spiegel an und sieht »die Abzeichen seines Blutes, die ein wenig niedergedrückte Nase«. Die Helden werden hier nicht verklärt, sondern als »egoistische Kranke« bezeichnet. Der skandalöse Schlusssatz kommt etwas unpassend. »Er wird ein minder triviales Dasein führen«, gemünzt auf den betrogenen künftigen Ehemann ist suggestiver, offener als der ursprüngliche, platte, etwas brutale Triumph »beganeft haben wir ihn, – den Goy«. Aber warum sollten feine Berliner Juden Jiddisch reden?

Eine ganz andere literarische Verwertung seiner neuen Familiensituation bietet der Roman *Königliche Hoheit* von 1909. Er handelt von einer Familie, die vom Untergang bedroht ist, in diesem Fall das Herrscherhaus eines kleinen süddeutschen Fürstentums. Der kränkliche Thronerbe überlässt seinen Platz dem jüngeren Bruder, der besser für das Repräsentieren geeignet ist. Moralisch gerettet und finanziell saniert wird das Fürstentum durch die Heirat des Zweitgeborenen mit einer amerikanischen Dollarprinzessin, deren ererbter Reichtum den Staatsbankrott abwenden hilft. So gewinnt der alte Kleinstaat Anschluss an die Zukunft und kann zugleich Tradition und Staatsform bewahren. Das »strenge Glück« des Zweitgeborenen und wahren Regenten, das auf Willen und Selbstbeherrschung beruht, bewirkt auch das Glück seines Hauses und seines Landes. Das Szenario ist natürlich eine Anspielung auf Thomas Manns Ehe mit Katia Pringsheim. Bei aller operettenhaften Heiterkeit werden durchaus düstere Schicksalsthemen abgehandelt, darunter die Rivalität der Brüder Mann. Nach *Buddenbrooks* war dieser Roman der zweite Schritt in der Geschichte der Selbstmythologisierung der Familie.

Den Titel *Der Tod in Venedig* (1911/12) hatte Thomas Mann im Nietzsche-Buch seines Freundes und Helfers Ernst Bertram gefunden. Seit März 1911 fühlte sich Thomas Mann schwach, krank, ausgebrannt, erholungsbedürftig. Im Mai fuhr die kleine Familie zur Insel Brioni vor der Küste von Istrien. Dort erhielt er die Nachricht, dass der Dirigent und Komponist Gustav Mahler überraschend gestorben sei. Brioni missfiel dem Autor, man wechselte nach Venedig. Im Juli begann er mit Vorarbeiten zu der Novelle. Im November hörte er im Konzerthaus Gustav Mahlers *Lied von der Erde* unter der Leitung von Bruno Walter. Katia war leidend in dieser Zeit, verbrachte einige Wochen in einem Sanatorium bei München, im März 1912 wechselte sie nach Davos. Erst im Juni 1912 hatte der Autor *Der Tod in Venedig* vollendet. Noch im August wurde der Text in einer schön gestalteten Sonderausgabe gedruckt.

Ein alternder Schriftsteller, dessen größter Erfolg ein Roman über den preußischen König Friedrich den Großen gewesen war, erblickt in Venedig einen polnischen Jungen, dessen Schönheit ihn fasziniert, und er stirbt – vermutlich an der Cholera, die in der Stadt wütet, was die Behörden zu vertuschen suchen. Kurz zuvor hatte der Schriftsteller einige Erdbeeren verzehrt, die er beim Gang durch die Stadt in einem kleinen Gemüseladen erworben hatte: »überreife und weiche Ware«.

Von der Abstammung her ist der Dichter Aschenbach ein Mischwesen: die Mutter ist eine Jüdin aus Sachsen, der Vater ist unbekannt. Seine edel gebogene Nase dürfen wir wohl als »Kennzeichen seiner Rasse« ansehen, um in Manns Jargon jener Zeit zu reden; dies disqualifiziert dieses Mischwesen aber nicht, er ist die vollkommenste Verkörperung des heroischen

Künstler-Helden, so wie der Knabe Tadzio die vollkommenste Verkörperung des stummen Schönheitsideals ist, »als Standbild und Spiegel geistiger Schönheit«. Die Schönheit verkörpert sich, aber das ist gefährlich, denn »was würde aus uns, wenn das Göttliche sonst, wenn Vernunft und Tugend und Wahrheit uns sinnlich erscheinen wollten«. Der Monolog ist längst übergegangen in einen platonischen Dialog als Nachtrag zum *Symposium*, dem Gespräch über Liebe, Schönheit, Begehren. »Glück des Schriftstellers ist der Gedanke, der ganz Gefühl, ist das Gefühl, das ganz Gedanke zu werden vermag.«

Die Wolke am Horizont der Zeit bleibt nicht verborgen. Auflösung und gefährliche Leidenschaft liegen in der Luft; die indische Cholera in Venedig ist das Symbol eines kommenden und viel größeren Unheils, vor dem aber kaum Furcht aufkommt. »Angst war der Anfang, Angst und Lust und eine entsetzte Neugier nach dem, was kommen wollte.« Es kommt der Tod, kurz und kräftig wie ein trockener Paukenschlag am Ende einer langen Sinfonie.

Diese Erzählung, die dem Autor internationalen Ruhm eintrug, bildete den Abschluss und Höhepunkt der Serie von Texten, die seit 1893 entstanden waren. Dass eine Ära starb, wusste der Autor noch nicht (fühlte sich aber so); es endete auf jeden Fall eine Phase seines Schreibens, seines Privatlebens, des Lebens der Völker in Europa, deren Vielfalt das Lido-Hotel in Venedig noch einmal spiegelte. Es war die passende Novelle zur Vorkriegssituation. Sage niemand, der »unpolitische« Thomas Mann habe kein Gespür für seine Epoche gehabt.

Jüdische Schicksale

Mann ist unverkennbar ein großer Freund der Juden.
Ausbürgerungsantrag 1936

Ende Oktober 1945 kam Thomas Mann ins Grübeln. Er las das Buch *The Jewish Dilemma*, das gerade in New York erschienen war. Der Verfasser, Rabbi Elmer Berger, bestritt darin, dass es so etwas wie jüdische Charaktereigenschaften gäbe, er leugnete sogar die Existenz eines »jüdischen Volkes«. Folgerichtig lehnte er die Gründung eines eigenen jüdischen Staates ab. Zur Bibel hätten Juden keine tiefere Beziehung als Christen, die sich ausführlich mit dem Alten Testament befasst hätten. Thomas Mann notierte: »Leugnet die Juden als ›Volk‹. ›Rasse‹ ist vollends kompromittiert. Wie soll man sie nennen? Denn irgend etwas anderes ist es mit ihnen und nicht nur Mediterranes. Ist dies Erlebnis Anti-Semitismus?« Zweimal schrieb Thomas Mann an Rabbi Berger, um ihm für seine Ausführungen zu danken.

Wie die Mehrheit der Deutschen wussten Heinrich und Thomas Mann kaum etwas von der Geschichte und der Situation der deutschen Juden. Wenn von ihnen die Rede war, ging es um ihr »Wesen«, um ihre Besonderheiten, um ihre vermeintlichen Traditionen und Taten, um ihr Aussehen und Gehabe, um ihren legendären Reichtum (als hätte es damals nicht eine große Masse armer Juden in verschiedenen Ländern Osteuropas oder Nordafrikas gegeben).

Noch 1907, als er schon längst kein bekennender ›Reaktionär‹ mehr war, hat Heinrich Mann den Begriff ›Rasse‹ benutzt, so in dem Romantitel: *Zwischen den Rassen*. Zunächst verwendete er das Wort in Anlehnung an den französischen Sprachgebrauch, wo *race* schlicht »Typus, Art, Kategorie« bedeutete, manchmal auch nur Familie oder Herkunft. Der Begriff »la race humaine« meinte die Spezies Mensch im Allgemeinen. Der biologisch verengte Sinn setzte sich erst im Laufe des 19. Jahrhunderts durch, ohne dass die andere Worttradition verloren ging. Als Bezeichnung für ethnische Gruppen ist das Wort seit 1684 nachweisbar; der Begriff »la race noire« findet sich aber schon bei Voltaire (als Gegensatz zur »weißen Rasse«). In der Privatmythologie von Heinrich Mann ging es nur begrenzt um die Entgegensetzung von »Rassen«; denn er verwendete den Terminus für sich selber, abgeleitet von seiner Mutter mit ihren sowohl deutschen wie kreolischen ›Wurzeln‹.

Auch Thomas Mann hat den Rasse-Begriff häufig und arglos gebraucht. Im Roman *Buddenbrooks* heißt es über Hannos adligen Klassenkameraden, dass er »mit allen Merkmalen einer reinen und edlen Race ausgestattet war« (*sic*). Er spricht auch von der »Race-Reinheit« eines Gesichts. Jahrzehnte später nennt er in einem Brief an Agnes Meyer die Amerikaner eine »vitale Rasse«, die Adolf Hitler gewiss das »knock out« verpassen werde. (27.6.1942) In seiner Rede über *Goethe und Tolstoi* (1921) nennt er als Kategorien Nationalität, Zeitumstände und Rasse, in denen sich die beiden Meister unterschieden, die dennoch artgleich, ebenbürtig und Brüder im Geiste gewesen seien.

Ironischerweise waren die Manns selbst Gegenstand von antisemitischen Anfeindungen: Den völkischen Propagandisten waren sie suspekt. Wer zu klug war, musste irgendetwas Jüdisches an sich haben in den Denkmustern der Knüppeldeutschen. Und dann war da noch diese brasilianische Mutter ... Ein Spezialist dieser »Verdächtigung« war der Literaturhistoriker Adolf Bartels. Seine *Geschichte der deutschen Literatur* erschien erstmals 1909 und wurde bis 1943 immer wieder aufgelegt. Über die Brüder Heinrich und Thomas Mann hieß es darin:

Ihre Mutter war Portugiesin, »also möglicherweise nicht ohne Juden- und Negerblut, und beide haben auch eine Jüdin geheiratet«. Thomas Mann nehme Partei für das jüdische Halbblut, gegen die patrizischen Familien, sein Werk zeuge von »artistischer Dekadenz«.

Zwar hatte man sich schon Ende des 18. Jahrhunderts in Preußen Gedanken »über die bürgerliche Verbesserung der Juden« gemacht, so der Titel einer Denkschrift des Juristen Christian Konrad Wilhelm Dohm von 1781, aber es bedurfte erst des Anstoßes durch die Französische Revolution, die 1791 Protestanten und Juden zu gleichwertigen *citoyens* machte, um Bewegung in diese Frage zu bringen. In den deutschen Landen wurde 1812 – unter dem Einfluss der französischen Besatzungsmacht – die »Judenemanzipation« beschlossen, die durch rechtliche Gleichstellung gesellschaftliche Integration ermöglichen sollte. Seither war Napoleon bei jüdischen Familien sehr populär, und in manch einem Haushalt blieb eine kleine Büste des Kaisers auch nach dem Abzug der Franzosen stehen.

Gleichwohl, und gerade auch weil man weiß, wie tragisch die Geschichte der deutschen Juden nach 1933 verlief, muss man betonen, dass es zunächst trotz Behinderungen eine Erfolgsgeschichte war. Ähnlich wie bei nichtjüdischen Familien kam nach zwei oder drei Generationen bürgerlich-ökonomischen Aufstiegs eine Generation, die sich lieber schöngeistigen und freien Berufen (Arzt, Anwalt) zuwandte als der Tätigkeit als Kaufmann, Bankier oder Industrieller. Das sich emanzipierende deutsche Judentum, das traditionell bildungs- und kulturbeflissen war, trug erheblich zum Aufblühen der Künste seit dem frühen 19. Jahrhundert bei: in Musik, Literatur, Theater oder bildender Kunst, als Sammler, Mäzene, Kritiker oder eben als Publikum.

Ganz allmählich fanden auch jüdische Journalisten und

Autoren Platz und Einfluss in der deutschen Öffentlichkeit und konnten von ihren Erfahrungen oder ihrem Blick auf die Gesellschaft erzählen. Nur eine kleine Minderheit unter den Juden in Deutschland und im Habsburgerreich glaubte nicht an die Versprechungen von Integration und Assimilation; sie sahen ihre Hoffnung allein darin, Europa zu verlassen und ein altneues Land Israel zu gründen und zu besiedeln.

Thomas Mann erinnerte sich in späteren Jahren an einige jüdische Mitschüler im Lübecker Katharineum, darunter einen namens Carlebach, dessen Vornamen er nicht mehr wusste. Zu Hause besuchen durfte er den Klassenkameraden nicht. Simson Carlebach war ein Sohn des Rabbiners Salomon Carlebach aus einer weitverzweigten Rabbiner-Dynastie, die länger in Lübeck ansässig war als die Familie Mann.

Bis zur frühen Neuzeit hatten in Lübeck überhaupt keine Juden gelebt. Das änderte sich, als im 17. Jahrhundert polnische Juden auf der Flucht vor Pogromen in die Region kamen. Sie ließen sich in dem zehn Kilometer südwestlich vom Holstentor gelegenen Dorf Moisling nieder, das dem dänischen König unterstand, der den Juden gegenüber tolerant war, genau wie der Gutsherr, der ihn dort vertrat. Lübeck dürfte zu den am wenigsten judenfreundlichen Städten im Alten Reich gehört haben (Hamburg oder Altona waren vergleichsweise liberaler). Bis weit ins 19. Jahrhundert hinein wurden Juden kaum zugelassen und stets beaufsichtigt und eingeschränkt. Aus manch einer Familiengeschichte hätte sich ein Generationenroman machen lassen, etwa jener der Familie Carlebach, der insgesamt acht Rabbiner entstammten.

Nach der deutschen Einheit von 1871 verbesserte sich die Lage der Juden im Deutschen Reich erheblich. Sie machten etwa ein Prozent der Gesamtbevölkerung aus, in den Städten Berlin und Frankfurt etwa fünf Prozent. Die Vorurteile in der Mehrheitsgesellschaft wirkten weiter, änderten sich höchstens in Form und Inhalt. Als nach 1873 nach einer überhitzten Konjunktur die erste wirtschaftliche Krise auftrat, explodierte der Antisemitismus förmlich und wurde zur politischen Macht. 1878 kam es zum so genannten Berliner Antisemitismusstreit, in dem einige Liberale den neuen »völkischen« Agitatoren entgegentraten. Antisemiten waren bald im Reichstag mit einer eigenen Partei und mit eigenen Publikationsorganen vertreten. Der meinungsfreudige Heinrich Mann ist mit seiner Tätigkeit für *Das Zwanzigste Jahrhundert* in dieser üblen Strömung mitgeschwommen.

Das Leben von Samuel Fischer, der für die Manns eine bedeutende Rolle spielte, kann als beispielhaftes jüdisches Schicksal in Deutschland gelten. Fischer war ein kleiner, untersetzter, sehr sorgfältig gekleideter Mann mit einem runden, fast kahlen Schädel, etwas wulstigen Lippen und hellblauen, meistens lächelnden, ausdrucksvollen Augen. So beschrieb ihn sein Schwiegersohn und Nachfolger Gottfried Bermann-Fischer. Hinter einem äußerlich strengen und diskreten Gehabe verbargen sich Freundlichkeit und Güte. Samuel Fischer entstammte der ungarisch-jüdischen Minderheit in der heutigen Slowakei. Über Wien kam er nach Berlin, wo er seit 1879 als Buchhändler wirkte. Es war die letzte Phase der so genannten Gründerjahre; in Buchhandel und Verlagswesen begann ein großer Umbruch, zu dessen prägenden Akteuren Fischer gehören sollte. Am Entstehen einer neuen deutschen Literatur hatte er entscheidenden Anteil. Deutscher Staatsbürger wurde er übrigens in Thüringen-Coburg-Gotha, nachdem er in Coburg eine Filiale eröffnet hatte.

Der »S. Fischer Verlag« bestand seit 1886. Kurz darauf gründete Samuel Fischer gemeinsam mit dem Theaterregisseur Otto Brahm, dem Publizisten Maximilian Harden und dem

Journalisten Theodor Wolff den »Verein Freie Bühne«. Diese private Rechtsform sollte vor staatlichen Zensurmaßnahmen bei kritischen Theaterstücken schützen. Eine eigene Zeitschrift wurde lanciert: *Freie Bühne für modernes Leben,* später umbenannt in *Neue Rundschau.* Sie wurde zur führenden Kulturzeitschrift und veröffentlichte viele Texte von Thomas Mann.

Der Verlag von Samuel Fischer hatte sein Programm zunächst auf die großen Namen des Auslands abgestimmt, von Zola über die Skandinavier wie Ibsen und Hamsun bis Tolstoi. Aber 1889 war die Zeit reif für einen bahnbrechenden deutschen Autor von Rang – Gerhart Hauptmann nahm diesen Platz ein; das Theater wurde das Leitmedium jener Jahre. Samuel Fischer war der erste Verleger, der feste Lektoren einstellte, wobei der allererste von ihnen, Moritz Heimann, im Jahr 1900 über das Schicksal des Romans *Buddenbrooks* zu befinden hatte.

Maxime des Verlages war, möglichst alle Werke eines Autors herauszugeben, was dessen Reputation sehr zugutekam. Fischer zahlte seinen Autoren großzügige Vorschüsse, er veranlasste Publikationen, deren Erträge an notleidende Autoren ausgezahlt wurden. Von den wichtigsten Autoren wurden zu Lebzeiten »Gesammelte Werke« vorgelegt. Bei S. Fischer fanden österreichische Autoren ihre Heimat, denn bis zur Gründung von Zsolnay 1922 gab es keinen bedeutenden Literaturverlag in Wien, Graz oder Salzburg. Bemerkenswert auch, dass bei Fischer besonders viele Autorinnen verlegt wurden: von Hedwig Dohm über Gabriele Reuter, Ellen Key, Franziska zu Reventlow und Lou Andreas-Salomé bis zu Annette Kolb.

Der Verlag hatte sich in bescheidenen Räumen in der Schöneberger Bülowstraße 90 eingerichtet. Für seine Familie ließ Samuel Fischer 1903 eine reich dekorierte Villa in der Erdener Straße errichten, im neu entstehenden Grunewald-Viertel, das damals noch zum Landkreis Teltow gehörte. In der Nähe stand die prächtige Villa des Industriellen und Politikers Walter Rathenau, der regelmäßiger Besucher und auch Autor des Hauses war. Thomas Mann pflegte eine sehr enge Beziehung zum Verleger, dem er ausführliche Briefe schrieb und gelegentlich aus neuen Texten vorlas. »Mit Mann lässt es sich gut leben«, schrieb Samuel Fischer an seine Frau Brigitte, als er zeitgleich mit dem Autor zu einer Kur bei Dresden weilte. Nachdem sein einziger Sohn Gerhart 1914 an Typhus gestorben war, wurde Fischer noch zurückhaltender und melancholischer als zuvor. Eine seiner beiden Töchter heiratete den erfolgreichen Chirurgen Gottfried Bermann, der ab 1925 die Verlagsleitung übernahm. Als Samuel Fischer ein Jahr nach Anbruch der NS-Herrschaft starb, war er schon länger nicht mehr arbeitsfähig gewesen.

In öffentlichen Stellungnahmen zur »jüdischen Frage«, zum verleumderischen Pamphlet der »Weisen von Zion«, bei allen Anzeichen von Antisemitismus hat sich Thomas Mann eindeutig auf die Seite der Aufklärung geschlagen. Ihm war sehr wohl bewusst, was er jüdischen Förderern und Lesern zu verdanken hatte. Im Exil und im Zweiten Weltkrieg hat er frühzeitig und öffentlich auf die Judenverfolgungen im Dritten Reich hingewiesen. Über den Antisemitismus bei Thomas Mann kann man nicht allein anhand karikaturaler Gestalten in seinen Werken urteilen, so ärgerlich sie auch erscheinen mögen (aber sie gehören eigentlich in die große Galerie der skurrilen Geschöpfe in seinen Texten).

Bei Heinrich Mann wiederum zeigte sich nach 1933 die Unfähigkeit, den Rassismus der Nationalsozialisten als deren zentrales Anliegen wahrzunehmen; in schlechter »linker« Manier hielt er ihn für die bloße Verbrämung wirtschaftlicher (sprich kapitalistischer) Interessen. Andererseits hat er schon in den dreißiger Jahren vorhergesagt, dass mit radikalen antijüdischen Maßnahmen vonseiten des Regimes zu rechnen sei. Beide

Manns bewahrten ein Denken in Kategorien wie Rasse und »Blut«, auch wenn man dies eher mit heutigem Reden über »Gene« gleichsetzen kann. Eben dieses »kategoriale« Denken von Thomas Mann wurde durch das Buch von Rabbi Berger erschüttert.

Pringsheims

Als bedeutendes Beispiel für eine jüdische Familiengeschichte in Deutschland lässt sich das Schicksal der Pringsheims schildern. Sie waren eine weitverzweigte Dynastie von Industriellen und Wissenschaftlern, die aus Oberschlesien stammte, sich aber bald über ganz Deutschland verteilte. Ursprünglich im Brauerei-Gewerbe tätig, stiegen sie im 19. Jahrhundert auf zukunftsträchtige Industriezweige um und waren wirtschaftlich sehr erfolgreich. Mehrere Familienmitglieder glänzten in den Naturwissenschaften. Im Fortgang dieser Erfolgsgeschichte gingen jüdische Tradition und Lebensweise allmählich verloren, und viele Pringsheims ließen sich protestantisch taufen.

Rudolf Pringsheim, 1821 geboren und reich geworden durch die Lizenz für die Eisenbahnlinien in Oberschlesien, zog mit seiner Familie nach Berlin. Dort ließ er ein Palais in der Wilhelmstraße errichten, im Zentrum der politischen Macht in Preußen. Das Haus wurde von führenden Künstlern ausgestaltet, von den Spitzen der Gesellschaft gern aufgesucht, schließlich im Jahr 1906 verkauft und diente fortan einem Herrenclub.

Rudolf Pringsheims einziger Sohn Alfred war 1850 noch im schlesischen Oehlau geboren worden. Er studierte Mathematik in Berlin und Heidelberg, erhielt eine musikalische Ausbildung und spielte ausgezeichnet Klavier. Er veröffentlichte Schriften über Musik und musizierte bis ins hohe Alter, wenn auch nur im privaten Kreis. 1877 habilitierte sich Alfred Pringsheim in München, wurde dort 1886 außerordentlicher und 1901 ordentlicher Professor; seit 1898 war er Mitglied der Bayerischen Akademie der Wissenschaften. Er lehrte Algebra und Zahlentheorie, mit dem Spezialgebiet Funktionstheorie (Differential- und Integralrechnung sowie Theorie der unendlichen Reihen).

Der reiche Erbe investierte Teile seines Vermögens in italienische Keramik-Kunst der Renaissance. Zu den Opern von Richard Wagner, dessen eifriger Vorkämpfer er war, schrieb er Klavierfassungen. Er und sein Vater kauften die ersten Anteilsscheine am Festspielhaus in Bayreuth, wodurch sie zu »Patronatsherren« wurden. Nach dem ersten Jahr der Bayreuther Festspiele 1876 blieb Alfred Pringsheim dem Kultort aber fern, und das kam so: Nach einer Aufführung saßen Anhänger und Gegner Wagners in der Bierkneipe Angermann beisammen. Ein Kritiker sagte, das ganze Bayreuther Unternehmen sei ein großer Schwindel und Wagner nur ein Scharlatan. Alfred Pringsheim widersprach vehement. Professor Leo aus Berlin fragte Pringsheim, wie viele Biere er schon getrunken habe. Ein anderer rief: Solche Anwürfe lasse er sich gefallen? Pringsheim antwortete: Durchaus nicht – und warf dem Professor sein Bierseidel an den Kopf. Die Zeitungen meldeten, auf den Straßen von Bayreuth sei bereits Blut geflossen, und veröffentlichten Karikaturen, in denen Pringsheim mit dem Scherznamen *Schoppen-Hauer* belegt wurde. Mit einem anderen Kritiker focht er später in Berlin ein Duell aus, das aber glimpflich endete. Nach diesen Vorfällen war Pringsheim bei Wagners nicht mehr willkommen, weil diese fürchteten, der Skandal könnte ihrem jungen Unternehmen schaden.

Alfred Pringsheim gehörte zu den reichsten Bürgern in München; für das Jahr 1913 wurde ein Jahreseinkommen von 800 000 Goldmark angegeben. Die Herkunft seiner Frau Hedwig war ökonomisch bescheidener, kulturell aber glänzender. Ihr Vater hatte nach protestantischer Taufe seinen jüdischen Namen Elias Levy abgelegt und sich in Ernst Dohm umbenannt.

(Vielleicht in Erinnerung an den Juristen Dohm, der sich für die Verbesserung des gesellschaftlichen Status der Juden eingesetzt hatte.) Ernst Dohm hatte protestantische Theologie studiert, hätte Pastor werden können, entschied sich aber für den Beruf des Journalisten. Seinen Platz in der Geschichte errang er in Berlin als Redakteur des satirischen Blattes *Kladderadatsch*, was ihm häufig Ärger mit der Zensur eintrug. In seinem Montags-Salon in der Potsdamer Straße verkehrten bedeutende Maler, Autoren, Musiker, Journalisten. Ernst Dohm war der erste Vorsitzende des Berliner Richard-Wagner-Vereins, kannte den Komponisten persönlich, wurde privat nach Bayreuth eingeladen. Der antisemitische Komponist hatte viele jüdische Förderer.

Von dem kulturellen Ambiente profitierte insbesondere seine Frau, die als Kind keine Ausbildung erhalten hatte, nun aber als eifrige Autodidaktin die Gelegenheit nutzte, um zu Vorträgen in ihrem Heim einzuladen. Ihr Mann unterstützte sie dabei nach Kräften, und so wurde Hedwig Dohm eine erfolgreiche Autorin und eine der Vorkämpferinnen der Frauenemanzipation. Auch sie stammte aus einer zum Protestantismus übergetretenen jüdischen Familie. Hedwig Dohm die Ältere blieb in Berlin, erhielt aber von ihrer nach München verzogenen Tochter Hedwig ausführliche Briefe. Den Klatsch über die Gesellschaft in der Bayernmetropole verarbeitete sie in ihren Romanen. Vor allem aber griff sie die herrschenden Vorstellungen über die Rolle der Frau an, etwa in dem Buch *Was die Pastoren von den Frauen denken* (1872). Sie sei gar keine kämpferische Natur gewesen, schrieb ihre Münchner Tochter später, als Mutter aber sei sie ein Märchen gewesen. Der Krieg 1914 habe sie mit Entsetzen erfüllt, denn sie war Pazifistin, und über die Ermordung von Rosa Luxemburg habe sie lange und bitterlich geweint. Hedwig Dohm, früh verwitwet, konnte die glänzenden Anfänge des Mannes ihrer Enkelin Katia noch miterleben. Thomas Mann schrieb viele Jahre später ein etwas herablassendes Porträt über die Ur-feministin, nannte sie *Little Grandma* und nahm sie als Autorin nicht sonderlich ernst.

Grandma's Älteste, Hedwig, von der Mutter »Hedel« genannt, bezeichnete sich selbst als eine fanatische Berlinerin und lebte doch die längste Zeit ihres Lebens in München. Als Kind war sie eine kesse Göre gewesen, die sich durchaus ungehörig benahm, als sie der malenden Kronprinzessin Viktoria in deren Palais Modell saß. In Bayreuth erlebte sie an der Hand ihres Vaters die Grundsteinlegung des Festspielhauses 1872 sowie die erste Festspielsaison im Jahre 1876 mit.

Eine Feministin wurde Hedwig Dohm die Jüngere, verheiratete Pringsheim, nicht. Ihr literarisches Talent und ihr spezielles Temperament bewies sie in Briefen an ihre Freundinnen oder Freunde wie den Publizisten Maximilian Harden sowie in ausführlichen Schreiben an Verwandte in aller Welt, insbesondere an ihre Tochter Katharina. Hedwig Pringsheim hat reizende *Häusliche Erinnerungen* veröffentlicht, die von ihrer Kindheit und ihren bewunderten Eltern erzählten. Sie erschienen in den Jahren 1929 und 1930 in der konservativen *Vossischen Zeitung* in Berlin.

Anderthalb Jahre hat die junge Hedwig versucht, in der berühmten Theatertruppe der Meininger Fuß zu fassen, brachte es aber nie über Komparsenrollen hinaus, gab diese Karriere auf und heiratete, blieb jedoch ihr Leben lang eine begeisterte und begabte Rezitatorin. Sie war hoch gewachsen, schlank, elegant, eine auffällige Persönlichkeit; ihr Mann Alfred Pringsheim wird als klein, witzig und stets sorgfältig gekleidet beschrieben, zudem war er Kettenraucher. Ihre Hochzeit war eine reine Ziviltrauung. In rascher Folge kamen drei Buben zur Welt: Erik (1879), Peter (1881), Heinz (1882). Die vierte Geburt erfolgte am 24. Juli 1883 auf einem Ausflug nach Feldafing am Starnberger See; eine Bauersfrau assistierte ihr und war genauso überrascht wie sie selbst, dass nach einem Buben noch ein Mädchen zum Vorschein kam. Sie wurden Klaus und Katharina genannt. Über alle ihre Kinder führte Hedwig Pringsheim Buch, eine Sitte, die Katia Mann später übernehmen sollte. Alle wurden zunächst privat im eigenen Haus unterrichtet, die Jungen gingen ab der Oberstufe ins Wilhelmgymnasium, Katharina wurde bis zum Abitur privat unterrichtet und schließlich ebendort zur Prüfung zugelassen.

Das Palais Pringsheim in der Arcisstraße wurde 1889 von einem Berliner Architekten geplant und von den Einheimischen als nicht recht nach München passend gerügt. Für Jahrzehnte war es ein Treffpunkt der kulturellen Elite. Das Arbeitszimmer des Professors und seine riesige Bibliothek erstreckten sich über zwei Etagen. Mindestens so bemerkenswert war der persönliche Salon seiner Frau Hedwig, die einen Raum mit prachtvollen Sammlerstücken dem Kult des Kaisers Napoleon I. gewidmet hatte. Berühmt waren auch Hedwig Pringsheims Teegesellschaften.

Zu den Gästen gehörten Dekorateure, die das Haus ausgeschmückt, und Maler, die Familienmitglieder porträtiert hatten: Franz von Lenbach, Franz von Stuck, Friedrich August von Kaulbach, Franz von Defregger, Hans Thoma. Auch Musiker kamen, etwa Hermann Levi oder Hans von Bülow. Der Musiksaal mit seinen 65 Quadratmetern war auch für Hauskonzerte und Kostümfeste geeignet. Die erste Etage mit ihren 500 Quadratmetern war allein den Kindern vorbehalten, schlafen mussten die Buben allerdings in einem gemeinsamen Zimmer, während das einzige Mädchen die Schlafkammer mit einem Kinderfräulein teilte.

Ihr Mann sei stets verliebt gewesen, auch noch im hohen Alter, schrieb Hedwig Pringsheim ihrem Freund Harden, allerdings in andere Frauen. So hatte er eine langjährige Liaison mit der Wagner-Sängerin Milka Ternina, was niemandem verborgen blieb. Seine Frau behandelte sie nicht als Rivalin, sondern freundete sich mit ihr an und lud sie oft in ihr Haus. Ihr selbst wurde eine Affäre mit einem Baron nachgesagt. Ihre ausgiebige Korrespondenz mit Harden war nicht frei von erotischen Untertönen. Die Pringsheims waren liberal und freimütig, die eigenen Kinder wurden früh sexuell aufgeklärt. Bei allen Unternehmungen herrschte eine spezielle Familienfolklore, wie man sie später bei den Manns wiederfand.

Amüsant und instruktiv sind Hedwig Pringsheims Berichte von den Fahrradferien der Familie um 1900. Das waren noch Zeiten, als das Radfahren eine noble Passion war, der übrigens auch der junge Thomas Mann ausgiebig frönte. Radfahrer mussten offizielle Prüfungen ablegen. Hedwig Pringsheim war eine der ersten Damen in München, die ein Zweirad benutzten. Damals kam gerade der Hosenrock auf, und so eine »Hosenmadam« auf dem Radl musste sich zynische Männerkommentare anhören. Über zehn Jahre lang machten die Pringsheims, Vater, Mutter und die drei ältesten Buben, Radtouren in ganz Europa: in Norwegen, von Bozen bis Nizza, den Rhein entlang bis Holland, in der Normandie und der Bretagne, in Südengland. Währenddessen schickte man die Zwillinge Klaus und Katia an die Ostsee.

Katzenzungen, edelbitter

You have never written a book, nor did you ever
deliver speeches, give interviews,
put signature under flamboyant manifestos ...
Klaus Mann an seine Mutter, 1942

Aufgefallen war sie Thomas Mann als Schwarzfahrerin in der Münchner Tram, die sich vehement gegen eine Kontrolle wehrte. Durch die Heirat mit dem Schriftsteller erwarb sie ein Ticket für ein außergewöhnliches Schicksal, das sie selbst wenig zu bestimmen schien. Im Jahrhundert der Frauenemanzipation verwirklichte sie eine Form der Abhängigkeit, die es in dieser Ausprägung wohl nur in »ihrer Zeit« gegeben hat: als Dichtergattin. Katia Mann war vielleicht die vollkommenste Verkörperung dieser sonderbaren Rolle, in der ihre Tugenden und Fähigkeiten im Dienste ihres Mannes, ihrer sechs Kinder, ihrer Enkelkinder und des Ruhmes der »Manns« standen. Und doch wurde sie zu einer unverwechselbaren Persönlichkeit.

In ihren späten Jahren war sie in Zürich eine gefürchtete Autofahrerin, die mancherlei Unfälle verursachte. Eine Anekdote über ihren Fahrstil geht so: Von der Alten Landstraße in Kilchberg, an der ihr Haus lag, gelangte man über zwei Kurven der Hornhaldenstraße hinab zur Seestraße, die parallel zum Ufer verläuft und auf die man gleich hinter der Eisenbahnbrücke stößt. An besagtem Tag herrschte so starker Verkehr an der ampellosen Kreuzung, dass Frau Mann nicht zum Abbiegen kam. Ungeduldig geworden, fuhr sie einfach los. Die unvermeidliche Karambolage verlief glimpflich. Dem verständnislos fragenden Polizeibeamten erklärte sie: »Ich dachte, ich wäre jetzt dran!«

»Dran« – nämlich angemessen gewürdigt zu werden – war sie erst spät in ihrem Leben. Als ihre auf Tonband gesprochenen und bearbeiteten Erinnerungen veröffentlicht wurden, war sie 91 Jahre alt. 23 Jahre nach ihrem Tod erschienen fast zeitgleich zwei sich ergänzende Biographien über sie. Auf diesem Umweg wurden schließlich auch ihre Vorfahren »entdeckt«, deren Schicksale und Begabungen sich mit denen der Lübecker Manns durchaus messen konnten.

Die besonderen Leistungen der »Frauen des Exils« werden erst seit einigen Jahren anerkannt, obwohl Marta Feuchtwanger, Alma Mahler-Werfel, Liesl Frank, Helene Weigel, Katia Mann und andere dazu beitrugen, die Würde des Exils und das heißt des anderen Deutschlands zu wahren, was man als moralischen Widerstand werten kann. Ohne sie wären jene Gedächtnisorte in Sanary oder in Los Angeles, die heute Marksteine der historischen Erinnerung sind, nicht entstanden. Ohne ihre Mitwirkung wären einige bedeutende Werke der Exilliteratur nicht entstanden.

Katia Mann passt so vollkommen in das Familientableau der Manns, dass man es sich ohne sie gar nicht vorstellen kann. Und doch wird gelegentlich gefragt, ob für Katharina Hedwig Pringsheim ein anderes Leben denkbar gewesen wäre. Immerhin war ihre Großmutter Hedwig Dohm eine der frühesten Vertreterinnen der Frauenemanzipation, war ihre eigene Mutter eine begabte Briefstellerin und beachtete Gesellschaftsdame, und sie selbst zählte zu den ersten Abiturientinnen und Studentinnen in München.

Gewiss, Katharina Pringsheim hätte weiter studieren, vielleicht auch lehren oder forschen, hätte ihren ganz eigenen Weg gehen und im Idealfall eine andere Lise Meitner oder Marie Curie werden können. Aber auch dann hätte ihr Leben ins Exil geführt oder, wer weiß, nach Theresienstadt (wenn man schon spekuliert). Es gibt keinen Grund, das von ihr tatsächlich gelebte Leben herabzuwürdigen oder zu beklagen.

Nach glänzenden Anfängen (Privatunterricht auf höchstem

Niveau, Abitur mit exzellenten Noten, auch in Griechisch und Latein, Studium bei ihrem Vater und bei Wilhelm Conrad Röntgen, dem ersten Nobelpreisträger der Physik) wurde sie in der Ehe mit Thomas Mann geradezu unsichtbar. In dessen Tagebuch führt sie ein Schattendasein als beinahe kafkaeske Gestalt »K«. Wie sie ihr Leben empfunden hat, was sie gedacht und erlitten hat, wie groß ihr Einfluss war, das wurde erst lange nach dem Tod ihres Mannes deutlich, und auch das nur fragmentarisch. Dabei hat sie erst die Einheit der Familie Mann gestiftet. Sie war deren emotionaler und lebenspraktischer Anker. Die schmächtige, aber zähe Person mit dem kleinen Gesicht war nicht nur die Stamm-Mutter der Manns als mythologischer Sippschaft; sie war und bleibt ihr Symbol. Die Länge ihres Lebens war für deren Nachwirken ebenso wichtig wie die anhaltende Rezeption der Werke ihres Mannes. Im realen Leben war er ohnehin ihr Beifahrer gewesen.

Der Film ihres Lebens begann im Zeichen der Kunst, im prächtigen Dekor des elterlichen Palais' in ihrer Heimatstadt München, deren Dialekt ihre Stimme färbte. Zu den vielen Kunstwerken daheim gehörte nicht nur das Porträt ihrer Mutter, das Franz von Lenbach gemalt hatte, sondern auch ihr eigenes Porträt mit roter Kappe, das derselbe Meister von der 14-Jährigen geschaffen hatte. Alle fünf Pringsheim-Kinder in Pierrot-Kostümen hatte August von Kaulbach 1888 als *Kinderkarneval* gemalt. Als Reproduktion hat Thomas Mann dieses populäre Bild angeblich schon früh gekannt. Auch den Namen der Familie hat er früh benutzt, denn in *Buddenbrooks* ist es Pfarrer »Pringsheim« von der Marienkirche, der das Schmähwort von der »verrotteten Familie« aufbringt. Apropos Namen: Die Mutter wie der Verlobte schrieben oft »Katja«, aber sie selbst hat die Form Katia bevorzugt.

Nachdem er schon im Jahr 1901 in Florenz ein kurzes Techtelmechtel mit einer Engländerin namens Mary Smith gehabt hatte, bei dem gar von Verlobung die Rede war, nachdem die schwärmerischen Jungenfreundschaften, etwa mit dem Maler Paul Ehrenberg, keine Lebensperspektive boten, nach diversen Freundschaften mit jungen Frauen schien sich Thomas Mann reif zu fühlen, die bürgerliche Verfassung, die er sich zu geben gedachte, mit einer Eheschließung zu stabilisieren. Das Kunstgeschöpf, das Katia in seinen Augen sein musste, fügte sich gut in den von ihm gefassten Lebensplan. In einem der Werbebriefe Thomas Manns an Katia ist die Rede von Bildern und Phantasiegestalten und selbstständigem Leben, das aus Bildvisionen heraustritt. Und er beschreibt die Familie Pringsheim im Konzertsaal, die er mit dem Opernglas genau und hingerissen betrachtet hat. Auf die Wissenschaft sei er aber ein wenig eifersüchtig, ließ er die Angebetete wissen.

Gegenüber der bildschönen jungen Frau im glänzenden Saal wirkte er wie eine seiner eigenen Figuren, die alles riskieren, wenn sie sich offenbaren, und die genau wissen, wie wenig glaubhaft sie dabei sind. Er wusste, dass er als »reservirter Sonderling« erscheinen konnte. (13.6.1904) Deshalb musste er versichern, dass er sein bisheriges »kaltes, verarmtes, rein darstellerisches, rein repräsentatives Dasein« hinter sich lassen wollte – mit ihrer Hilfe. (Juni 1904) Ja, er sei herzenskalt, gab er zu, aber das müsse er um der Kunst willen sein; dann redete er von Ironie (die er also mit einer psychologischen Haltung in Zusammenhang brachte), und er verteidigte die disziplinierte Arbeitsweise, die seine Tageseinteilung bestimme. Er spielte ihr also keineswegs den romantischen Dichter vor, den er in *Tristan* aufs Korn genommen hatte.

Er versuchte, der Umworbenen seine Ergriffenheit bei ihrem Anblick zu schildern, aber es hätte sich um eine rein ästhetische Ekstase handeln können, als wäre die leibhaftige Anwesenheit eine Steigerung der Wirkung eines Kunstwerks. Die

Puppe lebte: Ihre Kopfdrehung »war in solchem Maße echt, sie brachte das neugierig Klein-Mädchenhafte, das Gaminartige [...] so wunderbar zum Ausdruck«. Wir ahnen, was ihm an dem Mädchen mit dem musikalischen Zwillingsbruder so gefiel. Er verlieh ihr einen übernatürlichen Status. Sie sei etwas Außerordentliches, eine Prinzessin, so wie er sich in seiner Kindheit oft als Prinz gefühlt habe: Sie sei seine »vorbestimmte Braut und Gefährtin«. (September 1904). Im Märchen *seines* Lebens war für sie ein Platz reserviert. Dergleichen Vogelgezwitscher (mit ernstem Hintergrund, denn er will ja nicht schwindeln) verstummte in der Ehe.

Waren sie wirklich einander ebenbürtig? Waren die Pringsheims nicht den Manns überlegen, an Wohlstand, an Lebenskultur, an gesellschaftlichem Glanz und Rang? Ja, Thomas Mann hat nach oben geheiratet, hat seinen Status durch seine Frau verbessert (das unterschied ihn von Heinrich Mann und dessen Frauen). Der aufsteigende Erfolgsautor glaubte, der Schwiegerfamilie durchaus willkommen zu sein. »Ich bin Christ, aus guter Familie, habe Verdienste, die gerade diese Leute zu würdigen wissen ...« (Brief an Heinrich, 1904) Ein Geschäft auf Gegenseitigkeit? War er willkommen, weil »diese Leute« Juden waren? Aber waren sie es denn? Zählte nicht mehr, dass sie alle seit Langem getauft waren und außerhalb jüdischer Tradition und Gemeinschaft lebten?

»Daß ich keine Jüdin bin, das weiß ich einmal ganz gewiss«, soll die kleine Katia gesagt haben. Sie war getauft worden, und sie hatte keine jüdische Erziehung erhalten. Ihre Brüder hatten auf der Straße antisemitische Beschimpfungen aufgeschnappt, sie gegen andere benutzt, woraufhin die Mutter sie zurechtweisen musste. Aber auch Hedwig Pringsheim war fähig zu Sätzen wie: »Unten in Meran nichts wie Juden, ganz Israel in der Form von Ärzten und Naturforschern vereinigt. Und ach, wie abscheulich sind doch Juden *en masse*.« (Brief an Maximilian Harden)

1933 bekam die Frage eine andere Bedeutung, und die Definitionsgewalt lag da in fremden Händen. Ins Exil gegangen ist Katia Mann als Partnerin des regimekritischen Schriftstellers Thomas Mann, nicht als Jüdin. Ihre Eltern haben sich lange geweigert zu emigrieren. Sie verstanden sich als deutsche Bürger, tief in der deutschen Kultur verankert, repräsentativ für die Münchner Gesellschaft – was ja auch stimmte. Die Nazis stuften Hedwig Pringsheim, ihre Kinder, Katia Mann und somit auch die Mann-Kinder als »Mischlinge erster Klasse« ein, nicht als Juden – vielleicht weil die früh getaufte Urgroßmutter Hedwig Dohm nicht als Jüdin gezählt wurde.

1903 hatte Thomas Mann die Pringsheim-Tochter erstmals bewusst erblickt und war sogleich hingerissen von ihr, meldete es dem Freund Grautoff, den er anflehte, gegenüber Alfred Kerr Stillschweigen zu bewahren. Der Kritiker als potentieller Rivale des Dichters, ein echter Alptraum! Seit Februar 1904 verfolgte Thomas Mann ernsthafte Absichten; nach zwei längeren Aussprachen mit Katia hatte er bis Mai seinen Wunsch deutlich erklärt, aber dann begann eine Wartezeit. Die Schöne fuhr nach Bansin an der Ostsee, wo sie Alfred Kerr kennen lernte, der sogleich für sie entflammte. Thomas Mann pflegte noch die eine oder andere Frauenfreundschaft, etwa zu Agnes Speyer, denn zur Ehe war er nun einmal entschlossen.

Der Anwalt Max Bernstein, der den Autor in rechtlichen Fragen beriet, und dessen Frau Elsa, in deren Salon er Katia erstmals gesellschaftlich begegnete, haben Thomas Manns Plan gefördert, vor allem aber Katias Zwillingsbruder Klaus, ein begabter Musiker, der ein Dirigenten-Praktikum bei Gustav Mahler absolvierte. Die Befürwortung der Ehe durch Katias männliches Duplikat erscheint in einem besonderen Licht, da der als »bildhübsch« bezeichnete Klaus Pringsheim den Prätendenten mehrmals privat traf und selber homosexuell veranlagt war.

Jahrzehnte später, sechs Jahre nach Thomas' Tod, schrieb Katia an ihren Bruder in einer ironischen Seitenbemerkung: »Gut, dass Du die Ehe gestiftet hast!«.

Über Katias Entschluss zur Ehe und zur Aufgabe des Studiums ist wenig bekannt, die erhaltenen Briefe und Aufzeichnungen überliefern nur *seine* Sicht der Dinge. Katia hat später gesagt, dass sie nicht überzeugt war, Thomas aber sei »geradezu draufgängerisch« auf die Ehe fixiert gewesen. Golo Mann überlieferte ihre Aussage, sie habe nur geheiratet, weil sie Kinder wollte. Die Pringsheims machten sich ein wenig lustig über die steife Art des blassen, schmalen, stets korrekt gekleideten Schwiegersohns, nannten ihn den »leberleidenden Rittmeister«.

Unglücklich war die Senatorenwitwe Julia Mann, die an ihren Sohn Heinrich im Oktober 1904 schrieb, dass sie ja stets gegen diese Ehe gewesen sei, aber Katias Mutter habe sie gewollt und »Tommy stark herangezogen«. Als die erste Wohnung des Ehepaars fast vollständig vom wohlhabenden Schwiegervater ausgestattet wurde, bat die Mutter Thomas, »sich nicht alles geben zu lassen; man fühlt sich ja kaum als Herr im Hause, wenn das wenigste einem durch Kauf gehört«. Immerhin war die Bleibe in der Franz-Joseph-Straße modern und komfortabel eingerichtet (zwei Wassertoiletten, Arbeitszimmer, Speisezimmer, zwei Schlafzimmer, Telefon, Heizung), und für alles kam Vater Pringsheim auf.

In den Memoiren von Katia Mann steht der fragwürdige Satz: »Ich habe in meinem Leben nie tun können, was ich hätte tun wollen.« Aber vielleicht hatte ihr auch ein Lebensentwurf oder ein bestimmtes Ziel gefehlt, das sie kräftig genug anzog? Thomas Mann und Katharina Pringsheim schlossen ein Schicksalsbündnis, führten zwei große Familienlinien zusammen. Diese Ehe adelte Thomas Mann gesellschaftlich und garantierte der rasch wachsenden Familie eine sichere Existenz.

Auf die Phase »Umworbene Prinzessin«, die sich ein Jahr hinzog, folgte die Sequenz »Ehealltag und sechsfache Mutterschaft«. Die Hochzeitsreise nach der rein zivilen Zeremonie hatte über Augsburg nach Zürich geführt, ins Hôtel Baur au Lac. War das eine Vorahnung kommenden Schicksals? Denn die Schweiz stand am Anfang und Ende der gemeinsamen Lebensreise.

Das Zürcher Nobelhotel war durch Thomas Manns großes künstlerisches Vorbild geadelt worden: Bald nach der Gründung durch den österreichischen Hotelier Johannes Baur hatte sich dort Richard Wagner gern aufgehalten und spielte wiederholt im Foyer Passagen aus seinen Werken, am Klavier sitzend und alle Partien singend.

Von Zürich machte das junge Ehepaar einen Ausflug nach Luzern, vermutlich auch nach Triebschen am Vierwaldstätter See, wo Wagner vor seiner Berufung nach Bayreuth gewohnt und komponiert hatte. Thomas Mann hat in Zürich Ärzte konsultiert und sich Ratschläge für sein Eheleben geben lassen. Mit Erfolg, denn genau neun Monate nach der Hochzeit wurde das erste Kind geboren. Der Name sollte nach Katias ältestem Bruder Erik lauten; da es kein Junge war, wie von Mutter und Vater erhofft, lautete der Taufname Erika Julia Hedwig.

Der »Prinzessin« wurde einiges zugemutet: sechs Kinder in 14 Jahren, je als Pärchen »zusammengefasst«: Erika, Klaus; Golo, Monika; Elisabeth, Michael; dazu zwei Fehlgeburten. Auch wenn ihr Hausmädchen, Köchin, Kindermädchen zur Seite standen, auch wenn jederzeit mit der Hilfe von Katias Mutter zu rechnen war, musste sie viel Disziplin aufbringen. Seit 1914 wurde es angesichts der Kriegslage immer schwieriger, die Familie angemessen zu versorgen. Die Mutter sei damals »zu einer Art von Heldin« geworden, schrieb Golo Mann später.

»Dienstbotenärger« war ein permanentes Problem, in München, in der Schweiz, in den USA. Da Katia die Verantwortung für deren Einstellung und Entlassung allein trug, fragt man sich, ob sie auf diese indirekte Weise deutlich machen wollte, wie unverzichtbar sie selbst war.

Sie behielt das kleine mädchenhafte Gesicht, auf manchen Fotos ist sie von ihren ältesten Kindern kaum zu unterscheiden. Ihrem Körper setzten die Schwangerschaften und die Hausverwaltung arg zu, sie war bald keine elegante Erscheinung mehr, beklagte sich über ihre dicken Beine, liebte es aber, sich fein anzuziehen, wobei ihre männlichen Züge immer stärker hervortraten. Zwischen 1911 und Mitte der zwanziger Jahre verbrachte Katia auf Anraten ihrer Ärzte Wochen, gar Monate in Sanatorien. Ihre pointierten Schilderungen jener Aufenthalte (in Davos, Meran, Sils-Maria, Arosa oder in den bayerischen Bergen) dienten Thomas Mann als Anregung für den *Zauberberg*.

Katias Kuren waren auch eine Zeit der Krise und Anlass zum Nachdenken. Anfang Oktober 1920 hieß es in einem ihrer langen Briefe an Thomas, sie frage sich manchmal, ob es richtig gewesen sei, ihr Leben ausschließlich auf den Mann und die Kinder einzustellen. Auch in seinen Briefen und Notizen finden sich Anzeichen, dass er die Ehe in einer Sackgasse sah. Vielleicht waren solche Anwandlungen auch eine Folge seiner allgemeinen Unlust und Verwirrtheit in den Monaten nach dem Ende des Ersten Weltkriegs.

Wegen einer der Kuren versäumte Katia einen wichtigen Termin daheim: Am 5. Januar 1914 bezog die Familie das neue Haus, das man im Herzogpark rechts der Isar hatte bauen lassen und das auf Katias Namen eingetragen war. Zur Einweihungsfeier in der Poschinger Straße 1 kam eine reine Männerrunde zusammen, darunter Ernst Bertram, Bruno Frank, Kurt Martens, Wilhelm Herzog, Emil Preetorius, aber auch Katias

Vater und ihre drei verbliebenen Brüder. Erik Pringsheim war vom Vater zur Auswanderung nach Argentinien gedrängt worden, nachdem er hohe Spielschulden angehäuft hatte; 1909 starb er dort unter nie geklärten Umständen.

Thomas Mann hatte sich nach der Heirat vergewissern müssen, dass der neue Status nicht auf Kosten der Kunst ging. Schon in der Verlobungszeit hatte er Heinrich gegenüber geklagt: »[...] zur Arbeit fehlt jede Ruhe und jene egoistische Eingezogenheit, die dazu nöthig ist«, er sei »vollkommen dérangirt«. Nach der Eheschließung beschrieb er seine Lage mit der sonderbaren Metapher, er schleppe eine »goldene Kugel an jedem Bein«.

Er löste das Problem auf seine Art: Er verwandelte das, was ihn quälte, in einen Text. So entstand die Skandal-Novelle *Wälsungenblut*. Die Inzestgeschichte von Zwillingen in einem Milieu, das dem der Pringsheims ähnelte, war auch für die liberalen Schwiegereltern anstößig, zumal es Gerede in der Stadt gab, es handle sich um eine antisemitische Erzählung. Noch nicht vergessen waren die Aufregungen um den Roman *Sibilla Dalmar*, in dem Hedwig Dohm die Ältere keine zehn Jahre zuvor ein abträgliches Bild der Münchner Gesellschaft gezeichnet hatte, in der eine begabte junge Frau um ihre Emanzipationshoffnungen und um ihr persönliches Glück betrogen wird. Dieses realistische Bild der Lage der Frauen vor 1900 wurde vor allem als Schlüsselroman über bestimmte Persönlichkeiten der Stadt gelesen, was zu Vorwürfen gegenüber den Pringsheims führte, denn man glaubte zu wissen, Indiskretionen ihrer Tochter wären in den Roman der Berliner Autorin eingeflossen. Unter dem Druck seines empörten Schwiegervaters, der keinen neuen Skandal wollte, zog Thomas Mann die Erlaubnis zum Abdruck seiner Erzählung zurück. Dennoch kam eine Druckfassung in Umlauf.

An den sehr speziellen Zusammenhang von Kunst und Leben würde man sich im Hause Pringsheim/Mann noch gewöhnen; Katia versorgte ihren Gatten nicht nur mit Anekdoten und Personenschilderungen, wie ihre eigene Mutter es für die ihrige getan hatte. Zuliefernd, lesend, korrigierend wurde sie zur literarischen Mitarbeiterin, auf deren Urteil und Kritik der Romancier etwas gab; gelegentlich beugte er sich auch ihren Streichungsvorschlägen, etwa wenn ihr eine Passage im *Gesang vom Kindchen*, der väterlichen Hymne auf die Lieblingstochter Elisabeth, zu intim vorkam.

Auf die Phase der Selbstzweifel Katia Manns um 1920 folgte bald die Sequenz Ärger mit den wilden Kindern; besonders Erika und Klaus waren keinem Erziehungsversuch zugänglich. Die anderen Kinder waren weniger aufsässig, bereiteten aber ebenso viele Sorgen. Bald folgte die Epoche des Exils und schließlich der Rückkehr nach Europa, und jedes Mal musste Katia Mann ihre Rolle neu erfinden und zur Innenarchitektin des Schicksals werden.

Katia Mann lebte nur für die Familie und für das Werk ihres Mannes. Züge von Strenge waren nicht zu übersehen, sie sind oft bezeugt; aber wie hätte es anders sein können unter den gegebenen Umständen, die sie gelegentlich überforderten? Sie wirkte als Sekretärin, die einen Großteil der ungeheuren Korrespondenz übernahm, nach Diktat oder aus freien Stücken (nach Stichworten des Gatten). Häufig war sie seine Managerin, wenn es um Interviewtermine oder um Vortragshonorare ging. Auch als die Kinder älter waren, musste sie hier und da intervenieren, trösten, raten. Dass auf sie Verlass war, wussten alle. Allerdings hat keines der Kinder von Thomas und Katia Mann das Lebensmodell der Eltern imitiert.

Am Rande einer Großveranstaltung ihres Mannes in den USA raunte ihr eine Dame zu: You are a lucky woman! Was sie geantwortet oder zumindest gedacht hat, wüssten wir gern. Das Leben der Katia Mann ist alles in allem eine versöhnliche Geschichte. Ihre Lieblingssüßigkeiten waren übrigens edelbittere Katzenzungen. Auf ihrer Kommode lag immer eine Schachtel bereit.

Trocknen Humor und Selbstironie bewies sie in fast jeder Lebenslage, auch im hohen Alter. Mitte der 70er Jahre begegnete Katia in einem der großen Zürcher Warenhäuser der Witwe jenes Arztes, der sie 1950 in der Klinik Hirslanden operiert hatte. Nach ihrem Alter befragt, gab die über 90 Jahre alte Katia Mann Auskunft und fügte hinzu: »Wenn ich hundert werd', lach ich mich tot.« Nun, sie wurde 97. Angesichts der vielen Zumutungen ihrer Existenz war das wirklich zum Lachen und zum Staunen.

Göttliche Jünglinge

Die geheimen und fast lautlosen Abenteuer
des Lebens sind die größten.

Thomas Mann, 1927

Seit die Tagebücher, die ab 1977 erschienen, Thomas Manns
homophile Neigungen öffentlich gemacht haben, wurde diesem
Aspekt seiner Persönlichkeit große Aufmerksamkeit gewidmet.
Er selbst schrieb im Tagebuch, dass Kenner dies immer schon
verstanden hätten. Bereits in Arthur Eloessers Biographie von
1925 war die Rede von der uneingestehbaren Neigung zur Knabenliebe. In seinem Gefühlsleben wie in seinem Werk haben
Männer und Frauen, Knaben und Mädchen eine Rolle gespielt.
Die Gefühlsgeschichten, die er erzählt, sind keine konventio-
nellen, die auf klischeehaftes Liebesglück abzielen.

Von Tonio Kröger heißt es, er habe im Süden »Abenteuer des
Fleisches« erlebt. Sollen wir dasselbe von Thomas Mann annehmen, etwa für die italienischen Jahre? Können wir mangels
direkter Zeugnisse die Literatur als Quelle und Beleg nehmen?
Die Versuchung dazu ist groß, wenn man weiß, wie stark sich
sowohl Thomas wie Heinrich Mann auf Erlebtes bezogen haben. Es ist spekuliert worden, Thomas Mann habe in Italien
Schockierendes erlebt, sei in Verbrechen in männlichen Pa-
rallelwelten involviert gewesen. Belege dafür fanden sich nicht.

Im März 1933 fürchtete er, dass seine Tagebücher den Nazis
in die Hände fallen könnten, weil darin die »Geheimnisse seines Lebens« offenbart würden, sein Leben würde nicht mehr
in Ordnung kommen, sollte die Nazipresse daraus zitieren.
»Furchtbares, ja Tödliches« könnte geschehen, sollte es zu diesem »Anschlag gegen die Geheimnisse meines Lebens« kommen. Seine Angst war echt und tief, Hand in Hand saß er mit

Katia beisammen, und sie, notierte er, verstehe »halb und halb meine Furcht wegen des Koffer-Inhalts«. Wir werden es nie wissen, auch wenn sich hier und da literarische Spuren einer frühen Schuld finden lassen, etwa in einer brutalen Kirmes-Szene in Heinrich Manns Roman *Der Kopf* (1925), die vielleicht auf Thomas gemünzt war.

Am 4. April 1942 musste Thomas Mann oft an einen jungen Mann denken, der ihn 1927 auf Sylt und später bei einem Besuch in München stark beeindruckt hatte: Klaus Heuser. Damals sei er ein glücklicher Liebhaber gewesen! Wenn er sterbe, werde er sich sagen können, er habe »gelebt und geliebet«, und »auch ich hatte es«. Die Verse aus Schillers Gedicht *Des Mädchens Klage*, auf die er im Tagebuch anspielte, lauten: »Ich habe genossen das irdische Glück, / Ich habe gelebt und geliebet!« Den ersten Teil zitiert er nicht, aber er meint ihn ja wohl mit, und das heißt, auch er, Thomas Mann, hat damals eine Art Liebesglück erlebt. In einer Notiz aus dem September 1954 heißt es, Klaus Heuser sei der Mensch gewesen, »der mir am meisten Gewährung entgegenbrachte«.

In einem Brief an Klaus und Erika berichtet Thomas Mann scherzend über Heusers Besuch in München. »Ich nenne ihn Du und habe ihn beim Abschied mit seiner ausdrücklichen Zustimmung an mein Herz gedrückt.« Und als wäre das nicht genug, fügt er noch schelmisch hinzu, sein Sohn Klaus sei aufgefordert, »freiwillig zurückzutreten und meine Kreise nicht zu stören. Ich bin schon alt und berühmt, und warum solltet ihr allein darauf sündigen?« (19.10.1927)

Der unmittelbare literarische Niederschlag des Klaus-Heuser-Erlebnisses war Thomas Manns Vortrag über die Kernszene von Kleists Theaterstück *Amphitryon* im Münchner Schauspielhaus im Oktober 1927. Gleich die ersten Sätze hatten Heuser gegolten (»Wir begegnen einem geliebten Gesicht ...«), schrieb er im September 1954. Dass der Jüngling dem Vortrag zuhörte, in dem er über die doppelte Erscheinung von Gatten und Gott sprach, über die Treue im Herzen der Untreue, war ihm eine besondere Genugtuung. Auch der Gott, Jupiter persönlich, kann nur in menschlicher Gestalt geliebt werden; als Gott kann man ihn bestenfalls aus der Ferne verehren.

Im Jahr 1925 hielt Thomas Mann einen Vortrag mit dem sonderbaren Titel *Die Ehe im Übergang*, der nicht zu erkennen gab, dass es sich um ein Bekenntnis handelte. Den Bogen vom Allgemeinen zum Persönlichen schlug er mit Hilfe eines Zitats. »Hegel hat gesagt, der sittlichste Weg zur Ehe sei der, bei dem zuerst der Entschluß zur Verehelichung stehe und dieser dann schließlich die Neigung zur Folge habe, so daß bei der Verheiratung beides vereinigt sei. Ich habe das mit Vergnügen gelesen, denn es war mein Fall [...]«

Thomas Manns Auffassung von der Ehe stand unter dem Begriff der »Lebensbürgerlichkeit«. Er begann seine Betrachtungen erstaunlicherweise mit einem Nachdenken über Homosexualität, und was er hier sagte, betraf ihn selbst: die Absage an gelebte Homosexualität und daraus begründet die Bevorzugung der Ehe als Lebensform.

Als Affekt und Neigung wurde die Homoerotik von ihm anerkannt, ausgehend von der Idee des Androgynen, die man bei den Romantikern finde, sowie von der »ursprünglichen und natürlichen Bisexualität«, welche die Psychoanalyse entdeckt habe. Überdies erfahre »das homoerotische Phänomen vonseiten der neuen Jugend viel gelassene und unbefremdete Duldsamkeit« – womit er gewiss auch »die Jugend« in seiner eigenen Familie meinte. In ihrer »stolzen Melancholie« stehe die Homoerotik dem Leben entgegen und sei damit auch sittlich abgewertet. Bei ihr liege kein Segen außer jenem der Schönheit, und das sei ein Todessegen. Sie sei Unfruchtbarkeit und Verantwortungslosigkeit. Aus ihr entstehe nichts, was über sie selbst hinausweise.

Thomas Mann hielt die Homoerotik nicht für literaturfähig: »Künstlerisch ist nur eine groteske Behandlung dieser Sphäre möglich, wie bei Proust«, heißt es später in einem Brief an Agnes Meyer. (26.5.1942) Für ihn galt: »Alles, was die Ehe ist, nämlich Dauer, Gründung, Fortzeugung, Geschlechterfolge, Verantwortung, das ist die Homoerotik nicht; und als sterile Libertinage ist sie das Gegenteil der Treue.« Leider sagte er nicht, welche persönlichen Erlebnisse ihn zu dieser Auffassung gebracht haben.

Aus dem Verdikt gegen die Homoerotik leitete er die Bejahung der Ehe ab, und das war »genau sein Fall«, sein Weg: Nachdem er den Entschluss zur Lebensbürgerlichkeit gefasst hatte, ging er auf Freiersfüßen, wie er selbst formulierte, und schließlich fand er die geeignete Kandidatin. Wenn er sagte, er »unterziehe« sich dem Glück, so war Verzicht auf die Wunscherfüllung seiner eigentlichen Neigung gemeint. Das aber musste die Ehe vorbelasten, ohne dass die Partnerin es wissen konnte.

Eine männliche Partnerschaft war für Thomas Mann unvorstellbar, obwohl er wusste, dass sein philosophischer Berater Ernst Bertram in einer dauerhaften (diskreten) Gemeinschaft mit einem Mann lebte. In der damaligen Gesellschaft hätte eine solche Beziehung Heimlichkeit oder Verzicht auf gesellschaftliche Repräsentanz bedeutet.

Thomas Mann war kein Kaufmann und Firmenchef, er musste bei seiner Heirat keine familiären Rücksichten nehmen (wie etwa Alfred Flechtheim, der eine Konzessionsehe einging); er war Künstler, also der Schönheit zugewandt. Der wesentliche Teil seiner Persönlichkeit verblieb in dieser gesonderten Sphäre. Seine Existenz war unvermeidlich gespalten, denn »der Künstler [...] ist recht eigentlich der (ironische!) *Mittler* zwischen den Welten des Todes und des Lebens«. Damit gab er die Quelle seiner Ironie zu erkennen: die Unmöglichkeit, das eigentliche Objekt des Begehrens beim Namen zu nennen.

Anders als seine Gestalten Thomas Buddenbrook oder Gustav von Aschenbach habe er, Thomas Mann, sich der lustvollen, aber sterilen Hingabe an die Welt der Schönheit und des Todes rechtzeitig verweigert. Entscheidend sei, dass der Wille zur Kunst aktiv und produktiv und dass passives Genießer- und Dilettantentum überwunden werde. Als Mensch und Bürger entschied er sich für das Leben, und das war für ihn verbunden mit Pflicht, Dienst, sozialer Bindung und Würde. Als Künstler zählte für ihn der »Werkinstinkt«, denn dieser nur führe zu »Lebenssittlichkeit«, »Tüchtigkeit«, »Soziabilität«. Er hatte sein Leben auf »Phantasie und Selbstzucht« gestellt, wie er seinen Felix Krull sagen lässt, wobei *und* sowohl Synthese wie Trennstrich bedeutet, eine Existenz halb in der lebensfeindlichen Kunstwelt, halb in der Lebensbürgerlichkeit.

»Die zur Ehe führende Liebe ist gründende Liebe.« Allerdings sei die Ehe nichts ein für alle Mal Definiertes, sie ändere ihre Erscheinungsweise wie alles und jedes. Die Ehe sei »ein Problem der Herrschaft und Unterordnung«. Das patriarchalische Prinzip habe ursprünglich die Ehe ermöglicht und zumindest vereinfacht, sei aber überholt. Und so plädierte er angesichts der »unverbrüchlichen Zusammensperrung zweier Menschen fürs Leben« für »Rücksicht, Takt, Diplomatie, Zartheit, Güte, Nachsicht, Selbstbeherrschung«, für »selbständige, auseinandergehende Interessenbetätigung und Berufsübung« und auf jeden Fall für »getrennte Schlafzimmer«. Thomas Mann als Eheberater! Immerhin wusste er, dass auch das angeblich Ewig-Menschliche »wandlungsfähig« ist.

Im Tagebuch geht Thomas Mann mehrmals auf die Spiegelung seines Begehrens im Erzählwerk ein. Das kurze Kapitel *Von der Schönheit* am Anfang von *Der junge Joseph* sei ein »Scherzen über das Tiefste in mir«. (6.8.1950) Der junge Joseph galt als »der Schönste unter den Menschenkindern«, heißt es im Roman, doch wird sogleich hinzugefügt, Schönheit sei ein fragwürdiger Begriff, ein »Gedanke von erhabener Blässe«, ein »Schulmeistertraum«, der Langeweile ausstrahle. Schönheit »ist magische Gefühlswirksamkeit, immer halb wahnhaft«, und da sich hier das Geschlecht einmische, also das Verlangen, sei auch viel »Betrug, Gaukelei, Fopperei« im Spiel, wozu gehöre, dass es keine Eindeutigkeit von Männlich und Weiblich gebe.

Die Anmut der Jugend sei »eine Erscheinungsform der Schönheit, die ihrer Natur nach zwischen dem Männlichen und Weiblichen eine schwebende Mitte hält«, als ein Männliches, das »immer ein wenig ins Weibliche spielt«. »Mit siebzehn [...] kann einer schöner sein als Weib und Mann, schön wie Weib und Mann, schön von beiden Seiten her und auf alle Weise, hübsch und schön, daß es zum Gaffen und Sichvergaffen ist für Weib und Mann.«

Der versteckte Erzähler des Josephs-Romans beschreibt das »Körperlich-Göttliche« des Jünglings: schlanke Beine, schmale Hüften, wohlgestalteter Thorax, goldbraune Haut, angenehmer Wuchs, eine halbwegs göttliche Weise zu gehen, die Mitte haltend zwischen Anmut und Kraft, das Ganze gekrönt von einem lächelnden Gesicht mit »annähernd göttlichem Menschenmund«. Hier definierte Thomas Mann sein eigenes Ideal, das er in verschiedenen Gestalten seines Erzählwerks vorgeführt hat. Der junge Joseph verkörpert dieses Idealbild am reinsten, wobei der Romancier wie ein Bildhauer der griechischen Antike Modelle im Abbild zur Vollkommenheit steigert. 1934 gefiel ihm Elisabeth (genannt Elsie) Attenhofer, eine Schweizer Kabarettistin, Diseuse, Autorin, auch bildende Künstlerin. Er sah damals eine sehr feminine Josephs-Statue von ihr, die leider verloren ging. Sein Kommentar: »Die hermaphroditische Gestalt mit dem Gliede, der einen weiblichen Brust und der phantastisch orientalischen Physiognomie hat großen Reiz.« (Tagebuch, 3.11.1935) 18 Jahre später erlebte er die Künstlerin bei einem Chansonabend und notierte, dass er seit je eine Schwäche für sie gehabt hätte – vermutlich für ihr Gesicht: schwarze Augen, liebliches Mädchengesicht, dazu kurzes dunkelbraunes Haar. Züge von ihr (aber auch von Eva Herrmann) finden sich wieder in der 25-jährigen Schweizerin Marie Godeau in *Doktor Faustus*.

Die homosexuellen Neigungen seiner Kinder hat Thomas Mann interessiert beobachtet und geduldet. Als Tochter Erika behauptete, dass sein Lieblingsenkel Frido alle Anzeichen der Homosexualität aufweise, bezweifelte er dies, meinte aber:»Im Übrigen – sei es«. (Tagebuch, 4.1.1949) Im Alter wurde Thomas Mann stärker denn je von Gefühlserlebnissen heimgesucht, wie er sie schon 1913 in *Der Tod in Venedig* zum Thema gemacht hatte. Immer wieder weckt der Anblick reizender Gesichter junger Männer sein Begehren, mal ein portugiesischer Kellner aus Honolulu (26.10.1949), mal ein »sympathischer junger Neger«, von dem er sich beim regelmäßigen »Haarschneiden in Westwood« gerne bedienen lässt und dem er ein extra Trinkgeld zusteckt (Januar 1950).

Er notiert »sexuellen Kummer«, erzeugt durch flüchtige Eindrücke unterwegs, »leidvolles Verlangen nebst dem Wissen, daß es die Wirklichkeit nicht will«, und er denkt nach »über erotische Begeisterung im Streit mit der Einsicht in ihr Illusorisches«. Denn: »Das höchste Schöne, behauptet als solches gegen eine Welt, ich würde es nicht anrühren wollen.«

Im November 1949 las er in Pacific Palisades einen »homosexuellen Roman« von Gore Vidal (*The City and the Pillar*, 1948, auf Deutsch: *Geschlossener Kreis*); das Sexuelle der geschilderten Abenteuer blieb ihm unbegreiflich: »Wie kann man mit Herren schlafen.« Für Thomas Mann zählte eben nur der vergötterte Jüngling. Trotzdem regte ihn Vidals Roman für die eigene Arbeit an; in das Manuskript des *Felix Krull* ist viel von diesen Affekten und Reflexionen eingegangen, noch mehr allerdings nach den Hotel-Erlebnissen auf der Europa-Reise 1950.

Im August 1950 begeisterte er sich in St. Moritz für einen jungen argentinischen Tennisspieler, der fast alle Kriterien männlicher Schönheit erfüllte. Der Anblick löste »tiefes erotisches Interesse« aus, aber auch »Schmerz, Lust, Kummer, zielloses Verlangen« sowie »allgemeine Trauer um mein Leben«, um die unerfüllbare Liebe, dem »allem zum Grunde Liegenden, wahnhaften und doch leidenschaftlich behaupteten Enthusiasmus für den *unvergleichlichen, von nichts in der Welt übertroffenen Reiz* männlicher Jugend, die von jeher mein Glück und Elend«, aber eben kein Glücksversprechen, sondern nur »Entbehrung«. (Tagebuch, 6.8.1950) Die Sehnsucht nach dem göttlichen Jüngling konnte er kaum noch ertragen und empfand darin die Nähe des Wunsches zu sterben.

Den Höhepunkt dieses Schweizer Sommers erlebte er im Juni/Juli. Er entdeckte einen bayerischen Kellner im Grand Hôtel Dolder in Zürich-Hottingen am Westhang des Adlisberges, von wo aus man einen weiten Blick über die Stadt und den Zürichsee hat. Kurz nach der grandiosen Feier seines 75. Geburtstags in Zürich musste Katia sich in der Klinik Hirslanden einer schweren Operation (»ein Frauenleiden«) unterziehen und anschließend dort ein paar Wochen verbringen. Ohne sie fühlte er sich vereinsamt, wie er ihr am Telefon gestand; aber eben in diesen Tagen verguckte er sich in den »kleinen Münchner«, der vom Tegernsee stammte. Thomas Mann hat ihn sogar als »prächtigen Nazi« bezeichnet, ehe er sich seinen Schwärmereien hingab, die beim dienenden Gegenüber nicht unbemerkt blieben. Der Kellner wusste, wer der Gast war, bat ihn um ein Autogramm. So erfuhr dieser endlich seinen Namen (Westermeier) und den Vornamen (Franz).

Tochter Erika kommentierte seine platonische Leidenschaft;

später erzählte er Katia davon, beide Frauen machten Scherze darüber, und der verliebte Romancier scherzte mit, was seine Gefühle aber nicht mindern konnte. Erika gegenüber ließ er sich zu der Bemerkung hinreißen, das Wohlgefallen an einem Pudel sei auch nicht viel anders; sein Interesse für »Franzl« habe viel von der »Liebe zur Creatur«. (Tagebuch, 8.7.1950) Diese Äußerung hilft verstehen, warum er stets einen Hund, meist einen Pudel, als Gefährten auf dem mittäglichen Spaziergang benötigte. Es war eine Art Bindung, die affektive Stabilität erzeugte.

»Freude, Zärtlichkeit, Verliebtheit« – der Augenroman mit dem Kellner ging weiter. Etwas Sexuelles war doch dabei, wie er freimütig notierte: »Nachts, nach kurzem Schlaf, gewaltige Ermächtigung und Auslösung. Sei es darum, Dir zu Ehren, Tor!« (10.7.1950) Auch das wollte gestanden sein: die sexuelle Reaktion auf eine Chimäre. »*Noch einmal also dies, noch einmal die Liebe*, ›das Ergriffensein von einem Menschen, das tiefe Trachten‹ nach ihm«, wie seit 25 Jahren nicht mehr, also seit der ersten Begegnung mit Klaus Heuser, 1927 auf Sylt und einige Zeit später in München. (Tagebuch, 9.7.1950) Die Erprobung, wie weit ein begehrter Jüngling mit ihm gehen würde, »gehört nicht zu meinem Leben, das Geheimnis gebietet«. (Tagebuch, 10.7.1950)

Er dachte zurück an die Jungen, für die er sich einst begeistert hatte, den Klassenkameraden Willri Timpe, der an der Gestalt der Madame Chauchat seinen Anteil hatte; an Armin Martens, auch er ein Mitschüler, der seinen Auftritt in *Tonio Kröger* hatte, an den Freund Paul Ehrenberg, der in *Doktor Faustus* einging, und an Klaus Heuser. Mit 25 Jahren – also mit Ehrenberg – habe er seine »zentrale Herzenserfahrung« erlebt, hatte er am 6. Mai 1934 ins Tagebuch geschrieben.

Noch wochenlang wirkt das Franzl-Erlebnis nach; kleine Briefchen und Gesten, kurze Wortwechsel genügen dieser durch nichts zu bremsenden Leidenschaft, deren Auslöser und Erreger er zuletzt aus dem Weg ging, um sich nicht ganz zu

verlieren; aber erst kurz vor der Lächerlichkeit und Selbstdemü-
tigung (wie er sie in seinen frühen Erzählungen beschrieb)
bremste er ab.

Bearbeiten konnte er solche Empfindungen nur in der Literatur, sie war das einzige Medium seiner Traumarbeit, die zugleich Trauerarbeit war. Vom »Abenteuer meines Herzens«
zeugte nur die Galerie der Erinnerten. Das kann man Entsa-
gung, Sublimierung, Verschiebung nennen, Mangel an Erfahrung, Vermeiden von Enttäuschungen, Konservieren früher
Gefühlszustände. Aber kann man es Liebe nennen? Und wird
ihre Bedeutung nicht nur deshalb so hoch veranschlagt, *weil*
die Erfahrung fehlt? Ein Feuchtwanger brauchte sechs bis acht
Affären im Jahr, und von Maupassant hieß es, er war mit ebenso
vielen Frauen zusammen, wie er Novellen schrieb. Was würde
passieren, wenn die überspannte Erwartung an die Liebe durch
reale Erfahrung in sich zusammenbräche? Wenn die Liebe zu
den Jünglingen kein Tabu mehr wäre? Würde dann auch die innere Spannung verschwinden, die das Schreiben in Schwung
hielt?

Höher als die Liebe steht das Interesse, lässt Thomas Mann
Adrian Leverkühn sagen; aber auch der suchte die vermiedene
Liebe als Stimulus seines Schaffens oder eben die vergiftete und
vergiftende Liebe. Und wenn die Massen an Wissensballast, die
Thomas Mann in manchen Romanen auftürmt, nur ein vorder-
gründiges »Interesse« bedienen, weil auf diese Weise ein ganz
anderes Interesse überdeckt wird? Ist sein ganzes aufwändiges,
materialreiches Schreiben nicht nur Maskerade, sondern sogar
Ablenkung?

»Daß die Bewunderungswürdigkeit des ›göttlichen Jünglings‹ alles Weibliche weit übertrifft und eine Sehnsucht erregt,
vergleichlich mit *nichts* in der Welt, ist mir Axiom.« (Tagebuch,
28.8.1950) Das bestätigte ihm noch einmal das Franzl-Erlebnis,
wobei dieser kein göttlicher Jüngling war, sondern das Ideal nur

andeutete. Wissenschaftliche Abhandlungen über Homosexualität, die ihm gelegentlich in die Hände fielen, langweilten ihn nur. Erklärungen, wie er sie in einer englischen Broschüre fand, in der Homophilie mit frühkindlicher Inzestangst in Bezug auf die Mutter erklärt wurde, waren für ihn »die gelehrte Unwissenheit selbst«. Und doch wird sein Romanwerk mit einer Liebesszene enden, die als Rückkehr in den Mutterschoß deutbar ist (im *Felix Krull).*

Nach den erregten Wochen mit überraschend intensiven Schönheitserlebnissen und tiefen Selbstanalysen drängte es Thomas Mann, das jüngst Erlebte zu Papier zu bringen, wobei ein Bekenntnis über das Tagebuch hinaus nicht in Frage kam. Den unscheinbaren Anlass fand er in einer zweisprachigen Neuausgabe der Liebesgedichte Michelangelos, die er in einem knappen, dichten Essay besprach. Die Sonette des Bildhauers werden als »einsame Geständnisse eines gewaltigen Künstlers« gewürdigt, und wir können jeden Satz in dem kurzen Text auf den Rezensenten beziehen, ja vor allem auf ihn, der hier den seelischen Antrieb seines Schreibens zu erkennen gab.

Michelangelos Liebesgesänge galten »blendenden Jünglingen« oder »prangenden Frauen«, seine Objekte waren immer solche Wesen, »in deren Antlitz sich das Männliche und Weibliche auf eine ihm göttlich erscheinende Weise vereinigte«. In der ungeheuren Sinnlichkeit des Künstlers wurzele letztlich das Übersinnliche, der Aufstieg zu Form, Mythos, bleibender Gestalt. Die Liebe verleihe ihm das Feuer, das seine Schöpferkraft brauchte, auch noch mit 72 Jahren. Selbst wenn sich das Sinnliche »ins eklatant Unwürdige« verliere und tief hinabführe »unter den eigenen geistigen und menschlichen Rang«, erzeuge sie Gleichnisse der Liebe Gottes. In seiner Deutung der Gedichte des großen Bildhauers fand Thomas Mann einen Weg, persönliche Erlebnisse zu verarbeiten; die Begegnung des 75-Jährigen mit einem Kellner (den er gewiss als Hermesfigur verstand) wurde zu erhabenen Gedanken veredelt.

Im Übrigen: In seinem Briefwechsel mit dem Literaturkritiker Kuno Fiedler über autobiographische Motive im *Felix Krull* schrieb Thomas Mann im Zusammenhang mit der Homosexualität: »So bin ich weit entfernt, es übel zu nehmen, wenn man mich ihrer zeiht.« (22.11.1954)

Bruderzwist im Hause Mann

»[...] weil ich nicht werden wollte wie du.«
Thomas Buddenbrook zu Bruder Christian

Schon in der ersten Phase seiner literarischen Entwicklung hatte Heinrich Mann mit einem Phänomen zu tun, das sein ganzes Leben überschatten sollte: Auch bei seinem Bruder Thomas war der dichterische Ehrgeiz erwacht. Der vier Jahre Jüngere erwies sich als begabtes Wunderkind und als vom Glück gesegnet. »Tommys« Erfolge zu akzeptieren fiel Heinrich zunächst schwer. Dessen Erzählung *Gefallen*, 1894 abgedruckt in der Zeitschrift *Die Gesellschaft*, bezeichnete er als »Blödsinn«.

Thomas hat den älteren Bruder bewundert und ihm so sehr nachgeeifert, dass er sich an dessen Stoffen versuchte. *Gefallen* zeigt deutliche Anklänge an Heinrichs Novelle *Haltlos* (von 1890). In einem Brief an Otto Grautoff lobte Thomas Heinrichs »feine und reserviert vornehme Sprache« und seine »eminente Psychologie«. Annäherung an ein Vorbild, an dem er sich emporranken konnte, um es schließlich hinter sich zu lassen – diese Methode sollte Thomas Mann wiederholt anwenden. Sein Entdecker Richard Dehmel hatte ihm prophezeit, dass er, Fontane liebend, diesen »überwachsen« werde. (Tagebuch, 7. 2. 1951)

In den italienischen Jahren bis um 1900 kamen sie gut miteinander aus, gerade Thomas legte damals großen Wert auf Gemeinsamkeit. Das Jahr 1897 bedeutete einen Einschnitt für beide Brüder: In Rom und Palestrina arbeitete jeder an einem großen Roman. Kurze Zeit hatten sie erwogen, gemeinsam über ihre Vorgeschichte zu schreiben. Sie hätten die deutschen Brüder Goncourt werden können – aber ihre Wege trennten sich. Der Familien- und Lübeckroman blieb allein die Sache von Thomas, wurde zum Grundstein seines Ruhms.

Ein Sanatorium, in dem leidende sowie eingebildete Kranke unter der Obhut eines dämonisch-verführerischen Arztes leben, sich in sanfter Melancholie oder verhaltener Leidenschaft sehr speziellen Kuren hingeben und dabei eine kleine menschliche Komödie aufführen – das Thema kennt man aus dem *Zauberberg*, Thomas Manns Roman von 1924. Aber aufgebracht hat es Heinrich Mann, der sich, seit er 21 war, mit Sanatorien, Kuren und der Nervenmythologie auskannte. 1898 erschien seine Novelle *Doktor Biebers Versuchung*. Der amüsante und elegante Text, inspiriert von den Aufenthalten in Riva, bietet ein schönes Tableau von Neurasthenikern, ihren Ärzten und ihrer aller Gedankenwelt, ein wirkliches Zeitgemälde. Dr. Anton Bieber, der seinen suggestiven Einfluss insbesondere gegenüber den Patientinnen unredlich ins Spiel zu bringen versucht, wird schließlich entlarvt – als Hochstapler und Komödiant.

Thomas hat sich immer wieder mit Themen oder Figuren befasst, die er aus Heinrichs Werken entlehnt hat, in diesem Beispiel mit einer Sanatoriumsnovelle oder später mit dem Hochstapler-Thema – natürlich, um es zu überbieten. Heinrichs Texte sind geradezu ein Schlüssel für das Werk des Bruders. Phantomhafte Abbilder von Heinrich geistern durch das Werk von Thomas, bis schließlich in der Gestalt des Felix Krull eine Art überpersonale Synthese gefunden wird. Heinrich hat allerdings als Erster den Bruder zur literarischen Figur gemacht. In seiner Göttinnen-Trilogie führt er einen deutschen Dichter namens Siebelind ein, der von sich sagt: »Es ist meine Manie, mich verstehen zu müssen.« Der Poet gerät sogar in den Verdacht der Pädophilie.

Bald mussten die Brüder darauf achten, sich voneinander zu unterscheiden. 1901 ist es in Riva zu einem ersten Streit darüber gekommen, wer welche Themen aufgreifen, welche Begriffe oder Titel benutzen dürfe. Die Szene, die wir uns als Wortgefecht in einem Ruderboot auf dem Gardasee vorstellen müssen, hatte Folgen. Seither sammelte Thomas unter dem Stichwort »Anti-Heinrich« kritische Anmerkungen zu dessen Werk, als bereite er eine Anklageschrift vor. Alles, was den Bruder betraf, ging Thomas eigenartig nahe, während Heinrich gelassener zu sein schien. Bei einem Gespräch im Familienkreis sagte Thomas: »Der Fall Heinrich ist nämlich ein Fall, über den ich stundenlang nachdenken kann.« Als *Im Schlaraffenland* erschien, löste dies bei Thomas Neid und Depression aus, ja sogar ein Spiel mit »Selbstabschaffungs-Plänen«, vor allem für den Fall, dass sein Lübeck-Roman keinen Erfolg haben sollte. Goethes Vers »Lebt man denn, wenn andre leben« war ihm wohl vertraut.

Im Dezember 1903 fasste Thomas seine Einwände gegen Heinrichs Werk in einem ausführlichen Brief zusammen. Von *Buddenbrooks* wurde schon das 13. Tausend gedruckt, was er in geheuchelter Bescheidenheit als ein Missverständnis erklärte. Trotzdem war deutlich, dass er nun aus einer Position der Stärke argumentierte. »Daß ich mit Deiner litterarischen Entwicklung nicht einverstanden bin, – muß einmal ausgesprochen werden [...] Solche Bücher, wie *Die Jagd nach Liebe*, liegen meiner Überzeugung nach [...] nicht allein außerhalb der deutschen Entwicklung – das wäre kein Einwand – sondern auch außerhalb Deiner eigenen.« Er kritisierte »diese verrenkten Scherze, diese wüsten, grellen, hektischen, krampfigen Lästerungen der Wahrheit und Menschlichkeit, diese unwürdigen Grimassen und Purzelbäume, diese verzweifelten Attacken auf des Lesers Interesse! [...] alle diese sinnlosen und unanständigen Lügengeschichten, – ich lese sie und kenne Dich nicht mehr. [...] ich vermisse jede Strenge, jede Geschlossenheit, jede sprachliche Haltung.« Heinrichs Bücher seien bestenfalls »ein neues Genre von Unterhaltungs- oder Zeitvertreib-Lektüre«, »eine gottverlassene Art von Impressionismus«.

Er halte es für unmoralisch, aus Furcht vor den Leiden des Müßigganges ein schlechtes Buch nach dem andern zu schreiben, aber vielleicht sei »Produktivität nur eine Form von Leichtsinn«. Mit dieser psychologischen Erklärung führte Thomas die Kritik des Vaters an Heinrichs Charakter fort. Rechtfertigung lag für ihn allein im Willen zur künstlerischen Vollkommenheit: »Nur wer am besten schreibt, hat das Recht, die höchsten, vornehmsten, allgemeinsten Gegenstände zu behandeln.« Thomas missfiel auch Heinrichs Politisierung: »Der Künstler kritisiert nicht, nimmt auf, giebt sich hin, läßt sich von den Thatsachen, den Erscheinungen besiegen, sagt immer Ja, spiegelt wider [...] ohne Reflexion.« Protest sei unkünstlerisch.

Und dann kommt er zu einem Hauptpunkt: »Erotik ist Poesie, ist das, was aus der Tiefe redet, ist das Ungenannte [...]. Sexualismus ist das Nackte, das Unvergeistigte, das einfach bei Namen genannte. Es wird ein wenig oft bei Namen genannt in der *Jagd nach Liebe*. [...] Diese schlaffe Brunst in Permanenz, dieser fortwährende Fleischgeruch ermüden, widern an. Es ist zu viel, zu viel ›Schenkel‹, ›Brüste‹, ›Lende‹, ›Wade‹, ›Fleisch‹, und man begreift nicht, wie Du jeden Vormittag wieder davon anfangen mochtest [...]« Er sei kein Moralprediger, aber: »nur Affen und andere Südländer können die Moral überhaupt ignoriren«.

Heinrich hat mit einem ausführlichen Brief geantwortet, die deutlichste Rechtfertigung, die er jemals schrieb, nicht ohne Selbststilisierung, aber doch freimütiger, als es sonst seine Art war. Der Brief ist nicht erhalten, man kennt lediglich den stark überarbeiteten und deshalb schwer lesbaren Entwurf aus einem Arbeitsheft von Ende 1903 oder Anfang 1904. »Jede ›schlechte Kritik‹ richtet in mir zunächst Verheerendes an. [...].

Dein Brief übergoß mich beim ersten Lesen heiß und kalt, ich kam mir ertappt vor, entlarvt, unmöglich gemacht.« Dann grenzt er seine Entwicklung gegen die von Thomas ab. »Ich bin bis gegen mein 27. Jahr nur ein latenter Künstler gewesen. [...] Mein Hauptinteresse war – und ist es noch heute und in anderer Weise – die Frau. Ich habe [...] nur meiner Sinnlichkeit gelebt. [...] Denn ich brauche die ›Sensation‹, die ich mache, vor allem für mich selbst.« Den ästhetischen Unterschied zwischen ihnen führt er auf ihre unterschiedliche erotische Disposition zurück. »Du ein Schriftsteller, in dessen Büchern ausschließlich die Männer – die sich auf einen reduciren – Interessen habe, hast es bei mir mit einem zu thun, der sein Leben lang nichts für wichtiger gehalten hat als die Frau. [...] Bei der Frau also bin ich innerlich zu sehr zu Hause.«

Schreiben ist für ihn ein vitaler Zwang, eine innere Notwendigkeit, die mit starken Affekten einhergeht und nicht unbedingt der rationalen Kontrolle unterliegt. Und vor allem kultiviert er sein Außenseitertum: »Auch bin ich zu fremd dem Volk, für das ich schreiben muß, wie denen, für die ich lieber schreiben würde. Ich gebe ihnen nichts.« Seine Texte seien »ohne Zusammenhang mit einer heimischen Litteratur«, er müsse »auf einem Seitenpfad neben den romanischen Litteraten herlaufen«. Thomas hingegen fühle hinter sich »das beruhigende, lärmende Stimmengewirr eines Volkes, Hunderttausende, die Deine Sprache sprechen, haben in dunklem Drängen ungefähr was Du aus Deiner inneren Erfahrung herausläßt.« Formulierungen wie »Affen und andere Südländer« finde er allerdings ungeheuerlich. »Was Dich lenkt, Dich stärkt, Dich beherrscht wie eine Macht, ist, wie wir wissen, das heutige Deutschland, das chauvinistische und darin reaktionäre Deutschland Wilhelms II.«

Thomas erinnerte sich noch gut an die Artikel des Bruders in der völkischen Zeitschrift *Das Zwanzigste Jahrhundert* und äußerte seine Verwunderung über Heinrichs Entwicklung zum Liberalismus hin. »Du mußt Dich wohl ganz ungeahnt jung und stark damit fühlen? [...] Aber für politische Freiheit habe ich gar kein Interesse. Die gewaltige russische Litteratur ist doch unter einem ungeheuren Druck entstanden?« Heinrich musste zugeben, dass er nicht immer liberal gedacht habe. »Mein künstlerisches Erwachen hat alles andere in Fluß gebracht.« Er war gleichwohl bemüht, eine Position des Ausgleichs zu finden, vielleicht weil er ahnte, dass bei Thomas familiäre Affekte mitschwangen. Thomas führte die interne Kontroverse nicht fort, notierte aber weiterhin seine Kritikpunkte an Heinrichs Romanen. Dem Bruder schrieb er besänftigend: »Du weißt nicht, wie hoch ich Dich stelle.« Aus »Senatorssohnsvorurtheil« und »hochmüthigem Hanseateninstinkt« finde er alles Übrige im Vergleich »mit uns« minderwertig.

Thomas legte Wert auf gesellschaftliche Form, er war Künstler, Dichter und damit Abenteurer, aber inwendig! Als herabsetzend galten ihm die Begriffe Literatur und Literat. In einem Eintrag ins Notizbuch vom Sommer 1903 heißt es: »Der Litterat als Abenteurer. Typus Henry. Man ist als Litterat innerlich immer Abenteurer genug. Äußerlich soll man sich gut anziehen, zum Teufel, und sich benehmen wie ein anständiger Mensch.«

Auch in der Arbeitsweise und der Arbeitsethik beim Schreiben grenzte sich Thomas deutlich vom affektgetragenen Schreiben des Bruders ab. In einer Mitteilung an die Literarhistorische Gesellschaft in Bonn von 1906 begründete Thomas seinen langsam-stetigen Produktionsmodus. »Es handelt sich dabei weder um Ängstlichkeit noch um Trägheit, sondern um ein außerordentlich lebhaftes Verantwortungsgefühl, das nach vollkommener Frische verlangt und mit dem man nach der zweiten Arbeitsstunde lieber keinen irgend wichtigen Satz mehr unternimmt. [...] So wird jede Stelle zur ›Stelle‹, jedes Adjektiv zur Entscheidung, und es ist klar, daß man auf diese Weise nicht aus dem Handgelenk produziert.« Zu seiner Art des Arbeitens gehöre »eine Verbissenheit, ein Starrsinn, eine Zucht und Selbstknechtung des Willens, von der man sich schwer eine Vorstellung macht und unter der die Nerven, wie man mir glauben darf, oft bis zum Schreien gespannt sind«.

Der 1909 erschienene Roman *Königliche Hoheit*, in den ganze Passagen aus Heinrichs Antwortbrief einflossen, ist vielleicht Thomas Manns radikalste Auseinandersetzung mit der Bruderthematik; es ist geradezu ein symbolischer Brudermord. Erzählt wird die Geschichte eines Thronerben, der seinen Platz dem jüngeren Bruder überlässt, der besser für das Repräsentieren geeignet ist und dessen privates Glück auch jenes seines Hauses und seines Landes bewirkt. Das Glückskind schließt einen Bund mit der Zukunft, dem Schicksal, dem Geld. Sein Glück stammt aus sagenhafter Ferne, wirkt neu und fremd und erregend, als hätte es keine lange Geschichte. Und der wahre Erbe verbindet sich dem Glück dauerhaft, ändert seine Verfassung und die des Landes, er heiratet und regiert. Dieser Erwählte hat allerdings einen kleinen körperlichen Makel, den er elegant zu verbergen weiß. Der abgedankte Bruder verschwindet im Süden, wo er sein Leiden besser erträgt, wenn schon nicht heilt. Es fehlt ihm an Glück. Und: er achtet zu sehr auf seine Empfindungen, wohingegen der Jüngere sich Pflichten aufzuerlegen und Disziplin zu halten weiß. Sein Aufstieg ist auch ein Opfer, eine Gabe. Und siehe da, privates und öffentliches Glück gehen Hand in Hand.

Thomas Mann hatte sich Gedanken gemacht, wie denn der Bruder seinen Roman aufnehmen würde. Er fürchtete, Heinrich könne »das Spiel, das ich dort [...] mit unserem geschwisterlichen Verhältnis treibe«, falsch auffassen. »Ich finde immer, Geschwister sollten sich garnicht überwerfen können.« (1.4.1909)

Der Gedanke an literarische Revanche war Heinrich nicht

ganz fremd. In einem Notizbuch aus den Jahren 1906/07 finden sich Skizzen für eine Novelle mit dem Titel *Die Frau des Päderasten*. Darin heiratet die Heldin »ihre erste und einzige Liebe« und erkennt zu spät die homophile Neigung ihres Gatten. Sie muss die Blicke der Männer auf der Straße dulden, die sich mit ihrem Mann verständigen, auch den Besuch seiner Freunde in ihrem Haus und den Hass seiner Mutter.

Mit dem Ausbruch des Ersten Weltkriegs wurde aus der psychologischen und literarischen Kontroverse eine politische, aus der internen Auseinandersetzung eine öffentliche Konfrontation. Die moderne Art der Politisierung durch Parteiwesen, Ideologien oder Bewegungen, die zur Macht strebten, hat sich für Intellektuelle und Künstler erst durch den Weltkrieg ergeben. Vor 1914 waren die Geistigen fast ausnahmslos unpolitisch. Sie waren Kinder aus bürgerlichen Häusern, autoritär und konservativ geprägt, auch die, die sich antibürgerlich gaben. Sie dachten nicht an einen Umsturz, an ein parlamentarisches Regime, höchstens an eine konstitutionelle Monarchie. Robert Musil schrieb im Rückblick: »Mir gefiel unsere Welt.« Thomas Mann hätte damals zustimmen können.

Dass die Kinder von Thomas Mann im Sommerhaus der Familie in Bad Tölz gerade das Theaterstück *Die Büchse der Pandora* spielten, als die Nachricht von der Kriegserklärung eintraf, war wohl eine nachträglich erfundene Geschichte. Golo Mann erinnerte sich später an ein selbst gefertigtes Räuberstück mit dem Titel *Die Verbrecher*, was dem Alter der Akteure angemessener war. Dass sich die Verhältnisse bald grundlegend änderten, merkten gewiss auch die Kinder, zumal das Tölzer Haus, Ort vieler schöner Sommerwochen, verkauft werden musste.

Die Kriegsbegeisterung des Jahres 1914 war nicht so allgemein, wie oft behauptet wurde, groß genug war sie allemal. Allzu viele in Europa haben den Einbruch des Krieges nach Jahrzehnten des Friedens, aber auch der latenten Spannungen, der Krisen und Kriege in ferneren Regionen als »Erlösung« empfunden, als geradezu wünschenswerte Wende. In der Geschichte der öffentlichen Emotionen in Deutschland war der August 1914 ein bedeutsamer Moment. Die Gefühle verwirrten das Denken und erleichterten die Mobilisierung. Die Kräfte, die sich gegen den Krieg aussprachen, waren zu schwach. Nicht einmal die Militärs schienen zu ahnen, was Krieg im industriellen Zeitalter wirklich bedeutet. Aus der Sicht der Familie Mann begann eine Zeit der großen Prüfung: der Weltkrieg ging einher mit einem Bruderkrieg.

Der Rausch und die patriotische Erpressung vom August 1914 stellten alle auf die Probe. Nur sehr wenige wurden nicht mitgerissen; viele, die sich nachträglich als Pazifisten der ersten Stunde gaben, waren keine. Heinrich Mann, obwohl er die Überwindung des Kaiserreichs erhoffte, hat dem Krieg in keiner Sekunde zugestimmt. Damit stand er in intellektuellen Kreisen ziemlich allein. Distanziert blieben außerdem Kurt Tucholsky, Franz Pfemfert, Ludwig Rubiner, Siegfried Jacobsohn, Georg Hermann, Karl Kraus, Arthur Schnitzler, Robert Musil, ebenso Annette Kolb und Mechtilde Lichnowsky.

Stefan Zweig, der so viele Freunde in Paris hatte, war anfangs kein Pazifist, und auch der Elsässer René Schickele nicht. Die von ihm edierten *Weißen Blätter* erhielten Unterstützung vom Auswärtigen Amt in Berlin, das sich erhoffte, er könne die Elsässer für ein Verbleiben im Reich gewinnen. Weder bei Schickele noch bei Stefan Zweig ist die Übersiedlung in die Schweiz als sofortiger Meinungswandel zu begreifen. Bei der Gewährung von Asyl war die Schweiz nach 1914 übrigens großzügiger, als sie es nach 1933 sein sollte.

Der spätere Pazifist (und Emigrant) E. J. Gumbel meldete sich

1914 freiwillig. Der junge Dichter Johannes R. Becher schrieb Verse voller Kriegslüsternheit. Zu den Begeisterten gehörten Gerhart Hauptmann, Waldemar Bonsels und auch Käthe Kollwitz (bis ihr Sohn in Flandern fiel). Oskar Maria Graf hat seine ursprüngliche Begeisterung nachträglich vertuscht. Selbst der junge Brecht schrieb 1914 Hymnen auf den Krieg. Erst 1916 wandelte sich seine Haltung, als ihm die Einberufung drohte.

Thomas Mann war vollkommen überrascht von dem Gang der Dinge. Düstere Visionen suchten ihn heim: »[...] wer weiß, welcher Wahnsinn Europa ergreifen kann, wenn es einmal hingerissen ist!« (an Heinrich, 30.7.1914) Er befürchtete seinen finanziellen Ruin und bat den Bruder, das Geld zurückzuzahlen, das er ihm zur Begleichung seiner Schulden in Nizza geliehen hatte. Da Heinrich gerade von der Dresdener Tante Emma Grammann geerbt hatte, konnte er die Rückzahlung leisten.

Am deutschen Sieg schien Thomas nicht zu zweifeln. »Unser Sieg scheint ja in der Consequenz der Geschichte zu liegen«, schrieb er an einen Bekannten. (11.11.1914) Heinrich gegenüber bezeichnete er Russland als »verworfensten Polizeistaat der Welt«, den es zu besiegen gelte. An einen russischen Autor schrieb er allerdings, er hege gegen Russland weder menschlich noch politisch Hass, er sei »auf den lieben Westen« viel schlechter zu sprechen. (14.11.1914) An den Freund Kurt Martens, der ihm sein Gedicht »Grab in der Landschaft« zugesandt hatte, schrieb Thomas Mann: »[...] wie ich nun einmal bin, werde ich der Mahnung, für das Leben gegen den Tod als Künstler Partei zu nehmen, nie folgen können. Ich kann überhaupt nirgends Partei nehmen – ich würde es als einen Raub an meiner Freiheit empfinden. Was ist *vornehmer*, das Leben oder der Tod? Ich weiß es nicht. Was ist *ekelhafter*, der Tod oder das Leben?« (30.12.1914)

Ende September 1914 haben sich die Brüder in Heinrichs

Wohnung getroffen. Es gab eine erregte Diskussion, bei der Heinrich für Frankreich, Thomas für Deutschland Stellung bezog. Heinrich sagte:»Weißt du denn nicht, daß Deutschland den Krieg verlieren wird, daß seine herrschenden Stände die Hauptschuld daran tragen, daß er zum Sturz der Monarchie führen muß …« Daraufhin ging Thomas wortlos davon, und seither vermieden die Brüder jeden Kontakt. Ihre Wege hatten sich längst getrennt.

Gegenüber Erich Mühsam äußerte sich Heinrich recht spöttisch über seinen Bruder: Dieser nehme Teil an der allgemeinen Kriegsbegeisterung, er genieße auch dieses Ereignis rein ästhetisch. Heinrich hingegen blieb unbeeindruckt, auch als von deutschen Siegen die Rede war:»Was bedeuten gewonnene Schlachten? Sieg und Niederlage sind Begriffe. Wie kann ein Volk siegen, das in der ganzen Welt gehaßt wird?« (Tagebuch Erich Mühsam, 20.9.1914)

Im November 1914 veröffentlichte Thomas Mann in der *Neuen Rundschau* seine *Gedanken zum Kriege*. Es war ein Bekenntnis zu Deutschlands Recht in diesem Weltkonflikt. Darin stellte er dem politischen Volk der Franzosen das deutsche als das moralische (also unpolitische) Volk entgegen. Er verteidigte Deutschland gegen den Vorwurf der Barbarei und stellte zwei unterschiedliche Kulturauffassungen einander gegenüber. Kunst und Kultur definierte er als Sublimierung dämonischer Triebe. Er verglich sogar Kunst und Krieg: beide beruhten vor allem auf Organisation. Er sprach von der Notwendigkeit der europäischen Katastrophe und der Überwindung der»Welt des Friedens und der cancanierenden Gesittung«. Im Übrigen sei Deutschland mit seinem»sozialen Kaisertum« ein viel modernerer Staat als die unsauber plutokratische Bourgeois-Republik. Schon im Oktober 1914 hatte er in dem kurzen Text *Gute Feldpost*, bald nach seiner Musterung verfasst, den deutschen

Militarismus verteidigt. Man stelle sich vor, nach solchen Äußerungen wäre er an die Front geschickt worden und gefallen – wie hätte man ihn im Gedächtnis behalten! Aber der Kurzzeitrekrut des Jahres 1900 konnte bei den Seinen bleiben; auch Bruder Heinrich war nicht gesund genug für die Einberufung.

Die Musen schwiegen vorerst für Thomas Mann in diesem Krieg; begonnene literarische Arbeiten wie *Felix Krull* oder *Der Zauberberg* wurden zurückgestellt. Dafür avancierte er zum politischen Essayisten und zum Gelegenheitshistoriker. In den letzten Monaten des Jahres 1914 entstand die Abhandlung *Friedrich und die Große Koalition*. Thomas Mann rechtfertigte darin die preußische Gewaltpolitik und den durch Krieg erwirkten Aufstieg Preußens zur Großmacht, wobei er es nicht fehlen ließ an Parallelen zwischen den Kriegen des 18. Jahrhunderts und dem aktuellen Weltkrieg. Zugleich interessierte ihn die Person Friedrichs, der »nie sich mitteilen, nie sich erraten« ließ. »Er hat niemals geliebt«, was Thomas Mann auf eine körperliche Behinderung zurückführte. Gleichwohl: »Die Geheimnisse des Geschlechtes sind tief und werden nie völlig erhellt werden.« Das bleibt der einzig bemerkenswerte Satz in diesem langen Elaborat. Ein Militarist war Thomas Mann noch nicht geworden, auch er träumte von der Synthese von Macht und Geist, wie er in einem Brief an die schwedische Zeitung *Svenska Dagbladet* im Mai 1915 schrieb, und nannte die Sphäre, in der solche Einheit möglich wäre, »Das Dritte Reich«. Den Begriff hatte er aus einem Stück von Ibsen entnommen; er sollte ihn bis in die zwanziger Jahre wiederholt verwenden.

Im Jahre 1914 war Heinrich Mann 43 Jahre alt. Er hatte geheiratet und zum ersten Mal eine großzügige Wohnung bezogen, an der prachtvollen Leopoldstraße in München gelegen. In aller Stille verfasste er einen Text, der es verdient, als großes Dokument der deutschen Geistesgeschichte zu gelten und in die

Ahnengalerie der Demokratie in Deutschland aufgenommen zu werden. Heinrich Mann schrieb einen langen Essay über den Romancier Émile Zola (1840–1902). Einen solchen Artikel hatte er seit Jahren geplant und schon viel Material dafür gesammelt. Nun bekam der Text einen völlig neuen Sinn und wurde unter dieser Tarnung eine Abrechnung mit dem deutschen Kaiserreich und eine Prophezeiung von dessen Ende. Diese Veröffentlichung war und bleibt die große und mutige Tat von Heinrich Mann, der hier beinahe allein gegen alle stand, auch gegen seinen Bruder, dem einige böse Sätze galten.

Am 18. Juni 1915 las Heinrich Mann im Münchner Hotel Continental aus dem neuen Essay vor. Der gesamte Text erschien im November 1915 in René Schickeles Zeitschrift *Die weißen Blätter*. In seinem einleitenden Kommentar erklärte Heinrich Mann, wenn er in diesem historischen Augenblick über »einen nichtdeutschen Autor« spreche, so tue er es »in dem Bewusstsein, dass wir – und die Andern – doch auch jetzt noch Europäer geblieben sind und von einander lernen müssen [...], einfach um die Hochachtung vor einander zu pflegen, ohne die wir auf die Dauer auch uns selbst nicht mehr mit Recht würden achten können. Wer mit Leidenschaft die Größe seines Volkes wünscht, muss Sinn haben für die der andern.« Es folgt ein stolzes, mutiges Bekenntnis zu Europa und zur Demokratie – im Namen der Kultur.

Heinrich Manns Kunst bestand darin, dass er mit keinem Wort vom gegenwärtigen Krieg oder vom Deutschen Reich sprach, aber jeden Satz so anlegte, dass er die aktuelle Lage reflektierte. »Niemand im Grunde glaubt an das Kaiserreich, für das man doch siegen soll« – damit war nur vordergründig das Zweite Kaiserreich in Frankreich gemeint, ebenso in dem Satz: »Ein Reich, das einzig auf Gewalt bestanden hat und nicht auf Freiheit, Gerechtigkeit und Wahrheit, ein Reich, in dem nur befohlen und gehorcht, verdient und ausgebeutet, des Menschen aber nie geachtet ward, kann nicht siegen, und zöge es aus mit übermenschlicher Macht.«

Émile Zola hatte seine literarische Karriere kurz vor Ende des Zweiten Kaiserreichs begonnen; sein großer 20-bändiger Romanzyklus entstand nach dem Ende jenes Regimes, dessen Widersprüche und Debakel er nachträglich analysierte. Heinrich Mann schrieb in einem laufenden Konflikt und hatte keinen Zweifel am Untergang des Reiches und am kommenden Sieg der Demokratie. Und dieses eine Mal hat er Recht behalten, ist er in seiner Art, über die gegebenen Verhältnisse hinauszuträumen, von der Wirklichkeit bestätigt worden. Zolas Leitmotiv als Publizist und Politiker entsprach seinem eigenen: Aus Geist muss Tat werden. »Er war soeben reif geworden, vorzutreten aus seinem Werk und zu handeln [...]« Nämlich in der *Affaire Dreyfus*, dem großen Antisemitismus-Streit der französischen Republik. Im Bild von Zola entwarf Heinrich Mann ein Wunschbild von sich selber: der Schriftsteller als Erzieher seines Volkes zur Demokratie.

Nach dem Roman *Der Untertan* war dies seine zweite Waffe im Kampf gegen das Kaiserreich. Besondere Wirkung hatte der zweite Satz des Essays, der aus den späteren Ausgaben verschwand: »Sache derer, die früh vertrocknen sollen, ist es, schon zu Anfang ihrer zwanzig Jahre bewußt und weltgerecht hinzutreten.« Dies las Thomas Mann als Seitenhieb auf sich selbst und hatte damit nicht Unrecht.

Das in Thomas Manns Nachlassbibliothek in Zürich erhaltene Exemplar der *Weißen Blätter* weist intensive Anstreichungen mit dem Bleistift auf sowie empörte oder sarkastische Randnotizen. Ein Satz wie »die Poesie der Demokratie [...] ist üppiger und hinreißender als jede andere« musste Thomas Mann missfallen, ebenso: »(Zola) weiß, sein Werk wird menschlicher dadurch, daß es auch politisch wird«.

130

Schwerer noch wogen die persönlichen Angriffe. Wie sollte sich Thomas nicht gemeint fühlen bei Formulierungen wie jener von den »unterhaltsamen Schmarotzern« oder bei den Sätzen: »Durch Streberei Nationaldichter werden für ein halbes Menschenalter, wenn der Atem so lange aushält; unbedingt aber mitrennen, immer anfeuernd, vor Hochgefühl von Sinnen, verantwortungslos für die heranwachsende Katastrophe und übrigens unwissend über sie wie der Letzte!« Und wollte Heinrich dieselben Konsequenzen ziehen wie Zola? »Mit Zorn und mit Schmerz nahm Zola damals die Trennung vor von denen, die er trotz allem für seinesgleichen gehalten hatte.«

Diese wenigen Zeilen aus dem *Zola*-Essay genügten, um Thomas für dessen Qualitäten blind zu machen. Im November 1916 veröffentlichte er, wiederum in der *Neuen Rundschau*, einen Text zur Verteidigung der Deutschen: *Der Taugenichts*. Darin trat er für Romantik im deutschen Sinne ein und gegen »literarische Aktivistentugendhaftigkeit«. Vordergründig kritisierte Thomas Mann hier Kurt Hiller und dessen Aktivismus, gemeint war aber Heinrich, der die Idee von Geist und Tat aufgebracht hatte.

Ende 1917 äußerten mehrere Autoren in einer Umfrage des *Berliner Tageblattes* ihre Meinung über »Das künftige Europa« und die Möglichkeit eines Weltfriedens. Thomas Mann wandte sich gegen Volksherrschaft und gegen eine rhetorisch-politische Menschheitsliebe; seine Sätze gegen die Westler waren sehr genau auf Heinrich berechnet. War dies trotz der pastoralen Härte ein verstecktes Angebot zur Versöhnung? So verstand es Heinrich, der Ende Dezember 1917 einen Brief an Thomas schrieb und sich gegen den Vorwurf des Bruderhasses verwahrte. Er sei nicht sein Feind, habe auch im *Zola*-Essay nicht ihn gemeint.

Aber wie bei einem heillos zerstrittenen Paar konnte jeder Beschwichtigungsversuch die Lage nur verschärfen. Thomas antwortete zu Beginn des neuen Jahres: »Ich glaube Dir aufs Wort, daß Du keinen Haß gegen mich empfindest. [...] Wenigstens zwei Deiner Bücher preise ich bis zum heutigen Tage gegen jedermann als Meisterwerke. [...] Aber Dinge, wie Du sie in Deinem Zola-Essay Deinen Nerven gestattet und den meinen zugemutet hast, – nein, dergleichen habe ich mir niemals gestattet und nie einer Seele zugemutet. [...] Du kannst das Recht und das Ethos meines Lebens nicht sehen, denn Du bist mein Bruder.« Und er schloss pathetisch: »Laß die Tragödie unserer Brüderlichkeit sich vollenden.« (3.1.1918)

Als im Februar 1917 Heinrichs Drama *Madame Legros* in Berlin, München, in Lübeck und anderen deutschen Städten uraufgeführt wurde, empörte sich Thomas Mann auch deshalb, weil Heinrich in dieser Phantasie über die Auslösung der Großen Französischen Revolution sympathische Franzosen auftreten ließ und die Menschenrechte feierte. Es sei nicht vorstellbar, schrieb Thomas mit vollem Recht, dass man zur selben Zeit in Paris Theaterstücke über Luther oder Bismarck spiele. *Madame Legros* gehört zum Besten, was Heinrich Mann überhaupt geschrieben hat, und der Zeitpunkt der Aufführung (trotz Zensur!) lässt das Werk genauso bemerkenswert erscheinen wie den *Zola*-Essay.

Der Hass machte Thomas Mann produktiv. Alle Vorbehalte gegen den Bruder und alle Argumente zugunsten des Deutschen Reiches und gegen Frankreich türmte er in einem gewaltigen Essay auf, den *Betrachtungen eines Unpolitischen*. Er wurde im Frühjahr 1918 abgeschlossen, noch bevor sich der Ausgang des Krieges abzeichnete. Heinrich hat den Text wahrscheinlich nie zur Kenntnis genommen.

Die *Betrachtungen* täuschen eine Belesenheit vor, die Thomas Mann nicht besaß. Die monatelange Arbeit an den *Betrachtungen* waren eine Art nachgeholtes Studium – unter dem Druck der Ereignisse. Sein Glück war, dass er gute Helfer fand, die ihm nützliche Zitate herbeischafften, an erster Stelle den Philologen und Nietzsche-Kenner Ernst Bertram. In Bezug auf Heinrich, der nirgends erwähnt, aus dessen *Zola*-Essay aber fortwährend zitiert wird, ist eigentlich nur ein Wort bedeutsam, seine Abqualifizierung als »Zivilisationsliterat«, als frankophiler Typus des engagierten Schriftstellers. Das Wort kommt beinahe 200-mal vor. Das Arsenal der übrigen Beschimpfungen war beträchtlich: Rhetor-Bourgeois, Busen-Rhetor, Menschheitsschmeichler, Boulevard-Moralist, Bummelpsychologe, Aktivist, Geisttäter, Voluntarist, Jakobiner, französischer Radikaler, Volksschänder, Menschenrechtler, Theoretiker, Freiheitspfaffe etc. Von allen Bezeichnungen passte am besten noch »deutscher Westler«, denn das war Heinrich Mann im Jahr 1914 gewiss.

Die persönliche Seite lässt Thomas immer wieder in recht gewundenen Formulierungen erkennen. »Es sind in geistigdichterischer Hinsicht zwei brüderliche Möglichkeiten, die das Erlebnis Nietzsche's zeitigt. Das eine ist jener Ruchlosigkeitsund Renaissance-Ästhetizismus, jener hysterische Macht-, Schönheits- und Lebenskult, worin eine gewisse Dichtung sich eine Weile gefiel. Die andere heißt *Ironie*, – und ich spreche damit von meinem Fall.« Demokratie sei dem deutschen Wesen fremd. »Der Unterschied von Geist und Politik enthält den von Kultur und Zivilisation, von Seele und Gesellschaft, von Freiheit und Stimmrecht, von Kunst und Literatur; und Deutschtum, das ist Kultur, Seele, Freiheit, Kunst und *nicht* Zivilisation, Gesellschaft, Stimmrecht, Literatur.«

Gegen Ende des umfangreichen Werks formuliert er noch einmal massive Angriffe und in bemüht verdeckten Worten scharfe Verdikte gegen den Bruder. Der deutsche Zivilisationsliterat sei seiner gesamten Kultur nach Franzose, Frankreich sei die Heimat seiner Seele. Und dann kommt die wahre Pointe der Überlegungen, die in der Tat den wunden Punkt bei Heinrich trifft: Dieser Ersatzfranzose kennt sein ideales Land gar nicht! »Für ihn ist Frankreich keine Wirklichkeit, sondern eine Idee. [...] Der Zivilisationsliterat [...] *scheut* Paris. [...] Denn er weiß im Grunde, daß die französische Wirklichkeit ihn binnen achtundvierzig Stunden ernüchtern würde.« Seine »ideelle, seine exotistische« Liebe zu Frankreich würde im Lande selbst keine Woche überleben.

Es wäre völlig unzureichend, die *Betrachtungen* als Sammelsurium fragwürdiger Meinungen zu lesen oder als Ausgeburt eines monströsen Bruderhasses. Sie sind das Zeugnis eines Dramas und einer persönlichen Krise. Der Bruderzwist wird indirekt als »menschlich-tragischer Konflikt« bezeichnet. Den Krieg und damit den Einbruch der Politik hatte Thomas Mann als persönliche Kränkung erlebt. Die in Jahren erworbenen Grundlagen seines Schreibens waren in Frage gestellt, seine Selbstdefinition musste korrigiert werden, auch dazu diente das neue Studium.

Seine vermeintliche Überlegenheit mit Ausdauer demonstrierend, bekundete der Verfasser der *Betrachtungen* nur seine tiefe Hilf- und Ratlosigkeit. Und doch war der Text bedeutsam für seine Laufbahn als Autor. Ohne diesen »historisch-politischen« und »philosophischen« Versuch hätte sich das weitere Werk anders entwickelt, auch seine politische Einstellung. Mit den *Betrachtungen* begann er die offensive Auseinandersetzung mit seiner Epoche; durch eben dieses Buch hörte Thomas Mann auf, ein Unpolitischer zu sein.

Thomas Mann hat stets die Einheit und Kontinuität seines Lebens betont und sich später niemals von den *Betrachtungen* distanziert, sondern immer wieder gern mit deren heimlichem Reiz kokettiert. Dieser Essay war zu sehr ein Schmerzenskind, um sich von ihm abzuwenden. Gleichwohl war es ein Werk des Übergangs zu einer anderen Phase seines Schaffens und seiner

Auseinandersetzung mit der Gegenwart. Schon im Vorwort, das er am Ende der Arbeit verfasste, fanden sich Signale der Distanzierung. Der Rausch von 1914 war auch bei ihm vier Jahre später längst verflogen.

In seiner Polemik gegen Heinrich, den er mit Frankreich identifizierte, verzeichnete er freilich die politisch-gesellschaftlichen Verhältnisse in Paris. Er kannte die dortigen literarischen Konventionen nicht, auch nicht die politischen Strömungen, verstand nicht den Sinn dessen, was er als Rhetorik bezeichnet, und erst recht nicht die Traditionslinie, die von der Großen Revolution zur Dritten Republik führte, wusste nichts von den widerstreitenden Kräften, die es in Frankreich ebenso gab wie in anderen Ländern. Im Streit zwischen den Brüdern war »Frankreich« immer nur ein Phantasiegebilde, affektiv je unterschiedlich besetzt.

In der Öffentlichkeit hatte der Essay, der noch vor dem Kriegsende erschien, durchaus große Wirkung. Bis Ende 1920 wurde er über 20 000-mal verkauft. Hier gab Thomas der nationalen Rechten Argumente und Formulierungen, er lieferte für die Polemik gegen seinen Bruder neue Argumente. Heinrich war bisher als politischer Autor wenig beachtet worden, nun wurde er offen angefeindet, und niemand anders als der Bruder hatte diese gefährliche Front eröffnet. In der Folge wurde es üblich, beide Brüder zu vergleichen und Partei zu nehmen (in gewisser Weise hat dieser Streit nie mehr geendet).

»Der Krieg geht weiter«, lesen wir kurz vor Ende der *Betrachtungen*. Der Bruderzwist im Hause Mann sollte länger dauern als der Weltkrieg. Thomas' Schwiegermutter Hedwig Pringsheim, die pazifistisch gesonnen war, meinte schon 1917: »Die innere und äußere Gegnerschaft der beiden Brüder nimmt nachgerade einen pathologischen Charakter an.«

Der antifranzösische Affekt von Thomas war mindestens so bedeutsam wie der Bruderhass. Er identifizierte Frankreich und die Sphäre der französischen Sprache mit dem Weiblichen (so als gäbe es in Paris keine schönen Jungen und keine rein männliche Erotik); das Weibliche war eben die Sphäre von Heinrich, nicht die eigene, die eher deutsch-männlich orientiert war.

Thomas Mann hat sich im Krieg der Kulturpolitik zur Verfügung gestellt. Im Dezember 1917 reiste er ins besetzte Brüssel. Er kam mit großer Verspätung an und wurde noch in Reisekleidung ins »Deutsche Theater Brüssel« geleitet (so hatte man das Théâtre Royal du Parc umbenannt). Dort wurde er von den Angehörigen der deutschen Besatzungsmacht freundlich empfangen. Der Theaterdirektor Saladin Schmidt trug Thomas Manns Novelle *Das Wunderkind* vor, außerdem wurde der dritte Akt von *Fiorenza* gegeben. So gelangte der Ästhet doch noch an die Front ...

Die *Betrachtungen* hatten das paradoxe Ergebnis, dass Thomas, der sich der Mehrheitsmeinung anzuschließen glaubte, sich damit für eine Weile isolierte. Zugleich musste er nach Kriegsende den rasanten Aufstieg der Bruders mit anschauen. Sein Tagebuch, das für 1918 erhalten ist, spiegelt diese für ihn schmerzliche Periode. Noch wenige Monate vor seinem Tod, als er in einer Flut von Zusendungen schier ertrank, erinnerte er sich daran, dass in der Zeit nach 1918 »kein Hund ein Stück Brot« von ihm nehmen wollte, dass sich nach Lesungen keine Hand gerührt hätte. (Tagebuch, 14.6.1954)

Im Alltag gingen sich die Brüder aus dem Weg, auch wenn sie zufällig bei denselben Veranstaltungen anwesend waren. Als man Thomas vom Salon der Lilly von Schnitzler erzählte, wo man Hausenstein, Rilke und Heinrich Mann antreffe, da »wurde mir bewußt, daß ich eine einsame, abgesonderte, grüblerische, wunderliche und trübe Existenz führe. Heinrichs Leben dagegen ist jetzt sehr sonnig.« Thomas war rechthaberisch und übelnehmerisch. Heinrich hatte über zehn Jahre Außenseitertum und gesellschaftliche Einsamkeit ertragen und sich doch weiterentwickelt. In diesen Tagen vermerkte Thomas aber auch, dass er das alte Vorhaben des *Zauberberg*-Romans wieder vorgenommen und mit einem neuen Anfang versehen habe. Dieses Projekt war also ebenfalls mit Ressentiments aus der Zeit des Zerwürfnisses mit Heinrich gespickt. Es wurde zum Mittel, den Bruder endgültig hinter sich zu lassen.

Thomas hatte auch Anwandlungen, Heinrich gleichsam links zu überholen. »Aber mein Haß auf den triumphierenden Rhetor-Bourgeois muß mich eigentlich die Bolschewisierung Deutschlands und seinen Anschluß an Rußland wünschen lassen.« Demokratiefeindlichkeit und Bolschewismus – hier zumindest stammen sie aus derselben Wurzel (obwohl es reine Gedankenspielerei war, ein Suchen nach imaginären Verbündeten gegen den Bruder). Im Tagebuch finden sich noch andere Zeugnisse dieses antiwestlichen Affekts. »Es unterliegt keinem Zweifel, daß der Idee des Sozialismus, ja des Kommunismus, *als* Idee die Zukunft gehört, – im Gegensatz zur alten, vom Westen vertretenen Demokratie, der sie ohne Frage nicht mehr gehört.« (beides 19.11.1918)

Durch den großen Erfolg des Romans *Der Untertan* besaß Heinrich Mann in dieser Zeit genügend Geld, aber in den Münchner Restaurants bekam man in den turbulenten Nachkriegsmonaten kaum etwas Gutes zu essen. So bestieg er gelegentlich mit Mimi den Orientexpress, um in dessen Speisewagen zwischen München und Salzburg zu dinieren.

Im März 1921 feierte Heinrich Mann seinen 50. Geburtstag. Es kamen Glückwünsche aus aller Welt, nur vom Bruder nicht. Nach einem Festakt in den Kammerspielen notierte Thomas: »Man rühmt jetzt vorzugsweise seine Herzensgüte und Menschlichkeit.« Anfang April kommentierte er die Feierlichkeiten, die der Kurt Wolff Verlag für Heinrich organisierte: »Welchen Grad seine Zufriedenheit mit der Welt wohl erreicht hat?« Für sich selbst dachte Thomas schon an ganz andere Ehrungen. Er wurde als Kandidat für den Literaturnobelpreis genannt. »Ich wollte, diesen Preis gäbe es nicht, denn wenn ich ihn erhalte, wird es heißen, daß er Heinrich zugekommen wäre, und wenn dieser ihn erhält, werde ich darunter leiden. Das Wohltuendste wäre, wenn man ihn zwischen uns teilte.« (21.5.1921) Daraus sprach vielleicht doch Hoffnung auf Versöhnung – es müsste nur ein Anstoß von außen kommen.

Anfang 1922 erkrankte Heinrich Mann lebensgefährlich an Bronchial-Katarrh mit Lungenkomplikationen, eine Entzündung von Blinddarm und Bauchfell kam hinzu, eine Operation wurde nötig. Die Tage vom 5. bis 15. Januar verbrachte er in der Klinik in der Münchner Herzog-Wilhelm-Str. 19, dann wurde er zu Hause gepflegt, später erholte er sich in Überlingen.

Dies war der von Thomas erhoffte äußere Anlass. Während der drei, vier kritischen Tage wurde Katia zu Mimi geschickt, der gemeinsame Freund Brantl bewog Thomas schließlich zu einem Brief an den Bruder. Am 31. Januar 1922 endlich, als Heinrich schon wieder zu Hause war, schickte Thomas einen Blumenstrauß samt diesen Zeilen: »Es waren schwere Tage, die hinter uns liegen, aber nun sind wir über den Berg und werden besser gehen, – zusammen, wenn Dir's ums Herz ist, wie mir.« Es hört sich an, als sei auch er krank gewesen. Gelitten hatte er gewiss. An den politischen Freund und philosophischen Helfer Ernst Bertram schrieb Thomas gleichwohl: »Eigentliche Freundschaft ist kaum denkbar. Die Denkmale unseres Zwistes bestehen fort.«

Thomas Manns republikanische Wende erfolgte zwischen 1921 und 1923. Wir haben es mit einer allmählichen Entwicklung zu tun, keinem plötzlichen Umschlag. Dieses sehr bedeutsame Ereignis vollzog sich stillschweigend, weswegen ihm wenig Beachtung geschenkt wurde, auch weil der Autor selber immer die Kontinuität in Leben und Denken betont hat. Es handelte sich aber durchaus um einen markanten Entwicklungsschritt.

Wie der Lübecker Privatgelehrte Karsten Blöcker herausgefunden hat, spielte bei Thomas Manns politischer Entwicklung der Staatsrechtler und Politiker Arnold Brecht (1884–1977) eine Rolle, ein Absolvent des Katharineums. Dieser politische Beamte der preußischen Regierung wehrte sich 1932 gegen die Absetzung der preußischen Regierung durch Reichskanzler Papen (der so genannte Preußenschlag), bekam vor Gericht Recht und nahm weiterhin die Interessen Preußens wahr, was ihn in die Position brachte, 1933 auf die Rede des neuen Kanzlers Hitler vor dem Deutschen Reichsrat mit einer kritischen Ermahnung zur Einhaltung der Rechtsstaatlichkeit zu antworten. Die Folge davon war seine Entlassung und der alsbaldige Gang ins amerikanische Exil.

1921 hatte Thomas Mann eine Einladung zu einem Vortrag über *Goethe und Tolstoi* bei der Nordischen Woche in Lübeck angenommen. In dieser Zeit gehörte Brecht zu einem Kreis von Politikern, die unter Prominenten nach Unterstützern des republikanischen Gedankens suchten. Thomas Mann hielt seine Rede, an der er seit April 1921 gearbeitet hatte, am 4. September 1921 im Lübecker Johanneum. Die Entwürfe zeigen, wie in das Manuskript allmählich das Seitenthema Erziehung Einzug hielt im Zusammenhang mit Überlegungen zu der sehr deutschen Form des Entwicklungsromans. In diesem Fall war es ein Schritt zur Selbsterziehung.

1921 polemisierte Thomas Mann noch gegen die Zivilisationsliteraten, näherte sich aber der Idee der Freiheit an; akzeptierte den humanistischen Liberalismus des Westens immerhin als Option, wenngleich er respektierte, dass Teile der deutschen Jugend zu »Moskau«, also zum Kommunismus tendierten. Die Begegnung von Thomas Mann mit Arnold Brecht während der einen Woche, die er sich in der Heimatstadt aufhielt, trug zu Manns Bereitschaft bei, nun auch öffentlich für die Republik einzutreten ... und sich zunächst einmal mit seinem Bruder Heinrich zu versöhnen, was dann Anfang 1922 geschah.

Im Herbst 1922, ein halbes Jahr nach der Ermordung des Außenministers Walter Rathenau durch junge Rechtsterroristen, hielt Thomas Mann die Rede *Von deutscher Republik*, in der er sich besonders an die Jugend wandte. Er versuchte, die Wurzeln der Republik in deutschen Traditionen zu sehen, nicht etwa in einer Nachahmung der Traditionen des Westens. 1923 dann, in einer Gedenkrede auf Walter Rathenau unter dem Titel *Geist und Wesen der deutschen Republik* ging er noch einen Schritt weiter. Nun definierte er die Republik ganz im Sinne von Heinrich Mann als »Einheit von Staat und Kultur« und bezeichnete die Humanität als die Idee der Zukunft. Zugleich betonte er, dass der deutsche Bürger das Wesen des Politischen erst noch lernen müsse, entgegen seiner Tradition der Innerlichkeit – was gewiss für ihn selbst galt. Nun konnte er (ganz indirekt) seine Positionen aus den *Betrachtungen* nicht nur revidieren, sondern ironisieren und die Freiheit als hohen Wert feiern. Kritik übte er an dem »problematisch-siegreichen Frankreich«, dessen feindselige Politik die reaktionären Kräfte in Deutschland stärke, die hier erstmals als Gegner ausgemacht wurden. Bei ihnen sah er Anzeichen einer »depressiven Inhumanität«. Aber auch vom Bolschewismus wandte er sich eindeutig ab.

Von nun an gingen die Brüder zumindest auf der politischen Ebene gemeinsam voran; sie hatten dieselben Feinde. Die literarischen und menschlichen Unterschiede wirkten weiter. Thomas zeigte seine Vorbehalte gegen des Bruders Texte nur gedämpft, während Heinrich eine ungewöhnliche Herzlichkeit entwickelte, die sich nach 1933 noch verstärkte.

Die Frau Senatorin Mann, die sehr unter dem Streit der Brüder gelitten hatte, durfte also noch deren Versöhnung erleben. Nach 1906 hatte sie auf dem Lande gelebt, in Polling, an der Bahnstrecke von München nach Garmisch gelegen. Dort hatte sie 1921 ihren 70. Geburtstag gefeiert. Weihnachten 1922 besuchte und beschenkte sie ihre Kinder in München, dem »großen lieben Dorf«. Dann zog sie noch einmal um, nach Weßling, 20 Kilometer südwestlich von München, einem kleinen Ort mit einem kleinen See. Bald wurde sie krank und bettlägerig. Als ihre Kinder sie dort in einem Gasthauszimmer am 11. März 1922 besuchten, Heinrich mit Mimi, Thomas ohne Katia, Viktor mit seiner Frau Nelly, da wussten alle, dass es der Abschied war, aber sie pflegten höfliche Konversation, es gab Tee und Kekse. Zuletzt wollte Mutter Mann ihre drei Söhne zusammen sehen. Dann ließ man ihr einen Augenblick Ruhe. Bald erschien die Pflegerin und teilte mit: »Die Frau Senatorin ist soeben ganz sanft entschlafen.« Beigesetzt wurde Julia Mann auf dem Waldfriedhof in München, in derselben Grabstätte wie ihre Tochter Carla. Am Grab der Mutter haben Heinrich wie Thomas innig geweint. An dieser Stelle fanden sie wieder zusammen, nachdem sie vom gleichen Ausgangspunkt zwei verschiedene Wege genommen hatten.

Ein freudiger Anlass zu gemeinsamem Auftreten war die Feier zum 50. Geburtstag von Thomas Mann am 6. Juni 1925. Auf einem Empfang in Münchens Altem Rathaus hielt Heinrich eine Lobrede auf den Bruder, erinnerte an einstige Kindergeburtstage in Lübeck und sagte, Ehrungen für Thomas seien Ehrungen auch »für mich und uns alle«. Thomas war gerührt, die Versammlung begeistert. Das war ein öffentlicher Friedensschluss.

Am 30. November 1926 sah man beide nebeneinander auf einer Veranstaltung der Deutschen Demokratischen Partei, auf der Münchener Künstler gegen reaktionäre und freiheitsfeindliche Tendenzen protestierten. Nun hatten sie gemeinsame Feinde. Und als Thomas Mann 1929 den Literaturnobelpreis erhielt, sprach Heinrich Mann im Rundfunk und lobte den Bruder ohne jeden Vorbehalt.

Noch viele Jahre später, als er längst in allerlei Politisches verstrickt war und Literatur gleichsetzte mit Demokratie und Zivilisation, hegte er heimlich die Überzeugung: »Unleugbar hat ja das politische Moralisieren eines Künstlers etwas Komisches, und die Propagierung humanitärer Ideale bringt ihn fast unweigerlich in die Nähe [...] der Platitude.« (1952)

Wirklich verziehen hat Thomas seinem Bruder den einstigen Streit nie. Am 29. Mai 1954 schrieb er ins Tagebuch: »Erika peinigt mich etwas mit Lobsprüchen auf des seligen Heinrich Zola-Aufsatz.« Fünf Jahre nach Heinrichs und wenige Monate vor seinem eigenen Tod notierte er mit Anspielung auf den Roman *Königliche Hoheit* das Fazit dieser Bruderrivalität: »Ich bin es immer, mit dem sich die Literaturkritik beschäftigt. Vertrete Albrecht vor dem Volk.« (27.3.1955)

Falsche Zwillinge, echte Komplizen

Ein Leben ist doch eine große Sache –
eine kostbare, eine seltsame Sache …
Klaus Mann, *Der Vulkan*, 1939

Sie sind Kinder. Sie spielen. Sie sind die Kinder von Thomas
Mann. Sie spielen »die ungezogenen Kinder« des berühmten
Autors. Der Vater ist seriös und angesehen. Sie geben sich frech
und treten als übermütige Bande auf, terrorisieren ihr feines
Wohnviertel durch Telefonscherze und Ladendiebstähle. Sie
spielen Theater, sind schon als Kinderbande eine selbstbewusste Truppe. Sie spielen die ungenierten Genies. Sie spielen
Ehe. Sie spielen Theaterspielen. Sie spielen Dichter-Sein. Sie
spielen Lasterhaftigkeit. Sie spielen das Leben. Sie spielen mit
dem Tod. Aber das Leben wird es ihnen heimzahlen. Und die
Zeitgeschichte lässt nicht mit sich spielen.

Für sie war das Leben eine aufregende Geschichte, die man
einem unsichtbaren Publikum vorspielt. Das kann man un-
schön finden – oder für die angemessene Reaktion auf eine
verrückte Epoche halten. Und für »ihre Zeit« hatten sie ein
genaues Gespür. Irgendwann begannen sie, mit ihren Erinnerungen zu spielen und lauter Szenen zu erfinden, von der Kindheit an bis in die Nachkriegsjahre, deren Wahrheitsgehalt niemand überprüfen kann, die aber dem Bilde dienten, das man
sich von ihnen machen sollte.

Das Bild von den »Kindern der Manns« haben Erika und
Klaus Mann in besonderer Weise geprägt, dabei unterschied
sie vieles von ihren vier Geschwistern. Sie gehörten zusammen,
waren untrennbar, aber nicht identisch – als Zwillinge aufzu-
treten war nur ein weiteres Spiel. Beide endeten tragisch, auf
je eigene Weise, und doch möchte man das übermütige Bild

aus den frühen Jahren bewahren. Es widerstrebt einem, ihr Leben unter dem Gesichtspunkt des Irrwegs und des Scheiterns zu betrachten.

Erika wurde am 9. November 1905 geboren, getauft als Erika Julia Hedwig; Klaus wurde am 18. November 1906 geboren, getauft als Klaus Heinrich Thomas; aber aus rhythmischen Gründen sagt man gewöhnlich »Klaus und Erika«. Denn ein Vorrang lässt sich nicht ausmachen. Klaus war ein begabter Schriftsteller und Essayist, ein mäßiger Schauspieler und ein engagierter Redakteur; Erika war eine begabte Schauspielerin, eine Vortragskünstlerin, eine dandyhafte Selbstdarstellerin, doch auch eine zauberhafte Feuilletonistin, eine streitbare Essayistin und überdies eine bemerkenswerte Kinderbuch-Autorin. Erst durch ihre öffentlichen Aktivitäten wurden »die Manns« zu einer gesellschaftlichen und politischen Größe, zu jener »sonderbaren Familie«, die international bestaunt wurde und als Gruppe zum Gegenstand von Büchern werden sollte, womit Klaus schon früh begann. (Tagebuch, 3.7.1936)

In Thomas Manns Roman *Joseph in Ägypten* sagen die Zwillingsgatten Huij und Tuij: »Es war [...] das Leben zu zweien von Anfang bis zu Ende. Wir waren viel in der Welt und unter den Leuten der Welt, denn wir sind edel gezeugt und nahe dem Throne.« Auf ihre skurrile Weise verkörpern sie die »Vollkommenheit des Zwiegeschlechtlichen«. Ohne dies wörtlich zu übertragen, kann man sagen, dass im Zentrum der Welt der Manns, nimmt man sie als psychosoziale Gesamtheit, ein System der Geschwisterlichkeit stand, eine innige Verbindung von sich wechselseitig überwindenden Gegensätzen. Erika und Klaus Mann blieben aufeinander bezogen, und als der eine Part verschwand, überlebte der andere nur, damit der Verlustschmerz seinen Ausdruck finden konnte. »Unser beider Leben / heimlich verdoppelte Last«, hatte Klaus Mann schon 1934 gedichtet. Er hätte eine lebenslange Symbiose gewollt, sie brauchte Bewegungsfreiheit. Viele seiner Romane reflektieren den Traum der Untrennbarkeit.

Wenn man die »Kinder der Manns« allein auf die Lübecker Linie bezieht, so geht dabei verloren, dass Erika, Klaus, Golo, Monika, Elisabeth und Michael auch die Enkel und Urenkel der Pringsheims und der Dohms waren. Damit ist nicht auf das »jüdische Herkommen« verwiesen, sondern auf einen gesellschaftlichen und kulturellen Status, ein immaterielles und psychologisches Erbe. In ihrem Selbstverständnis spielt das Jüdische keine Rolle, es ist kein Schlüssel zu den Persönlichkeiten, sie als jüdisch zu bezeichnen, ob man das nun entlarvend meint, wie die völkischen Kritiker, oder wohlmeinend, wie spätere Philosemiten.

Als Jugendliche machten Erika und Klaus Mann eine (unerlaubte) Reise aus München nach Berlin. Schließlich in Weimar angekommen (wohin sie eigentlich sollten), hatten sie keinen Pfennig mehr. Was taten sie? Sie gingen in eine Buchhandlung, nannten ihren Familiennamen – und man half ihnen weiter. Der Name war die Rettung. *Dominus providebit* stand am Lübecker Stammhaus in der Mengstraße. In diesem Fall sorgte der gottgleiche Vater für Hilfe in der Not – falls das nicht nur eine hübsche Story war.

Sie haben den ganzen Erdball umrundet, sie kannten die Welt von Tokio bis Tanger, von Moskau bis Madrid, von Hollywood bis Helsinki; sie kannten Theater, Armee und Hafenspelunken, doch dem Bannkreis ihres Vaters entkamen sie nicht. Der Vater lebte beinahe unkörperlich, genoss seine Ekstasen durch Beobachten und Aufschreiben. Sie aber lebten eine neue Körperlichkeit, die durch offene Sexualität, Sport und leider auch den exzessiven Konsum von Drogen und Medikamenten geprägt war.

Dass der homophil veranlagte Autor Thomas Mann eine große und bunte Kinderschar um sich versammelte, dass der sterile Solist zum Patriarchen wurde, war eine der Paradoxien seines Lebens. Der Kindersegen erschien ihm zuweilen als ein Fluch. Im April 1910 schrieb Thomas Mann an einen Bekannten, er werde bald zum vierten Mal Vater – »Wenn ich es zum fünften Male werde, übergieße ich mich mit Petroleum und zünde mich an.«

Katia hätte lieber Jungen gehabt als Mädchen, sagte sie später. Thomas schrieb an seinen Bruder Heinrich nach der Geburt von Erika im November 1905: »Ich empfinde einen Sohn als poesievoller, mehr als Fortsetzung und Wiederbeginn meinerselbst unter neuen Bedingungen.« Als Erika viele Jahre später aus politischen Gründen drohte, ihm ihre Liebe zu entziehen, antwortete er: »[...] mein Gefühl für Dich läßt dergleichen garnicht zu«, er betrachte sie als »kindliche Verlängerung meines eigenen Wesens«. (23.1.1936)

Erziehungsprinzipien hatten Katia und Thomas Mann nicht (aber stets waren Kindermädchen im Haus). Erziehung sei Atmosphäre, glaubte der Vater, der sich übrigens nie mit seiner Frau vor den Kindern gestritten haben soll. Seine üble Laune hat er dennoch zuweilen an der Familie ausgelassen, besonders in den ungemütlichen Jahren nach 1914.

Durch die Kinder kam ein ganz besonderer Familienjargon auf, mit eigenen Wortbildungen, Resten aus der Kleinkindsprache; »üsis« meinte ungeschickt, rührend, drollig, sympathisch; »wuffig« stand für kühl, blasiert, aggressiv, anspruchsvoll. Man sprach sich gegenseitig als »amazing family« an. Thomas Mann schrieb seiner Tochter Erika zum 20. Geburtstag, man habe sie in bodenlosem Leichtsinn in die Welt gesetzt, aber dergleichen solle nicht mehr vorkommen. Und Erika begann Briefe an ihn mit: »Bitte sage Deiner Frau, daß ...« Für ihre Mutter wählte sie die Anrede »Liebe Frau Schatz« oder »Meine Schätzin«. Man mokierte sich über Bekannte und Besucher, spielte deren Manien und Manieren nach, spottete über wenig geschätzte Autorenkollegen des Vaters. Manche Redensarten von Gästen gingen in den Familienjargon ein. Die Kinder der benachbarten Familie Hallgarten nannten ihre Eltern Mulo und Pilo; nach diesem Vorbild wurden bei den Manns die Scherznamen Mielein und Pielein eingeführt. Zusammen mit den beiden Hallgarten-Söhnen besuchten Erika und Klaus zunächst eine Privatschule in der Maxvorstadt. Aber von der Schule hing ihr Leben nicht ab, sie galten als »Gefahr für die Anstalten«. Von der Reformpädagogik in Hochwaldhausen fühlten sie sich bald unterfordert. Erika bestand 1924 in München das Abitur, ihr miserables Zeugnis hing später gerahmt in ihrer Diele, wie ein Zeugnis des Triumphes über feindliche Mächte. Klaus besuchte noch ein Jahr die Odenwaldschule, wo er unter anderem das Verliebtsein in andere Knaben erlebte.

Da der Vater in ihren ersten Kinderjahren mit seinem Bruder verkracht war, lernten sie Onkel Heinrich erst nach der Aussöhnung von 1922 richtig kennen, und vor allem Klaus war von ihm begeistert, verschlang alle seine Bücher. Erika gegenüber war Heinrich zurückhaltend, in seinen letzten Jahren in Amerika entwickelte er eine ausgesprochene Abneigung gegen sie. Eine große Rolle spielten die Pringsheims, in deren Palais in der Arcisstraße sich die Kinder oft und gern aufhielten, vor allem weil es dort guten Kuchen gab.

Klaus Mann hatte früh verstanden, dass alles, was das »Haus Mann« betraf, literaturwürdig war. Er las als Knabe die Erzählung *Herr und Hund*, worin vieles vorkam, was er aus eigenem Erleben kannte, vor allem der Hund Bauschan, und diese Transposition kam ihm schmeichelhaft und reizvoll vor. So wuchs er ganz natürlich in die Welt der Literatur hinein, begann früh zu schreiben, fand im kleinen Bruder Golo einen geduldigen Zuhörer für seine ersten Versuche. An einem Schreibtisch im Raum direkt über dem Arbeitszimmer seines Vaters versuchte er sich an Gedichten, Stücken, Erzählungen, führte auch bald ein Tagebuch. Und er empfand den Kinderwunsch: »Ich möchte so gerne berühmt werden.«

Als Neunjähriger machte er die extreme Erfahrung der Todesnähe. Eine Blinddarmentzündung hatte zu Komplikationen geführt, ein paar Tage musste man um ihn bangen. Er selbst glaubte später, die Mutter habe ihn gerettet, indem sie ihn mit Eau de Cologne abgerieben hatte. Beweisen lässt sich das nicht, auch nicht, dass er seither ein besonders intimes Verhältnis zum Tod hatte und verzärtelt und primadonnenhaft blieb, nicht wirklich für sich verantwortlich, nicht wirklich praktisch veranlagt, nicht wirklich zuverlässig.

Klaus war ein so schöner Knabe, dass sich der Vater in dessen Körper geradezu verliebte. Er beobachtete den Sohn bei onanistischen Spielereien, zuweilen mit den Geschwistern, intervenierte aber kaum. Erika zeigte früh einen Hang zum Bevormunden und Bemuttern. Der Vater sah in ihr eine gute Hausfrau, aber mit dieser Prognose lag er daneben. Eine kreative Laufbahn konnte er sich bei einer Tochter zunächst nicht vorstellen.

Mit Erika und Klaus begann ein neuer Abschnitt in der Familiengeschichte, insofern sie den internationalen Radius der Familie erweiterten, lange vor dem Exil. Klaus ging schon mit 19 Jahren ins Ausland, besuchte die Autoren, die ihn interessierten. Er musste nicht über Frankreich phantasieren wie der Vater oder der Onkel, er fuhr geradewegs nach Paris, lernte André Gide, Jean Cocteau und René Crevel kennen. Kontakt mit Berühmtheiten war er von zu Hause gewohnt. Die französischen Bekannten haben seine homosexuelle Tendenz verstärkt und bestätigt, haben ihn auch ermutigt, offen darüber zu schreiben. Die Eltern hemmten seine Entwicklung nicht, und als er schrieb, musste er *dafür* keine Masken suchen, sondern konnte die neuen Wahrheiten unverhüllt, aber unaufdringlich darstellen. Die offen gelebte Homosexualität hat Klaus' Leben allerdings nicht stabilisiert, seine literarische Arbeit auch nicht. Für den Vater blieb er der »Sorgenliebling«, um Jaakobs Wort für Joseph zu verwenden.

»Denn es ist eine sonderbare Zeit, / Und sonderbare Kinder hat sie: uns«, zitierte Klaus Mann in einer frühen Novelle Hugo von Hofmannsthal. Er hat sich oft auf die »Zeit« bezogen, auf seine Epoche, und erst in zweiter Linie auf die Herkunft, auf die Familie. Nach den wenigen idyllischen Jahren mit ausgiebigen Aufenthalten im Sommerhaus in Bad Tölz gab es für Erika und Klaus Mann nur noch ein Leben voller Erschütterungen: die spannungsvollen Kriegsjahre, die turbulente Nachkriegszeit mit Räterepublik und Inflation, die politischen Unruhen der Weimarer Republik, der Endkampf der Republik, den National-sozialismus, das Exil, den Zweiten Weltkrieg, den Kalten Krieg, die deutsche Teilung. Die permanente äußere Unordnung spie-gelte sich in der Verwirrung und Unstetigkeit ihres Lebens. Das zwar nervöse, aber doch geruhsame Kaiserreich war für sie bald ein fernes Märchen. Allerdings litten sie keine materielle Not, auch im Exil nicht.

Ihr Reifeprozess verlief anders als bei der Generation zuvor. Aber sie waren keine Rebellen gegen die Eltern. Was man nicht übersehen darf: Ein Bedürfnis nach Spiritualität lebte in dem frühreifen Jungen. Klaus glaubte, »daß jede innige Betätigung des Menschen religiösen, das ist: gottsucherischen Charakter« habe. Das war keineswegs nur aus Snobismus gesagt. Er fuhr nach Heidelberg zu dem Romanisten Ernst Robert Curtius, von dem er sich, gleichsam im Privatunterricht, in das Werk von Marcel Proust einführen ließ, den damals nur wenige in Deutschland kannten. Wenn der Sohn von Thomas Mann ein Privileg besaß, dann waren es solche Bildungserlebnisse.

Ein einziges Mal ist er von Hamburg aus nach Lübeck gereist

und verbrachte ein paar Stunden in der Stadt der Vorfahren, deren Staatsbürgerschaft er besaß. Es blieb die Erinnerung an Spitzbögen aus schwarzgebrannten Backsteinen. In Travemünde sah er zum ersten Mal das Meer. Einen Urlaub auf Hiddensee und Usedom brach er plötzlich ab: Er litt selber unter »meiner unruhigen, fatalen Art, weg zu müssen, wenn gerade alles am besten schien«. Diesen Abbruchreflex teilte er mit Erika, die Schauspielengagements sausen ließ, wenn ihr nach etwas anderem zumute war, und dann Briefe in anmaßendem Ton an etablierte Theaterleiter schrieb; da war sie die Kronprinzessin mit ihrer hohen Geburt als einzigem Verdienst.

Als Klaus mit 24 Jahren die literarische Bühne betrat, wurde er mit Hass und Häme empfangen. Er konnte mit dem Vater nicht konkurrieren, denn der erklomm gerade den Höhepunkt seines Könnens und seines Ruhmes. Die Aufregung über den eingebildeten, snobistischen, verwöhnten, eitlen Sohn des großen Dichters bewirkte, dass die Eigenständigkeit und Originalität seines literarischen Werkes erst spät erkannt wurde. Daher sollte eine Betrachtung über Klaus eher unter den Leitworten Tragik und Skandal stehen als unter dem Begriff Privileg.

Erika suchte den effektvollen Auftritt vor Publikum. Das Schreiben reizte sie zunächst nicht. Erst als es um die Aufarbeitung der gemeinsamen Weltreise 1927/28 ging, überzeugte sie der Bruder. Bald schon entdeckte sie ihr Talent als Feuilletonistin und verfasste in diesem typischen Genre der Weimarer Jahre brillante Texte. Da ihr Frühwerk erst spät gesammelt herausgegeben wurde (unter dem Titel *Blitze überm Ozean*), übersah man die feurige, witzige, kritische Autorin lange.

Das gemeinsame Buch über die Weltreise 1927 (*Rundherum*) hat viel vom Snobismus der verwöhnten Jugend. Sie glauben, der Welt eine Performance schuldig zu sein. Sie reden daher, als hätten sie schon alles gesehen, zeigen falsche Abgebrühtheit statt Neugier und Offenheit. Auch wenn man nicht alles glauben kann und die Chronologie etwas chaotisch wirkt, enthält ihr Bericht im Detail wichtige Zeugnisse, bringt man sie mit anderen Informationen in Verbindung. Sie lebten auf Du und Du mit der Prominenz, trafen in Hollywood (angeblich) Emil Jannings, Conrad Veidt, Ernst Lubitsch, Friedrich Murnau. Um das Geld machten sie sich keine Sorge; man telegrafierte an diesen oder jenen, und irgendwer würde schon für sie aufkommen.

Sie brauchten eine Masche, um ihre Auftritte vor amerikanischem Publikum attraktiver zu machen, daher ließen sie sich ankündigen als »The literary Mann-twins«. Klaus hielt Reden über die Jugend in Europa, und Erika rezitierte deutsche Lyrik. Zusammen mit ihrem Jugendfreund Ricki Hallgarten, den sie in New York wiedersahen, hätten sie durchaus als Drillinge auftreten können. Ricki stellte ihnen seine Freundin vor: die in München geborene Amerikanerin Eva Herrmann, die erste erfolgreiche Karikaturistin in den USA. Als sie wieder in Berlin am Bahnhof Zoo eintrafen, kam ihnen die ganze Reise wie ein Traum vor.

1931 erschien ein weiteres gemeinsames Werk der Geschwister, *Das Buch von der Riviera*. Der Bericht über das, was nicht im Baedeker stand, zeigte deutliche literarische Fortschritte, vor allem entdeckten sie die künftigen Exilorte an der Côte d'Azur, womit sie wieder einmal zu Pfadfindern in der Familiengeschichte wurden.

Der Gebrüder Enoch Verlag Hamburg brachte 1925 den Erzählungsband *Vor dem Leben* und den Roman *Der fromme Tanz. Das Abenteuerbuch einer Jugend* heraus. Von sich und den Seinen erzählt Klaus Mann mal mehr, mal weniger maskiert. Durch ihn wurde die Homosexualität zu einem normalen Thema der Literatur, was ihm viele Anfeindungen einbrachte. Die Hauptgestalt seines ersten Romans, ein Sohn aus guter Familie, bricht von zu

Hause (München) aus und eilt nach Berlin, schließlich nach Paris. Geschildert wird das Entdecken der Großstadt, die vor allem aus Kabarettlokalen und Nachtbars zu bestehen scheint. Es ist der Roman einer homosexuellen Selbsterfahrung, einer unerfüllten Männer- bzw. Knabenliebe. Die Figuren, Kellner, Chauffeure, Verkäuferinnen, Künstler und Bohemiens, haben sehr unterschiedliche Charaktere. Höhepunkt des Romans ist der Monolog der Franziska, die ihre Geschichte erzählt, ein sehr ernstes Leben, in dem sich einige Züge der Mann-Familie wiederfinden, aber auch Vorahnungen des Exilschicksals.

Kritiker haben ihm Flüchtigkeit und Ungenauigkeiten in der Ausführung vorgehalten; die gibt es durchaus in seinem Werk, aber sie sind das Symptom der Hektik, der Gehetztheit, also ein Echo der Umstände, unter denen man in den Jahren der Weimarer Republik lebte. Die Unschärfen sind wie Narben in einem von der Zeit entstellten Gesicht. Klaus Mann zeigt vom ersten Roman an ein großes Gespür für den bevorstehenden Untergang der Gesellschaft, in die er hineingeworfen wurde.

An einem mythischen Stoff versuchte sich Klaus gleichsam parallel zum Vater, der seit 1926 am Josephs-Projekt arbeitete. *Alexander. Roman der Utopie* (1929) ist eine Geschichte von Vater und Sohn, aber der Große ist hier der Sohn, und der Vater nur der Vorläufer. »Das Leben war vollkommen schön, solange der Vater sich im Hintergrund hielt«, denkt der künftige König der Makedonier. »Geliebt wollte er sein, nichts war wichtiger.« Und nichts schwieriger. Der Roman im griechischen Ambiente ist knapp, präzis, transparent. Es ist eine Reichsgeschichte, eine Kriegsgeschichte, vor allem aber die Geschichte einer missglückten Liebe zwischen zwei Freunden.

Eine Zwischenbilanz der Familiengeschichte zog er knapp vor dem Exil in dem erstaunlichen Buch *Kind dieser Zeit* (1932). Die innere Situation der Familie Mann wurde damit zur öffentlichen Angelegenheit, radikaler und direkter, als es der Vater

152

vorgemacht hatte. Erzählt wird die Geschichte seiner Kindheit, ohne Angeberei, aber natürlich nimmt er sich sehr ernst. Er legt Rechenschaft ab und ist sich seiner Situation wohl bewusst: »Der Nachteil, dem kein anderer junger deutscher Autor ausgesetzt ist, besteht in der Voreingenommenheit, mit der man sich mir naht. Ich habe meine unvoreingenommenen Leser noch nicht gefunden. Nicht nur der gehässige, auch der freundlich Gesinnte konstruiert zwischen dem, was ich schreibe, und dem väterlichen Werk instinktiv den Zusammenhang. Man beurteilt mich als *den Sohn*.« Dass ein Vater-Sohn-Konflikt nur in den Augen der anderen bestand, wie Klaus hier behauptete, war eine Beschönigung. Im Tagebuch lesen wir einige Jahre später den Seufzer »Werde ich je aus seinem Schatten treten?«. (30.3.1938)

Treffpunkt im Unendlichen, noch 1932 erschienen, ist ein rasanter Zeitroman, der in der unmittelbaren Gegenwart zwischen Berlin und Paris spielt. Er gibt ein Bild des Kreises um Klaus und Erika Mann. Die Idee der Gleichzeitigkeit bestimmt die Form, dicht am Tagebuch, dicht an der Realität, voller anschaulicher Porträts bekannter Zeitgenossen von Gründgens bis Benn, aber in Figuren verwandelt. Zwei parallele Seelen (Sonja und Sebastian), hinter denen man Klaus und Erika sehen kann, treffen sich erst in der Ferne, aber nur, um sich wieder zu verlieren, eine Art paradoxes Wälsungenblut: Vereinigung ist unmöglich. Sie kennen Freundschaft, aber nicht die Liebe, es gibt nur Sex und soziales Kalkül, geschwisterliche Zuneigung und Kameradschaft. Die Schauspielerin Sonja flieht den Ruhm, den ihr die Glanzrolle der Elisabeth in Schillers *Don Carlos* eingebracht hat (genau wie Erika). Im marokkanischen Fez, wo sie Sebastian trifft, geht sie zugrunde an unreinem Opium, wie es den Mann-Kindern auf ihrer Reise beinahe tatsächlich geschehen wäre. In den Romanen von Klaus Mann spiegeln sich nicht nur Erlebtes, sondern immer auch das bevorstehende Unheil und darüber hinaus eine atemlose Suche nach Erlösung.

Schon als Kinder im Herzogpark gerierten sie sich mit ihren Freunden als kleine Schauspieltruppe, nannten sich »Laienbund deutscher Mimiker«, und die Eltern spielten höchst seriös als Publikum und Kritiker mit. Als Mimiker des Lebens traten sie dann zunächst hervor. Die Versuche für das Theater am Beginn der Laufbahn von Klaus als Autor und von Erika als Darstellerin dienten mehr der Provokation, waren eine Fortsetzung der Kinderstreiche auf nationaler Ebene: *Anja und Esther* sowie *Revue zu Vieren* fanden ein gewisses böses Echo in der Presse, waren aber bedeutsamer für das Privatleben der Mann-Kinder als für die Literaturgeschichte. Sie brachten das aufstrebende Schauspiel- und Regietalent Gustaf Gründgens in Kontakt zur Mann-Familie (Erika war von 1926 bis 1929 sogar verheiratet mit ihm, aber das war mehr Show und Dollerei, wie sie später zugab), und führten zur kurzzeitigen Verlobung von Klaus mit Pamela Wedekind. Die Tochter von Frank Wedekind wurde 1930 die zweite Ehefrau des Dramatikers Carl Sternheim. Eine Art Schicksalsfreundschaft hielten Klaus und Erika Mann in Paris zu Sternheims Tochter aus dessen erster Ehe, Dorothea, genannt Mopsa, und deren Mann, dem österreichischen Maler Rudolph Carl von Ripper. Exzesse mit Drogen und Sex gehörten dazu.

1933 war das reine Spiel zu Ende. Bisher hatten sie mit dem Tod gespielt, weil ihrem Dasein ein Stachel fehlte, weil ihnen alles leicht wurde. Das Exil und die Laufbahn von Erika und Klaus Mann gerieten durch das Exil völlig aus der Bahn. Es gereichte ihnen zur Ehre, dass sie sich dieser Herausforderung gewachsen zeigten und sich damit als würdige Erben ihres Onkels erwiesen und dessen Haltung 1914. Nach 1933 gaben sie ihrem verwirrten und politisch »unmündigen« Vater Orientierungshilfe. Durch sein resolutes Engagement, durch die Gründung der Zeitschrift *Die Sammlung* und die Mitarbeit im Amsterdamer Exilverlag Querido gehörte Klaus Mann zu den Mitbegründern des literarischen Widerstands und während der Exiljahre zu dessen produktivsten Autoren. Der schiere Umfang seiner Texte und deren formale Vielfalt ist bewundernswert für einen Menschen, der rastlos die Länder und die Freunde wechselte. Schon vor dem Exil hatte Klaus Mann ein ansehnliches Werk beisammen und eine erste Familienautobiographie geschrieben. Dabei war er, als die Nazis an die Macht kamen, noch keine 27 Jahre alt.

Klaus und Erika Mann waren schon vor 1933 das Ziel vehementer Drohungen in der NS-Presse geworden; es war von der nötigen Liquidierung der Manns die Rede. Vielleicht hatte der Ernstfall für sie schon mit dem Selbstmord ihres Freundes Ricki Hallgarten am 5. Mai 1932 begonnen; ein labiler Charakter, gewiss, aber auch ein Visionär der kommenden Schrecken. Gemeinsam mit ihm hatte die leidenschaftliche Autofahrerin Erika Mann eine europaweite Rallye gewonnen. In der Reportage darüber erfand sie die Formel, dass man unterwegs öfter die Länder als die Hemden gewechselt habe, die im Exil noch zu Ehren kommen sollte.

Erika Mann hatte rasch Erfolg als Schauspielerin, sie erhielt kleinere Filmrollen, doch zu einer wirklichen Laufbahn fehlte es ihr an Disziplin und Konstanz. Im Exil musste sie sich ohnehin eine neue Bühne schaffen; sie tat es mit dem Kabarett *Die Pfeffermühle*, das am 1. Januar 1933 noch in München begonnen hatte, bald aber in die Schweiz ausweichen musste, dann nach Belgien und 1936 in die USA. Aber die *Pepper Mill* hatte keinen Erfolg in New York; jenseits der eingewanderten Deutschen fand diese Form politischer Kunst kein Echo.

Ihre bedeutendste Rolle spielte Erika Mann in den USA zwischen 1936 und 1947 als *lecturer*, als Vortragskünstlerin, womit sie zur Wegbereiterin ihres Vaters wurde, zu dessen späterer Akkulturation sie erheblich beitrug. 1937 ist sie formell in die USA eingewandert als britische Staatsbürgerin, denn am 12. Juni 1936 hatte sie in London den Dichter Wystan Hugh Auden geheiratet, eine reine Gefälligkeitsehe, vermittelt durch den gemeinsamen Freund Christopher Isherwood. Ihre Freundin Therese Giehse fand bald darauf ein ähnliches Arrangement. Erikas späterer Versuch, einen amerikanischen Pass zu erlangen, scheiterte an der Hinhaltetaktik der Behörden, für die sie politisch suspekt geworden war. 1937 lernte sie in New York den aus Berlin emigrierten Arzt und Dichter Martin Gumpert kennen, dessen Heiratsantrag sie ablehnte und dessen Kind sie nicht austrug.

Für beide Mann-Kinder begann das Exil nur Wochen nach der Machtergreifung; Erika ging am 29. Februar 1933 in die Schweiz, Klaus Mitte März nach Paris. Als sich im Mai 1933 Gottfried Benn als Parteigänger des Regimes öffentlich hervortat, verfasste Klaus Mann einen offenen Brief an das einstige Idol. Der Dichter antwortete mit einer gehässigen Attacke auf die literarischen Emigranten, die sich dem deutschen Neuanfang verweigerten. Hass war nicht der Stil von Klaus Mann, er litt eher am Verrat des einst Bewunderten, hat auch später dessen Verse immer wieder sehnsüchtig zitiert.

Die Zeit des Kämpfens war gekommen. Aber der Roman *Mephisto* (1935), in dem Klaus die Karriere eines opportunistischen Schauspielers in NS-Deutschland schildert, wurde keine Denunziation, sondern ein Versuch der Einfühlung in eine zwielichtig-opportunistische Gestalt, zudem eine Analyse der diabolischen Quellen der Kreativität. *Mephisto* ist ein *Roman* und verdient als solcher Beachtung, nicht als Statement über eine historische Künstlerpersönlichkeit. *Mephisto* handelt von der Perversion eines begabten Menschen in einem verbrecherischen Machtsystem; von dieser Art Perversion wusste Klaus Mann sehr wohl einiges. Nebenbei: Klaus brachte damit das Faust-Thema in die literarische Verarbeitung der NS-Zeit ein, lange vor des Vaters Roman *Doktor Faustus*. Aber für beide Versuche gilt die Reflexion, die Klaus Mann in seinem Roman *Der Vulkan* einer Figur zuschreibt: »Es wird niemals ein großes Epos über Nazi-Deutschland geschrieben werden. [...] Nicht einmal ein großes Epos der Anklage.«

Erika war Prinzipalin und Intendantin, sie konnte autoritär und bestimmend sein. Klaus hing sehr an ihr, litt unter Eifersucht, wenn sie ihre eigenen Wege ging, ohne ihn reiste, Freundschaften anderswo pflegte und ihn zu vernachlässigen schien. Auch deshalb hat er sie in seinen Romanen über die Maßen vergöttert, als tapfere, kämpferische, antifaschistische Jungfrau von Orleans idealisiert. »Sie kommt ohne mich aus«, dämmert es dem Dichter Martin im *Vulkan*. Beständig in der Liebe war sie nicht; sie liebte Männer und Frauen, junge und ältere. Sex und Liebe waren nur Instrumente des Lebens, für Klaus wie für sie. Aber nicht das meinte das FBI, wenn es die Geschwister in seinen Geheimdossiers als »sexual perverts« bezeichnete.

Klaus Mann beobachtete nicht ohne Eifersucht, mit welcher Unbedingtheit alle, die Erika nahekamen, sich für sie entschieden. (Tagebuch, 4.8.1938). Von ihrer Beziehung zu dem Dirigenten und Freund ihres Vaters Bruno Walter wussten nur Klaus und die Mutter. »Greiser Unhold« nannte ihn der Bruder. Für Klaus war die Schwester ein Mutterersatz, wie er im Tagebuch 1938 formulierte, die einzige Frau, die er liebte, weil er in ihr sich selbst lieben konnte. Vor Frauen hatte er sonst Abscheu. Nach einem kleinen Streit in Paris schrieb Klaus an Eva Herrmann, die ihn der Frauenfeindlichkeit bezichtigt hatte: »Du hast übrigens unrecht: ich liebe die Damen, nur eine Kleinigkeit an ihnen ist mir nicht ganz sympathisch – es sind nicht die Hände.« (Brief vom 12. Juli 1935) Und ließ sich doch von Frauen helfen, betreuen, fördern. Gerade Eva Herrmann hat sich ihm intensiv zugewandt, war vielleicht verliebt in ihn, bekam aber von Thomas Mann zu hören: »Wissen Sie nicht, daß Klaus ein Frauenzerstörer ist?«

Klaus wirkt zuweilen, als hätte er keine Substanz, keinen Kern, keinen Halt; einen festen Ort hatte er sowieso nicht. Sein Leben und Schreiben war eine einzige große Suche und Erwartung. Aber niemand konnte Erfüllung bieten, nur der imaginierte Engel. In den Engels-Visionen seiner Romane und Stücke, im traumhaften Panorama der Schicksale schreibt er seine schönste Prosa. Die Träume, die Klaus Mann in seinem Tagebuch festhält, sind genial. Man kann sie sich als Schattenballett vorstellen, als Umkehrbild seines Lebens. Aber die einzige Erfüllung, die es im Leben eines Autors geben kann, ist ein gelungener Text. Zu oft wird bei ihm das Schreiben zur Droge, was an die Psychologie des jungen Heinrich Mann erinnert. Klaus ist zart und verzärtelt, weil er nur wartet, erwartet und zu selten gibt. Aktiv und hingebend ist er nur im Schreiben. Sein Schreiben erscheint manchmal als Religionsersatz.

Der Mensch und der Autor scheinen auseinanderzuklaffen. Der Autor Klaus Mann war ernst, engagiert, bemüht, gutmütig. Scharf, wo es sein musste. Mit genialen Zügen. Seine Urteile über andere Bücher, auch über die des Vaters, waren immer hellsichtig. Als Redner war Klaus nicht so erfolgreich wie Erika, die quer durch die USA ihr Publikum begeisterte, von Chicago bis Oxford, Ohio; dafür verfasste er gute Flugblätter, welche die Amerikaner den Soldaten der Wehrmacht zukommen ließen. Der Mensch Klaus Mann war problematisch. Er war zu sehr nach innen gewandt, zu sehr mit dem Fortspinnen seiner Vorstellungen befasst, nicht fähig zu wirklicher Zuwendung.

Glück in der Liebe hatte er nicht. Weder René Crevel noch Konrad Kellen wollten ihm zu nahekommen. Und die ernsten

Beziehungen, etwa mit Thomas Quinn Curtiss, hielten niemals sehr lange. Erfüllung und Anreiz fand er nur in der Droge, was seine Passivität noch verstärkte. Der Sex war nur eine weitere Droge, er hatte nur wenige Freundschaften, die längere Zeit hielten, aber immer wieder schnelle, schmutzige Abenteuer, als suche er die andauernde Erniedrigung, wie er sie seinem »Mephisto« andichtete. Häufig ließ er sich mit Zufallsknaben ein, einmal in Paris sogar mit einem jungen Nazi, einem Flieger aus Köln, der begeistert vom deutschen Wiederaufschwung faselte. »Treiben es trotzdem ganz nett. Zynismus.« (Tagebuch, 23.1.1936) Klaus hatte eine Fassade für den Empfang bei der Welt; dahinter verbarg sich ein geheimes Nachtleben: Arroganz, Selbsterniedrigung, Drogen, Todeskult, Verachtung des Lebens, plötzliche Boshaftigkeit, auf die neue Bettelei folgen konnte.

Klaus Mann hatte nicht das Gefühl, privilegiert zu sein, vielmehr verstand er sich als Angehöriger einer verurteilten Generation. Er beklagte dieses »infame Schicksal« mit seinen diabolischen Überraschungen, als er erfuhr, dass die Jugendfreundin Grete Walter in Zürich von ihrem Mann erschossen worden war. An eben jenem Tag im August 1939 erfuhr er auch vom Hitler-Stalin-Pakt. In seinem Leben wie in seinen Werken vermischte sich Privates und Zeitgeschichtliches unentwirrbar. Seine Romane sind im Wortsinne Zeit-Romane. Ihm fehlte ein »solides inneres Gleichgewicht« wie seiner Figur Bernheimer, die in Wien 1938 vom Mob erschlagen wird.

Alle seine Widersprüche hat Klaus Mann in einem Roman zusammengefasst, der als sein bleibendes Monument angesehen werden kann: *Der Vulkan. Ein Roman unter Emigranten.* Er umfasst nur die halbe Geschichte des Exils, da er Anfang 1939 beendet wurde, aber er spiegelt alle Aspekte und Situationen der Emigration und alle Züge von Klaus' Persönlichkeit. Er führt alle Orte vor: Prag, Amsterdam, Wien, Paris, Zürich, New York, Hollywood und das Spanien des Bürgerkriegs, Barcelona, Madrid. Viele Gefährten sind erkennbar, der Roman ist eine Verdichtung der Welt, wie sie sein Tagebuch und seine vielen Briefe bezeugen. Der Dichter dieses Romans ist ein suchender, hoffender, ein glaubensbereiter Mensch, keineswegs ein Pessimist, er ist ein Mensch guten Willens, verstrickt in ein unauflösliches Geflecht von Beziehungen und Bezügen, ausgeliefert einer erbarmungslosen Zeit. Literarisch ist vielleicht sein Tschaikowsky-Roman *Symphonie Pathétique* höher einzuschätzen (1936).

Beiden Geschwistern war es sehr wichtig, Zeugnis für das literarische Exil abzulegen, wie sie es in ihren beiden letzten gemeinsamen Büchern taten, 1939 in *Escape to Life* und 1940 in *The other Germany*. Erika befasste sich darüber hinaus mit der Erziehung der Kinder in Dritten Reich (*Zehn Millionen Kinder*, 1938), für sie Teil der Vorüberlegungen zur Umerziehung eines ganzen Volkes.

Unpolitisch waren beide Geschwister zu keinem Zeitpunkt. Den Kommunisten und der Sowjetunion gegenüber waren sie von unbefangener Neugier, aber nie waren sie Salonbolschewisten. Dass gerade sie als Agenten Moskaus und Fünfte Kolonne denunziert wurden, oft von anderen Emigranten, war eine abscheuliche Niedertracht. Weder auf seiner Reise zum Schriftstellerkongress in Moskau 1934 noch beim Pariser Kongress 1935 hat Klaus Mann Konzessionen gemacht. Er bestand darauf, dass auch der Sozialismus das Geheimnis des Glaubens und damit des Menschen nicht stören dürfe. (Brief vom 24.7.1933) Weder er noch Erika waren Materialisten. Er sah im Kommunismus viele Züge, die ihn ungut an den Faschismus erinnerten. Ihn ärgerte die in Moskau übliche Kritik an »dekadenten« Autoren wie Joyce, Gide oder Proust (er hätte ja selber in diese Kategorie gehört). Und Erika hatte früh verstanden, wie viel an der kommunistischen Ideologie Lüge und Propaganda war.

Der Träumer Klaus Mann erkundete immer wieder die Niederungen der Realität, ganz anders als der Vater und der Onkel, auch nach dem Krieg. Er suchte in München das zerstörte Vaterhaus auf, er interviewte den empörend unbelehrbaren Richard Strauss, er besuchte die von Theresienstadt gezeichnete Mimi Mann in Prag, er musste im Herbst 1946 in Berlin erleben, wie Gründgens ein Comeback auf den Berliner Bühnen feierte, ging ihm aber privat aus dem Weg.

In den USA begann Klaus damit, seine Texte auf Englisch zu schreiben, so auch seinen großen Lebensbericht *The Turning Point*, der 1942 abgeschlossen wurde. Nach dem Krieg schrieb er selber die deutsche Fassung *Der Wendepunkt*, wobei er sich von seiner Schwester Monika helfen ließ, mit deren Arbeit er aber nicht zufrieden war. Es ist sinngemäß die Fortsetzung und Ergänzung dessen, was er zehn Jahre zuvor mit *Kind dieser Zeit* begonnen hatte: eine Selbst- und Familienanalyse.

Während er sich auf seine Aufgaben in der amerikanischen Armee vorbereiten musste, entstand eine exzellente Analyse der Werke und der Wirkung von André Gide, in der späteren deutschen Fassung unter dem Titel *André Gide und die Krise des modernen Denkens* erschienen. Diese Bestandsaufnahme der literarischen Tendenzen seit 1890 (in der weder der Vater noch der Onkel vorkommen) handelt vom Glauben an die Literatur. Persönliche Erlebnisse mit Gide spielen darin ebenso eine Rolle wie hervorragende Textanalysen. Die Einberufung und damit Einbürgerung verzögerte sich, weil er sich 1942 mit Syphilis infiziert hatte. Erikas Freund Martin Gumpert half ihm als zuverlässiger und effizienter Arzt. Als er 1943 endlich in die Armee aufgenommen und nach Nordafrika geschickt wurde, später nach Italien, erhielt er die amerikanische Staatsangehörigkeit.

Nach dem Gide-Essay, der auch ein Nachdenken darüber war, was ein Roman in der Gegenwart leisten könnte, hätte das zweite

Leben des Romanciers Klaus Mann beginnen können, in einer neuen Zeit. Man konnte nach 1945 nicht mehr schreiben wie noch ein paar Jahre zuvor. Aber wie sähe der neue Weg aus? Klaus Mann hatte keine Antwort. Und er missverstand die rein psychologische Dimension des »Stirb und Werde«. Dass etwas zu Ende geht und abstirbt, heißt nicht, dass alles stirbt. Er hatte oft genug den biblischen Satz zitiert über das verlorene und gewonnene Leben. War die körperliche und seelische Basis durch Drogen hoffnungslos zerrüttet? Der Feind, die Droge, hatte den Körper untergraben, aber auch die häufige lüsterne, fast onanistische Träumerei vom Tod als Erlösung.

In der Hinsicht war Erika anders. Sie lebte gefahrvoll, aber dem Tod hätte sie nicht freiwillig nachgegeben. Sie war resolut für das Leben, lebte viel zu gern. Sie war liebesfähig, hingebend und hinreißend, ihre Liebe kam aus Übermut, Lebenslust, Verführungslust. Klaus dachte zuweilen darüber nach, wie der wiederholt erwogene Selbstmord, der oft nur an seiner Ungeschicklichkeit scheiterte, auf Erika wirken müsse (er verstand also, dass es in jedem Fall eine Beziehungstat wäre). Als Erika im August 1940 über Lissabon ins bedrohte London flog, schrieb sie dem Vater, sie wisse genau, dass sie ihn nur durch eine Sache wirklich kränken und verletzen könne, »durch mein Ausbleiben«. Es werde ihr schon nichts passieren, schrieb sie und meinte damit: Sie würde niemals das Leben wegwerfen. (Brief vom 19.8.1940)

Die Selbstmordversuche von Klaus hatten etwas von ungeschickten Spontanhandlungen, so wie man sich leichtfertig auf Sexabenteuer einlässt. Nach dem vorletzten Versuch im Frühjahr 1948 und kurzer Erholung flog Klaus nach Europa. Auf welchem Kontinent sein weiteres Leben spielen sollte, war ungewiss. Zu seinem 42. Geburtstag, der sein letzter sein sollte, erhielt er einen einfühlsamen Brief vom Vater. Thomas Mann sprach davon, dass nach seiner Geburt einige Mädchen seine

Wiege umstanden und gerufen hätten: Der schöne Bub! Er erinnerte daran, wie er ihnen mit neun Jahren beinahe genommen wurde und erst kürzlich wieder. Er sei dankbar, »daß Du uns und den Vielen die Dir zugetan sind, geblieben bist und bleiben wirst in Deiner begabten und gescheiten und darum natürlich innerlich traurigen, aber doch freundlich mithaltenden und immer emsig tätigen Liebenswürdigkeit.« (12.11.1948)

In Europa war Klaus umtriebig wie immer, reiste nach Amsterdam, Paris, Marseille und Cannes. Er versandte viele Briefe, erwähnte neue Projekte, aber immer öfter blieben Seiten im Tagebuch leer, oder er schrieb nur »Rien«. War damit die im *Vulkan* beschworene »Gier nach dem Nichts« gemeint? Er versuchte sogar eine letzte Entziehungskur in Nizza. Und vergaß den Vorwurf, den er seiner Marion im *Vulkan* in den Mund legte: »Ach, ihr scheut alle die unsägliche, lange, süße Mühe des Lebens! Der eigentlichen Verpflichtung weicht ihr alle aus!« Nämlich das einfache Leben zu ertragen, diesseits aller großen Kämpfe.

Sein neues Projekt hieß *The last day*. Auf dem ersten Blatt des Tagebuchs 1949 steht, dass er dieses Jahr nicht zu überleben wünsche. Dergleichen hatte er schon oft geäußert. Die Schrift wurde immer enger, kleiner. Er bekam Besuch von der Freundin Doris von Schönthan. Die Verabredung mit den Geschwistern Michael und Monika, die mit dem Dampfer in Cannes anlegen sollten, misslang. An den letzten Tagen im Mai notierte er nichts Auffälliges, Beunruhigendes, nichts wies auf das baldige Ende hin; er hielt fest, was er las und mit wem er Briefe wechselte. Aber dann kappte er seine Verbindung zur Welt. Vielleicht nur aus einer Laune heraus. Vielleicht weil gerade ein Päckchen Schlaftabletten eingetroffen war, die er alle auf einmal schluckte. Klaus Mann hatte die wahre Geschichte von Vater und Onkel schreiben wollen, nach deren Tod. Aber was hätte er zu enthüllen gehabt? Er starb, bevor er ein Familiengeheimnis lösen konnte und hinterließ bei seinem Abgang eines mehr.

Als Thomas Mann die Todesnachricht erhielt, schrieb er an Alfred Neumann: »Die Welt hat ihm viel Unrecht getan, was sich noch zeigen wird, wenn man sein Bestes sammelt.« (2.6.1949) Leid tat es ihm um Erika, ihr vor allem hätte er es nicht antun dürfen. »Dies abgekürzte Leben beschäftigt mich viel und gramvoll. Mein Verhältnis zu ihm war schwierig und nicht frei von Schuldgefühl, da ja meine Existenz von vornherein einen Schatten auf die seine warf. Dabei war er als junger Mensch in München ein recht übermütiger Prinz, der viele herausfordernde Dinge beging. Später, im Exil, wurde er viel ernster und moralischer, auch wahrhaft fleißig, arbeitete aber zu leicht und zu rasch, was die mancherlei Flecken und Nachlässigkeiten in seinen Büchern erklärt. Wann der Todestrieb sich zu entwickeln begann, der so rätselhaft mit seiner augenscheinlichen Sonnigkeit, Freundlichkeit, Leichtigkeit, Weltläufigkeit kontrastierte, liegt im Dunkeln. Unaufhaltsam, trotz aller Stütze und Liebe, hat er sich selbst zerstört und sich zuletzt jedes Gedankens an Treue, Rücksicht, Dankbarkeit unfähig gemacht. Trotzdem, er war eine ausgezeichnete Begabung.« Der Vater lobt den Gide-Essay, den Tschaikowsky-Roman, den *Vulkan*, den er mit Einschränkungen als den vielleicht besten Emigrationsroman überhaupt rühmte. »Ich darf mir sagen, daß ich ihn immer gelobt und ermutigt habe.« (An Hermann Hesse, 6.7.1949) Zu weit ging das Schuldgefühl auch nicht.

In dem Verhalten von Klaus Mann erinnert vieles an das, was der Vater 1925 in dem Vortrag *Ehe im Übergang* über Homosexualität als Lebensform gesagt hatte. Manchmal streift einen der Gedanke, Klaus Manns Schicksal zeigt, was aus Thomas Mann hätte werden können ohne die »Verfassung«, die er sich 1905 gegeben hatte.

Das Grab in Cannes im Carré 16 des Cimetière du Grand Jas, der auf einem Hügel im Hinterland angelegt wurde und Blicke bis zum Meer erlaubt, wurde seit 1949 mehrfach umgestaltet. Heute ist es ein flacher Stein in Grau und Weiß, ein Standardmodell auf diesem Friedhof. Am Horizont erkennt man Yachten und Segelboote. Vor dem Meer noch liegt die Stadt, die ihn nicht im Diesseits halten konnte. Für seine Zukunft fehlten ihm nach so vielen Kämpfen und Büchern die Aussicht und die Vorstellungskraft.

»Seit kurzem gibt es einen neuen Typ Schriftstellerin, der mir für den Augenblick der aussichtsreichste scheint: Die Frau, die Reportagen macht, in Aufsätzen, Theaterstücken, Romanen. Sie bekennt nicht, sie schreibt sich nicht die Seele aus dem Leib, ihr eigenes Schicksal steht still beiseite, die Frau berichtet, anstatt zu beichten. Sie kennt die Welt, sie weiß Bescheid, sie hat Humor und Klugheit, und sie hat die Kraft, sich auszuschalten. Fast ist es, als übersetzte sie: das Leben in die Literatur, in keine ungemein hohe Literatur, aber doch in eine brauchbare, anständige, oftmals liebenswerte.« So definierte sich Erika Mann in einem Feature. (21.3.1931)

Sie war die einzige von den Mann-Kindern, die den bayerischen Dialekt beherrschte und gerne sprach. Wer sie nur als kämpferische, aneckende, provozierende Frau sieht, wird sich wundern über ihre tiefempfundene Heimatliebe, etwa in der *Liebeserklärung an Bayern* (aus dem Jahr 1930): »Heute weiß ich nichts Hübscheres als, von einer Reise kommend, irgendwoher, wo es kahl und großartig war, allmählich bayerische Landschaft auftauchen zu sehen, – das Weite, Hügelhafte, Großzügige, Liebliche, Anspruchslose; die Farben dieser Sumpfwiesen, die Wälder, hinter denen man die Berge weiß, das bebaute Feld und die Dörfer, von denen man schon wieder vergessen hatte, wie bezaubernd sie waren. [...] Und wo gab es die

Harmonie der Landschaft mit Bauten, Menschen, Trachten in einem so reinen Grade? Wo war sie so unverwüstlich? Es ist sonderbar: aber Bayern scheint einen Schutzgeist zu haben, irgendeinen guten Engel.«

Sie war keine Frau des Hasses, auch wenn es manchmal so aussah. Ihre große Liebesfähigkeit spricht aus allen ihren Kinderbüchern, die zwar sehr zeitgebunden sind, aber doch ihren Reiz behalten haben. Die ersten schrieb sie aus therapeutischen Gründen: um den Freund Ricki Hallgarten aufzumuntern, um ihm eine Beschäftigung zu bieten (er hat die Bücher illustriert). Und wie enttäuscht war sie, als er sie im Stich ließ. (Der Vater hat sie damals sehr einfühlsam getröstet.)

Stoffel fliegt übers Meer hieß eine Geschichte von 1932; sie erzählt eine Traumreise mit dem Zeppelin nach Amerika. Schon ein Jahr vorher entstand *Jan's Wunderhündchen. Ein Kinderstück in sieben Bildern*. Besagter Jan wäre gern ein Künstler, aber ihm gelingt nicht viel, weshalb er immerzu sagt: »Ich bin der Jan, / der gar nichts kann.« Er läuft immerzu fort, versteckt sich, aber zum Schluss gelingt ihm mit Hilfe von »Onkel Thomas«, einem freundlichen Zauberer, hinter dem man Thomas Mann sehen kann, doch noch eine Weihnachtsüberraschung.

Im Charakter unterschied sich Erika erheblich von ihrem Bruder Klaus. Sie war aktiver, energischer, fürsorglicher. Sie war ein Tatmensch, Klaus hingegen ein selbstverliebter Träumer. Er brauchte die Schwester, um sich vollständig zu fühlen. Auch war ihr Leben vielfältiger. Von allen ihren Existenzen (Schriftstellerin, Schauspielerin, Rennfahrerin, Rednerin) erinnerte sie sich in ihrer Fragment gebliebenen Autobiographie am liebsten an die *Pfeffermühle*, den Kampf gegen das NS-Regime mit den Mitteln des politischen Kabaretts. Das war vielleicht die Kunstform, die am besten zu ihr passte. Da konnte sie frechen Witz, Charme und Kritik einbringen, Stimme und Aura. Etwas Clownhaftes hing ihr an, Parodistisches, Spöttisches, und das in einer Epoche der permanenten Schrecken. In der *Pfeffer-mühle* gab es intensive Momente der Zusammenarbeit mit dem Textdichter Klaus Mann, mit der zehn Jahre älteren Freundin und Schauspielerin Therese Giehse. In jenen Jahren kämpfte sie auf der richtigen Seite, investierte ihr unbändiges Temperament in eine große, gute Sache, je hoffnungsloser, desto nobler.

Sie konnte auch herablassend und hochnäsig sein, so gegenüber Eva Herrmann, mit der sie viele intensive Skiferien in Europa und in den USA verbracht hat, mit der sie dann aber wegen der überhandnehmenden Esoterik brach. Die Neigung zu spontanen Streichen hat sie nie verlassen: Konrad Kellen überredete sie dazu, seine noch verheiratete amerikanische Geliebte mit dem Auto aus dem heimischen Detroit ins Scheidungsparadies Reno (Nevada) zu entführen und sich mit der frisch Angetrauten in Santa Monica niederzulassen. Für sie selbst gab es immer wieder Enttäuschungen in der Liebe. Wer sie persönlich kennen lernte, verfiel ihrem Zauber. Reiche Männer umschwärmten sie wie Motten das Licht. Aber sie wollte sich an niemanden dauerhaft binden.

Als Erste von den Kindern der Manns zog Erika in den Krieg. Pazifistin war sie seit ihren Erfahrungen im Spanischen Bürgerkrieg nicht mehr (sie war als Reporterin ins Kriegsgebiet gereist). Sie kritisierte den fragwürdigen Pazifismus der Linken zur Zeit des Hitler-Stalin-Paktes, den sie »Nazifismus« nannte. Ab August 1940 arbeitete sie für die BBC in London, sprach auch nach Deutschland hinein, und sie erlebte die deutschen Bombenangriffe auf London. 1941 wechselte sie ins Office of War Information. Zwischen 1943 und 1945 war sie als Berichterstatterin von Kriegsschauplätzen für kanadische und amerikanische Zeitungen akkreditiert, und zwar im Offiziersrang (captain). Sie unternahm gefährliche Missionen nach Lissabon und nach Kairo. 1945 berichtete sie vom Nürnberger Prozess. Auch sie besuchte das zerbombte München.

Wie so viele Emigranten war Erika Mann eine Nachkriegsverliererin. Ähnlich wie für Klaus kam nach dem exaltierenden Engagement die große Ernüchterung, die neue Kränkung. Für das Durchhalten des Exils gab es keine Belohnung. Im aufkommenden Kalten Krieg war sie nicht mehr als Vortragsreisende gefragt. Sie wurde mit ihren schroffen Ansichten allmählich zur unbequemen Person. Hinter ihrer Härte verbargen sich auch persönliche Probleme, neue Exzesse mit Alkohol und mit Drogen. Die Rückkehr zu einer Form der Normalität und Eigenständigkeit gelang weder ihr noch Klaus. Der Hass, der im Kampf gegen die Nazis berechtigt gewesen war, schwärte weiter, wurde destruktiv. So machte sie sich viele Feinde. Jetzt kam die Entzweiung mit Amerika, das sie so umworben hatte.

Einst hatte sie gesagt: »Amerika ist unsere Hoffnung.« Amerika bedeutete »Freude, Hoffnung und Trost für alle Demokraten«. Sie lobte und genoss Freundlichkeit, Offenheit, Lernbereitschaft des Landes. »Amerika, mein freundlicher Gastgeber, Amerika, neue Heimat der europäischen Zivilisation und Kultur, Amerika, Arsenal der Demokratie«, und auch die Hoffnung für Europas Zukunft. Ja: »Ich liebe Amerika«.

Aber Amerika liebte sie bald nicht mehr; und das neue Gegeneinander der einstigen Alliierten überforderte sie wie so viele Emigranten. Sie glaubte politisch an einen dritten Weg zwischen Ost und West und ahnte doch, dass Menschen mit dieser Ansicht in »essentieller Hoffnungslosigkeit« lebten, wie sie in einem Artikel von 1950 schrieb. »Wir Überlebenden hängen in der vergifteten Luft zwischen West und Ost [...]«. Und so lebte sie zwischen allen Stühlen, Männern und Frauen, Amerika und Europa, Bühne und Literatur, Erwachsenenleben und Kinderbüchern (ohne eigene Kinder zu haben), zwischen Deutschland und der Welt, Drogen und Skifahren, Gefühlen und Politik, verborgener Heimatliebe und offenem Hass. Sie zog den Hass auf sich, der oft nur abgeleitet war. Manche ihrer Urteile waren fragwürdig, doch hatten ihre Kritiker wirklich das moralische Recht, sie anzugreifen? Hat sie sich mit ihrem Zorn auf Deutschland und die Deutschen in eine psychologische Sackgasse manövriert? Denn in einer anderen Kultur war sie eigentlich nicht eingewurzelt, hatte nur einiges übernommen aus Frankreich oder Amerika.

In dieser kritischen Lage wurde Erika durch das Angebot ihres Vaters gerettet, seine Mitarbeiterin zu werden (er nannte es »Tochter-Adjutantin«). Ehe man diese Entscheidung anzweifelt, muss man die positive Absicht des Vaters sehen, der ihr übrigens ein Honorar bezahlt hat. Die Tätigkeit für sein Werk hat sie vor dem Absturz gerettet, aber zugleich die Abhängigkeit verstärkt. Diese Perspektive hatte Klaus nicht. Seit 1948 war Erika die Geschäftsführerin der Firma Mann.

Vor dem Hass retten konnte sie die neue Rolle nicht. Sie hat mit langjährigen Freunden aus politischen Gründen gebrochen: Konrad Kellen, Martin Gumpert. Ja, ihre Urteile über Amerika, über die Deutschen waren oft exzessiv, aber sie waren Ausdruck ihres Leidens, ihrer Enttäuschung. Der Vater aber litt unter Erikas leidenschaftlicher Negativität; die Mutter ertrug ihr zorniges Kind bald nicht mehr. Schon kurz nach Klaus' Tod hatte Katia an Martin Gumpert geschrieben: »Es ist schlimm, daß sich bei ihr der Gram in eine maßlose zerstörerische Bitterkeit umsetzt [...]« (8.7.1949) Mit den Jahren nahmen Verbitterung und Unversöhnlichkeit zu. An ihren Bruder Klaus Pringsheim schrieb Katia 1961: »Was mir meine alten Tage [...] vergällt, ist das mehr als unfreundliche Verhältnis meiner sämtlichen Kinder zur guten, dicken Ältesten.«

Erikas Eifersucht auf die Geschwister nahm überhand. Alles musste sie kontrollieren, überwachen, regulieren. Wenn sie eine

Mission hatte, etwa als »Filmbeauftragte« der Familie, die bei der Verfilmung von *Buddenbrooks* und von *Felix Krull* mitwirkte, im *Krull* sogar eine kleine Rolle bekam, konnte sie charmant sein wie eh und je. Aber wer über Klaus oder den Vater Dinge schrieb, die ihr nicht gefielen, zog ihren Zorn auf sich.

Dass Klaus aus dem Leben geschieden war, verursachte großen Schmerz, den sie kaum verwinden konnte. Sie war oft krank, musste Operationen durchstehen, lange Kuren brachten keine Heilung. Ihr seelisches Gleichgewicht war dauerhaft gestört. Und doch konnte sie immer noch gewinnend sein; alte Männer verliebten sich in sie, etwa Hermann Hesse oder Siegfried Trebitsch. Der Vater schrieb ihr in einem Krisenmoment, er glaube, dass ihre »im Grunde gute Natur« gewiss wieder die Oberhand gewinnen werde. Er sehe eine väterlich-töchterliche Verwandtschaft der Naturen. (7.6.1954) In seinem Tagebuch liest man, wie sehr er an ihren Leiden Anteil nahm, aber auch, wie schwer er sie in manchen Momenten ertrug. Wenn sie dann wieder zu Hause war, erfreute er sich an ihrem »belebenden Wesen«.

Sarkasmus und Negativität hielten sie aber davon ab, den Vater in allen seinen Handlungen zu verstehen. So war sie strikt gegen dessen Deutschlandreise im Jahr 1949; sie verstand nicht den biographischen Sinn der Lübeckreise 1955. Warum wollte sie im Unversöhnlichen verharren? Weil ihr niemand den Bruder wiedergab? Andererseits wirkte sie mit an Filmen, die für die Wiederaneignung des Werkes von Thomas Mann durch die Deutschen wichtig waren. Und sie tat es gewiss nicht um des Geldes willen. Ein Hauch indirekter Selbstzerstörung liegt in solchen Haltungen und ein Zug von Verzweiflung. Wo konnte sie noch aus eigener Leistung glänzen?

Thomas Mann sprach 1946 von Erikas turbulenter Einsamkeit. Erst 2009 erfuhr man von Erika Manns letzter Freundschaft mit der zehn Jahre jüngeren Signe von Scanzoni (1915 bis

2000), der sie schon vor 1933 begegnet war, als sie auch im Herzogpark wohnte, die sie aber erst 1957 wieder traf. Scanzoni war nicht emigriert. Ihre Aufzeichnungen zeugen von unmöglicher Nähe; Erika war zu sehr in den Mythos ihrer Familie eingesponnen, in Dünkel, in ganz eigene Denkmuster und in ihren Kummer verstrickt, völlig unfähig, Gefühle direkt auszudrücken, außer dem Hass. Noch in dieser letzten Freundschaft wirkten Passion, Irrtum und Selbsttäuschung. »Unser Mythos«, um einen Begriff des Vaters von 1950 zu verwenden, war ihre moralische Stütze und zugleich ihr psychologisches Gefängnis.

In ihrer Widersprüchlichkeit und Widerborstigkeit war Erika Mann das Salz in der Suppe innerhalb des Mann-Clans, getreu dem Ausspruch des kleinen Golo »Eri muss die Suppe salzen«. Aber sie war ohne Mitte, ohne Kern, definiert nur durch ihren Namen. Nach dem Tod des Vaters war sie endgültig einsam, insofern war der skandalöse Witwenschleier, den sie bei seiner Beerdigung trug, doch angemessen. Auch sie hatte einen Partner verloren.

Durch die aufopferungsvolle Arbeit für den Vater und für die Wiederentdeckung des Werkes von Klaus Mann drohte ihre Persönlichkeit vollends zu verschwimmen. Dass sie zu Legendenbildung in den Berichten über ihren Vater (*Das letzte Jahr*) und zu manipulierenden Eingriffen in dessen Werk fähig war, etwa in der von ihr betreuten Briefausgabe, hat ihr Kritik eingetragen. Andererseits ist völlig klar, dass seit *Doktor Faustus* alle Werke ihres Vaters (mit Ausnahme des *Erwählten*) und viele seiner Reden nur durch ihre Mitwirkung vollendet werden konnten. Sie selbst bezeichnete sich als »blassen Nachlassschatten«, aber das ist ja beinahe noch ein schönes Wort. Übrigens konnte die begabte Parodistin genau so sprechen, wie ihr Vater schrieb.

Beide Charaktere, Klaus wie Erika Mann, sind menschliche Rätsel, eng verwoben und doch so unterschiedlich. Eine wirkliche Parallelexistenz hat ihnen das Leben nicht ermöglicht. Aber in ihrer falschen Zwillingshaftigkeit spiegelten sie ein wesentliches Gefühlsmoment der Manns wider. Von Klaus blieb immerhin sein Werk; für Erika fehlt das Symbol, das Bild, das Werk, das alles zusammenfasst, versöhnt und prägnant bereithält, es bleibt vor allem ihr Name und ihr einprägsames Gesicht. Fast ist man geneigt, von ihrer Tragödie zu sprechen. Tragische Züge hatte ihr Schicksal gewiss. Aber das hört sich zu resignativ an und passt nicht zu ihrem Aktivitätsdrang, ihrer Energie, ihrem Temperament. Allein die Biographie, das Porträt in der Zeit, fügt ihre Facetten zusammen und zeigt, wie unentbehrlich sie für »die Manns« war.

Erika Manns letzte Monate waren eine einzige Qual. In einem Brief an Eva Herrmann berichtete Golo Mann von seiner letzten Begegnung mit der Schwester im Krankenhaus. »Ein paar Wochen (vor ihrem Tod) habe ich sie noch einmal besucht […] und kann den einen Blick nicht vergessen, den sie auf mich richtete: ihre schönen, noch vergrößerten Augen, stumm, fragend, vorwurfsvoll, traurig, angstvoll, aber wie ein Tier.« (18.12.1969) Ein Charakter, ein Leben, ein Schicksal und zuletzt eine eigene Grabplatte auf dem Kilchberger Friedhof neben dem Granitblock für die Eltern.

Aber einmal war sie doch die kesse, kluge, mutige Darstellerin gewesen, die siegreiche Rennfahrerin, die Globetrotterin, die Frau auf der Bühne, die den Massen imponierte mit Stimme und Feuer – vor 20 000 Menschen im Madison Square Garden –, die lieben und bewundern konnte, die ein Gefühl hatte für die Heimat und für jede vorstellbare Ersatzheimat. In einem Manuskript von 1938 schrieb sie: »Es ist kein Zufall, denke ich, dass das Jodeln in den Bergen erfunden worden ist, – man jauchzt unwillkürlich in dieser Luft, die aktiv und lustig macht […]. Allenthalben wehen kleine Wasserfälle, wie silberne Bänder, von den Bergen. […] Die Wiesen sind noch bunter als auf den Postkarten, [...] die Seen liegen unten in azurner Bläue [...]. Die Landschaft unserer Kindheit ist es, der wir die Treue wahren, inmitten des Neuen, Fremden und Unbekannten, das uns erwartet.«

Über alles Leiden und Streiten hinweg sollte man dieses Jauchzen im Ohr behalten.

Die Erfahrung des Exils

In den Arbeiten, die ich mit mir führe, ist meine Heimat. [...]
Wo ich bin, ist Deutschland.

Thomas Mann, April 1938

Nicht die Herkunft, nicht der Name, nicht der Ruhm des Bedeutendsten unter ihnen machte die Besonderheit der Manns aus, sondern die Erfahrung des Exils. Mit der Ausbürgerung war die Frage aufgeworfen, ob und inwieweit die Familie Mann »zu Deutschland gehörte« oder für Deutschland repräsentativ war. Die Manns, die so tief in deutschen Traditionen verwurzelt waren, mussten sich aus ihrem Land retten – auch um etwas Wesentliches von diesem Land zu retten. Das war ihre historische Mission und ihr Kreuz. Sie mussten sich gegen das eigene Land stellen, seine Niederlage wünschen und danach die Auseinandersetzung mit Schuldgefühl und schlechtem Gewissen und nachträglichen Gehässigkeiten aufnehmen. Klaus Mann hielt in den USA Vorträge mit dem Titel *Eine Familie gegen eine Diktatur*. Die Manns waren eine Widerstandsgruppe für sich, eine Zelle der Resistenz gegen den NS-Staat, und dieses gefährliche Kollektiv wurde entsprechend eingestuft. Das Märtyrertum, das ihnen zugedacht war, blieb ihnen erspart, doch die Bedrohung war real, wie die Attacke durch Hanns Johst bewies.

Als er selbst noch dem nationalen Lager angehörte, hatte Thomas Mann dem Dramatiker große Komplimente gemacht. (Brief vom 16.11.1920). Johst hatte den Autor der *Buddenbrooks* gelobt, doch als sich Thomas Mann zur deutschen Republik bekannte, wurde er als Feind angesehen. Seit 1928 trat Johst als bekennender Nationalsozialist auf, sein Kultstück *Schlageter* wurde im April 1933 in Anwesenheit von Hitler uraufgeführt. Er freundete sich mit Heinrich Himmler an, der ihn zum SS-Gruppenführer ernannte.

Der »Blutbarde der SS« schlug seinem Freund »Heini Himmler« am 10. Oktober 1933 vor, Thomas Mann in Geiselhaft zu nehmen für dessen Sohn Klaus, Herausgeber des »derzeit unflätigsten Emigrantenblattes *Die Sammlung*«. »Seine geistige Produktion würde ja durch eine Herbstfrische in Dachau nicht leiden, denn wir *wissen* ja aus unseren eigenen Reihen, welches famose Schrifttum gerade von national-sozialistischen Häftlingen zur glücklichen Niederschrift kam.« Doch wurde von Maßnahmen gegen Thomas Mann vorerst abgesehen.

Das Exil machte zerbrechlich und misstrauisch, erzeugte panische Angst vor den Deutschen und allem Deutschen. Das Schlimmste, was einem Emigranten passieren konnte, war, den Deutschen in die Hände zu fallen: denn die waren gnadenlos. In ihren Alpträumen haben die Emigranten das immer wieder erlebt. Für einige wurde der Alptraum real, weil man sie aus dem besetzten Frankreich oder aus Lissabon entführte. Die Emigranten waren entwurzelt, während die Daheimgebliebenen sich ganz bei sich fühlten.

Was die Manns insgesamt, aber besonders nach 1933 zusammenhielt, war zum einen ihr ausgeprägtes Schicksalsbewusstsein, zum anderen die Briefdiplomatie von Katia Mann als dem lebenspraktischen Bindeglied. Ohne die Emigration wäre die Familie vielleicht in alle Winde zerstreut worden und nur zu Weihnachten zusammengekommen. Die Situation des Exils hat eine neue Notgemeinschaft gestiftet. Die jüngeren Kinder mussten ihre Ausbildung unter veränderten Bedingungen fortsetzen bei ungewissen Perspektiven, die älteren fanden kaum Möglichkeiten, sich eine unabhängige Existenz aufzubauen, und blieben auf die Unterstützung der Eltern angewiesen. Nicht weil er kein Intellektueller oder Künstler war, steht der jüngste der Brüder Mann, Viktor, außerhalb der Familie, sondern weil er die Erfahrung des Exils nicht geteilt hat. Deutschland gegenüber führte das Exil zu einem tiefen Zerwürfnis und anhaltendem Misstrauen, aber es trug zur Weltgeltung der Manns erheblich bei.

Ende Februar 1932 reiste Heinrich Mann zu seinem jährlichen Winterurlaub nach Nizza; ein Jahr später kam er wieder in die Stadt, aber dieses Mal als Flüchtling. Etwa zehn Jahre zuvor hatte sich seine platonische Frankreich-Liebe in reale Erfahrung verwandelt; nun wurde das einstige Traumland zur rettenden Zuflucht. Sieben Jahre sollte der Aufenthalt hier dauern, ehe er unter dramatischen Umständen in sein zweites Exil, die USA, floh, in Begleitung seiner neuen Gefährtin, die ihm 1933 an die blaue Küste gefolgt war. Beide sollten Deutschland niemals wiedersehen.

Seit 1922 stand Heinrich Mann in regem Briefwechsel mit dem französischen Germanisten, Übersetzer und Literaturkritiker Félix Bertaux, eine Freundschaft, die bald auch Thomas Mann und die Seinen sowie den Sohn Pierre Bertaux einbezog. Bertaux hatte Heinrich Mann 1923 zu einem zehntägigen Intellektuellentreffen im burgundischen Pontigny eingeladen, wo sich der deutsche Frankreichschwärmer sehr verloren vorkam, da er keinerlei Beziehung zum dortigen literarischen Leben hatte. Dank Bertaux änderte sich das bald. Texte von Heinrich Mann wurden ins Französische übersetzt, Artikel von ihm erschienen in französischen Zeitungen und Zeitschriften, er wurde wiederholt zu Reden nach Paris eingeladen, bei denen er sich immer wieder für eine deutsch-französische Aussöhnung und für ein vereintes Europa starkmachte. Das wiederum brachte ihm scharfe Angriffe von deutschen Nationalisten ein. Er lernte endlich Paris ein wenig besser kennen. Zudem machte er Ferienreisen nach Bayonne, Biarritz, Royan und in die Pyrenäen.

Seit 1927 wurden Artikel von ihm in der Zeitung *La Depêche* abgedruckt, die in Toulouse erschien. Diese Zusammenarbeit wurde nach 1933 fortgesetzt und sicherte ihm eine Einkommensquelle. Im Herbst 1933 erschien eine kämpferische Aufsatzsammlung, und zwar zuerst auf Französisch (*La Haine*) und danach auf Deutsch (*Der Haß*). Im Exil zu leben bedeutete für ihn, mit literarischen und politischen Mitteln weiterzukämpfen.

Den Nazismus hatte er in Artikeln und Reden energisch bekämpft. 1931 hatte er zusammen mit Wilhelm Herzog im preußischen Innenministerium den Staatssekretär Wilhelm Abegg aufgesucht und einen Aktionsplan gegen die NSDAP vorgelegt. Eben dieser Politiker, der nach dem »Preußenschlag« im Juni 1932 entlassen worden war, ließ Heinrich Mann wissen, dass er auf einer schwarzen Liste der Nazis stünde. Das geschah während einer privaten Feier am 19. Februar 1933, auf der mehrere Diplomaten, Journalisten und Künstler anwesend waren, und zwar in der Wohnung des Chefredakteurs der *Vossischen Zeitung*, Georg Bernhard, in der Charlottenburger Bismarckstraße 107. Der Hausherr fuhr wenige Tage später ins Exil. Heinrich Mann, der einige Tage zuvor von den neuen Machthabern zum Ausscheiden aus der Preußischen Akademie der Künste gedrängt worden war, verließ Berlin diskret am 21. Februar, also eine Woche vor dem Reichstagsbrand, der zu einer großen Verhaftungs- und Fluchtwelle führte. Vermutlich wollten die Nazis dem Romancier den Reisepass entziehen, um weitere Auslandsreisen zu verhindern. Da er ihnen entging und sich an die Côte d'Azur retten konnte, schmähten sie ihn in der neuen gleichgeschalteten Presse. Sein Name stand auf der allerersten Ausbürgerungsliste vom August 1933, neben Brecht, Feuchtwanger, Tucholsky und vielen anderen. Heinrich Mann hat später behauptet, der französische Botschaft André François-Poncet hätte ihn gewarnt, aber dafür findet sich kein Beleg.

Eine andere »Ehre« bestand darin, dass Heinrich Manns Bücher auf die Scheiterhaufen geworfen wurden. In Berlin und München würden seine Bücher verbrannt, schrieb Heinrich an seinen Bruder, nur den Novellenband *Flöten und Dolche* habe man verschont – sei der denn so schlecht? Mit schwarzem Humor konnte man der Barbarei auch begegnen. Am 10. Mai 1933 wurden in allen deutschen Universitätsstädten Bücher missliebiger Autoren verbrannt. Es war eine lange vorbereitete Aktion der NS-Studentenschaft. Namenslisten von politisch unerwünschten oder jüdischen Autoren kursierten schon vor 1933 in der völkischen Presse.

In Berlin begann das abendliche Autodafé mit der Antrittsvorlesung des neu berufenen Ordinarius für politische Pädagogik Alfred Baeumler, der eine Kulturrevolution der besonderen Art verkündete. Es könne keine Freiheit für jede beliebige Meinung geben, sei sie auch noch so gut begründet. Dann sprach Fritz Hippler als Funktionär des NS-Studentenbundes (und späterer Regisseur des Propaganda-Films *Der ewige Jude*). Der erste »Feuerspruch« lautete: »Gegen Klassenkampf und Materialismus, für Volksgemeinschaft und idealistische Lebensauffassung! Ich übergebe der Flamme die Schriften von Marx und Kautsky.« Der zweite Rufer verkündete: »Gegen Dekadenz und moralischen Zerfall! Für Zucht und Sitte in Familie und Staat! Ich übergebe dem Feuer die Schriften von Heinrich Mann, Ernst Glaeser, Erich Kästner.« Das war eine sonderbare Gruppierung: Heinrich Mann befand sich schon im Ausland; Kästner wohnte als Zuschauer der makabren Zeremonie bei, Ernst Glaeser, der in der NS-Polemik auffallend häufig genannt wurde, kehrte 1939 aus dem Exil zurück und machte bei der Gestapo Aussagen über die Emigranten-Szene, schließlich verantwortete er im besetzten Italien die Frontzeitung *Adler im Süden*. Bei den weiteren Rufen wurden die Namen Alfred Kerr, Kurt Tucholsky, Carl von Ossietzky genannt, ebenso die der Journalisten Theodor Wolff und Georg Bernhard. Die Werke von Thomas Mann wurden in Berlin verschont. Joseph Goebbels kam erst, nachdem die Feuerzeremonie vorbei war. Er begann seine Rede mit dem Satz: »Das Zeitalter eines überspitzten jüdischen Intellektualismus ist nun zu Ende.«

Die internationalen Schriftsteller übten eine gewisse Solidarität mit den »verbrannten Dichtern«. Am 8. November 1933 wurde der gleichgeschaltete deutsche PEN-Club aus dem internationalen PEN beim Kongress in Ragusa ausgeschlossen. Zugleich wurde die Gründung eines deutschen PEN-Clubs im Exil vorgeschlagen, zu dessen Präsident Heinrich Mann gewählt wurde (es blieb ein rein nominelles Amt); Generalsekretär wurde Rudolf Olden, der nach London geflohen war und die eigentlichen Geschäfte führte.

Als Katia und Thomas Mann am 11. Februar 1933, ihrem 28. Hochzeitstag, mit »leichtem Gepäck« München verließen, ahnten sie nicht, dass es der Auftakt zum Exil war. Am Vortag hatte Thomas Mann in der Aula der Münchner Universität eine Festansprache zum 50. Todestag von Richard Wagner gehalten. Der Vortrag sollte in Amsterdam, Brüssel und Paris wiederholt werden, und so geschah es auch. Als die Manns bei Félix Bertaux in Sèvres zu Gast waren, erreichten sie Anrufe ihrer Kinder, dass in München eine Kampagne gegen den Festredner begonnen hatte. Die Manns reisten wie vorgesehen weiter nach Arosa in die Schweiz, um sich zu erholen und um die politische Entwicklung in Deutschland abzuwarten. Am 10. März wollten sie nach Deutschland zurückkehren, aber Klaus und Erika rieten davon ab: Das Klima habe sich sehr plötzlich verschlechtert …

Thomas Mann hatte im Vortrag über *Leiden und Größe Richard Wagners* Begriffe von Sigmund Freud gebraucht, hatte Wagners Deutschtum als »modern gebrochen und zersetzt« bezeichnet und sein Werk als »Selbstdarstellung und Selbstkritik deutschen Wesens« dargestellt. Das nur halb gefüllte, aber wohlwollende Auditorium bekam zu hören, dass sich das Genie Richard Wagners »aus lauter Dilettantismen« zusammensetze, was auch bedeutete, dass Thomas Mann die Idee des Gesamtkunstwerks ablehnte. Bei Wagner kippe das Bürgerliche um ins »unheimlich Künstlerische, Tolle und Anrüchige«, es war die Rede von Stimulation durch »ehrwürdig interessante Krankhaftigkeit« – das war schon die Kernidee zum Roman *Doktor Faustus*, den er zehn Jahre später begann. Auch an Zeitbezug fehlte es nicht. »Es ist durch und durch unerlaubt, Wagners nationalistischen Gesten und Anreden den heutigen Sinn zu unterlegen. [...] Das heißt sie verfälschen und missbrauchen.« Diese Gedanken waren eine Weiterentwicklung von Ideen aus Nietzsches Wagner-Kritik.

Thomas Mann hatte gewusst, dass es politisch gefährlich war, sich in München auf das Thema Wagner einzulassen. (Brief vom 20.1.1933) Nach mehreren Strafanzeigen und einer anhaltenden Gerüchtekampagne erschien in der Osterausgabe der *Münchner Neuesten Nachrichten* vom 16./17. April 1933 ein »Protest der Richard-Wagner-Stadt München« gegen die »Herabsetzung unseres großen deutschen Meisters«, unterzeichnet von Hans Knappertsbusch (der den Aufruf wohl verfasst hatte), Hans Pfitzner, Richard Strauss, Olaf Gulbransson und vielen anderen. Auch im Münchner Rundfunk verlas man dieses »hundsföttische Dokument«. (Tagebuch, 19.4.1933)

In dem Pamphlet hieß es: Nachdem die nationale Erhebung Deutschlands festes Gefüge angenommen habe, müsse auch Richard Wagner vor Verunglimpfung geschützt werden. Thomas Mann habe »das Unglück erlitten [...], seine früher nationale Gesinnung bei der Errichtung der Republik einzubüßen und mit einer kosmopolitisch-demokratischen Auffassung zu vertauschen«. Er trete nun im Ausland auf, nutze Wagners Werk als Fundgrube für die Freudsche Psychoanalyse, bezeichne es als »mit höchster Willenskraft ins Monumentale getriebenen Dilettantismus«. Eine solche Herabsetzung »unseres großen deutschen Musikgenies« lasse man sich von niemandem gefallen.

Thomas Mann hatte um die Gunst der Münchner Honoratioren gebuhlt, hatte die Nähe zu Pfitzner gesucht und dessen Oper *Palestrina* hoch gelobt, aber nun ließ ihn das opportunistische Establishment fallen. Schon lange hatte die völkische Rechte gegen Thomas Mann Kampagnen geführt. Am 17. Oktober 1930 wurde seine *Deutsche Ansprache* (Untertitel: *Ein Appell an die Vernunft*) im Beethovensaal der Berliner Philharmonie, einem Ergänzungsbau in der Köthener Straße, massiv gestört. Dort hatte er 1922 seine Ansprache über die deutsche Republik gehalten. In der Rede von 1930 übte Thomas Mann offene Kritik an den humanitätsfeindlichen Tendenzen der Nazis und an deren Hass gegen alles, was das höhere Ansehen Deutschlands in der Welt ausmache. Er sprach sich für eine Verständigung mit den anderen Völkern Europas und ein deutsch-französisches Bündnis aus. Ein SA-Trupp unter Führung des Schriftstellers Arnolt Bronnen unterbrach den Vortrag durch Tumulte, der Redner musste durch einen Seitenausgang ins Freie geführt werden.

Als wäre die Wagner-Rede nicht genug, wurde am 19. Februar 1933 in Berlin Thomas Manns *Bekenntnis zum Sozialismus* verlesen. Der Text war im November entstanden. Darin verteidigte Mann die soziale Republik. Er lehnte es ab, das Politische und das Soziale gegeneinander auszuspielen; reklamierte den Begriff des »Dritten Reichs« für sich, verstanden als Einheit von Leiblichkeit und Geistigkeit. Er bekannte sich als Sozialist und Demokrat. Am Ende der Weimarer Republik standen also nachdrückliche und mutige politische Plädoyers von Thomas Mann. Das sollte man nicht außer Acht lassen, wenn seine Haltung in der ersten Zeit des Exils beurteilt wird.

An jenem 19. Februar 1933, zwei Wochen nach der Machtergreifung, fand in der Kroll-Oper, gegenüber vom Reichstag, die letzte freie Veranstaltung statt mit langen und wenig kämpferischen Reden und eben dem Grußwort des einst Unpolitischen. Die Polizei löste die Versammlung nach zwei Stunden auf. In diesem Haus wurde um 1928 das vielleicht fortschrittlichste Opernprogramm des ganzen Landes gespielt; nach dem Reichstagsbrand Ende Februar 1933 tagte hier das NS-Parlament; hier hielt Hitler seine fürchterlichen Reden bis in die späten Kriegsjahre hinein.

Ende März 1933 hielten sich Thomas und Katia Mann in Lugano auf, wo sie mit Hermann Hesse, Erich Maria Remarque und Bruno Frank zusammentrafen. Das Tessin wurde als Wohnort erwogen, aber Ludwig Fulda empfahl Bozen, das stärker an München erinnere. Am 9. April war Erika Mann mit ihrem Auto, einem großen Ford, nach Le Lavandou an die Côte d'Azur gefahren. Dort traf sie ihren Bruder Klaus, der aus Paris anreiste.

Auf Vorschlag von René Schickele orientierten sich die Manns nach Sanary, wohin jener schon Ende 1932 gezogen war. Am 21. April war Erika für zwei Tage bei den Eltern in Lugano und nahm auf der Rückreise ihre Geschwister Elisabeth und Michael nach Le Lavandou mit. Am 26. April begab sich Thomas Mann zum französischen Konsul in Lugano, der aber Schwierigkeiten für eine Einreise sah und sich zunächst in Paris rückversichern wollte, da Thomas Manns Pass am 1. April 1933 abgelaufen war. Nach Intervention des Schriftstellers und Diplomaten Jean Giraudoux genehmigte der Quai d'Orsay am 30. April die Einreise. Am 2. Mai zeigte der französische Konsul in Basel größtes Entgegenkommen, er händigte dem »cher maître« sogar einen Empfehlungsbrief aus. Am Abend des 5. Mai bestieg das Ehepaar Mann in Basel einen Nachtzug. Zum

Mittagessen trafen sie in Marseille ein, von wo es mit der Küsteneisenbahn bis Toulon ging. Dort holte sie Erika mit dem Auto ab. Einige Tage verbrachten Thomas und Katia mit ihren Kindern in Le Lavandou. Am 7. Mai unternahmen sie mit Erika und Therese Giehse eine Autotour über Hyères und Toulon nach Bandol. Sie besuchten René Schickele und besichtigten mehrere Häuser, fanden aber nichts, was ihnen zusagte.

Am 10. Mai zogen Thomas und Katia mit den Kindern Elisabeth und Michael in das Grand Hôtel von Bandol ein, dem westlichen Nachbarort von Sanary. Am nächsten Tag waren sie zum Tee bei den Schickeles. Thomas Mann erklärte: »Wie merkwürdig! Man verläßt sein Vaterland, um in Amsterdam und Paris über Richard Wagner zu sprechen, und als man zurück will, ist es einem davongelaufen.« Im Tagebuch notierte Thomas Mann, dass er seit Februar schon zehn Stationen erlebt habe: Amsterdam, Brüssel, Paris, Arosa, Lenzerheide, Lugano, Rorschach, Basel, Le Lavandou und nun Bandol. Sanary-sur-Mer würde also die 11. Station in den ersten sechs Exilmonaten sein.

Thomas Mann war in sehr schlechter Laune. Er fand keinen geeigneten Strand und musste zu allem Überfluss noch auf einen Koffer mit Manuskripten warten. Die deutschen Zeitungen wirkten wie »wahres Nervengift«. Im winzigen Hôtel La Réserve sprachen die Manns über die politische Lage mit Lion Feuchtwanger und dessen »ägyptisch aussehender Frau« Marta, die rein zufällig den Weg an diese Küste gefunden hatten. Die Gedanken Thomas Manns in diesen Tagen wirken angestrengt und verworren, er versuchte, einen Sinn in den deutschen Ereignissen zu sehen. Seine Aufzeichnungen sind Zeugnisse des Suchens und Schwankens, Ausdruck momentaner Erbitterung und Enttäuschung und nicht frei von antisemitischen Anwandlungen. Er suchte nicht nur einen Ort zum Bleiben, sondern auch einen Standpunkt angesichts der neuen Lage.

Allmählich kehrte er zur Arbeit am Josephs-Roman zurück; beim Spazierengehen erinnerte ihn die Landschaft seltsam an Palästina. Am 16. Mai kam sein Bruder Heinrich von Nizza herüber. Am 19. Mai notierte er: »Flottere Arbeit. – Das Klima dieser Küste überaus rühmenswert, leicht, heiter, rein.« Schließlich fand sich doch ein Häuschen. Von Anfang Juni bis Ende September 1933 wohnten die Manns in Sanary in der Villa La Tranquille, 442, Chemin de la Colline. Das Haus gehörte Verwandten des deutschen Botschafters in Kairo, Eberhard von Stohrer, der die Manns 1930 empfangen hatte. Dass seine Vermieter zu einem deutschen Agentenring gehörten, die den Militärhafen von Toulon ausspionierten, hat Thomas Mann nie erfahren.

Heinrich hatte inzwischen in Bandol eine Wohnung gemietet im so genannten Castel Ansaldy (19, rue Racine), einem neuen Wohnblock oberhalb der Bucht von Rènecros. Seiner Gefährtin Nelly Kröger war es unterdessen gelungen, Deutschland über Dänemark zu verlassen und sich bis Nizza durchzuschlagen, auch dank finanzieller Unterstützung durch Félix Bertaux. Ein paar Wochen wohnte sie bei Heinrich Mann in Bandol, im Herbst 1933 bezog das Paar wieder ein Hotelzimmer in seiner Lieblingsstadt Nizza.

Am Tag seines Einzugs in die Villa La Tranquille hatte Thomas Mann in melancholischer Stimmung seinen 58. Geburtstag begangen. Zwei Tage später suchte er gemeinsam mit seinem Bruder Lion Feuchtwanger auf, der kurz zuvor in Sanary die Villa Lazare gemietet hatte. Schon in Bandol hatte Thomas Mann die Leseabende eingeführt, die so bezeichnend waren für den ersten Exilsommer in Sanary. Die Feuchtwangers zogen viele andere Emigranten an, so wurde Sanary-sur-Mer zu einem Zentrum des deutschen Exils, ja sogar zu einem europäischen Kulturzentrum, da hier zwischen 1930 und 1937 Aldous Huxley lebte, der viele Besucher aus England empfing, sowie einige französische Maler und Autoren.

Am 15. Juni registrierte Thomas Mann endlich einen normalen Arbeitstag samt Mittagessen im eigenen Haus. Höhepunkt des Tages war der Kauf eines Peugeot-Cabriolets für 13 000 Francs. Als am nächsten Tag das warme Wasser floss und er vor dem Frühstück einen Spaziergang auf den Klippen unternahm, war er geradezu euphorisch, da ihm auch die Arbeit wohlgeriet. Er schien sich abzufinden mit »unserem Außenbleiben«.

René Schickele hatte nach den ersten Begegnungen mit den Manns in Sanary in seinem Tagebuch notiert: »Für Heinrich Mann bedeutet die Verbannung schließlich keine große Veränderung, er war immer in der Opposition. [...] Thomas dagegen, so sehr er sich in den letzten Jahren politisch exponiert hatte, ist tatsächlich aus allen Himmeln gefallen. Die abgründige Gemeinheit dessen, was sich in Deutschland Politik nennt, erfährt er erst jetzt. [...] Wenn einer nicht das Zeug zu einem Märtyrer hat, so ist es Thomas Mann.«

Als Thomas Mann im Herbst 1933 seinen Lebensmittelpunkt in die Schweiz verlagerte, wurde seine Einstellung zur Exilsituation wieder schwankend und zwiespältig. Eine politische Rede vor einer Völkerbund-Kommission sagte er im April 1935 auf Drängen seines Verlegers Gottfried Bermann-Fischer ab. Im Juni fuhren Thomas und Katia Mann nach Südfrankreich, besuchten Feuchtwanger in Sanary, Schickele in St. Cyr und Bruder Heinrich in Sainte-Maxime, doch wurde dieser Aufenthalt durch schlechtes Wetter und ein wenig komfortables Hotel verdorben.

Als immer deutlicher wurde, dass eine Rückkehr nach Deutschland unmöglich war, erlitt Thomas Mann eine regelrechte Krise, die nur durch Medikamente und den beruhigenden Zuspruch von Katia durchgestanden wurde. Zuweilen hatte er »Furcht, die vernünftige Besinnung zu verlieren« (18.3.1933); er notierte eine »Neigung zu Angstanfällen«. (30.3.1933) Nervliche Zerrüttung, innere Labilität und Anfälle von Hysterie zeigten sich, Heinrich hingegen konnte lächelnd in die Fremde gehen. Thomas Manns Lebenskonstruktion war bedroht, sein Gleichgewicht erschüttert. In diesen Tagen war Katia Mann der ruhende Pol der Familie. Trost fand Thomas Mann in der Lektüre von Tolstois *Krieg und Frieden*, weil »das Sinnlich-Frohe und Positive sich darin so natürlich und menschlich mit moralischer Gewissenskritik verbindet«. (7.5.1933)

Das Tagebuch war besonders ausführlich in diesen Wochen, es befriedigte sogar sein »literarisches Aktivitätsbedürfnis«. (21.3.1933) Immer wieder ging es darum, die Gefahr in München einzuschätzen, vor allem weil Elisabeth darauf gedrungen hatte, dort weiterhin in die Schule gehen zu können. Nach kurzer Zeit brachte Golo seine jüngste Schwester nach Lugano, wo sie der Vater am 3. April abholte. Golo kehrte noch einmal nach München zurück.

Zuweilen flackerte bei Thomas Mann die Hoffnung auf, man könne ihm eine Brücke bauen und die Rückkehr ermöglichen, aber im Grunde ahnte er schon Ende März, »daß alles einem furchtbaren Verderben entgegensteuert«. Immer wieder wurden mögliche Aufenthaltsorte erwogen, Lugano, Basel, Zürich. Eine erste Beruhigung trat bei dem dreiwöchigen Aufenthalt in Lugano ein. Ein wenig zur Ruhe kam er erst in Sanary, nach einer Phase neuer Aufregung, weil der Koffer mit den Tagebüchern lange nicht kam, auch weil sein Pass nicht verlängert wurde (wohl aber jene der Kinder).

Widerspruch in seiner Haltung und Demütigung zeigt sich in einer Notiz wieder vom 2. April 1933: »Der Ausgang könnte auf jedem Fall zerschmetternd sein [...]. Aber man fühlt sich nicht unbedingt wohl in Gesellschaft derer, die draußen sind, dieser Kerr, Tucholski etc.« Was sei das für eine deutsche Revolution, die auch »Geister wie mich« zwinge, außer Landes zu gehen? Auf keinen Fall glaubte Thomas Mann an einen schnellen Zerfall des Regimes. Das unterschied ihn sehr von der Einschätzung anderer Emigranten. Für ihn war es ein Revanchekrieg nach innen, eine Rache für 1918, mit außenpolitischen Gefahren und moralisch-kultureller Isolierung des Landes. (8.4.1933) Schon ahnte er, dass nur ein Krieg die NS-Herrschaft stürzen könne. In dieser Phase der Desorientierung spielten Erika und Klaus Mann eine wichtige Rolle für ihren Vater – als Mahner und Forderer. Mehr als einmal notierte Thomas Mann »Erikas leidenschaftliche Ermahnungen, das Bild meiner Gesinnung und Haltung sich nicht trüben zu lassen«. (20.7.1933)

Golo Manns Zeitgenossenschaft in den schwarzen Jahren begann spektakulär – als Augenzeuge der Bücherverbrennung am 10. Mai 1933 in Berlin. Gemeinsam mit seinen französischen Freunden Pierre Bertaux, Pierre Viénot und Raymond Aron wohnte er dem makabren Feuerschauspiel auf dem verregneten Opernplatz bei. Die Eltern waren im Ausland geblieben, aber außer ihm befanden sich Monika und wichtige Besitztümer in Deutschland. Bei der folgenden Rettungsaktion spielte Golo eine wichtige Rolle.

Erika Mann kehrte noch einmal in das Haus in der Poschinger Straße zurück und rettete die Manuskripte der ersten beiden Bände des Josephs-Romans. »Eine kühne Tat, weit gefährlicher, als wir damals noch wußten, und von allen ihren Lebensleistungen wohl die bedeutendste«, schrieb Golo mit einem bösen Seitenhieb in seinen Erinnerungen. Ihm selbst gelang es, 60 000 Mark von den Münchner Konten des Vaters abzuheben und mit Hilfe von Pierre Bertaux, dessen Freund Pierre Viénot und der Französischen Botschaft nach Paris zu schaffen – als Diplomatenpost.

Erika nannte ihren Bruder Golo einen »unzuverlässigen Schusselkönig« (24.3.1943), denn er verhielt sich nicht gerade geschickt, als Nazispitzel ihn im Münchner Haus befragten. Als er, wie vom Vater gewünscht, dessen Tagebücher zusammenpackte und sie dem Chauffeur der Familie, Hans Holzner, zum Transport überließ, lieferte dieser das gefährliche Gepäck den Behörden aus. Die Tagebücher (in schwer lesbarer Handschrift) konnten bei der Gestapo nur mit Hilfe des Familienanwalts Heins ausgelöst werden, wohl weil die Polizei nicht erkannte, worum es sich handelte. Auch der Anwalt war nicht der Zuverlässigste, als es um die Bewahrung von Manuskripten ging. Nach dem Krieg behauptete er, alle von ihm geborgenen Dinge seien bei einem Bombenagriff in seinem Haus verbrannt. Bevor Golo das Elternhaus und München verließ, organisierte er mit einigen Freunden eine kleine Abschiedsfeier in der Poschinger Straße.

Am 2. Juni 1933 traf Golo in Bandol ein. Von Juni bis November 1933 lebte er mit den Seinen in Sanary-sur-Mer, allerdings nur kurz im Häuschen der Eltern; er fand ein Zimmer in einer weißen Villa am südlichen Ende der Bucht von Bandol, bewohnt von dem kuriosen amerikanischen Schriftsteller William Seabrook und dessen Frau Marjorie Worthington. Golos Tagebuch aus diesen Monaten zeigt, wie kritisch er die Älteren beobachtete, die sich mit der Niederlage abzufinden versuchten, denn so deutete er das Exil. Zur »politisierenden Emigration« zählte Golo Mann sich nicht. Die Versuche von Heinrich Mann und anderen, eine Art Volksfront im Exil aufzubauen, hielt er für ein pures Traumunternehmen.

Die politischen Gespräche der Älteren kamen ihm naiv und kenntnislos vor. Auf solche Eindrücke bezog sich sein späteres Wort von den »unwissenden Magiern«, womit er Vater und Onkel meinte. Thomas Mann selbst hatte eine ähnliche Formulierung gebraucht, als er sich in einem Brief vom 18. Juli 1901 an seinen Freund Paul Ehrenberg einen »unwissenden Poeten« genannt hatte.

Am 17. Juni 1933 stellte er mit Vergnügen fest, dass ihm in der Schweiz ein Vermögen von 200 000 Schweizer Franken verblieben war, was einer Million Französischer Francs entsprach. Zum Glück war er 1929 dem guten Rat gefolgt, die Hälfte des Nobelpreises, der damals 200 000 Reichsmark betrug, in der Schweiz anzulegen. In Deutschland verloren die Manns dagegen etwa 100 000 Mark an Vermögen. Sie hatten auch die sehr hohe ›Reichsfluchtsteuer‹ entrichtet.

Am 28. August erfuhren sie, dass die SA die Villa in der Poschinger Straße mit Beschlag belegt hatte. Achtzehn Jahre hatten sie darin gewohnt. Die SA konfiszierte die drei Autos der Familie. Im Jahr 1937 wurde das Haus an die Aktion Lebensborn übergeben. 1944 wurde das Gebäude durch eine Bombe mehr als zur Hälfte zerstört. Lange nach dem Krieg, nämlich 1957, erhielt Katia Mann als die eigentliche Eigentümerin des Hauses eine Entschädigung.

In Sanary, am Südzipfel des französischen Festlandes, fand Thomas Mann wieder Ruhe zur Arbeit. Die Lesungen und kleinen Feste, das gute Klima, das Meer und die Felsen, die täglichen Kontakte an diesem unwahrscheinlichen Treffpunkt der Heimatvertriebenen, an einem der »ausrangiertesten Gleise des Weltgeistes«, wie Ludwig Marcuse schrieb, der sechs Jahre hier zubrachte, gaben dieser Zeit besonderen Reiz. Die Erfahrung von Sanary, damals ein Ort mit weniger als 4000 Einwohnern, von einem mittelalterlichen Wachtturm behütet, hat Thomas Manns kritische Einstellung zu Frankreich endgültig ins Positive verwandelt. An den Bruder Heinrich, mit dem er einst über Frankreich gestritten hatte, schrieb er am 2. Juli 1936: »Für Frankreich kann man nur Liebe und Bewunderung empfinden.« Heute erinnert eine Gedenktafel mit über 60 Namen an diese Zeit.

Der große Sommer von Sanary ging zu Ende. Kurzzeitig hatten die Manns erwogen, an der Küste zu bleiben, vielleicht in

Nizza, aber schließlich optierten sie doch für die Schweiz. Dort erhoffte man sich stabile Verhältnisse und ein Verbleiben im deutschen Sprachraum. Eine Rückkehr nach Deutschland wurde ausgeschlossen, sie wäre »unmöglich, absurd, unsinnig und voll wüster Gefahren für Freiheit und Leben«. Am 30. Juli reiste Erika Mann nach Zürich, wo sie ein Haus für die Eltern finden und ihr Kabarett *Die Pfeffermühle* wiederbeleben wollte.

Am 2. September 1933 erhielt Thomas Mann die erste Nummer der von seinem Sohn Klaus im Amsterdamer Querido Verlag herausgegebenen Zeitschrift *Die Sammlung*. Klaus Mann hatte Deutschland am 13. März verlassen, seine Hauptstützpunkte waren fortan Amsterdam und Paris, doch kam er auch immer wieder an die Côte d'Azur. 1934 ausgebürgert, erhielt er zunächst einen holländischen Fremdenpass, 1937 die tschechoslowakische Staatsbürgerschaft. Im Sommer 1936 fuhr er zu einer Vortragsreise in die USA, im September 1937 übersiedelte er ganz in die Neue Welt.

Trotz vieler Bemühungen wurde der Pass von Thomas Mann nicht verlängert; hingegen gelang es Katia, die Pässe ihrer Kinder auf dem deutschen Konsulat in Marseille verlängern zu lassen. Am 9. September 1933 erhielt Thomas Mann die Nachricht, dass ihm das Schweizer Konsulat in Marseille trotz ungültigen Passes das Einreisevisum erteilen werde. Erika wurde ermächtigt, ein in Küsnacht angebotenes Haus zu mieten, etwas oberhalb des Sees, innerhalb einer Steilkurve der Schiedhaldenstraße. Am 23. September trafen die Manns in Zürich ein. Bis 1938 hatten die Manns ihren festen Ort: Küsnacht am Zürichsee. Sie konnten wichtige Kontakte knüpfen zur Presse und zu den kulturellen Institutionen wie Schauspielhaus, Oper, Tonhalle, sie fanden gute Ärzte und in dem Verlegerehepaar Emmie und Emil Oprecht freundliche und effiziente Helfer.

Der offene Brief erschien am Montag, dem 3. Februar 1936 in der NZZ auf dem Titelblatt, ganz in alter Feuilleton-Tradition »Unter dem Strich«, fortgesetzt auf Seite zwei, mit einem Hinweis der Redaktion: Der Autor sei gewillt, die Folgen zu tragen. Es war ein stolzes Manifest, ein Bekenntnis zur Emigration, eine Verurteilung des NS-Regimes. Reinhard Heydrich forderte daraufhin in einem sechsseitigen Brief an das Innenministerium in Berlin die Ausbürgerung des Autors: »Die wahre Gesinnung dieses jüdischen Schriftstellers ist stets der Bolschewismus.«

Die Ausbürgerung von Thomas Mann war eine Staatsangelegenheit. Über diese Frage gab es einen längeren Schriftwechsel zwischen den Ämtern; Propagandaministerium, Innenministerium, Auswärtiges Amt und Reinhard Heydrich waren eingeschaltet, dazu Botschaften und Konsulate in Paris, Prag, Zürich. Der deutsche Gesandte in Bern, Ernst von Weizsäcker, schrieb, dass Thomas Mann den bisherigen Langmut der deutschen Behörden mit höhnischen Äußerungen erwidert habe, er habe feindselige Propaganda betrieben und falle unter § 2 des Ausbürgerungsgesetzes vom 14. Juli 1933. Er habe keine Bedenken, das Ausbürgerungsverfahren einzuleiten. Man beschloss, angesichts der internationalen Bekanntheit des Autors, die Olympischen Spiele in Berlin abzuwarten. Anfang Dezember aber wurden die Manns ausgebürgert.

Wer Thomas Mann wegen seiner zögernden Haltung nach 1933 kritisiert, sollte bedenken, wie schmerzlich dieser Vorgang und wie stark der Einschnitt in sein Leben war. Deutschland vielleicht für immer aufzugeben war eine schwere Entscheidung. Sein gelegentlicher großer Zorn darüber, dass nun nicht mehr er, sondern Hitler Deutschland verkörpern sollte, ist nur allzu verständlich. Es war nicht abzusehen, wie lange das Regime dauern würde und wie tief der Graben zwischen Hitlerdeutschland und dem Rest der Welt werden sollte.

Am 13. März 1933 schrieb Thomas Mann aus der Schweiz an seine italienische Übersetzerin: »Ich bin ein viel zu guter Deutscher, mit den Kulturüberlieferungen und der Sprache meines Landes viel zu eng verbunden, als dass nicht der Gedanke eines jahrelangen oder auch lebenslänglichen Exils eine sehr schwere, verhängnisvolle Bedeutung für mich haben müßte.« Ähnlich klang es in einem Brief an Albert Einstein aus Bandol: Der Bruch mit Deutschland sei »fast unvermeidlich«, aber das ängstige und bedrücke ihn, denn durch seine goethisch geprägte Natur sei er eher zum Repräsentanten als zum Märtyrer geschaffen. (15.5.1933)

Der befremdlichste Aspekt in der Periode des Zögerns und Zauderns waren seine antisemitischen Anwandlungen. Es muss ihm so vorgekommen sein, als wären »die Juden« an seinem Unglück schuld, um den bösen Slogan abzuwandeln. Er verstehe die Revolte gegen das Jüdische, die »Entjudung« der deutschen Justiz sei kein Unglück (10.4.1933), ein anderes Mal diskutierte er mit Heinrich »über den möglicherweise richtigen sozialen Kern der deutschen ›Bewegung‹«. (2.6.1933) Diese Symptome der großen Verwirrung und des verzweifelten Versuchs, einen Sinn in den unfassbaren Ereignissen zu finden, verdeutlichen, wie destabilisiert Thomas Mann in seinem ganzen Lebensentwurf war.

Heinrich Mann kam gelegentlich zu Besuch nach Zürich. Die politische und verlegerische Linie des Bruders hat er stets unterstützt; einen Keil zwischen sie zu treiben war nicht möglich, auch da nicht, wo sie unterschiedlich optierten, wie im Fall der Zeitschrift *Die Sammlung*, die zwischen September 1933 und August 1935 von Klaus in Amsterdam herausgegeben und redigiert wurde. Das kurzlebige Projekt war viel zu politisch für Thomas Manns Verleger, und so verzichtete er auf Bitten von Bermann-Fischer auf Mitarbeit, während Heinrich dort sehr scharfe politische Artikel platzierte. Auf Drängen seines Verlegers sagte Thomas Mann auch eine politisch Rede vor einer Kommission des Völkerbunds im April 1935 in Nizza ab, um das weitere Erscheinen seiner Bücher im Reich nicht zu gefährden. Thomas Mann reiste zwar nach Nizza, aber nur um Heinrich zu besuchen. Außerdem lernte er im Restaurant auf der alten Seebrücke einen Freund seines Sohnes Klaus kennen, den jungen Berliner Emigranten Konrad Katzenellenbogen, der zwischen 1941 und 1943 sein Sekretär in Los Angeles werden sollte.

Man kann das zögernde Verhalten von Thomas Mann nicht allein auf den Einfluss seines Verlegers schieben. Auch dieser versuchte nur, sein Haus durch die Zeit zu bringen, wusste so wenig wie andere, wie lange alles dauern würde. 1936 hat er den Verlag nach Wien verlagert, als im März 1938 Österreich ans Deutsche Reich angeschlossen wurde, wich er nach Stockholm aus, wo der Verlag weiter bestand; er selbst hielt sich im Krieg in New York auf. Thomas Mann hat böse Briefe an Bermann-Fischer geschrieben, die ungerecht waren, ja beleidigend, so wenn er ihm nahelegte, den Verlegerberuf aufzugeben und wieder Arzt zu werden. Inzwischen hatte er einen guten Stand auf dem amerikanischen Buchmarkt erlangt, so dass er glaubte, auf den geschrumpften deutschsprachigen Buchmarkt verzichten zu können.

Später wurde Thomas Mann selbst gemeinsam mit Emil Oprecht Herausgeber einer Zeitschrift, die aber vielen als harmlos vorkam, was dem Redakteur Ferdinand Lion angelastet wurde, einem Schweizer Journalisten, den Thomas Mann seit 1917 kannte. *Maß und Wert* existierte von September 1937 bis November 1939. Die letzten Nummern hatte Golo Mann redigiert und dabei großes Talent bewiesen: Der Krieg beendete diesen Versuch, der finanziell von der luxemburgischen Industriellengattin und Philantropin Aline Mayrisch de Saint-Hubert, aber auch von der Amerikanerin Agnes Meyer gefördert worden war.

Das Exil in Frankreich konnte Heinrich Mann beinahe als rosige Zeit vorkommen, wäre da nicht der bange Blick auf die Verhältnisse in der alten Heimat gewesen. In Nizza fühlte er sich wohl wie immer. Deutschland habe er nie vermisst, schrieb er später. Die Häuser, in denen er gewohnt hat, sind erhalten; an der Nummer 11, rue du Congrès, prangt heute eine Gedenktafel; auch 121, Promenade des Anglais, steht noch, ebenso das Haus 18, rue Rossini. Lediglich die Nummer 2, rue Alphonse Karr, wo er mit Nelly 1938 eine geräumige Wohnung mietete und mit eigenen Möbeln einrichtete, wurde nach dem Krieg durch einen Neubau ersetzt. Nelly Kröger erlebte eine schwere Zeit, sie wurde alkoholabhängig, mehrere Entziehungskuren, Beziehungskrisen und Selbstmordversuche waren die Folge. Bald nach Kriegsausbruch im September 1939 hat Heinrich Mann seine Gefährtin im Rathaus von Nizza geheiratet, die dadurch einen tschechoslowakischen Pass erhielt. Denn Heinrich Mann war 1936 im Konsulat in Marseille als Staatsbürger der Tschechoslowakischen Republik vereidigt worden und blieb dies bis zu seinem Tod.

Seine finanzielle Lage im französischen Exil war durchaus gut – dank seiner regen publizistischen Tätigkeit. Von Nizza aus überwies er größere Summen nach Prag an seine geschiedene Frau Mimi und seine Tochter Leonie. Im Sommer 1935 hat ihn Leonie in Nizza besucht. Glücklich war sie nur, wenn sie als Tänzerin öffentlich auftreten durfte, einmal auch während eines Prag-Besuchs von Heinrich Mann. Eine künstlerische Karriere blieb ihr wie schon ihrer Mutter versagt. Zu allem Unglück ließ sich Leonie mit einem Heiratsschwindler ein, der mit einem Teil ihrer Mitgift in die USA entschwand und dort sogar als Schnorrer bei »Onkel« Thomas Mann sein Gaunerglück versuchte.

1938 sind Mimi und Leonie nach Russland zu einer Kur gefahren; Heinrich hatte dies vermittelt. Gemeint war es eigentlich als Chance, außerhalb der europäischen Gefahrenzone zu bleiben. Aber den Frauen gefiel es dort nicht, was Heinrich nicht verstehen konnte, denn er war längst zu einem bedingungslosen Anhänger der Sowjetunion geworden. Und so kehrten sie nach Prag zurück: Als die Deutschen im März 1939 die Tschechoslowakei besetzten, saßen sie in der Falle und hatten einen langen Leidensweg vor sich, der erst mit der Befreiung ihres Landes endete.

Die Jahre des französischen Exils waren die politisch aktivsten Jahre von Heinrich Mann. Er begnügte sich nicht mit Reden und Artikeln, er engagierte sich in Komitees und Foren, war eine treibende Kraft im literarischen Widerstand. Im Herbst 1934 ließ er sich von Johannes R. Becher überzeugen, eng mit den Kommunisten zusammenzuarbeiten, die ihn vor 1933 noch übel beschimpft hatten, allen voran Becher selbst.

Als es darum ging, eine Volksfront im Exil aufzubauen, um die politischen Kräfte des deutschen Exils zusammenzufassen, engagierte sich Heinrich Mann an führender Stelle. Dabei trat er als Parteigänger der Kommunisten in Erscheinung, ohne je der Partei anzugehören. Gleichzeitig erhielt er von der Sowjetunion hohe Tantiemen für seine Bücher, allerdings waren viele davon noch gar nicht auf Russisch gedruckt worden. Einladungen nach Moskau ist Heinrich Mann niemals gefolgt. Dafür überbot er sich in Lobeshymnen auf die politischen Verhältnisse in der Sowjetunion. Er hatte ein neues Traumland gefunden, wie es in früheren Jahren Frankreich gewesen war; er wusste über das Regime dort nur, was ihm Propagandisten oder Parteigänger mitteilten. Auch über den Widerstand im deutschen Volk spiegelte man ihm Dinge vor, die er bereitwillig glaubte. Sein persönlicher Mut stand in einem sonderbaren Verhältnis zur Blauäugigkeit seiner Lagebeurteilung. Den Terror und die Schauprozesse, denen auch viele deutsche Emigranten zum Opfer fielen, hatte er stets ausgeblendet. Er konnte nicht unterscheiden zwischen strategischer Partnerschaft mit einem Staat und Anerkennung des dort etablierten Systems. Die politische Pass-Ehe verklärte er zur Liebesheirat.

Das Komitee, das die kommende Volksfront vorbereiten sollte, tagte im Pariser Nobelhotel Lutetia; Heinrich Mann wurde dessen Wortführer. Aber alle Kongresse und Publikationen liefen ins Leere, weil die Kommunisten alle Kräfte an sich binden und dominieren wollten. 1939, als sich Stalin mit Hitler verbündete, wurde der antifaschistische Kampf eingestellt. Nach Kriegsbeginn gaben sich die Kommunisten, den Moskauer Befehlen gemäß, pazifistisch. Es galt immer nur die vorgegebene Linie; die Sympathisanten waren die Düpierten; Kritiker und Abweichler aus den eigenen Reihen oder unwillkommene Zeugen und Mitwirkende der je überholten Linie wurden liquidiert, gern auch durch Verrat an die Gestapo, damit sie noch als Märtyrer nützlich waren. Die perfiden Charakterzüge seiner neuen Verbündeten hat Heinrich Mann genau wie Lion Feuchtwanger nie begreifen können oder wollen.

Das war ein düsteres Kapitel mehr in der Geschichte des politischen Denkens von Heinrich Mann. Dennoch waren die Jahre in Frankreich subjektiv gute Jahre; er kämpfte gegen die NS-Diktatur, sein Lebensunterhalt war gesichert, seine Bücher erschienen im Exil-Verlag innerhalb des Hauses von Emanuel Querido in Amsterdam. Er konnte wie schon um 1914 aufs Neue die Einheit von Geist und Tat praktizieren. Und seine literarische Schaffenskraft erlebte trotz seines politischen Engagements in Paris, Brüssel oder Genf einen neuen Aufschwung.

Schon kurz vor der Flucht aus Deutschland hatte Heinrich Mann mit der Arbeit an einem Roman über den französischen

König Henri Quatre begonnen. Die bis 1938 abgeschlossenen zwei Bände gehören zu den schönsten Blüten des literarischen Exils. Dieser Roman lässt alles vergessen, die Lebensumstände des Autors und die leidige Politik. *Die Jugend des Königs Henri Quatre* sowie *Die Vollendung des Königs Henri Quatre* vereinen alle Vorzüge und alle Schwächen des Autors Heinrich Mann. Sie sind eine Synthese seines Schreibens, seiner Figuren, seiner Themen und Formen, seiner Ticks und Marotten, seiner Unbeholfenheiten und Träume, seiner Theatralik und Ideenliebe, sind aber auch getränkt von Eros, Witz und Engagement. Zu jedem seiner anderen Werke führt ein Pfad, auch zu vielen Stationen des eigenen Lebens. Auf den ersten Blick wirkt alles wie eine Romanchronik, auch wenn nicht alle Fakten und Wendungen immer deutlich herausgearbeitet sind; so bleiben die Familienverhältnisse seltsam unterbelichtet. Dieser König ist eine Erfindung des Autors, der in den historischen Stoff allerlei Persönliches und eigene Zeiterfahrung projiziert und in einer Epoche von Grausamkeiten, Repression, Betrug, Krieg, Glauben, Geschäften und vor allem des Kampfes um die Macht spiegeln kann.

Vielleicht ist sein König etwas zu eindimensional, weil der Emigrant einen positiven Helden braucht, einen streitbaren Humanisten, der eine politische Utopie vertritt, seinen »großen Plan«, der natürlich eine Projektion des politischen Utopisten Heinrich Mann ist. Sein König ist zu widerspruchslos, sehr deutsch, fast preußisch, allerdings ein Preuße, der zu gewissen Ausschweifungen neigt, ein monumentaler Professor Unrat. Das Buch erntete aufrichtiges Lob von Thomas Mann; der erste Band wurde sogar ins Englische übersetzt, ein Vorstoß zu einer Verfilmung scheiterte aber in Hollywood.

Trotz seiner starken Verbundenheit mit Frankreich hat Heinrich Mann nie die französische Staatsangehörigkeit erhalten.

Vielleicht hätte er sich mit einem französischen Pass zu sicher gefühlt, als der Krieg ausbrach, und wäre nicht geflohen. Die Polizeibehörden haben seine Aktivitäten überwacht und Dossiers über ihn angelegt.

Als bei Kriegsbeginn die deutschen Emigranten unabhängig von ihrem Status als »feindliche Ausländer« interniert wurden, lag er oberhalb der Altersgrenze. Die Wohnung in Nizza wurde ihnen gekündigt, Heinrich und Nelly Mann begaben sich nach Marseille, wo sich inzwischen tausende Flüchtlinge aus vielen Ländern drängten. 1933 war es kein Problem gewesen, nach Frankreich hineinzukommen; seit Kriegsbeginn bedurfte es eines Ausreisevisums. Schiffe gingen aus französischen Häfen kaum noch nach Übersee. Es blieb also nur der Landweg über Spanien nach Lissabon.

In den USA hatte sich im Juni 1940 ein Hilfskomitee gegründet, das sich um die Ausreise der Künstler und Intellektuellen aus dem besetzten Frankreich kümmern sollte. Als Vertreter schickte man den jungen Journalisten Varian Fry, der in Marseille eine private Fluchthilfe-Organisation aufzog. Mit echten oder mit gefälschten Papieren verhalf man Hunderten von Bedrohten zur Flucht. Wer keine Papiere hatte, musste über die grüne Grenze nach Spanien gelangen. Spanische Grenzbeamte zeigten sich erstaunlich großzügig, auch im neuen Franco-Regime. Notfalls half Bestechung mit Geld oder Zigaretten.

Auf diesem Wege sind Heinrich und Nelly Mann aus dem Land gebracht worden, mit ihnen zusammen das Ehepaar Werfel; auch Golo Mann, der eine Weile in Frankreich interniert worden war, gehörte der kleinen Gruppe an, die am 13. September 1940 der Mausefalle entkam. Nach einer kurzen Wartezeit in Lissabon fand sich ein Schiff, mit dem die Flüchtlinge Mitte Oktober in New York ankamen. Thomas und Katia Mann waren zur Begrüßung aus Princeton herbeigekommen. Die amerikanischen Zeitungen und Rundfunkstationen berichteten über ankommende Prominente oder machten Interviews mit ihnen.

Die europäische Geschichte von Heinrich Mann war damit zu Ende gegangen; die zehn Jahre in Amerika, die noch folgten, waren keine glückliche Periode für ihn. Für Thomas und Katia Mann waren die Jahre im amerikanischen Exil hingegen eine gute Zeit. Sie waren sehr untypische Emigranten, erwartet und ehrenvoll aufgenommen und gut versorgt. Sie konnten sich ins gemachte Nest setzen, wurden erhöht und keineswegs in die Fremde verschleppt wie »Joseph«.

Durch eine Serie von Amerikareisen hatten die Manns den Kontinentwechsel vorbereitet. In den Jahren 1934, 1935 und 1937 absolvierten sie erfolgreiche Vortragstourneen durch die Staaten, dann erneut im Frühjahr 1938. Ende September 1938 schließlich gaben sie das Haus in Küsnacht auf und übersiedelten ganz in die USA, hielten aber weiterhin engen Kontakt mit Zürich. Agnes Meyer hatte dafür gesorgt, dass Thomas Mann an der Universität Princeton eine Stellung als Gastdozent erhielt. Auf dem dortigen Campus mieteten sie das Haus 65, Stockton Street (im Familienjargon bald »Stocki« genannt). Die Bibliothek und vor allem der alte Schreibtisch aus der Münchner »Poschi« folgten in die neue Welt. Zu ihren Nachbarn in Princeton gehörte Albert Einstein.

Kaum in den USA angekommen, musste sich Thomas Mann zu politischen Vorgängen äußern, denn in jenen Tagen wurde das Münchner Abkommen geschlossen, das den Frieden in Europa nur zum Schein und auf begrenzte Zeit sicherte, für die Tschechoslowakei hingegen den Anfang vom Ende bedeutete. Das musste der Emigrant der amerikanischen Öffentlichkeit erst einmal klarmachen.

Im Sommer 1939 unternahmen Thomas und Katia Mann eine Europa-Reise mit Stationen in London, Noordwijk, Paris und Stockholm. In der schwedischen Hauptstadt, wo sie an einer Konferenz des Internationalen PEN-Clubs teilnehmen sollten, wurden sie vom Ausbruch des Weltkriegs überrascht. In dieser nicht ganz ungefährlichen Situation reisten sie vorzeitig ab, flogen über London zurück nach New York.

Die zugespitzte Weltlage machte Thomas Mann noch mehr zum engagierten Schriftsteller; er selbst nannte sich »Wanderprediger der Demokratie«. Über 300 Artikel und politische Reden verfasste er in den folgenden Jahren, gab überdies zahllose Interviews. Hinzu kamen die fast monatlichen Reden, die über die BBC zwischen Herbst 1940 und Herbst 1945 an die »Deutschen Hörer« gerichtet wurden. Dergleichen hatte selbst Heinrich Mann in seiner französischen Phase nicht geschafft. Früher hätte Thomas so etwas als Aktivismus getadelt. Dank seiner strikten Arbeitsökonomie und Disziplin ging die literarische Arbeit unterdessen fort. Ein Höhepunkt seiner politischen Präsenz war im Januar 1941 die Einladung für seine ganze Familie ins Weiße Haus zu Präsident Roosevelt und dessen Frau Eleanor.

Katia Mann fühlte sich durchaus wohl in Princeton; die Atmosphäre dort mag sie an ihr Elternhaus erinnert haben, aber ihr literarischer Gatte langweilte sich etwas. Ihn zog es eher zu dem »Movie-Gesindel« nach Los Angeles (das oft zitierte Wort war nicht verächtlich gemeint). Im Sommer 1940 kamen die Manns auf einen Probebesuch nach Kalifornien und mieteten für drei Monate ein Haus in Brentwood (441 North Rockingham Avenue). Im Frühjahr 1941 zogen sie endgültig an den Pazifik. Zunächst mieteten sie ein Haus am Amalfi Drive oberhalb des Santa Monica Canyons in unmittelbarer Nachbarschaft von Eva Herrmann, Aldous Huxley, Bruno Frank, Ludwig Marcuse, den Feuchtwangers und anderen, was beinahe an die Verhältnisse in Sanary erinnerte. Im Februar 1942 bezogen sie ein eigens für sie gebautes modern-elegantes Haus oberhalb einer Kurve des Sunset Boulevard (1550, San Remo Drive), im nordöstlichen Teil des sehr langgezogenen Ortsteils Pacific Palisades. Konrad Katzenellenbogen, der schon seit 1939 hier lebte und seinen Namen zu Kellen verkürzt hatte, wurde als Sekretär und gelegentlicher Chauffeur angestellt und half bei der Eingewöhnung an diesem erstaunlichen Ort.

Den Hausbau hatte Agnes Meyer großzügig finanziell abgesichert. Sie sorgte auch weiter für ihren »Schützling« und verhalf ihm zu einer gut bezahlten »Anstellung« als literarischem Berater bei der Library of Congress in Washington DC, was ihn nur zu einem Vortrag pro Jahr verpflichtete. Von Los Angeles aus unternahm Thomas Mann Vortragsreisen durchs ganze Land, kam immer wieder nach San Francisco, Chicago, New York.

Als die Emigranten Los Angeles entdeckten, entwickelten sie viel Phantasie bei der Beschreibung dieser dicht besiedelten Region, von der sie nicht wussten, ob man dergleichen noch Stadt nennen könne. Sie nahmen es als Parodie der aus Europa gewohnten urbanen Lebensverhältnisse. Ludwig Marcuse sprach von »Dschungel« und einer »Koexistenz von Unregelmäßigkeiten«, »einer über die Erde sich ausbreitenden Formlosigkeit«. Die Ausdehnung, die großen Entfernungen, das Nebeneinander sehr unterschiedlicher Bezirke mit sonderbaren Namen, das Fehlen eines Stadtzentrums, denn die noch recht kleine Downtown war nur ein Stadtfleck neben vielen anderen, die leichte und klischeehafte Bauweise der Häuser, die wie provisorische Pavillons einer Weltausstellung wirkten, das unüberschaubare Gewirr von Straßen und Boulevards, die Straßenzüge mit Palmen, Avocado- oder Yacaranda-Bäumen, aber ohne Gehsteige, die sonderbaren Werbesprüche, die wie höhere Offenbarungen wirkten, die Lichteffekte über dem Pazifik, die ständige Erdbebengefahr, die Synthese aller Unwirklichkeiten in jenem mythischen Hollywood, all das hat immer neue Metaphernproduktionen und ironische Beschreibungsversuche hervorgerufen.

Wahrnehmung und Klischee fielen hier immer schon zusammen, vor allem seit die Filmindustrie blühte und eine Gegenwelt zu dem industriellen und geschäftigen Amerika der Ostküste schuf. Produziert wurden Filmstars und Zitrusfrüchte. Aber gerade das änderte sich in dieser Zeit, vor allem seit Amerika im Dezember 1941 in den Weltkrieg eingetreten war. Mit dem japanischen Überfall im Pazifik wurde die kalifornische Küste gleichsam zur Front, was den Aufbau einer immensen Kriegsindustrie herbeiführte – Flugzeugbau, Waffen, Automobilproduktion. Die Region von Los Angeles wurde zum zweitgrößten Industriegebiet der USA, das Arbeitskräfte aus dem ganzen Land anzog und den bis dahin ethnisch recht homogenen (nämlich weißen) Staat in eine bunt gemischte Gesellschaft verwandelte, was nicht ohne Spannungen ablief.

In dieser europafernen Gegend hieß es, sich zu behaupten. Aber auch diese Herausforderung hat Thomas Mann glänzend bestanden, auch diese Wendung des Schicksals schlug dem Sonntagskind zum Guten aus. 1941 schrieb die amerikanische Autorin Janet Flanner, mit Klaus und Erika Mann gut bekannt, eine Reportage über Thomas Mann unter dem Titel *Goethe in Hollywood*. In ihrem Text steht manches Schiefe und Halbwahre, aber auch die bedenkenswerte Behauptung: »Vielleicht wurde (Thomas) Mann allein durch die Tragödie des Exils dazu gezwungen, zeitgemäß zu werden.«

Dieser Unpolitische, dieser Nationalist, dieser Deutschland-Trompeter wurde dank der Präsenz seiner Person und seines Werks vom ersten Tag seines Exils an zu einem respektierten Vertreter eines anderen Deutschland, wie es ohne das Exil wohl nie möglich gewesen wäre. Diese weltweite Mission von Thomas Mann wurde nach 1945 lange nicht wahrgenommen im schuldbewussten Deutschland – dem es gleichwohl zugutekam.

Meisterlichkeit als Lebensform

Vivre en bourgeois et penser en demi-dieu.
Flaubert

Als Thomas Mann im Mai 1934 mit dem holländischen Dampfer Volendam zum ersten Mal nach Amerika reiste, plagten ihn Zahnschmerzen. In den Tagen zuvor hatte er in Zürich eine Wurzelbehandlung ertragen müssen. Die Folgen des Eingriffs waren Überreizung, Schlaflosigkeit, aufsteigende Weinkrämpfe. Aber Schmerz verhilft manchmal zu größerer Bewusstheit, wenn im Leben ein Umbruch bevorsteht.

Der Dichter reiste wie stets in Begleitung seiner Frau Katia, die unter einer leichten Erkältung litt. Das Ehepaar hatte eine Kabine in der Ersten Klasse belegt (sie reisten auf Einladung des amerikanischen Verlegers). Sorgen machten sie sich wegen der Passprobleme, denn es war nicht ganz klar, ob sie noch als Angehörige des Deutschen Reichs galten. Seit etwas mehr als einem Jahr harrte die Familie im Exil aus; in Deutschland wütete der NS-Terror, viele Regimegegner waren ins Ausland geflohen, manche lebten schon nicht mehr.

Ein böses Omen überschattete die Reise: Auf der Hinfahrt wie auf der Rückfahrt starb jeweils ein junger Matrose. Gleichwohl verliefen die öffentlichen Auftritte in den USA triumphal. Ende Juni war das Ehepaar Mann wieder in Europa, dieses Mal fuhren sie mit dem größeren und bequemeren Schiff Rotterdam. Einige Monate nach dieser Reise erschien in der *Neuen Zürcher Zeitung* ein fiktives Tagebuch unter dem Titel *Meerfahrt mit Don Quijote*. Angeregt durch seine Reiselektüre, den klassischen Roman von Miguel de Cervantes, und durch die Situation der ersten Überquerung des Atlantiks, überdenkt Thomas

Mann darin wichtige Momente seines Lebens und seiner literarischen Arbeit.

Im echten Tagebuch war der Ton nicht so unbeschwert wie im Essay. So grämte es den Nobelpreisträger, dass ihn auf der Hinfahrt niemand erkannte außer einem jungen Holländer; andere Mitreisende vermieden absichtlich, zur selben Zeit zu speisen wie das Ehepaar Mann. Überdies fehlte dem Dichter die »orientierte Aufmerksamkeit« des Kapitäns, die er auf früheren Schiffsreisen genossen hatte. (Auf der Rückfahrt sollte sich das zum Glück anders ausnehmen.)

Die Lektüre des *Don Quijote* regt zu aktuellen wie zu sehr persönlichen Gedanken an. Die Übersetzung des Romantikers Ludwig Tieck, um 1800 entstanden, entzückt den Reisenden: Sie zeige die deutsche Sprache auf ihrer glücklichsten Stufe. Bei Cervantes werde der Held im später erschienenen zweiten Teil mit seinem eigenen Ruhm konfrontiert, und so lebe dieser fortan vom »Ruhm seines Ruhmes, von seiner Besungenheit«. Der Ritter von der traurigen Gestalt war zu einer lebenden Legende geworden.

Aktuelle Themen (sein Exil, die jüdischen Auswanderer an Bord, die brutale Sprache der neuen Machthaber in Berlin) sind im Essay indirekt, aber deutlich genug präsent. In diesem doppelten Bezug, auf die Zeitgeschichte einerseits, auf einen klassischen Roman andererseits, bestimmt der Autor den Stand seiner Arbeit: »Als Erzähler bin ich zum Mythus gelangt – indem ich [...] mich an einer Vereinigung von Mythus und Humanität versuche.« Keineswegs wolle er mitmachen beim derzeitigen modischen »Herumtrampeln auf Vernunft und Zivilisation«.

Die Hinwendung zum Mythos (Thomas Mann gebraucht die lateinische Wortform) wird trotz bedenklicher Nähe zu den Methoden der neuen Machthaber in Berlin verteidigt. Das eigene Programm heiße: Humanisierung des Mythos. Ihm gehe es darum, dass der Mythos »dem Fascismus aus der Hand genommen« und »umfunktioniert«, das heißt humanisiert werde. Eine wesentliche Anregung dieses Interesses mag gleichwohl aus einer wenig humanistischen Quelle gekommen sein, aus der Einleitung des Nietzsche-Buches von Ernst Bertram (1920), in der das Bild historischer Persönlichkeiten generell als Legende und Mythos als »lebendigste Form geschichtlicher Überlieferung« aufgefasst werden.

Die Arbeit am Josephs-Stoff, die schon 1926 begonnen hatte, also Jahre vor der NS-Herrschaft, erscheint hier als wesentliche Etappe einer persönlichen, politischen und literarischen Entwicklung. In dieser Wendung liegt eine dreifache Ironie: Er wendet sich der Zeitlosigkeit des Mythischen zu in einem Augenblick, in dem sein Leben durch Exil und Engagement mehr denn je in die Niederungen der Aktualität hineingezwungen wird; er behauptet das Recht auf mythisches Erzählen, während das Regime, das ihn aus der Heimat vertrieben hat, sich in Propaganda und Selbstdarstellung mythischer Motive bedient; er behandelt ein »jüdisches Thema«, als in Berlin Antisemiten an der Macht sind. Diese Arbeit sollte ihm zur wesentlichen Stütze werden während der zwölf fatalen Jahre des Dritten Reiches; und es wurde eine glorreiche Verteidigung der deutschen Sprache, als diese auch zum Werkzeug des Teufels wurde.

In seiner Münchner Rede über Richard Wagner hatte Thomas Mann im Februar 1933 ausgeführt, dessen Werk zeige »einen Naturalismus, der sich ins Symbolische steigert und ins Mythische wächst«. Genau das war die Entwicklung seines eigenen Werks; sein neues literarisches Programm hatte die Stufe des Mythischen erreicht.

Bei Thomas Mann stehen Kontinuität und Wandlung nebeneinander. Durch alle persönlichen und politischen Krisen nach

1914/18 hatte er sich hindurchgearbeitet und sich mit seiner Gegenwart und mit dem Leben ausgesöhnt. Das Resultat dieser großen Bemühung war der Roman *Der Zauberberg* – formal ein Meisterwerk, inhaltlich die Absage an jede »Sympathie mit dem Tode«. Der Roman war ein Triumph über die negativen Impulse in ihm selber, denen er in seinen Kriegs-Pamphleten kräftigen Ausdruck verliehen hatte. Die Bahn war frei, der Weg zum Olymp stand offen, die Krönung erfolgte 1929 mit dem Nobelpreis.

Der Zauberberg erzählt die Geschichte eines Sanatoriumsbesuches, der sich über sieben Jahre hinzieht, wo er doch nur drei Wochen dauern sollte. Der junge Ingenieur Hans Castorp besucht seinen kranken Vetter von Ziemßen in einer Lungenheilanstalt in Davos. Er lässt sich vom Klinikpersonal einreden, dass auch seine Lungen angegriffen sind, und bleibt schließlich in dieser Welt gefangen. Der anekdotische Anstoß zu dem Roman ist gut bekannt: der Kuraufenthalt von Katia Mann im März 1912 in Davos, einem Ort im Schweizer Kanton Graubünden. Weniger bekannt ist, dass es sich bei Katia um eine Fehldiagnose handelte, denn ein späterer Betrachter entdeckte auf ihren Röntgenbildern wohl eine chronische Bronchitis, aber kein Anzeichen von Tbc.

Die Örtlichkeiten in Davos sind oft besichtigt und geschildert worden, die reellen wie die in dichterischer Freiheit abgewandelten. Aber auf den lokalen Realitätsgehalt kommt es nicht an, der ist bestenfalls anekdotisch; auf die Abgehobenheit von der Welt kommt es an, auf die Allgegenwart des Todes und des Leidens und den vergeblichen Kampf dagegen. Und auf das Medium, das gesund ankommt, als eingebildeter Kranker weiterexistiert und das Kranksein als pseudokünstlerische Lebensform pflegt. Hans Castorp wird als »unbeschriebenes Blatt« bezeichnet, als Mensch ohne Eigenschaften.

Ricarda Huch erwähnt in ihrer Darstellung der Städte im

Alten Reich, dass es in Lübeck einen Bürgermeister namens Hinrich Castorp gab, der im Jahre 1488 starb. Er scheute Krieg und rief in Konflikten zu friedlichen Verhandlungen auf. Zehn Kilometer südlich von Lübeck existiert das Gut Kasdorf mit einer kleinen Häusergruppe ringsum. Dort lebte Nicolaus Stolterfoht, der eine Schwester von Julia Bruhns geheiratet hatte. Lübecker Bezüge waren also gegeben, auch wenn der Romancier seinen Helden aus Hamburg kommen ließ.

Die Zeit steht still, der Roman ist ein erstarrter Totentanz aus der Epoche vor 1914 mit einer gemischteuropäischen Gesellschaft. Aber es ist eine Groteske. Und trotz der vielen menschlichen Verluste eine Apologie des Lebens. Unablässig ist von Krankheit und Tod die Rede und auch von seelischen Leiden, doch der Roman ist von einer durchgängigen Heiterkeit und Leichtigkeit, einer permanenten sexuellen und intellektuellen Erregtheit. Dank der Einsichten des passiven Helden, dem einiges geboten wird an Masken des Schicksals, ist es ein Entwicklungsroman, zumindest die Parodie davon. Castorp, der »Musterschüler des Lebens«, ist umkreist von vielen Lebensmöglichkeiten, hält sich fern von allem, spielt nur mit, um zu beobachten, wie ein Ethnologe bei einem fremden Volksstamm.

Die Zeit staut sich auf, nichts kann das Einerlei durchbrechen. Dafür baut sich eine allgemeine Spannung auf, die sich in dem Donnerschlag am Ende Bahn bricht, aber der Schlag kommt von außen: in Europa herrscht Krieg. Das Interesse verlagert sich von der »Handlung« auf die Personen. Die Porträtgalerie ist das Beste an dem Roman, so viele unterschiedliche Gestalten, plastisch geschildert, Verhalten, Marotten, Redensarten – die in *Buddenbrooks* erstmals angedeutete Porträtkunst erreicht hier ihren Höhepunkt. Einen Knacks haben sie alle, Patienten wie Betreuer, aber niemand ist böse, keinem kann man übelwollen, in einer Welt ohne Teufel sind sie vereint in ihrer gemeinsamen menschlichen Hinfälligkeit. Selbst der Klinikleiter ist als Figur begreiflich und anschaulich gemacht, alles andere als eine lebende Karikatur.

Das Reale und das Symbolische decken sich im *Zauberberg*; diese Doppelung ist bedeutsamer als die Tatsache, dass die Klinik ein reales Vorbild hatte. Nichts ist eindeutig im Roman, weil alles sprachliche Musik ist. An realen Bezügen findet sich etwa, dass der Arzt, der Thomas Mann 1901 musterte, von Ziemssen hieß. Auch einige Züge des Bruders Heinrich sind in die Figur des Möchtegern-Engagierten eingegangen. Übrigens starb 1912 in Davos eine amerikanische Freundin des Schriftstellers Bruno Frank, der mit Thomas Mann befreundet war. In beiden Weltkriegen wurden deutsche Soldaten hierher zur Behandlung gebracht; es gab Spenden sowohl von Wilhelm II. wie von Hitler.

Selbst der Tod und die Körperlichkeit werden hier ins Groteske verzerrt. Die Behandlungsmethoden und Forschungen, auch die Theorien über die seelischen Leiden, alles ist ein hilfloser Versuch, des irdischen Jammers Herr zu werden, aber das kann letztlich nur die Kunst, die Literatur, denn sie ist lebensbejahend und überspielt die Negativität (die zuletzt noch in der Ironie steckt). Das Wort ist Wärme: von einer Sache reden heißt, sie leichter machen. Immer wieder tauchen Motive von Faust und Mephisto auf, es wimmelt geradezu von Goethe-Faust-Zitaten im Roman. Übrigens wird in dieser Klinik für Lungenkranke unablässig geraucht.

Im vielgerühmten Schnee-Kapitel verbirgt sich unter den Beschreibungsmassen die Moral der Geschichte (falls es denn überhaupt eine gibt): Im Schnee liebt Hans Castorp das Leben, gibt dem Sog in den Untergang nicht nach. Die Sympathie mit dem Tode (und der Kristallwelt der Eiskönigin) wird überwunden. Castorp denkt lieber an das Traumgedicht vom Menschen: »Ich will dem Tode keine Herrschaft einräumen über meine Gedanken!« Nun optiert er für Sympathie, Güte, Menschenliebe. Der Autor hat anhand seines Helden die eigenen Komplexe, seine Todesbesessenheit, seinen Lebensekel überwunden – auch wenn er am Ende alles wieder durchzustreichen scheint und seinen lebenskräftigen Castorp auf den Schlachtfeldern in Flandern fallen lässt. Aber das geschieht schon jenseits des Romans.

Zu den markanten Kapiteln gehören die endlosen Wortgefechte des passionierten italienischen Zivilisationsliteraten Settembrini und des gläubigen, verbohrten Naphta, ein Jude, der zum katholischen Dogmatiker wurde. Der Erzähler nimmt sie nicht ernst, hält sie nebeneinander hoch wie Handpuppen. Überhaupt ist es in dieser stillgestellten Zeit ein bisschen wie am Mittag des Jahrhunderts; alle Ideologien kreuzen sich hier im Zeitlosen, und angesichts des Todes sind alle gleich grotesk und gleich ohnmächtig. Bald aber werden die Konflikte blutig sein.

Der Roman ist voller Anekdoten, Dialoge, medizinischer Details, mit Abschweifungen zur Psychoanalyse, zur Musik, zum Okkultismus, zur Philosophie und auch zur Politik, zu Krieg und Frieden, auch zur Sexualität. Im Zentrum aber steht das Nachdenken über die Zeit. Sie ist das eigentliche Thema, nämlich *die* Dimension der menschlichen Existenz. Der Text ist von gewollter Länge, doch ein wenig besteht die Gefahr, dass aus ihm eine Enzyklopädie wird, ein Roman über Alles.

Auch eine große Liebesgeschichte ist in den Roman eingeflochten; aber die Liebe ist, wie die Krankheit, wie alles Körperliche, nur Teil des großen Täuschungsmanövers, aus dem das Leben überhaupt besteht. Alle körperlichen Befunde werden auf etwas boshafte Weise in medizinische Erläuterungen aufgelöst.

Hans Castorp verfällt der Russin und Langzeitpatientin Clawdia Chauchat. Bei Madame Chauchat wird sogar der weibliche

Körper beschrieben, was sehr selten ist bei Thomas Mann. Bemerkenswert ist, dass der Romancier ins Französische verfällt, wenn von heterosexueller Liebe die Rede ist, als wäre diese ein fremdes Land. Nur auf Französisch kann er im *Zauberberg* die intimen Dinge benennen, sogar »le sexe obscur entre les cuisses«, was aber auch männlich verstanden werden kann, zumal Madame Chauchat für Castorp eine Wiederbelebung der Erinnerung an einen einst geliebten Jungen bedeutet (namens Willri Timpe); in der vollzogenen Liebe verschmelzen für Castorp der Knabe aus der Heimat und die Frau aus der Fremde miteinander.

Madame Chauchat redet Französisch, wie die Gestalten bei Tolstoi es tun und wie es in russischen Salons üblich war. Bei Thomas Mann bedeuten die französischen Sätze Freiheit und Unbefangenheit. Was man auf Französisch sagt, zählt nicht so richtig: »Parler Français, c'est parler sans responsabilité et en rêve.« Es ist ein uneigentliches und verantwortungsfreies Sprechen wie im Traum.

Das nur in der Fremdsprache benannte obskure Geschlecht zwischen den Schenkeln taucht auch im Namen der geliebten Russin auf, ohne dass dem Romancier dies vermutlich bewusst war, denn bei »chat« handelt sich um den vulgären Wortgebrauch für »le sexe de la femme«. Der Name Chauchat ist übrigens im neunten Pariser Arrondissement als Straßenname anzutreffen, Balzac erwähnt ihn im Roman *La cousine Bette*; dort wohnten im 19. Jahrhundert viele Sängerinnen und Sänger der nahegelegenen Oper.

Der Vorname Klawdija galt im Russland des 19. Jahrhunderts noch als aristokratischer Name. In Manns Notizbüchern verweist der Name Clawdia auf »Katia«. Galt die Identifizierung des Weiblichen mit dem Fremden sowie die männlich-weibliche Doppelung in den Augen des Romanciers auch für seine Frau? Immerhin hatte er einen zweieiigen Zwilling geheiratet.

In seinem Vorwort zu den Arbeiten des belgischen Zeichners, Graphikers und Malers Frans Masereel sprach Thomas Mann im Jahr 1926 von der »Lebensform der Meisterlichkeit«. Und gewiss dachte er dabei an seine eigene literarische Existenz. Dabei lebte er in jeder Phase in einer Welt gehobenen Wohlstands, der Anerkennung sowie der extremen Anfeindung, auch sie ein Preis für den Anspruch auf Repräsentation.

Schon im Zuge der ersten Arbeiten hatte sich der Lebensrhythmus eingespielt, der für seine Produktion wesentlich war, insbesondere nachdem er Familie hatte. Zu dieser Lebensführung gehörte ein strikter Tagesplan. Man kann geradezu von den separaten Schichten seines Lebens sprechen. Es gab den von äußeren Einflüssen streng abgegrenzten Bezirk, die vormittägliche Arbeit am Schreibtisch, die absolut geschützt war. Und es gab den anschließenden Spaziergang mit dem Hund, um den Fortgang der Arbeit zu überdenken. Es folgten das Mittagessen, gelegentlich mit Gästen, und danach ein kurzer Moment des Ruhens. Der Nachmittag war für die Korrespondenz da oder für Besucher. Falls am Abend keine Gäste zugegen waren zum Dinieren oder als Publikum einer Lesung, wurde Musik gespielt oder gehört, wenn man nicht ins Theater, ins Konzert oder in die Oper ging.

Vom eigentlichen Arbeitsprozess weiß man wenig. Ausgeschiedene Textteile zum *Doktor Faustus*, dessen Erarbeitung eher untypisch verlief, weil es viele Helfer und mit seiner Tochter Erika eine Art Lektorin gab, legen nahe, dass es in einem ersten Stadium eine noch ungenaue Vor-Version gab, die erst später verdichtet und ziseliert wurde. Diktiert wurden nur Briefe, niemals literarische Texte. Im Seitenblick auf Feuchtwanger äußerte er, dass ihm die Vorstellung eines während der Arbeit anwesenden »Mediums« unvorstellbar war.

Neben dem abgeschirmten Schreibprozess, der manchmal nur eine Seite pro Tag ergab, stand das Vorlesen. Von den allerersten bis zu seinen letzten Arbeiten hat er die Sitte des Vorlesens im kleinen Kreis gepflegt und dabei die Reaktionen der Gäste sorgfältig registriert. Das Brief-Schreiben nahm mehrere Stunden ein. Er diktierte dem Sekretär oder der Sekretärin, manchmal auch seiner Frau oder seiner Tochter Erika. Zuweilen genügten vage Angaben, was in dem Brief stehen sollte. Nur sehr wichtige Schreiben verfasste er selbst und von Hand. Mit den Briefen steuerte er die Aufnahme seiner Bücher, wollte bestimmte Darstellungen oder Begriffe in die Welt setzen oder auch nur Formulierungen ausprobieren, die später in die Essays einflossen. Das »Dickicht meiner Korrespondenz« war ungeheuer, insbesondere nach Reisen oder zu Jubiläen und Ehrungen. Noch nie seit Goethe habe ein Dichter eine so umfangreiche Korrespondenz geführt, vermerkt er im Tagebuch (26.5. 1954). Oft genug war die Korrespondenz Qual und Last, doch manchmal auch Einübung und Disziplinierung der Gedanken.

Als eigene Sphäre, als Meta-Leben gleichsam von den anderen Ebenen getrennt, kann man das Tagebuch ansehen, für das in einem Schreibblock vorab Notizen festgehalten wurden, meist wohl am späten Abend. Tage später, zu Beginn der Arbeit am Morgen, wurden sie in ein schwarzes Wachsheft übertragen (siehe den Eintrag am 9. Februar 1942). Das Protokoll der Erlebnisse ist eine Art Roman der Tätigkeiten, Gedanken, Gefühle und tatsächlichen Urteile und Einschätzungen, die er in den höflichen Briefen verbirgt oder nur indirekt zu erkennen gibt. Außerdem erlauben sie eine Chronologie der literarischen Arbeiten und einen Einblick in die Entwicklung eines Manuskriptes.

Zwar hat er weite Teile des Tagebuchs vernichtet und außer den Jahren 1918 bis 1921 nur die Reihe seit März 1933 behalten, doch war er schon früh entschlossen, diese Aufzeichnungen einmal edieren zu lassen, schrieb sie also im Blick auf die Nachwelt. Zwischen den täglichen Notizen und dem endgültigen Eintrag liegen Tage oder Wochen. Unterbrechungen durch Krankheit, Reisen oder auch Unlust kommen selten vor; nach Reisen finden sich oft Übersichten im Telegrammstil; allerdings geraten manchmal die Daten durcheinander.

Am 25. August 1950 lesen wir: »Warum schreibe ich dies alles? Um es noch rechtzeitig vor meinem Tode zu vernichten? Oder wünsche, daß die Welt mich *kenne*? Ich glaube, sie weiß, wenigstens unter Kennern, ohnedies mehr von mir, als sie mir zugibt.« Außerdem diente das Tagebuch der Rechenschaft vor sich selbst: »Ich liebe es, den fliegenden Tag nach seinem sinnlichen und auch andeutungsweise nach seinem geistigen Leben und Inhalt fest zu halten, weniger zur Erinnerung und Wiederlesen als im Sinn der Rechenschaft, Rekapitulation, Bewußthaltung und bindenden Überwachung ...« (11.2.1934) Sehr gern las er die Tagebücher anderer Autoren, so von Goethe, Hebbel, Tolstoi, Delacroix oder Fontane.

Das Tagebuch von Thomas Mann ist ein literarisches Werk eigener Art und ein Zeugnis für die Einstellung des Autors zu sich selbst. Liest man es zur Entspannung, so entfaltet es eine höhere Heiterkeit, eine Methode, Ereignisse und Erlebnisse auf Abstand zu bringen und in der Schwebe zu halten. Man spürt einen grundstämmigen Humor, fein, sehr fein, aber ansteckend, erhebend, erfrischend und zuweilen skurril. Dieses sonderbare Leben, so genau angeschaut und ausgekostet, erscheint dann als großer Selbstversuch, den sich der Geist mit seinem Lübecker Medium leistet.

Insgeheim verfolgte Thomas Mann ein Memoiren-Projekt, dessen Reiz darin bestünde, sein Leben hinein- und damit offenzulegen, ohne Rücksicht auf Form und Objektivität. Nach all den Jahren der Maskeraden, der Projektionen, der Selbst-Mythologisierung geht das eigentliche Ich verloren. Es ist nicht mehr auffindbar. Identität wird zu der Geschichte, die man über sich selbst verbreitet. »Über Einsamkeit und ›Weib und

Kinder‹ wäre manches zu sagen, [...] über ihre Würdigkeit, Ratsamkeit, Zuträglichkeit, ihre inneren Wirkungen. Die entscheidende Erwägung und Sicherheit bleibt mir, daß ich mich meiner Natur nach im Bürgerlichen bergen darf, ohne eigentlich zu verbürgerlichen. Hat man Tiefe, so ist der Unterschied zwischen Einsamkeit und Nicht-Einsamkeit nicht groß, nur äußerlich.« Das notierte Thomas Mann bei einem Aufenthalt in Feldafing. (22.5.1919)

Die Spaziergänge nach der Arbeitssitzung waren ein festes Ritual; er nannte sie seine »Tonio-Kröger-Einsamkeit«. Begleitung duldete er nur selten dabei, außer vom jeweiligen Hund, häufig kleine schwarze Pudel, die zumeist Nico hießen. Was ihm die Kameradschaft mit Hunden bedeutete, hat er in der launigen Erzählung *Herr und Hund* festgehalten (1921), deren Held Bauschan seinen Eingang in die Weltliteratur freilich nur kurz überlebte.

»Tief ist der Brunnen der Vergangenheit. Sollte man ihn nicht unergründlich nennen?«

Mit diesen beiden Sätzen hebt das vierteilige Romanwerk *Joseph und seine Brüder* an. Sie stehen für sich, als eigener Abschnitt, bilden einen perfekten Rhythmus und bleiben doch offen, hallen weithin ohne Antwort, ohne Echo. Ein drittes Glied, ein weiterer Satz fehlt, was die Wirkung der Frage vertieft, verschärft. Man hält inne. Und erst im nächsten Absatz wird in gesuchter Umständlichkeit eine Erläuterung dieser Frage und eine Begründung für den Rückgriff auf den Bereich des Mythischen gegeben.

Dieser Romananfang ist der Dreh- und Angelpunkt des gesamten Erzählwerks von Thomas Mann. Um zu wissen, was »das Menschenwesen« ist, muss man in die Abgründe seiner Vorgeschichte schauen, die voller Ungeheuerlichkeiten sind und die man niemals ausschöpft. Um von den »Anfangsgründen des Menschlichen« zu reden, bedarf es des Mythos. Der bietet freilich nur »Scheinanfänge«, und wir müssen uns dem Erzähler anvertrauen, der durch eine große Geschichte führt, immer wissend, dass man vom Unergründlichen nur in Gleichnissen reden kann.

Man kann Gebirge auch von ferne bewundern. Man kann den Bildern und Berichten glauben, welche die Schönheit von Gipfeln, Tälern und Schluchten bezeugen, von Flüssen, Seen, Wasserfällen, von Almen und von Höhlen, von gewaltigen Ausblicken und idyllischen Winkeln. Die großartige Landschaft zu betreten ist etwas ganz Anderes, denn das kostet Zeit und Energie. Jeder Roman ist aufgestaute Zeit und erst Recht ein vierbändiges Wörtermassiv. Die Lesenden müssen das Satzgelände in eigene Lebenszeit verwandeln, nachdem der Autor seine Arbeitszeit darin verdichtet hat. So kann es mit *Joseph und seine Brüder* gehen, das unbetreten eine bloße Legende bleibt.

1926 hatte sich Thomas Mann an dieses Werk gesetzt; 1933 war der erste Band erschienen, *Die Geschichten Jaakobs*, der noch etwas umständlich in das mythologische Erzählen einführte und die Leserschaft an den neuen Ton, die neue Welt gewöhnen sollte, aber auch schon allerlei ästhetische und theologische Spekulation enthielt: über die Anfänge der Menschheit und den Sinn der Erzählungen, welche diese ergründen wollen. 1934 erschien – noch in Deutschland – der Band *Der junge Joseph*, der sich ins wundersame Erzählen verlief; 1936 kam in Wien, wohin der Fischer Verlag ausgewichen war, der Band *Joseph in Ägypten* heraus. Genau wie sein Held war der Autor ins nun auch öffentlich deklarierte Exil ausgewichen. Dieser Band ist gewiss einer der Höhepunkte der Mannschen Erzählkunst. Nach dem Roman *Lotte in Weimar* (1939), in dem es vor allem um das Verhältnis von Literatur und Leben ging, erschien 1943 in Stockholm der abschließende Band *Joseph, der Ernährer*, der in Sprache und Gedanken deutliche Spuren der Jahre im amerikanischen Exil trägt.

Viele Emigranten schrieben historische Romane, vielleicht um den Gefährdungen in der Gegenwart etwas Überzeitliches entgegenzusetzen und vor allem, um am humanistischen Anspruch der Literatur in einem Zeitalter der Barbarei festzuhalten. Bei Thomas Mann war dieses Programm deutlicher als bei anderen Autoren, und es hatte schon lange vor der NS-Zeit begonnen.

Mythos ist hier die Lizenz zu uferlosem Phantasieren und spielerischem Räsonnieren, zu Wonnen der Beschreibung, der Erfindung von Figuren und Dialogen, von höheren und niederen Scherzen aller Art, wobei der Autor immer Bezug nimmt auf ägyptische Statuen, Inschriften, Monumente, Texte, Überlieferungen, natürlich auch auf die Bibel und die Traditionen der Hebräer. Er hatte Sigmund Freud gelesen und mit ihm korrespondiert, ägyptische Museen in München, Zürich oder Wien besucht und zwei Nahostreisen unternommen, 1925 und 1930 nach Ägypten, das zweite Mal auch nach Jerusalem.

Im Februar 1930 waren Thomas und Katia Mann in Kairo persönliche Gäste des deutschen Botschafters Eberhard von Stohrer. Dessen Verwandtschaft besaß das Haus, das Thomas Mann auf seiner ersten Exilstation in Sanary im Sommer 1933 mieten sollte. Der Diplomat wie seine Verwandten arbeiteten für die deutschen Geheimdienste, wovon Thomas Mann freilich nichts wissen konnte, doch ließen sich hier hübsche Spionage-Storys anknüpfen. Thomas Manns Geschichten waren anderer Natur.

Zwischen 1934 und 1951 führte Mann eine intensive Korrespondenz mit dem ungarischen Religionswissenschaftler Karl Kerényi. Entscheidendes Mittel, um »den Mythos den fascistischen Dunkelmännern aus den Händen zu nehmen und ihn ins Humane umzufunktionieren«, war für Mann die Psychologie. (Brief vom 18.2.1941) Er musste sein Mythen-Projekt gegen Fehldeutungen schützen. »Das Wort Mythos steht ja heute in einem üblen Geruch«, es diene als »Mittel obskurantischer Gegenrevolution«. Er beharrte: »Der Mythos wurde in diesem Buch dem Fascismus aus den Händen genommen und bis in den letzten Winkel der Sprache hinein humanisiert.« Das erläuterte er in einem Vortrag in Chicago 1942, als die Arbeit fast beendet war.

Wenn man das gesamte mächtige Gebilde auf einen Satz bringen sollte, dann wäre es folgender. Zu seiner Frau Anath sagt der schließlich doch verheiratete Joseph: »Mädchen, ich lebe gern.« Dieses Bekenntnis zur Lebensfreude, das schon der *Zauberberg* transportierte, ist auch gegen die Todesherrschaft des NS-Regimes gerichtet. Es spricht aus jeder Zeile des Werkes, das aus der Lust am Erzählen lebt, denn es ist die glanzvollste und vielfältigste Verlebendigung der deutschen Sprache in einer Zeit, da sie von Barbaren besudelt wurde. Das »ägyptische« Ambiente, wie er es imaginiert hat, dürfte auch seiner persönlichen Gefühlswelt entsprochen haben.

Sein Joseph ist ein Schönling, ein Künstler, ein Angeber mit einem Stich ins Hochstaplerische; und doch hat er eine Mission, derer er sich bewusst ist: Er müht sich um die Herkunft, um den Roman seiner Vorfahren gleichsam. Und in dieser Schicksalsbewusstheit gründet seine persönliche Entwicklung. Josephs Weg führt von der sträflichen Egozentrik seiner Jugend ins soziale Wirken. »In Joseph mündet das Ich aus übermütiger Absolutheit zurück ins Kollektive«, erklärte der Romancier; der Gegensatz von Künstlertum und Bürgerlichkeit hebe sich in diesem Märchen auf.

Auf demselben Boden ist Josephs sprichwörtliche »Keuschheit« gegründet. Die erste Katastrophe in seinem Leben hing mit seinem Erzähltalent zusammen, die zweite Katastrophe mit seiner Sexualität. Die Zurückweisung der Verführung durch Potiphars Weib war keine Unfähigkeit zur Liebe, sondern Überzeugung und Haltung, gegründet auf einer Gesamtdurchdringung der Welt, denn er war »gottverlobt«, nämlich mit dem »geistigen Gott« seiner Ahnen. Er hielt sich an das »Reinheitsgebot«, sich nicht mit den Ägyptern zu vermischen wegen ihrer abschreckenden religiösen Vorstellungen, ihres Heidentums und ihrer Unmoral.

Die Arbeit am Josephs-Roman wurde durch ein anderes Werk unterbrochen: *Lotte in Weimar* (1939). In dieser Goethe-Phantasie ist der mythische Bezug indirekter, ironischer, aber gleichwohl vorhanden. Es handelt sich um einen Transfer aus mythischen Gefilden auf die eigene Person, denn in dem großen Goethe, den das Modell seines autobiographischen Romans *Die Leiden des jungen Werthers* in Weimar besucht, spiegelt sich Thomas Mann auch selbst. Goethe-Zitate und eigene Gedanken verweben sich auf das Feinste.

Zugleich ist die übliche Dosis Ironie beigemengt, denn den Dichterfürsten lässt er am Ende eines langen Monologs über Größe in der Kunst ein erfundenes chinesische Sprichwort zitieren: »Der große Mann ist ein öffentliches Unglück.« Sein Goethe hat dieselben ästhetischen Prinzipien wie sein Nach-Dichter, auch er will in seiner Produktion Weibheit und Mannheit auf einmal, Schoß und Samen, »die androgyne Kunst«.

Die in der Provinz lebende Charlotte Kestner geborene Buff sieht mit Erstaunen, dass der große Dichter zugleich ein großer Herr ist, aber: »Das Geistige, dachte sie, hätte arm, hässlich und irdischer Ehren bloß sein sollen.« Der Fürst jedoch genießt den Ruhm und die Ehre und sogar die politische Macht – und zahlt einen Preis. Vom Politischen abgesehen, galt das auch für den Meister Thomas Mann. In Goethes Maske sagt er: »All Heroismus liegt in der Ausdauer, im Willen zu leben und nicht zu sterben, das ist's, und Größe ist nur beim Alter. Ein Junger kann ein Genie sein, aber nicht groß. Größe ist erst bei der Macht, dem Dauergewicht und dem Geist des Alters.«

Das von Charlotte herbeigewünschte Wiedersehen mit Goethe findet in einer Kutsche statt, auf der Rückfahrt vom Theater zum Hotel, und kann ebenso gut als Phantasie wie als Ereignis gedeutet werden. In diesem Geisterspiel macht das ohnehin keinen Unterschied. Alles Sinnliche sei nur die Vermummung höherer Bezüge, behauptet der Dichter, der gleichwohl bei dem »Opfer« seiner erzählerischen Ausschweifungen von einst um Verzeihung bittet.

Diese geistige Heimkehr nach Deutschland, ins klassische Weimar, kurz vor Ausbruch des Zweiten Weltkriegs, war gewiss auch der Versuch, deutschen Boden wenigstens im Geiste zu berühren, um sich seines kulturellen Herkommens zu vergewissern; und so finden sich denn auch viele Abhandlungen über die Deutschen und die deutsche Kultur in dem Roman, ein Nebeneffekt des vielen öffentlichen Redens über Deutschland im amerikanischen Exil. Wo sein Schreibtisch steht, ist Deutschland und wär's auf dem Mond. (Solche Gedanken finden sich bei Erika Mann.) Mit Deutschland aber wollte es Thomas Mann nach Abschluss der Josephs-Tetralogie aufnehmen, und das, obwohl der Krieg und das verbrecherische Regime in Deutschland noch andauerten, als er mit dem neuen Roman begann.

Zwischen 1943 und 1947 entstand der Roman *Doktor Faustus*. Er trug den Untertitel *Das Leben des deutschen Tonsetzers Adrian Leverkühn, erzählt von einem Freunde*, gab sich also als fiktive »Biographie« aus. Thomas Mann, der nach einem Vortrag über den großen deutschen Musiker Richard Wagner ins Exil gegangen war, schrieb den Roman der Deutschen im 20. Jahrhundert als Geschichte eines ehrgeizigen Neuerers der Musik.

Der Bruder Viktor Mann fasste den Inhalt schön knapp zusammen: »Ein Mann erzählt von seinem Freund und seinem Vaterland. Der Freund ist ein genialer Mensch, der über die Theologie zur Musik kommt, ›illuminiert‹ vom Teufelspakt einer venerischen Infektion, bis an die äußersten Grenzen des musikalischen Denkens und Schaffens vordringt und nach Vollendung seines größten Werkes den bösen Bund mit Wahnsinn und Tod in Paralyse bezahlt und der Verdammnis verfällt, wie der Doktor Faustus im alten Volksbuch.« Viktor Mann, der als einziger aus der Familie Mann nicht emigriert war, mag sich als heimliches Vorbild des Freundes und Biographen empfunden haben, der im Roman Serenus Zeitblom heißt, seines Zeichens Lehrer für alte Sprachen. Viktors Distanz zum Reich war aber geringer als die des Freundes im Roman. Mit der Gestalt Zeitblom, der diese Biographie in den Jahren des Bombenkrieges über München verfasst und der innere Distanz zum NS-Regime wahrt, erfindet Thomas Mann die Rolle des »inneren Emigranten«. Und das lange, ehe im besiegten Deutschland der Streit um die Emigration losbrach und manche Mitläufer sich auf diesen Begriff herausredeten.

In dem Waschzettel, den Thomas Mann selbst am 5. August 1948 für seinen Verlag verfasste, heißt es über die »fiktive Künstler-Biographie«, sie sei »eine dämonische Geschichte, sorgsam vorgetragen von einem sehr undämonischen Menschen«, ein »Musik-Roman dabei, – beinahe der Roman der Musik. Ein schrecklich deutscher Roman – beinahe der Roman Deutschlands, – das sich dem Teufel verschrieb.« Die Idee, dass eine Krankheit als Stimulus eines Genies wirkt, können wir dem Erbe der alten Kunstideologie zuschreiben, wenngleich sich Thomas Mann auf biographische Beispiele von Künstlern bezieht, die der Syphilis zum Opfer fielen, von Nietzsche über Maupassant bis zu Hugo Wolf. Doch der Anspruch, das deutsche Problem im 20. Jahrhundert darzustellen, macht es zu einem problematischen Werk. Auf Kritik an seinem *Faustus* hat Thomas Mann sehr empfindlich reagiert, hat sie als politisches Übelwollen aufgefasst, was gewiss oft zutraf. Irgendwann dämmerte ihm selbst, dass er das große Thema zu direkt angegangen war. In anderen Werken hatte er den Zeitbezug subtil und indirekt, aber um so wirksamer gestaltet, *Der Tod in Venedig, Der Zauberberg, Unordnung und frühes Leid* – waren allesamt dichte Zeitbilder, aber auf Umwegen.

Eines der Hauptprobleme ist die Frage, inwiefern sich an der Geschichte eines ehrgeizigen, aber doch etwas hinterwäldlerischen Musikers, der sonderbarerweise zum Avantgardisten wird, Deutschlands »Teufelspakt« im 20. Jahrhundert abhandeln lässt. Schon im Plan eines Faust-Romans von 1904 spielte die Figur eines syphilitischen Künstlers eine Rolle. Das Gift der Krankheit wirkt als anregendes Rauschmittel, bei seinen Werken führt ihm der Teufel die Hand: die Fabel war also lange vor Hitler fertig. 1943 kündigt Thomas Mann die Faustus-Arbeit an als »etwas Modernes, aber mit mythischen Einschlägen«. (9.5.1943) Warum der Stimulus durch die Krankheit? Woher der Wunsch, alle Subjektivität im Komponieren hinter sich zu lassen? Warum soll jemand, der im Dritten Reich eher als »entarteter Musiker« eingestuft worden wäre, den moralischen Verfall eines Landes symbolisieren? Hier stimmen die Analogien nicht.

Es ist der Anspruch auf eine Zeitdiagnose aus dem Fundus seines Lebens und Denkens mit einer goethischen Ambition; ein Faust für eine mörderische Zeit. (Aber ein Faust, der auf Liebe verzichtet, während Goethes Faust ja neu lieben will – und dabei über Leichen geht.) Und auch hier ist Allerpersönlichstes eingeflochten; es ist nicht einfach der Roman der Deutschen, eher der eines ganz bestimmten Deutschen, der 1922 vielleicht nicht die Wende zur Republik, zum Humanismus genommen hätte. Es ist der Roman eines großen Strebens, das ins Nichts führt – und doch ein großes Werk hinterlässt, das am Rande des Wahnsinns entsteht. Leverkühn ist ein Thomas Mann ohne Verfassung, ohne Familie, der nur seinen Schrullen lebt, als Märtyrer seiner extremen Kunstauffassung stimuliert von seiner krankhaften Andersartigkeit, geistig im Bezirk der *Betrachtungen* verblieben oder der frühen Erzählungen. Antisemitismus ist kein Thema; dafür kommt eine Galerie sonderbarer jüdischer Gestalten vor.

Im Februar 1944 schrieb Thomas Mann in einem Artikel zum 50-jährigen Dirigierjubiläum von Bruno Walter, mit dem er seit vielen Jahren befreundet war: »Groß ist das Geheimnis der Musik«, – sie sei ohne Zweifel die tiefsinnigste, philosophisch animierendste Kunst, durch ihre sinnlich-übersinnliche Natur, durch die erstaunliche Verbindung von Strenge und Traum, Sittlichkeit und Zauber, Vernunft und Gefühl, Wachheit und Zauberschlaf, Tag und Nacht, ja vielleicht die faszinierendste Erscheinung der Kultur und Humanität überhaupt. Sie habe auch ein magisches Element, habe etwas von Hexerei, habe von allen Künsten die höchste Eignung, zur Teufelskunst zu werden. »Denn sie ist Moral und Verführung zugleich.« Und wegen dieser Doppelnatur sei die Musik dem deutschen Geist angemessen, der dem Irrationalen und Dämonischen so zugänglich sei. Musikalisch sei das Verhältnis der Deutschen zur Welt, es ist die Rede von der Musikalität der deutschen Seele. Solche Gedanken waren die Voraussetzungen des Musiker-Romans (als hätten die Italiener und die Franzosen keine Musik, wenn bei ihnen auch mehr die Oper zählte als die Instrumentalmusik).

Erzählerisch und gedanklich ist *Doktor Faustus* eine Regression. Über das mythische Erzählen hat der Autor vielleicht den Kontakt zur Realität verloren, aber auch durch die Lage des Exils: Er kann weder vom NS-Deutschland erzählen noch von den USA. Da war es schon klug, den Umweg und das Indirekte zu wählen, das freilich sehr allgemein bleibt. Anschaulich wird nur die Vorgeschichte, die Kindheit und Jugend von Adrian Leverkühn. Es fehlt jedoch an einer eigentlichen Romanhandlung. Es ist eine große Galerie von Porträts, aber die stehen unbezogen nebeneinander, stärker noch als im *Zauberberg*, wo die Einheit des Ortes alles und alle zusammenhält.

Natürlich enthält dieser Roman grandiose Momente, unvergessliche Szenen, Bravourpartien wie das Teufels-Selbst-Gespräch des Komponisten; aber der Sinn des Ganzen bleibt schleierhaft, und die langen musiktheoretischen Passagen ermüden nur und überfordern die Leserschaft. Der Gefahr der Pedanterie entgeht der schreibende Senatorensohn nicht immer. Die anderen Einwände kann man beiseitelassen: Warum erzählt er von Atonalität; warum kein Wort über Rassenbiologie, über Staatsbürgertum, über den Status der Juden; warum kein Wort über Politik und Macht, aber in der Rahmenhandlung sehr deutliche Erwähnung des Bombenkrieges und des herannahenden Endes der Terrorherrschaft? Warum hören wir nichts von der hässlichen Spur des Antisemitismus in Deutschland? Und welches ist die Bedeutung des (fiktiven) Werkes von Leverkühn? Hat es Bestand? Allerdings enthält der Roman eine immanente Selbstkritik – über die Reflexionen des schreibenden Mediums Zeitblom.

Der Haupteinwand ist ein anderer: In den Jahren zwischen 1943 und 1947 war es viel zu früh für eine Darstellung von Deutschlands Weg in die Barbarei, für eine literarische Antwort erst recht. Es fehlten Abstand und Wissen, die Besonderheit und das Ausmaß des Holocausts waren noch nicht bewusst geworden, und zudem war die Erinnerung zweigeteilt (Schuldige und Mitläufer vs. Emigration); durch den Kalten Krieg wurde dies erneut verzerrt. Und so wurde auch die Debatte über den Roman verzerrt; als Wiedereinstieg in die öffentlichen deutschen Debatten war es ein ungeeignetes, ein unglückliches Werk, dabei war es doch gerade für diesen Zweck gedacht.

Der Roman wurde zunächst 1947 in wenigen hundert Exemplaren in den USA veröffentlicht; in Deutschland war er erst ab Ende 1948 zu haben. Auch das war eine schwierige Bedingung für die Aufnahme. In der DDR wurde der Roman sogleich vereinnahmt als Waffe im Kampf gegen den nachwirkenden Faschismus.

Friedrich Sieburg, um nur ein Beispiel zu nennen, kritisierte in der Zeitschrift *Gegenwart* den Roman; er äußerte den leisen Verdacht, dass hier ein Großer an der epischen Kunstform endgültig verzweifelt sei. Der Teufelspakt des Musikers und der Bund Deutschlands mit dem Bösen sei eine bloße Parallelsetzung. (15.7.1949) Vielleicht hätte Thomas Mann eher den Roman eines Mitläufers à la Sieburg schreiben sollen (aber das hatte ja schon Feuchtwanger 1939 im Roman *Exil* getan). Gleichwohl hatte der unsympathische Kritiker in diesem Fall leider recht, wenn auch nicht mit seiner Unterstellung, dass hier Hass auf Deutschland am Werke sei; das Gegenteil war der Fall.

Doktor Faustus ist eine einzige große Überanstrengung: des Vergleichs, der Metaphorik, der Geduld der Leser. Aber noch in seinem Scheitern ist es ein großer Roman, der genau wie die *Betrachtungen eines Unpolitischen* (deren Widerruf der Faust-Roman doch eigentlich werden sollte) ein integraler Bestandteil eines großen Werkes ist.

Vielleicht aber muss man diesen Roman ganz anders lesen und von der ursprünglichen Intention lösen und nicht auf den überspannten und willkürlichen Parallelismus zur deutschen Geschichte im 20. Jahrhundert schauen, sondern ihn als zeitlosen Künstlerroman auffassen, in dem es um alles geht, was an der Kunst, an der Kreativität, am Genie eben nicht gut, wahr, schön, harmonisch ist, also um den Anteil des Teuflischen, um die Blume des Bösen, um alles, was der Liebe widersteht (jener Liebe, die am Ende des *Zauberbergs* beschworen wird).

Adrian Leverkühn ist kein engagierter Künstler, ihm ist die Zeitgeschichte herzlich gleichgültig. Er ist ein Extremist der Kunst, ein Absolutist, wie es vielleicht der einsame Nietzsche war; er verdient nicht einmal seinen Lebensunterhalt, sondern lebt von Gönnerinnen. Erzählt wird das Widerspiel von Leverkühn und Zeitblom, dem Künstler, der teuflische Kräfte entbindet, um sein radikales Werk zu schaffen, das alle Formen sprengt, und dem Bürger, der die gesellschaftlichen Formen wahrt, allerdings in einer Zeit, in der die Gesellschaft selber zerstörerisch geworden ist. Und damit wäre dieses Werk ein Abbild der Konstruktion der Kunst bei Thomas Mann: dämonische Kräfte, gebunden in eine bürgerlich-zivile Hülle, Abgründe von Seele und Körper, überdeckt von einer spielerisch-eleganten Oberfläche. Aber können wir uns Thomas Mann als dämonisch inspiriert vorstellen – so wie es Nietzsche in seinem Exzess war? Nicht wirklich, und es ist letztlich die Form des Romans, welche die Synthese schafft und die Kommunikation bestehen lässt über den gesellschaftlichen Untergang hinaus, während der Künstler, der eine objektive, überzeitliche Kunst sucht, in seiner subjektiven Umnachtung versinkt (wie Nietzsche).

Ein Indiz dafür, dass solche Gedanken Thomas Mann selber umtrieben, ist eine Passage aus einem Brief an Agnes Meyer: »Mit jedem zurückgelegten Werk macht man sich das Leben schwerer und endlich doch wohl unmöglich, da eine gewisse Selbstverwöhnung einen zuletzt [...] ins Unmachbare, nicht mehr zu Bewerkstelligende treibt.« (25.10.1945)

Es bleibt ein leicht erschütternder Gedanke, eine offene Frage: Wenn Thomas Mann immer wieder auf den Bekenntnischarakter des *Doktor Faustus* verwies, so ging es gewiss nicht nur um die Personen aus seinem Umfeld in München oder aus der eigenen Familie, die er in Romangestalten verwandelte. Welche persönlichen Geheimnisse steckten hinter Leverkühns italienischer Teufelsvision? Wo war Thomas Mann dem Bösen begegnet und in welcher Form? Welches stimulierende und verwirrende Leiden steckt hinter der Syphilis des Komponisten? Müssen wir sie sogar wörtlich nehmen? Welches war sein böses Erlebnis einst in Italien? Als er den Roman begann, litt übrigens sein Sohn Klaus an Syphilis, was man für teuflische Ironie halten kann.

Das eigentliche Buch über das Leben und Schreiben im Exil mit ständigem Blick auf Deutschland entstand erst nach dem Roman und erschien 1949 unter dem Titel *Die Entstehung des Doktor Faustus*. Dieser Bericht bietet ein lebendiges Bild von Thomas Mann und seiner Welt im amerikanischen Exil. Wir erleben Alltag, Schreibarbeit, Familie, soziale Kontakte, Tagebuch, Lektüren, seine Krankheit und die Operation 1946 in Chicago, das Nachdenken über Deutschland und über Amerika, alles ist enthalten und sehr anschaulich. Hier ist der Unterschied von Leben und Werk eingeebnet, hier erleben wir Thomas Mann in seiner Meisterschaft. Was in der »Biographie« des fiktiven Musikers nicht gelang, in dieser Autobiographie ist es wunderbar zu greifen.

Natürlich wird einiges geglättet in der Darstellung, die wirklichen Sorgen und Probleme sind nur angedeutet, zugleich ist es ein Gipfel der Selbstironie. Die »Bedingungen der Hervorbringung« sind zu sehen, die »den Stoff eines ganzen Lebens in sich aufnahmen«. Noch einmal taucht er tief ein in die eigene Vorgeschichte, sein Werk überblickend, seine einstigen Lektüren, Nietzsche, Heine, Kierkegaard. Biographische Fakten kommen vor wie das neue Haus in Pacific Palisades oder die US-Einbürgerung. Auch die Seinen treten auf: Heinrich, Nelly, Katia, die Kinder.

Man begreift auch, dass der Faustus-Roman mit der Ambi-

tion auf formale Neuerung einherging als Folge seiner Auseinandersetzung mit Joyce oder Huxley. Das Buch selber sollte
»konstruktive Musik« sein (war es dann jedoch weniger als der
Zauberberg), zudem eine religiöse Stimmung erzeugen. Aber er
war doch beim Mythos gelandet? Suchte er vielleicht im Mythos
das, was sein Leverkühn in der Musik wollte: ein Kunstwerk
jenseits des Subjektiven?

Auch auf die künstlerischen Freunde und Berater von Adorno
bis Bruno Walter ging er ein. Letzterer sei es gewesen, der ihm
nahegelegt habe, die Echo-Figur einzubauen: so entstand die
Idee vom schönen Knaben, dessen Tod als Symbol des Bösen
dasteht und zugleich an Hannos Tod in *Buddenbrooks* anknüpft. Der Autor selbst freilich sprach lieber von einem Nietz-
sche-Roman. Und nannte das Erscheinen des Buches ein
»Öffentlichwerden dieses Lebens- und Geheimwerks«.

Von der eigenen Krankheit und der Operation in Chicago, die
seine Arbeit am Roman für einige Zeit unterbrach, spricht er
mit der gewohnten Sachlichkeit und klinischen Kälte, und ganz
nebenbei definiert er die künstlerische Produktion: »Der Kobold des Hervorbringens« saß ihm im Nacken und drängte auf
die »auf Konzentrationszerstreutheit beruhende Unmensch-
lichkeit« – also den Akt des Schreibens. Aber zugleich war der
so geheim-persönliche Roman eine Art Kollektivwerk, an dessen endgültiger Gestalt neben all den Beratern und Kollegen
auch seine Tochter Erika und sein Sohn Michael mitgewirkt
haben.

Thomas Mann verwahrte sich auch gegen den Vorwurf des
Antisemitismus wegen der nicht gerade sympathischen jüdischen Gestalten im Roman; »meine Juden (sind) einfach Kinder ihrer Epoche«, schrieb er. Die »deutschen Bewohner« seien
ja keineswegs wohlwollender gezeichnet. Aber das Argument
war eher schwach. Wichtiger war allerdings: »Hitler hatte den
großen Vorzug, eine Vereinfachung der Gefühle zu bewirken.

[...] Die Jahre des Kampfes gegen ihn waren moralisch gute Jahre.«

Eine Folge der Lungenoperation war, dass er eine »neue Arbeitspositur« einnahm, das Schreiben in der Sofaecke (da das Sitzen am Schreibtisch Rückenschmerzen verursachte).

Alles Fragwürdige und Quälende, was mit *Doktor Faustus* einherging, verliert sich in dem Mittelalterspaß über den Heiligen Sünder, das Kind eines Inzestes, das selbst inzestuös und doch schließlich Papst wird. Aus Schuld wird Glück, die höchste Repräsentanz gründet in den Abgründen des Menschlichen.

Neben *Königliche Hoheit* ist *Der Erwählte* (1952) das Gelösteste, Humorvollste, was Thomas Mann geschrieben hat. Und hier gelingt eine Parabel, in der alles Persönliche und alles Aktuelle im Indirekten bleibt. Und es gelingt ein sprachliches Wunderwerk. Hier wirkt eine Fabelsprache, die näher beim Lutherdeutsch ist als bei den mittelalterlichen Epen, aber viele Scherze erlaubt (den Ansatz dazu hatte es schon im *Faustus* gegeben), es ist eine Parodie des allwissenden Erzählens, und vor allem eine Selbstparodie auf der Ebene des Sprachlichen, und die sprachliche Artistik blüht hier ungemein; im Rückgriff auf ein pseudo-historisches Sprachspiel, in das sich der Roman etwa bei Joyce aufgelöst hatte, ohne dass es eine avantgardistische Zerstörung der Erzählform wäre. Es ist eine fremde ferne Welt, die auf nacherfundenen irischen Inseln oder in flandrischen Küstengegenden spielt, und doch sind hier alle wesentlichen Thomas-Mann-Motive versammelt. Vor allem hat er sich mit diesem Buch viel Gram von der Seele geschrieben. In einem Brief an Agnes Meyer hieß es: »Das Komische, das Lachen, der Humor erscheinen mir mehr und mehr als Heil der Seele.« (10.10.1947)

Der Erwählte ist der von Gott Auserwählte, der Begnadete, der in der Lage war, die tiefste Schande auszukosten und zu überwinden und deshalb der höchste Repräsentant werden konnte – im heiligen Rom. Wie im *Joseph* geht es um eine Vorrangstellung, die bitter erkauft wird. Ob man die Erwähltheit als künstlerisches Talent deutet oder anderswie ist nicht so wichtig. »Alle Erwählung ist schwer zu fassen und der Vernunft nicht zugänglich.« »Gottes größter Sünder« ist zunächst ein Gezeichneter und erst dann ein Ausgezeichneter, welcher in der »Drei-Einheit [...] von Kind, Gatte und Papst« in Erscheinung tritt als der Höchste auf Erden und Stellvertreter des Allerhöchsten – dem nichts Menschliches fremd ist.

Auch hier haben wir einen expliziten Erzähler (und somit eine Selbstreflexion über den Akt des Erzählens: ein Mönch in seiner Zelle, ganz wie Hartmann von Aue, an dessen Versepos *Gregorius* Thomas Mann anknüpft), der diese Fabel vom Sünder, der zum Erlöser wird, aufschreibt und dabei denkt: »Wir dachten, Gott eine Unterhaltung zu bieten« – nachdem er sich über den Inzest »komödiantisch entsetzt« hatte. Dabei geschieht ein Absteigen in die Urgründe der deutschen Sprache, als gälte es, sie neu zu erfinden.

Am Anfang steht das Inzestmotiv wie in *Wälsungenblut*, nur eben weiterentwickelt. Was wird aus dem so entstandenen Kind? Hier erfahren wir es. Inzest ist ein Exzess der Selbstbezüglichkeit, eine Form des extremen Narzissmus. Und vielleicht ein Schlüssel zur Homophilie? Der geliebte wunderschöne Knabe ist letztlich ein Abbild des idealen Selbst? Der explizite Erzähler, der die Legende ausbreitet, ist eine Parodie auf den Zeitblom des *Faustus*. Er ist nur das Gefäß für den Geist der Erzählung. Die Stoffe schweben über der Erde und wollen gerettet und gestaltet sein.

»Wo Makel ist, da ist Adel«, lautet das stolze Motto. Aber zunächst sind da Fausthiebe, ein heimliches Leitmotiv bei Thomas Mann, das (auf der autobiographischen Ebene) vielleicht auf reale Erlebnisse in den jungen Jahren verweist. Eine Folge des erlittenen Schlages ist »die Fähigkeit, mich außerordentlich zusammenzunehmen«. Das ist fast ein Bekenntnis – des Autors.

Aus der Unordnung kommt etwas Ordentliches; keine Erwähltheit ohne Abstieg; die »Sündenlast« steht in dialektischer Beziehung zu den »Glücksgaben«, und überdies: »Kinder der Sünde sind wir sämtlich«, nämlich zur Körperlichkeit verurteilt – ehe uns der »Geist der Erzählung« ins Immaterielle rettet. Es ist ein heimlicher Bekenntnisroman, der sich nicht entschlüsseln lässt, mitsamt einer Metaphysik, wenn nicht gar einer Theologie des Erzählens: Dazu gehört, dass manches »unerzählt im Dunkel« verbleibt.

In seiner Büßerzeit verbringt der große Sünder viele Jahre auf einem Felsen und wird gleichsam von der Mutter Erde ernährt. »Bringt erst einmal siebzehn Jahre auf einem Steine hin, herabgesetzt zum Murmeltier«, das sei kein Spaß! Und wir können darin ein amüsantes Bild des Autors an seinem Schreibtisch erblicken. Aber wofür musste er so angekettet büßen?

Nach dem *Erwählten* hat er eine Novelle geschrieben, die man »Die Gequälte« betiteln könnte: über die grausame physische Wahrheit der Menschen, in diesem Fall der Frauen. *Die Betrogene* gehört zu den eher verkannten Texten von Thomas Mann, dabei ist es eine äußerst gelungene Erzählung, sein letztes und klarstes Wort zum Thema Weiblichkeit, aber auch eine Abrechnung mit dem Mythos von »Mutter Natur«. Hier ist es nicht angebracht, eine heimliche Identifikation mit der Heldin Rosalie von Tümmler zu unterstellen, die sich lange nach der Menopause in einen jungen Mann verliebt, einen Amerikaner überdies, und die daran glaubt, dass deshalb ihre Regel wieder einsetzte. Die neuen Blutungen sind aber nur die Symptome des weit fortgeschrittenen Gebärmutterkrebses, an dem sie schließlich stirbt.

In einer Zeit, in der »man« nicht so offen von Krankheiten sprach, von Krebs schon gar nicht, bricht Thomas Mann lauter Tabus und führt eine medizinisch präzise Sprache. Alle blumigen romantischen Vorstellungen und Illusionen (wie wir sie aus seinen frühesten Erzählungen kennen) werden in Medizinerjargon aufgelöst. Mann hatte sich bei Spezialisten informiert, wie es seine Art war. Die Physiologie der Weiblichkeit ist hier schmerzlich genau beschrieben, nachdem sich die Heldin und ihre Tochter lange Zeit ein wenig wie Theaterfiguren von Schiller unterhalten hatten. Die Erzählung ist in Aufbau und Dramaturgie sehr gelungen, auch in der Topographie von Düsseldorf und Umgebung, bedeutet also eine Rückkehr zum Realismus. Lediglich die Verlagerung der Handlung in die frühen zwanziger Jahre vermag nicht zu überzeugen. Übrigens hatte Katia Mann ein ähnliches Vorkommnis erzählt und damit den »Stoff« geliefert.

Die autobiographische Pointe in Bezug auf den Autor liegt darin, dass er selbst ein *Betrogener* war: Als er 1946 krank lag im Spital zu Chicaglingen (wie Erika so hübsch sagte), verschwieg man ihm den Krebs (oder spielte er mit bei der Lüge?) und sprach von einem leicht operablen Lungenproblem; und in seinen letzten Wochen und auf dem Totenbett verschwieg man ihm, dass er unter einer schweren, lebensbedrohlichen Thrombose im linken Bein litt, und sprach nur vage von Venenentzündungen. Ehrlich und krass sein konnte man nur in der Literatur – oder im Tagebuch?

Erhöhung, Parodie, Selbstironie und das Ganze in einem großen sprachlichen Spaß, im *Erwählten* haben wir vielleicht das abgründigste Werk von Thomas Mann. Doch das war der Possen noch nicht genug. Er wolle der Welt noch einen *Felix Krull* hinlegen, schrieb Thomas Mann an seine Tochter Erika, der aus nichts als Streichen bestehe, damit man endlich aufhöre, in ihm einen »ponderous philosopher« zu sehen. (6.11.1948) Aber war er an dieser Einschätzung nicht selber schuld? Hatte er nicht zu viel Kunsttheorie und Gedankenschwere auf sich geladen (und in seine Romane gepumpt), so dass der Humorist, als der er gesehen werden wollte, etwas überdeckt wurde?

Der Hochstapler-Roman stammt als Projekt noch aus dem Jahr 1910, war als Fragment 1911 und dann noch einmal 1922 veröffentlicht worden, war nach dem Krieg wieder aufgenommen worden, vielleicht unter dem Einfluss von Heinrichs Hochstapler-Novelle *Der Jüngling*, um wieder einmal ein Thema des Bruders zu überbieten. Mit beinahe 80 Jahren nahm sich Thomas Mann das Projekt erneut vor, und so wurde es eine Klammer über die Zeiten hinweg, das geeignete Werk des Abschlusses und der Synthese.

Der Schulabbrecher hatte sich aus Respekt (oder auf der Suche nach Respektabilität) zu sehr der akademischen Welt angedient. Auch dagegen war Krull das Gegengift. Und es war nötig, das Hochstapler- und Scharlatan-Motiv, das er schon früh aufgegriffen hatte, einmal auszuführen. *Felix Krull* war für das Publikum ein alter Bekannter, immer präsent, oft angekündigt, schon öffentlich vorgetragen, in Briefen erwähnt, in Teilen abgedruckt worden. Thomas Mann zögerte nicht, auch öffentlich aus noch unvollendeten Werken vorzutragen.

Äußerlich angelehnt an die Memoiren eines rumänischen Hochstaplers, der es auch zu einigen Jahren im Gefängnis gebracht hatte, blieb der Roman Fragment, selbst im dritten Anlauf. Es konnte kein Ende geben, vor allem kein tragisches. Ästhetisch wäre es unbefriedigend gewesen, einen Untergang zu erzählen. Krull soll ewig leben, denn er verkörpert den Kern von Manns Persönlichkeit.

Denn natürlich, wie immer: Felix Krull, das Sonntagskind des Lebens, der in fremder und leicht gewechselter Identität die Welt bereist, ein Liebesheld in der feinen Welt wird, das war *Er*!

Aber ein wenig war es auch Heinrich, und so stünde am Ende der schriftstellerischen Laufbahn eine Art imaginierte Synthese der Brüder (so wie Heinrich in seinem letzten Werk, *Der Atem*, eine Versöhnung imaginiert hat). Das Geburtsdatum von Krull lautete ursprünglich auf 1871 (also Heinrichs Geburtsjahr) und wurde später verändert in 1875 (das Geburtsjahr des Autors).

Felix Krull oder das letzte Paradox. Das Buch des doch überaus identifizierbaren Thomas Mann befasst sich mit Identitätsdiffusion. Das Imaginäre greift endgültig über auf das Reale. Alles verschwimmt hier: Männlich und Weiblich, Heinrich Mann und Thomas Mann, Betrug und Wahrheit, Liebe und Geld, Adel und Verbrechertum, Heimat und Welt, Rang und Gosse, Geld und Geltung, Schein und Sein. Die Ebene der Fiktion und die Ebene des Biographischen sind zwei Parallelen, die sich im Unendlichen (im Roman also) schneiden. Und deshalb ist es sinnvoll, dass der Roman offen endet.

Selbst die »heterosexuellen« Liebesszenen sind alles andere als eindeutig, denn immer ist es der »Knabe«, der »Knecht«, der als begehrenswert geschildert wird. Krull arbeitet schwer an seiner Rolle, es gibt kein Sichgehenlassen, keine Nachlässigkeit, denn er liebt sich selbst. Seine Ausstrahlung ist nur eine erweiterte Selbstliebe, die auf andere übergreift. Er ist kunstvoll wirkungsbewusst, gibt sich aber göttlich-kindlich-unschuldig. Der Schönling darf dieses Mal sogar intelligent reden oder zumindest den Schein davon erzeugen.

Felix Krull fasst alle Lebensmotive des Autors zusammen, aber leicht, unscheinbar, parodiert und doch nicht frivol. Ist es ein Dementi? Dreht er uns eine Nase? Es sind eben »Bekenntnisse«, die sich nur gut verstecken. Die Wahrheit über seine Dichtungen sagt er ... in einer anderen Dichtung. *Krull* ist die höchste Form der Ironisierung der Lebensgeschichte, eine jenseits aller Brüche und Masken aufgehobene Verzweiflung.

Dieses Kostümfest des Lebens hält lauter mögliche Auftritte bereit. »Phantasie und Selbstzucht habe sein Leben bestimmt« – und das ist nun einmal ein echtes Bekenntnis. War der *Faustus* eine ›Biographie‹, so sind dies ›Memoiren‹.

Die Sprachform lässt nicht einen Augenblick vergessen, auf wessen Flügeln wir hier reisen. Von Zeit und Leben bedingt und beschrieben, löst sich alles in olympische Erhabenheit auf. Und doch gibt es Längen: Warum müssen wir so lange im Naturkundemuseum von Lissabon verweilen? Sollen wir uns die ganze Menschheitsgeschichte als ausgestorben vorstellen? Ist alles Allzumenschliche längst überwunden? Scherze von jenseits des Grabes? Die »Gabe des Schauens« besitzt der Täuscher und die Fähigkeit zur Imitation fremden Lebens. Thomas Mann selbst fand bei den Korrekturen das ganze Lissabon-Kapitel zu lang und »beschämend schwach«. (Tagebuch, 19.6. 1954)

Auch die Selbstthematisierung des Erzählens, die im *Faustus* begann, im *Erwählten* fortgesetzt wurde, spielt hier hinein. Vom ersten Satz an werden Hand, Papier und Schreibfeder des Zauberers vorgezeigt, und doch verblüfft er uns bald darauf mit seinen Spielchen und Tricks, mit Satzakrobatik auf höchstem Niveau, mit dem leicht pedantischen Tänzeln der Satzgirlanden, mit dem Genuss an der Auswahl der Wörter und Begriffe, dem ganz elementaren und geradezu kulinarischen Spaß des Erzählens, der Verulkung der ureigenen Themen. Der Ekel wird nicht ausgespart. Der »unappetitliche Erdenwurm« (der Mensch) träumt heimlich von Schönheit, Leichtigkeit und Vollkommenheit, und diesem Traum schmeichelt der Hochstapler-Erzähler.

Sogar Sex kommt vor, »der tierische Liebesvollzug«, die »große Freude«. Krull ist ein »Lüstling und Weiberheld«, aber das wird mehr behauptet als bezeugt, und der Erzähler legt Wert darauf, den »Kanon des Schicklichen keinen Augenblick durchbrochen zu haben«. Seine Liebesschule bei der ungarischen Prostituierten Rozsa nimmt ein Motiv aus *Doktor Faustus* wieder auf. Madame Houpflé, die Dichterin und Geliebte des Krull, glaubt:»Alle Schönheit ist dumm.« Aber leider:»Man kann sich mit der Schönheit nicht verheiraten.« Das Spiel der Liebe mündet in »Erniedrigungsnarretei«. Ihr bürgerlicher Gatte verdient sein Geld mit Klosettschüsseln. Hoch und niedrig sind untrennbar.

Die Akrobatin im Zirkus wird bewundert als perfekte Synthese aus Männlich und Weiblich, engelhaft jenseits der geschlechtlichen Bestimmtheit, ein Idealwesen, das auch noch unter der Zirkuskuppel zu schweben versteht. Und hatte einst der Figur Tonio Kröger imponiert, dass der (spanische) König geweint hat (in Schillers *Don Carlos*), so bringt Krull es dahin, dass der (portugiesische) König lacht!

Leitmotiv ist der wogende Busen – mindestens neun Mal erwähnt! Schönheit liege im Doppelwesen, ob als Zwillinge oder als Mutter und Tochter (»das reizendste Doppelbild auf der Erde«). Das erlebt Krull zuletzt. Er war eine Art Teufelspakt eingegangen, als er unter dem Namen eines reichen Jünglings in die Welt aufbrach, und zwar nicht bis Südamerika kam, sondern nur bis Lissabon, derweil der reiche Erbe, an dessen Stelle er reiste, mitsamt seiner Geliebten in Paris blieb, das ja selber eine ganze Welt ist. Krull kehrt unter falschem Namen bei der Familie Kuckuck ein, vom Vater belehrt über Naturgeschichte von Tier und Mensch, von der schnippischen Tochter Suzanna gereizt und bezirzt, umarmt aber von der Mutter, mit welcher körperlichen Begegnung die Erzählreise endet. Statt nach Südamerika gelangt Thomas Manns letzter Held (plötzlich mit Luiz angeredet wie der Bruder Heinrich) in einen mütterlichen Schoß in der Stadt Lissabon, in der die Vorgeschichte der Mutter des Autors begonnen hatte.

Felix Krull war ein ungeheurer Erfolg. Neben den vielen Ehrungen in seinen letzten Lebensmonaten (in Hamburg, Stuttgart, Weimar und Lübeck) war dies doch eine Art von Aussöhnung. Und selbst der verdächtige Friedrich Sieburg lobte den lustvollen Roman, was Thomas Mann amüsiert zur Kenntnis nahm. Hinter der Maskerade verbarg sich auch ein Nachdenken über die eigene Kunst, ein Thema, das Thomas Mann zuletzt immer stärker beschäftigte, als unterliege er einem inneren Rechtfertigungszwang. »Schreiben ist kein Selbstgespräch.« Das Wort als »Feind des Geheimnisvollen«. »Wer nämlich der menschlichen Sehnsucht berufsmäßig dient und seinen Unterhalt daraus zieht« (wie ein Dichter), sei keineswegs über die Schwäche (des Verlangens) erhaben. In der Erzählung wie in der Liebe ist alles erlaubt. Schon der Dichter von Aschenbach sagt in *Der Tod in Venedig*: »Die Meisterhaltung unseres Stils ist Lüge und Narrentum, unser Ruhm und Ehrenstand eine Posse.« Ist das nur eine Attitüde, ein Selbstklischee oder entspricht das einem echten Empfinden von Thomas Mann? Auf der anderen Seite ist immer wieder von der Lebensqual des Künstlers die Rede. Im Vortrag über *Goethe und die Demokratie* von 1949 sprach er von den »furchtbaren Bedingungen«, unter denen Goethes Werk zustande kam. Was wir an Harmonievorstellungen mit Goethes Namen verbinden, war »nichts leichthin Gegebenes, sondern eine gewaltige Leistung«, das Werk von Charakterkräften, »durch welche gefährlichste und möglicherweise zerstörerische Anlagen« überwunden und zum Guten gewendet wurden. Und dabei dachte er gewiss an sich.

Auch im *Zauberberg* ist von der Literatur die Rede. Settembrini und Naphta streiten sich und bringen ihr Wissen ein, reden von Hermes und von dem ägyptischen Gott der Schreiber; für Settembrini ist die Literatur ein »Menschheitsimpuls«, ein »Wunder der Verbindung von Analyse und Form«; er spricht von der »reinigenden und heilenden Wirkung von Literatur«, als könne man sie zu therapeutischen Zwecken einsetzen. »Literatur als Weg zum Verstehen, zum Vergeben und zur Liebe, die erlösende Macht der Sprache, der literarische Geist als edelste Erscheinung des Menschengeistes überhaupt, der Literatur als vollkommener Mensch, als Heiliger«, so klingt Settembrinis Lobgesang, denn er hat vieles aus der Kunstideologie des 19. Jahrhunderts verinnerlicht. Aber Naphta hält dagegen: Literatur sei auch Zersetzung, eine Schein- und Lügenform, keine echte Lebensform, ja sie sei geradezu lebensschänderisch. Entschieden wird der Streit nicht.

Literatur ist etwas Zwiespältiges bei Thomas Mann, denn er hat den lügnerischen Charakter der Wortkunst immer betont, auf deren Wirkungen er gleichwohl seine Karriere gebaut hat. Seine Laufbahn als Autor verlief glänzend – und doch zitierte er in seinen letzten Jahren immer wieder die Worte Prosperos aus Shakespeares Theaterstück *Der Sturm*: »My ending is despair.« Sollte Thomas Mann zuletzt in Verzweiflung verfallen sein? War sein Leben nicht ein durch und durch gelungenes in einer chaotischen Zeit? Mehr an Wirkung und Anerkennung (die sich noch in den Anfeindungen zeigte) war in seiner Zeit nicht denkbar, vor allem für einen deutschen Autor. Wie glänzend wurde er in aller Welt empfangen und geehrt, in London, in Stockholm, in Zürich? In Holland empfing ihn gar die Königin! Und er trug auf Deutsch vor, der Sprache der einstigen Besatzer! (Während er in Deutschland umstritten war.) Welcher deutsche Autor außer ihm hätte dergleichen bewirken können?

Starb er nicht versöhnt? War es mehr als die allgemeine Trauer darüber, dass jedes Leben endet? Hatte er nicht in der Einleitung zur Josephs-Tetralogie eine ganze Theologie des Imaginären (anhand der Schöpfungsmythen) geschrieben, über das Widerspiel von Geist, Seele und Körper? Natürlich – am Ende siegt nicht der Mythos, sondern die Kontingenz, die alles

Imaginäre sprengt. Aber das Werk bleibt, abgelöst vom Schöpfer. War das *Sturm*-Zitat also mehr als ein Kokettieren mit einer gewissen Rolle?

Prospero ist ein Zauberer, der die Grenzen seiner Macht erlebt und doch durch Beifall erlöst werden will. Zuletzt hängt er ab von der Gnade des Publikums. *Der Sturm* ist auch die Geschichte einer Bruderrivalität zwischen zwei fürstlichen Hoheiten, dem falschen Herzog von Mailand, Antonio, und dem abgesetzten echten, eben Prospero. Der zitierte Satz verweist auf den Epilog Prosperos, in dem es um die Rolle der Kunst geht, und er ist eine Ansprache an das Publikum. Der Zauber sei nun außer Kraft gesetzt, heißt es da (denn das Stück endet), zurückgeworfen sei er auf seine schwache menschliche Kraft (die Gestalt wird zur Person, zum bloßen Darsteller). Er braucht nun die Hilfe des Publikums, um den magischen Bann lösen und in seine wahre Heimat zurückkehren zu können. Und dazu bedarf es des Beifalls. Shakespeare (und mit ihm Thomas Mann) sagt, was der Sinn des Beifalls ist: Erlösung und Auslösung. Was war denn die Absicht? *To please.* Gefallen zu erringen. Wenn seine Kunst versiegt und der Beifall versagt bleibt, so müsse er in Verzweiflung enden, doch das Publikum könne ihn erlösen, was der Gnade und der Vergebung der Sünden gleichkomme. *Let your indulgence set me free.* Gedenket meiner mit Nachsicht, könnte man hier übersetzen. Das war der Abschied des Zauberers: die Beschwörung des Publikums, ohne das er ins Nichts versinken würde.

In einer seiner letzten Arbeiten, dem *Versuch über Tschechow*, geht es um die übertriebenen Erwartungen an den Schriftsteller, an die Literatur. In der Erzählung *Eine langweilige Geschichte* wird ein Schriftsteller von seinem Mündel gefragt: »Was soll ich tun?« Doch der Autor kann nur antworten: »Ich weiß es nicht.« Für konkrete Ratschläge zum Handeln taugt die Literatur nicht. Der Dichter weiß nicht mehr als die Leser. Und so muss er sich fragen: »Führe ich nicht den Leser hinters Licht, da ich ja doch die wichtigsten Fragen nicht zu beantworten weiß?« Ist Literatur nicht doch nur ein »Jux und Bürger-Amüsement«? Und Thomas Mann lässt Tschechow sich fragen: »Betrog er nicht seine Leser, indem er sie mit seinem Talent blendete, auf die wichtigsten Fragen aber nicht zu antworten wußte?« Und doch wird Literatur produziert und konsumiert. Ist sie nicht doch »ein Verlangen nach einer besseren Wirklichkeit, einem reineren, wahreren, schöneren, edleren Leben«?

Der Zweifel geht mit dem Schreiben immer einher, auch weil Literatur wie jede Kunst allein ästhetischen Maßstäben verpflichtet ist, nicht moralischen. »Die Lebenswahrheit, auf die der Dichter vor allem verpflichtet ist, entwertet die Ideen und Meinungen. Sie ist von Natur ironisch.« Das war Thomas Manns Überzeugung. Und so war die zitierte Verzweiflung (*despair*) des großen Autors auch nur existenzielle Ironie.

Selbst der große Tolstoi, dessen Abbild in einem Medaillon stets auf dem Schreibtisch von Thomas Mann stand, hat zuletzt an der Literatur gezweifelt und sein Haus in wilder Flucht verlassen. Ist bei Thomas Mann eine letzte Flucht denkbar, ein ähnlicher Ausbruch aus dem repräsentativen Leben? Ein Aufgeben der ständigen Anspannung? Spuren solcher Gelüste finden sich durchaus in den letzten Monaten im Tagebuch. Und doch ist er betrübt, als nach Beendigung des *Krull* keine neue Arbeit gelingen will, nicht die Fortsetzung des Romans und auch nicht der Plan eines Stücks über Luthers Hochzeit; da leidet er und vermisst die Stabilisierung des Lebens durch ein neues Vorhaben. Auch seine Frau Katia ist nach dem Einzug in das letzte Schriftstellerheim in Kilchberg deprimiert, sehnt sich nach Italien, nach Fiesole, nach dem entspannenden Süden, fernab der Verpflichtungen, die auch sie Zwängen aussetzen. Er aber hält sich an die gewählte Lebensform. Ihm bleibt nur, wie für Tschechow, »die treue, unermüdliche Arbeit bis ans Ende«.

Verehrende Frauen

Ich glaube wenig an das Wort ›Herz‹,
und doch gibt es, was es meint.
Thomas Mann, Tagebuch, 15. 8. 1950

Ehe aus überwundener Homoerotik bei aufrechterhaltener Kunst-Ausübung, das war der Lebenskompromiss von Thomas Mann. Die daraus resultierende permanente Anspannung konnte durch keine »Affäre« untergraben werden. Aber das war nicht die ganze Wahrheit. Gewiss bestimmte die Neigung zur »anderen Seite« auch sein Eheleben; gleichwohl behauptete das weibliche Element einen großen Platz in seinen Affekten und Texten.

Hedwig Pringsheim hatte befürchtet, ihre Tochter habe ebenso wenig Talent zum Glück wie sie selbst. Die Ehe von Thomas Mann und Katia Pringsheim war kinderreich, aber nicht sexuell erfüllt, weder für sie noch für ihn. Heinrich gegenüber hatte Thomas eingestanden: »Oft genug läuft das ganze ›Glück‹ auf ein Zähne zusammenbeißen hinaus.« Im Tagebuch finden sich deutliche Zeugnisse dieser glücklosen Liebe. »Dankbarkeit gegen K., weil es sie in ihrer Liebe nicht im Geringsten beirrt oder verstimmt, wenn sie mir schließlich keine Lust einflößt und wenn das Liegen bei ihr mich nicht in den Stand setzt, ihr Lust, d. h. die letzte Geschlechtslust zu bereiten. Die Ruhe, Liebe und Gleichgültigkeit, mit der sie es aufnimmt, ist bewundernswürdig, und so brauche ich auch mich nicht davon erschüttern zu lassen.« (17.10.1920)

Nach einer missglückten »Begegnung« mit Katia – er gebraucht das französische Wort »rencontre« – machte er sich Gedanken über Impotenz, obwohl es sich eher um die »gewohnte Verwirrung und Unzuverlässigkeit meines ›Geschlechtslebens‹«

handelte. Seine Analyse: »Zweifellos ist reizbare Schwäche infolge von Wünschen vorhanden, die nach der anderen Seite gehen. Wie wäre es aber, falls ein Junge ›vorläge‹.« (14.7.1920) Die Krise wollte er überwinden durch Gleichgültigkeit und Selbstbewusstsein – also hoffte er auch auf *ihre* Gleichgültigkeit? Immerhin war ihm bewusst, was er Katia damit zumutete: »Meine Dankbarkeit für die Güte in ihrem Verhalten zu meiner sexuellen Problematik ist tief und warm.« (13.5.1921) Ausgerechnet am 33. Hochzeitstag sagte Thomas Mann zu seiner Frau, er würde dieses Leben nicht wiederholen wollen, das Peinliche darin habe überwogen. Schuldbewusst notiert er: »Fürchte K. weh getan zu haben.« (19.2.1938)

Der Autor wie seine Figuren werden fasziniert durch Hermesgestalten, schöne Jünglinge in früher Männerblüte, aber auch durch Konstellationen wie Zwillingspaare oder Mutter und Tochter. Am stärksten bewegen ihn Träume des Entzückens, die »einem Doppelwesen« gelten, einer »lieblichen Zweiheit« – so heißt es im *Felix Krull*. Diese Erfahrung verweise auf die »ursprüngliche Ungetrenntheit und Unbestimmtheit« der Menschen. In der Liebesszene zwischen Felix und der Dichterin Madame Houpflé erscheint der Knabe als begehrenswert, weil die Handlung aus der Perspektive von Madame geschildert wird. Als Erika Mann ihrem Vater sagte, dass die Houpflé-Szene in *Felix Krull* erz-päderastisch sei, widersprach er nicht.

Auf seine Weise hat Thomas Mann zur gesellschaftlich-moralischen Akzeptanz der Homosexualität beigetragen. Damit hat er seinen Platz in dieser anderen Emanzipationsgeschichte seines Jahrhunderts. Der Literatur kam dabei eine maßgebliche Rolle zu. In Frankreich geschah dies seit 1922 durch André Gide und Marcel Proust. In Deutschland war es eigentlich schon 1907 durch Otto Julius Bierbaums Roman *Prinz Kuckuck* geschehen. Auch Thomas Manns *Der Tod in Venedig* von 1913 gehört in diese Linie, endgültig aber seine Intervention mit dem Essay *Die Ehe im Übergang*. Die homophile Neigung schärfte seine Sinne, seine Selbstbeobachtung und seinen Sinn für das Außenseitertum. Bei seinen Kindern hat er »abweichende« Neigungen toleriert, deren spezielle Freunde akzeptiert, ob Richard Hallgarten oder Annemarie Schwarzenbach. Diese war in ihrer betont androgynen Erscheinung durchaus »sein Typ«.

Übrigens hatte auch Katia Mann eine Herzensfreundin, derentwegen sie gern in Princeton geblieben wäre, die Professorengattin Molly Shenstone. 1954 kamen Molly Shenstone und ihr Mann Allan zu Besuch nach Zürich (»a dreamlike visit«), und als die Freundin starb, kondolierte Katia: »She was the best, the most thoughtful friend I ever had.« Müssen wir also denken, dass sie niemals eine wirkliche Freundin gehabt hat, dass sie innerhalb ihres geschäftigen Lebens auf eine ganz eigene Art allein war?

»Ich gebe zu, daß ich mehr auf das Menschliche, als auf das speziell Weibliche aus bin.« Das schrieb Thomas Mann an Agnes Meyer (13.5.1939), deren Zudringlichkeit ihn zu einem erstaunlichen Tagebucheintrag veranlasste: »Will da noch das Weib in mein Leben treten, allen Ernstes.« (2.3.1942) Als was betrachtete er seine Frau Katia, fragt man sich unwillkürlich. Heinz J. Armbrust hat sich in einer exzellenten Studie mit den Frauen um Thomas Mann befasst und kam zu dem Ergebnis, dass sich unter den vielen Feinden, die der Autor hatte, keine einzige Frau befand, dass sich aber Leserinnen und Hörerinnen sehr wohl in ihn verlieben konnten, dass auch er selbst für weibliche Reize nicht unempfänglich war. Nicht jede Frau in seinen Texten ist »in Wahrheit« ein Mann (wie bei Proust, wo die weiblichen Vornamen männliche Äquivalente haben). »Wirkungen vom Weiblichen gehen [...] am stärksten durch Gesang auf mich aus – die Psychoanalyse würde sagen: auf Grund des Kindheitseindrucks von Mamas Liedergesang«, lesen wir im Tagebuch. (18.9.1935)

Zu den Frauen, die Thomas Mann gefallen haben, gehörten in seinen frühen Jahren Ida Bruhn, später verheiratet als Ida von Kardorff, ebenso Ilse Martens, die Schwester seines umschwärmten, aber abweisenden Freundes Armin Martens, dem sie stark ähnelte. Armin Martens sei seine erste Liebe gewesen, eine Passion der Unschuld, eine zartere, selig-schmerzlichere sei ihm nie mehr beschieden gewesen, schrieb er in einem Brief Wochen vor seinem Tod. (19.3.1955)

Die Münchner Schauspielerin Agnes Sorma, »halb Frau, halb Kind«, war ein Schönheitsideal von ihm. Das galt auch für die Engländerin Mary Smith. »Das mit der kleinen Engländerin, die aussah, als ob sie von Botticelli gemalt wäre, nur viel lustiger, war anfangs ein sorgloser Flirt, nahm später aber einen ganz merkwürdig seriösen Charakter an – und zwar (o Staunen!) beiderseits.« (Brief an Paul Ehrenberg, 1901) In seiner Leporello-Liste tauchen Namen auf wie Natalia Mannhardt (verheiratete Kulenkamp), eine Freundin seiner Schwester Julia; sie sah so exotisch aus wie die eigene Mutter. Bei fast jedem Frauenschwarm zeigte sich ein Bezug zu einer anderen Person. Intensiver Kontakt bestand mit Agnes Speyer (später: verheiratete Ulmann), die er als Alternative warmhielt, sollte Katia ihn ablehnen. 1919 lernte er in Wien eine Frau Baumfeldt kennen, eine »hübsche Jüdin mit den japanischen Augen«, in deren Gesicht er »etwas verliebt« war. Die Kirgisenaugen von Madame Chauchat sind vielleicht eine Spur dieses Schwarms. Stets waren es ästhetische Eindrücke, wie sie Gemälde oder Statuen auslösen.

Solche beglückenden Momente erlebte er noch im Alter, so im Juni 1945 in einem Hotel am Lake Mohonk im Staate New York, wo das Ehepaar Mann zur Erholung weilte. Dort erblickte er die »kleine Cynthia in roter Jacke, lieblich«, die er im Tagebuch mit Goethes »Ulrike« verglich. Die 17-jährige Industriellentochter Cynthia Sperry war eine eifrige Leserin seiner Romane. Er notierte sein »zärtliches Gefühl« für sie und träumte, er sei mit ihr verlobt, wobei sich ihre Gestalt mit der eines jungen Studenten vermischte, den er am Vortag sah. Beim Abschied sagte er, wie gern er sie angeschaut habe und dass er sie nicht vergessen werde: Der »lipstick-Engel« wurde zum Modell für Eleanor Twentyman in *Felix Krull* und genau wie diese von einer strengen Mutter überwacht. (Tagebuch, zwischen 19.6. und 22.6.1945)

Eine besondere Form der Annäherung, ja vielleicht des Besitzergreifens durch Frauen war die Absicht, »ein Buch über Thomas Mann« schreiben zu wollen. Die Germanistinnen Käte Hamburger und Anna Jacobson hatten ernsthafte Absichten, denn deren Studien sind zustande gekommen. Persönliches spielte dabei kaum eine Rolle, wenngleich Käte Hamburger sich mehr Aufmerksamkeit seinerseits gewünscht hätte. Ihr Briefwechsel mit Thomas Mann rechtfertigt dessen Begriff einer »geistigen Freundschaft«.

Anna Jacobson, schon 1925 aus Deutschland in die USA gegangen, tat viel für Manns Ansehen. Sie lud ihn wiederholt ins Hunter College, das größte Frauen-College in den USA, und dort hielt er in feierlichem Rahmen einige seiner wichtigsten Reden im Exil, insbesondere die über *Deutschland und die Deutschen* im Jahr 1945. Wirklich dankbar war Thomas Mann nicht dafür, im Tagebuch stehen sehr abschätzige Bemerkungen über das intellektuelle Niveau dieser engagierten Frau.

In der Zeit, die Thomas Mann in Princeton verbrachte, also zwischen 1938 und 1941, spielte die Psychoanalytikerin Caroline Newton eine gewisse Rolle für ihn. Sie verhalf ihm zu Kontakten in der Neuen Welt, sie stellte ihr Sommerhäuschen in Jamestown auf Conanicut Island zur Verfügung, einer Insel an der Küste des Bundesstaates Rhode Island, nordöstlich von New York. Auch sie wollte ein Buch über ihn schreiben, gab dies aber schließlich auf, was Thomas Mann im Tagebuch recht böse kommentierte. (24.7.1941) Caroline Newton schenkte ihm den Pudel Niko, der dann mitgenommen wurde nach Kalifornien und dort ein feines Leben führte als Begleiter der mittäglichen Spaziergänge seines literarischen Herrchens entweder im Santa Monica Canyon oder auf der herrlichen Ozeanpromenade. Nach Nikos spurlosem Verschwinden offerierte Newton ihm einen neuen Hund, der sich aber als unzuverlässig erwies.

Frauen, die ihm lästig fielen, gerade wenn sie ihm nützlich sein wollten, nannte Thomas Mann gern hysterisch oder dumm. Das waren gewiss Züge von Frauenfeindlichkeit, aber unsympathische Männer kamen bei ihm nicht besser weg. Als Künstlerfürst hatte er die Perspektive, dass die anderen seiner Mission nützlich sein, sich ansonsten zurückhalten sollten. Dabei war er durchaus fähig, Dank und Anerkennung auszusprechen, in Briefen, auf Distanz.

Im *Doktor Faustus* finden wir die Gestalten der dienenden oder verehrenden Frauen, die das Lebenswerk des fiktiven Komponisten Adrian Leverkühn unterstützen, mit den sprechenden Namen Meta Nackedey und Kunigunde Rosenstiel. Außerdem wirkt im Hintergrund die geheimnisvolle Gönnerin Frau von Tolna als »Dienerin seiner Existenz«, nach dem Vorbild der reichen Nadeschda von Meck, die im Leben des Komponisten Peter Tschaikowsky eine Rolle als unglücklich verliebte Mäzenin spielte.

Hier tut sich das ganze Feld der Affekte in der Kunst auf – in beide Richtungen. Der Künstler will von möglichst vielen Menschen gefeiert werden, nur dürfen sie ihm nicht zu nahe kommen. Die Menschen im Publikum, die für einen Künstler schwärmen, nehmen nur seine irreale Gestalt wahr, die durch das Prisma des Imaginären entsteht, aber diese erahnte Gestalt lebt »im fernen Land, unnahbar euren Schritten«, wie es bei Richard Wagner vom Reich des Grals heißt. Die ausgelösten Gefühle sind echt und intensiv, die Umstände machen alles künstlich und falsch. Das führt zu wirklichen Dramen – auf Seiten der Schwärmer wie auf Seiten der Künstler.

Auch Thomas Mann, der Erbe der Kunstideologie aus dem 19. Jahrhundert, hat solche Illusionen der Nähe erzeugt. Der intensivste Fall betrifft »die unglückselig dickfellige und leicht zu beseligende« Ida Herz. Die Verbindung von Thomas Mann mit der Nürnberger Buchhändlerin bestand von 1924 bis zu seinem Tod. Die »Archivarin des Zauberers«, wie ihr Biograph Friedhelm Kröll sie genannt hat, wollte ihrem literarischen Idol menschlich näher kommen, als dieser es gestatten konnte. Schon 1921 hatte die 20 Jahre jüngere Frau den Dichter in Frankfurt bei einer Lesung erlebt und war bezaubert und hingerissen von seiner Stimme. Angesprochen hat sie ihn 1924 in der Tram von Führt nach Nürnberg, die er nehmen musste, weil das vorgesehene Auto eine Panne hatte. Das erinnerte beinahe an das Kennenlernen seiner Frau Katia in München. Einmal, im Jahr 1930, war Thomas Mann bei Ida Herz in Nürnberg zu Gast. Der Beruf ihres Vaters (er besaß eine Wurstdarmfabrik und verkaufte auch anderes Zubehör zur Wurstherstellung) verleitete den Romancier zu allerlei unschönen Assoziationen.

Ida Herz ist wiederholt bei den Manns in München zu Besuch gewesen, hat das Archiv des Autors geordnet; sie sammelte alle Artikel, die über ihn erschienen. Immer wieder machte sie ihm wertvolle Geschenke, darunter bibliophile Kostbarkeiten. Sie war willkommen als freiwillige Helferin, doch sie war ihm lästig als Verehrerin. Als Person war sie ungeschickt und nicht sonderlich reizvoll – und damit fast eine der Gestalten aus seinen frühen Erzählungen, die Erfüllung suchen, aber Demütigung erfahren. Er wiederum hatte vielleicht ein Verhältnis zum Leben, doch auf keinen Fall Verhältnisse und zuweilen ein fragwürdiges Verhältnis zu den Menschen seiner Umgebung.

Bedeutsam war ihre Rolle im Jahr 1933, als Thomas Mann schon im Exil war. Sie schlich sich in sein versiegeltes Haus und rettete die Handbibliothek sowie das dokumentarische Material zum Josephs-Roman. In Briefen aus Nürnberg berichtete sie über den Terror der Nazis und bestärkte so den Entschluss der Manns, nicht nach Deutschland zurückzukehren. Sie wurde selbst verfolgt als Jüdin und weil sie das Regime kritisiert hatte, aber auch weil sie in Kontakt mit Thomas Mann stand, was der Gestapo nicht entgangen war. Sie hatte die gute Idee, zwei Koffer mit Archivalien im Keller der französischen Gesandtschaft in München zu deponieren; dort wurden sie 1945 unversehrt gefunden und kamen 1960 ins Zürcher Thomas-Mann-Archiv.

Als deutsche Jüdin glaubte Ida Herz, gerade bei Thomas Mann Trost und Verständnis zu finden, die Bestätigung ihrer Hoffnungen. Etwas unbeholfen, aber aufrichtig schrieb sie: »Ich möchte [...] es Ihnen einmal gesagt haben, was [...] uns deutschen Juden an Ihrem Werk so besonders rührt: es ist für uns die Inkarnation der liebenden Verschmelzung des deutschen Geistes mit dem jüdischen. Es ist eine Verheißung von der Möglichkeit dieser Verschmelzung & Kraft in unserem hoffnungslosen & tiefgetroffenen Herzen. Die meisten Juden verzweifeln ja in ihrem Glauben an das Deutsche als geistige & körperliche Heimat. Und da erscheint uns nun ein Dichter, ein deutscher Dichter, bemüht sich ein deutscher Dichter um eine Welt, die wir so ganz als die unsere betrachten, die schon von jeher der Ausdruck unseres Weltgefühls war, das auch unser besonderes Schicksal ausmachte, heute noch ausmacht: Ferment zu sein innerhalb eines Volkskörpers, in dem wir leben, in dem aufzugehen, unsere Spuren zu hinterlassen unsere ewige Sehnsucht ist.« (5.7.1933)

1934 war sie kurzzeitig verhaftet worden, im Frühjahr 1935

durfte sie Thomas Mann in der Schweiz besuchen, im Herbst des Jahres floh sie aus Deutschland und wurde 1937 ausgebürgert. Nach Fehlschlägen in der Schweiz, trotz Unterstützung durch Thomas Mann, ließ sie sich in London nieder, wo sie bis zum Ende ihres Lebens blieb und an einem Frauen-College unterrichtete.

Beim Karfreitagsspaziergang am 19. April 1935 in Küsnacht gab es einen peinlichen Zwischenfall. Ida Herz war seit einigen Tagen zu Gast im Haus, was ihn leidlich nervte, vor allem weil sie viel zu sehr auf seine Person fixiert war; er freute sich schon auf ihre baldige Abreise. Immerhin durfte sie dabei sein, wenn er seiner Frau neue Textpassagen vorlas.

Nach dem letzten gemeinsamen Frühstück ging er bei heiterem Wetter mit Hund und Herz auf einen Mittagsspaziergang. »Die Herz hatte [ich] bis vor Itschnach auf der Pelle. Unglückselige und beschämende Aufdringlichkeiten der hysterischen alten Jungfer. Meine Starre dagegen und Kälte erinnert mich an Mama, die sich ähnlich gegen unerwünscht verliebten Zudrang verhielt. Immerhin bewährte ich zum Schluss einige allgemein zuredende Gutmütigkeit, entschlossen aber, dies nicht wieder zuzulassen.« (Es steht wirklich bewährte, nicht gewährte.) Die verärgerte Reaktion im Tagebuch enthält auch Aufschlussreiches über seine Mutter.

Thomas Mann war für Ida Herz ein Lebensinhalt in schwieriger Zeit. Er aber nannte sie 1937 »eine Verehrerin etwas exaltierten Charakters«, er sprach von der »leidenschaftlichen Fixiertheit« dieser Dame auf seine Person und sein Werk. Jahre später, zu ihrem 60. Geburtstag, rühmte er ihre Anteilnahme »an meinem Schicksal, meinem Schreiben und Treiben«, aber auch, dass sie sich nach der Vertreibung aus Deutschland »gehalten und gearbeitet und das Leben bestanden haben, das ist so brav und ehrenhaft, daß es wirklich jeder Achtung und Sympathie und Freundschaft wert ist«. Endlich fiel das so lange vermiedene Wort: Freundschaft. (19.10.1954)

Im *Doktor Faustus* entdeckte Ida Herz ein nicht gerade schmeichelhaftes Porträt von sich als »ein verhuschtes, ewig errötendes, jeden Augenblick in Scham vergehendes Geschöpf«. Ein wirklicher Schock war es für sie Jahre später, im Tagebuch von Thomas Mann viele unfreundliche, ja gehässige Kommentare über sich zu finden.

Ida Herz erlebte die hoffnungsloseste aller Beziehungen: eine romaneske Schwärmerei für einen Romancier. Irgendwie kommt sie einem vor wie das Symbol von Leserinnen und Lesern, die sich gern einbilden, einem bedeutenden Autor, einer Autorin nahe zu sein. Mit dieser Illusion werden sie zu dankbaren Kollaborateuren der mythischen Dimension etwa der Manns. Biographen freilich ist das nicht gestattet, ihnen hilft nur methodische Distanz und Bescheidenheit. Allzu oft lassen sie ein geliehenes Selbstbewusstsein, einen abgeleiteten Hochmut walten, übernehmen abfällige Urteile ihres Helden. Sie sollten an Ida Herz denken, ohne sich über sie erhaben zu dünken. Lektüre ist Zauber und Illusion, Beziehungszauber zuweilen. Doch mit Vorsicht zu genießen.

»Thamar war fest entschlossen, sich, koste es, was es wolle, mit Hilfe ihres Weibstums in die Geschichte der Welt einzuschalten.« So kommentiert der »Erzähler« im Roman *Joseph, der Ernährer* (im fünften Hauptstück) die Verführungsstrategie dieser biblischen Gestalt. Nach zwei kinderlosen Ehen überlistet sie ihren Schwiegervater Juda, Jaakobs vierten Sohn, wird von ihm schwanger (mit Zwillingen!) und schreibt sich auf diese Weise ein in den Stammbaum Jesu.

Ohne dass die Parallelen im Detail übereinstimmen, kann man darin eine Verarbeitung der wichtigsten Frauenbeziehung im Leben von Thomas Mann sehen, wenn man absieht von seiner Mutter und seiner Gattin: mit der amerikanischen Journalistin Agnes Meyer, die 1937 in New York in sein Leben getreten war. Einen Platz in der Biographie des Dichters hat sie auf jeden Fall errungen; das Resultat war ein umfangreicher Briefwechsel, der zu den wichtigsten autobiographischen Zeugnissen beider Personen gehört.

Agnes Meyer vor allem verdankte der Emigrant seinen herausgehobenen Status in Amerika, seine geradezu fürstlichen Lebensbedingungen und den Zugang zum politischen Establishment in Washington. Von ihrer Seite her war es nicht nur ein Mäzenatentum, wie es Thomas Mann geschmeichelt hätte, sondern eine Leidenschaft, welche der Dichter weder erwidern konnte noch wollte, ja ein Versuch, ihn zum persönlichen Eigentum zu machen.

Es begann mit einer Kränkung. Agnes Meyer hatte mit Begeisterung die Bücher von Thomas Mann gelesen. Am 20. April 1937 durfte sie den Dichter in New York interviewen. Aber sie war nur eine von vielen Zugelassenen; unter der strengen Regie von Katia Mann konnte sie nur eine Frage stellen und erhielt eine ausführliche Antwort. Später schrieb sie zweimal an den Verehrten, der schließlich begriff, dass sie für ihn von Nutzen sein konnte und sich fortan der höflichsten Briefdiplomatie befleißigte. Ein Hauch von egoistischem Ausnutzen haftete dieser »Beziehung« seitdem an, ein Schnorren auf höchstem Niveau. Anders als Ida Herz nahm er Agnes Meyer als intellektuell gleichwertige Partnerin ernst. Mit ihrer sozialen Stellung konnte ohnehin keine andere Person rivalisieren. Sie war einer der Glücksfälle im Leben dieses Sonntagskindes, und das in einer katastrophalen Zeit. Seine intime Lebenskonstruktion vermochte sie aber nicht zu erschüttern.

Die Vorfahren von Agnes Meyer waren norddeutsche Lutheraner, die in der zweiten Hälfte des 19. Jahrhunderts in die USA eingewandert waren. 1887 in New York geboren, gab sie sich stets als Amerikanerin; die Verbindung zur deutschen Sprache und Kultur hat sie aber weiter gepflegt. Sie studierte, arbeitete als Journalistin und verbrachte 1908/09 ein Jahr in Paris, wo sie Rodin, Rilke, Matisse, Gertrude Stein und Gustav Mahler kennen lernte. Den Umgang mit großen Künstlern war sie also gewohnt. 1908 erlebte sie in Bayreuth eine *Parsifal*-Aufführung – genau wie Thomas Mann.

1910 heiratete Agnes (nach protestantischem Ritus) den Bankier Eugene Isaac Meyer aus Los Angeles (Jahrgang 1875). Dessen Vorfahren waren orthodoxe Juden aus dem Elsass, die ihn sehr deutschfeindlich erzogen hatten; aber auch er sprach Deutsch und hatte Deutschland bereist, dort angenehme Bekanntschaften geschlossen. Eugene Meyer wurde Präsident der US-Notenbank, später unter Präsident Truman sogar erster Präsident der Weltbank. Im Jahr 1933 erwarb Meyer die defizitäre *Washington Post*, die bald zu einer der führenden Zeitungen des Landes aufstieg. Aus der nicht sehr harmonischen Ehe gingen vier Kinder hervor, darunter die spätere Journalistin Katharine Graham und die mit einem deutschen Emigranten verheiratete Florence Homolka, die wunderbare Fotos von deutschen Flüchtlingen machte, auch von der Familie Mann.

Agnes Meyer blieb eine eigenständige Frau, schrieb viele Artikel, befasste sich einige Jahre mit chinesischer Kultur und Sprache. Die drei Wohnorte der Familie sollten auch den Manns zugutekommen, ein repräsentatives Haus in Washington am Crescent Place; die Farm Seven Springs am Mount Kisco im Staate New York und ein Sommerhaus (»cabin«) in Virginia. Seit 1929 gehörte sie dem Trust Fund der Library of Congress und vielen mäzenatischen Vereinigungen an. Sie ›sammelte‹ auch weiterhin bedeutende Persönlichkeiten, so den polnischen Pianisten und Politiker Ignacy Paderewski und den französischen Dichter und Botschafter Frankreichs in Washington Paul Claudel.

Dass Agnes Meyer ein Verhältnis mit Paul Claudel hatte, war wohl nur ein Gerücht, das Erika Mann ihrem Vater hinterbrachte und was diesen misstrauisch stimmte. Nach Claudels Zeit als Botschafter in Washington zwischen 1927 und 1933 haben sich die beiden nur noch zweimal gesehen, 1937 und 1950, jeweils in Paris. In seinen Briefen an sie benutzte er zwar sehr zärtliche, ja sinnliche Ausdrücke, er wollte sie aber vor allem zum Katholizismus bekehren, wie er es bei allen guten Bekannten versucht hat. Allerdings hatte er nicht begriffen, womit man es beim Nationalsozialismus zu tun hatte, denn er schrieb ihr, dass er im Hitlerismus interessante Dinge finde, etwa die klassenlose Gesellschaft oder die Wertschätzung der kollektiven Arbeit. Mitte Dezember 1953 sind sich Claudel und Thomas Mann im Zürcher Schauspielhaus begegnet nach der Aufführung eines Stückes des französischen Dichters. (Tagebuch, 12.12. 1953)

In den Memoiren von Agnes Meyer steht, dass Thomas Manns Missachtung bei der ersten Begegnung 1937 in New York ihr das Herz brach und ihre Eitelkeit verletzte. War ihre folgende Annäherung – denn *sie* führte den weiteren Kontakt herbei – der subtile Racheakt einer Frau, die sich unterschätzt und herausgefordert fühlte, wie es Thomas Mann über dreißig Jahre zuvor in der Erzählung *Gerächt* dargestellt hatte? Sie jedenfalls führte die entscheidende Einladung in die USA herbei, zunächst für Vorträge über die Zukunft der Demokratie, dann zwischen 1938 und 1941 als gut bezahlter außerplanmäßiger Dozent in Princeton und anschließend als großzügig honorierter Berater der Library of Congress; sie sicherte den Hausbau in Pacific Palisades 1941/42 finanziell ab. Sie half bei der offiziellen Einwanderung der Manns von Kanada her (man musste die USA für eine Nacht verlassen), sie unterstützte die von Thomas Mann in der Schweiz herausgegebene und von Golo Mann redigierte Zeitschrift *Maß und Wert*. Andere Emigranten konnten von einem solchen Füllhorn an Zuwendungen nur träumen.

Diese geldsorgenfreie Perspektive bewog Thomas und Katia zur Auswanderung in die USA; er versprach sich dadurch eine »Erhöhung des Lebensniveaus«. Auch ohne Agnes Meyer waren die Auflagen seiner Bücher in den USA beträchtlich, aber seine Gönnerin hat den Erfolg noch zu steigern gewusst. Die Übersetzung lag in den Händen von Helen Lowe-Porter, die jede persönliche Beziehung zu dem Autor mied.

Agnes Meyer war die amerikanische Fee im Lebensmärchen von Thomas Mann. Er allerdings konnte sich als Königliche Hoheit fühlen, als der Kaiser der Emigranten, als »Goethe in Hollywood«. Entsprechend viele Hilfsanfragen erreichten ihn, und er hat sich durchaus für andere Emigranten eingesetzt, hat gespendet, Stellen vermittelt, Gutachten geschrieben, Hilfskomitees mitgegründet, Bürgschaften unterschrieben.

In Wahrheit aber litt die gute Fee – an ihm. In ihren Memoiren von 1953 (*Out of these roots*) ist sie sehr diskret im Hinblick auf Thomas Mann, spricht nur davon, dass sie sich in seine Sprache und seinen Stil verliebt habe. In Fragment gebliebenen und postum veröffentlichten Aufzeichnungen gab sie ihre Passion eher zu erkennen, und ihre Tochter, die Journalistin Katharine Graham, bezeugt in ihren Memoiren, dass ihre Mutter emotional destabilisiert war und ein starkes Alkoholproblem bekam. Über Thomas Mann habe ihre Mutter gesagt: »He is the biggest thing I ever met bar nothing.«

In seinen Tagebuchaufzeichnungen kommt Agnes Meyer gar nicht gut weg. Man hat das Gefühl, dass er ihr Zeit und Zuwendung opferte, weil er ihr das schuldig zu sein glaubte. Sie wollte immer allein mit ihm sein, und er gewährte es, las ihr aus neuen Manuskriptteilen vor. Katia, die nur selten dabei war, korrespondierte hin und wieder mit ihr in freundlichem Ton. Thomas Mann opferte viel Zeit, um Agnes Meyer ausführlich zu schreiben, doch wehrte er ihre Versuche ab, seinen Charakter zu analysieren. Für ihn war es eine »dumme demütigende Freundschaft«. Er fand sie albern, feindselig, tyrannisch, er steigerte sich in große Wut auf sie, wollte ihr heimleuchten. »Sie wollten mich erziehen, beherrschen, verbessern, erlösen«, schrieb er ihr am 26. Mai 1943. Alles, was er sage, diene »der Erklärung, warum ich kein Verhältnis mit ihr anfange«. (Tagebuch, 4.4.1942)

Er litt unter der »bedrückenden Fixierung auf meine Person«, nannte sie »anstrengende Freundin«, »beschwerliche Geist-Pute«, »dummtyrannisches Frauenzimmer« – und durfte nicht einfach brechen mit ihr. »Penible Gespräche« musste er führen, worüber? »Über ›uns‹.« Dieses *uns* gab es aber für ihn nicht. Und warum? Weil seine ganze Lebenskonstruktion gefährdet war. Ihre Vorstöße flößten ihm »einige Bangigkeit um mein Seelenheil« ein; er fürchtete um »das Maß von Sorglosigkeit [...], das ich brauche, um weiter das Meine zu thun«, und das war eine ernste Sache. Deshalb durfte er nicht zu tief angerührt werden; nur wenn er seine innere Konstruktion bewahrte, konnte er seine Bücher schreiben. Und das galt auch für Störungen politischer Natur. Diese Haltung war ernst gemeint, er war kein Tartüff, kein Heuchler.

Agnes Meyer wusste, dass sie keine Chance hatte. Sie konnte Briefe unterschreiben mit: »Ihr demütiger Tyrann Agnes.« Und sie schrieb: »Sie zu lieben, mein Freund, ist eine hohe Kunst, die nicht jeder fertig bringt – ein komplizierter Solo-Tanz.« (7.4.1941) Der Autor des *Joseph* konnte nicht nachgeben. Sie lobte einerseits bei Thomas Mann die Suche nach Reinheit und nach dem Absoluten, aber sie wollte ihn auch von der Furcht vor der Frau als Verführerin befreien (durch Verführung). Der

Autor wies sie zurecht: Castorp im *Zauberberg* suche keine Reinheit, sondern humane Erziehung. Sein Bild von Potiphars Weib, das sie kritisiert hatte, sei doch deren Ehrenrettung.

Ihre Krise erlebte diese Beziehung im Frühjahr 1943. Am 26. Mai 1943 schickte Thomas Mann seiner Gönnerin einen Scheidebrief, für den er einen ganzen Arbeitsvormittag opferte. Er war bereit, auf alle materiellen Vorteile zu verzichten, die sie ihm gewährt hatte. Sie hatte sich über Klaus Mann geärgert, der sich ihr gegenüber, obwohl sie die von ihm edierte Zeitschrift *Decision* subventionieren wollte, nicht sehr elegant benommen hatte. Dankbarkeit und Rücksicht war nicht dessen Stärke. Zudem hatte Klaus ihren lieben Paul Claudel in seinem Buch über André Gide kritisiert, weil der Poet und Diplomat sich in Vichy-Frankreich aufhielt. Eine Leserbriefschreiberin hatte in der *Washington Post* daraufhin Thomas Mann kritisiert, als sei der für die Ansichten seines Sohnes verantwortlich, und auf dessen demokratiefeindliche *Betrachtungen eines Unpolitischen* verwiesen.

Thomas Mann, mit den amerikanischen Gepflogenheiten nicht recht vertraut, fasste diesen Leserbrief als Kränkung auf; er verteidigte auch die *Betrachtungen*, nannte sie »mein anti-politisches Kultur-Glaubensbekenntnis von 1916«. Agnes Meyer wiederum hatte berichtet, dass seine Tochter Erika sich ihrem Mann Eugene gegenüber in Lissabon sehr despektierlich benommen habe. (Leute zu brüskieren war ein Lieblingssport von ihr.) Mit Golo hatte Agnes Meyer aber ein gutes Verhältnis, wie sie betonte; Golo kam überhaupt gut aus mit Leuten, Lebenden oder Toten, die bei den Seinen nicht viel galten.

Thomas Mann verteidigte seine Kinder; Erika sei als Vortragsreisende so erfolgreich durch ihren »großen Persönlichkeitsreiz« und durch »leidenschaftliches Gefühl«. Klaus sei »ein begabter, fleißiger und mutiger Sohn«, er habe sich zur Army gemeldet, obgleich er nicht geeignet dafür sei, er musste sogar darum kämpfen, angenommen zu werden. Und überhaupt sei ihm Streit zuwider. »Ich, der nichts verträgt, der Ruhe und Frieden braucht wie das liebe Brot, der bei Zank und Streit weder etwas leisten noch auch nur leben kann, sondern rapide dabei zugrunde geht, ich muß es ausbaden und um einer Sache willen, mit der ich nicht das mindeste zu tun hatte, eine Freundschaft zerbrechen sehen, die mir teuer war.« 1914/18 konnte er sehr wohl zanken, zürnen und hassen, doch das blendete er aus. Sie aber schrieb: »Die Streiterei zwischen uns muss aufhören, Tonio.« Und er willigte ein, schrieb erklärend, seine Heftigkeit stamme aus einer »gewissen sprachlichen Leidenschaft«, sie möge verwundend wirken, sei aber nur Wille zur Präzision. Und so setzten sie ihre undefinierte »Beziehung« fort.

Aber was fand sie an Thomas Mann? Glaubt man der Darstellung ihrer Tochter Katherine, erinnerte er sie an Erzählungen ihrer Mutter aus deren deutscher Kindheit. Für sie entsprach dieser Norddeutsche ihren Vorstellungen von einem eleganten hanseatischen Kapitän. Sie lebte auch ihren Vaterkomplex aus, denn der hatte sie als Kind arg enttäuscht.

Ja, da wollte allen Ernstes das Weib noch in sein Leben treten, dabei war er doch alt wie Juda, und sie war als Thamar eine fragwürdige Besetzung. Dass er sie zur Romanfigur gemacht hatte, schmeichelte ihr gleichwohl: So habe Thomas Mann sie zu einem Teil der deutschen Tradition gemacht. Gelegentlich kam es noch zu Annäherungsversuchen, die Thomas Mann missfielen. »Völlige Präokkupation durch Leidenschaften, Liebeskummer, die nur durch Dichtung leidlich zu erlösen«, heißt es im Tagebuch nach einem Treffen mit Agnes Meyer. (22.8.1950) Sie rede oberflächlichen Unsinn wie immer, notierte er. Und doch verabschiedete sie sich mit Küssen.

In den schwierigen Jahren der McCarthy-Ära um 1950 nahm

sie ihn mehr in Schutz gegen politische Angriffe, als ihm bewusst war. 1955 bedankte er sich bei der »teuersten Fürstin« für ihre »mühevolle aktive Versenkung in meine geistige Existenz«; er wusste, dass das »Thema T. M.« für sie ein »problematischer Gegenstand« war. Das waren fast schon Worte aus dem Jenseits. Er hatte ihr kurz zuvor zum Ableben von Claudel kondoliert. Auf Versöhnung legte er schon Wert.

Sie nannte die Beziehung »a friendship of so high a quality, so passionate and yet so dispassionate«, sprach auch in den Erinnerungen von »wir« und »uns«, betonte die große Nähe. Die Beziehung war vielleicht kompliziert, aber unverzichtbar. Sie glaube aber nicht, dass er Verständnis gehabt hatte für ihre übermäßige Reaktion. »Wissen Sie überhaupt, was Sie für mich bedeuten?«, hatte sie einst geschrieben. Er wollte es gar nicht wissen. Von ihr habe er »Güte, Beistand, Lebenserleichterung« empfangen, hatte er gestanden, und er hatte geglaubt, alles ohne Ehrverlust annehmen zu können. Doch missfielen ihm ihre Erziehungsversuche: »Immer wollten Sie mich anders, als ich bin.« Man müsse ihn aber nehmen, wie er nun einmal sei. »Für mich war unsere Freundschaft eine Ekstase, die sich in etwas viel ruhigeres und erhaberenes verwandelt hat«, musste sie zugestehen und erkennen: »Our love can not live.« (29. 5. 1943) Aber war es denn Liebe gewesen – oder nur eine »Liebe des Ehrgeizes«, wie es im Roman der Thamar nachgesagt wurde, eine Liebe, die »aus dem Gedanken kam« und deshalb dämonisch genannt wurde?

Unmögliche Heimkehr

Heinrich Mann ist unser!
Walter Ulbricht, 1971

In Kalifornien den Sinn für die Realitäten zu behalten war keine einfache Sache. War das Exil an sich schon eine reichlich irreale Situation, so galt das für das Leben im Land ohne Jahreszeiten allemal. Selbst ein aufgeklärter Geist wie Aldous Huxley, der 1937 nach Los Angeles gekommen war, ließ sich immer stärker von den Kräften des Irrationalen verlocken. Für deutsche Emigranten, die mit dem Blick auf die ferne europäische Kriegslandschaft lebten und von Zerstörungen und Verfolgungen, von Schlachten und Völkermord hörten, war der Aufenthalt im Pseudoparadies eine verwirrende Angelegenheit. Immerhin pflegten die Angehörigen von »Deutsch-Kalifornien« einen gewissen Zusammenhalt und verbrachten »den längst gewohnten Wartesaal-Tag, in geselligem Reihum«, wie Thomas Mann formulierte. (Brief vom 6.5.1943)

Die wenigsten hatten noch zureichende Einkünfte, die meisten waren auf direkte oder indirekte Unterstützung angewiesen. In einem eigenen kleinen Haus zu leben war nichts Besonderes, es gab ja kaum andere Wohnformen. Pacific Palisades, Santa Monica, Westwood, Beverly Hills hießen die bevorzugten Wohngegenden der Zugewanderten im Nordosten dieser besiedelten Wüstengegend südlich der Santa Monica Mountains, die eine Art Flickenteppich von Ortschaften innerhalb des Landkreises (»county«) von Los Angeles waren. Heimliches Zentrum des Gebildes war das eher mythische und kaum zu lokalisierende Hollywood – denn die großen Studio-Komplexe verteilten sich auf die gesamte Region, die man kaum »Stadt« zu nennen wagte.

Heinrich Mann trauerte dem verlorenen Frankreich nach und seinem lieben Nizza, das selber ein Ort des Irrealen war. Nach der dramatischen und strapaziösen Flucht, der Überfahrt nach New York, der Weiterwanderung nach Los Angeles war er finanziell zunächst durch einen Jahresvertrag abgesichert, den die Produktionsfirma Warner Bros. reihum Emigranten gewährte. Seine Filmskripte wurden dort wohl kaum von jemand gelesen. Einkünfte aus Buchverkäufen erzielte er in den Kriegsjahren nicht mehr, und für *lectures* in englischer Sprache war er nicht geeignet. Doch er schrieb weiter, bis zuletzt, dieses alte Laster konnte er sich nicht abgewöhnen. Er war einbezogen in das gesellschaftliche Leben der kleinen deutschen Kolonie. Aber er wurde öfter krank, musste Kuren machen, baute körperlich stark ab. Auf seinem Konto hatte er nur noch wenige Dollar. Wiederholt hat ihm Thomas Geld geschenkt. Einen Anschein des alten Lebens konnte er wahren, aber mehr als Parodie seiner selbst: in einer Ehe wie bei Professor Unrat, nur dass seine Nelly keine Künstlerin war. Aber diese triste Story wollte niemand verfilmen.

Nelly Mann war nicht überall gern gesehen, vor allem bei ihrem Schwager nicht – wegen ihrer schlechten Manieren, ihrer Trunksucht, ihrem lockeren Lebenswandel, ihrem groben Mundwerk. Das Tagebuch von Thomas Mann ist voll von bösen Worten über die »schreckliche Trulle«, die er nicht mehr in seinem Haus sehen wollte. Alle Versuche, Heinrich von ihr zu trennen, schlugen fehl. Marta Feuchtwanger versuchte Nelly zu helfen, musste sich aber, wenn diese stark betrunken war, übel beschimpfen lassen.

Nelly hatte eigene Einkünfte durch kleine Jobs, etwa in einer Wäscherei oder in einem Krankenhaus, aber sie hatte wieder mit dem Trinken begonnen; die Entziehungskuren in Nizza hatten keine anhaltende Wirkung gehabt. In Los Angeles war sie noch verlorener als in Frankreich. Sie hatte seltsame Freundinnen und einige Affären, gegen Bezahlung vermutlich. Zudem gab sie mehr Geld aus, als sie hatte, stellte ungedeckte Schecks aus. Golo Mann versuchte sich freundlich einzumischen. Er schrieb an seinen Onkel und tadelte Nellys »irrationales Wirtschaften«; außerdem werde in Hollywood über seine Ehe viel getratscht.

Ihren amerikanischen Führerschein hatte Nelly 1941 erworben. Noch am 9. Dezember 1944 war sie als freiwillige Blutspenderin beim Roten Kreuz registriert worden, was in der Bescheinigung als »patriotic service« gewürdigt wurde. Ein paar Tage darauf wurde sie zum wiederholten Mal von der Polizei gestoppt, weil sie betrunken Auto gefahren war; nun drohte ihr die Entmündigung, vielleicht die Einweisung in eine Klinik. Sie schluckte eine Überdosis Schlafmittel, nicht zum ersten Mal. Nelly wurde leblos im Bett gefunden, man rief ihren Hausarzt, der sie ins General Hospital bringen ließ, doch es war zu spät. Am Mittag des 17. Dezember 1944 ist sie verstorben. Die Trauerfeier für sie auf dem Woodlawn-Friedhof in Santa Monica geriet so grotesk wie alles in ihrem Leben. Heinrich Mann hat bittere Tränen um sie geweint. Thomas Mann allerdings atmete auf. An Agnes Meyer schrieb er: »Mein Bruder, der (zum Glück) seine Frau verloren hat, wird jetzt für einige Wochen zu uns ziehen. Es war hohe Zeit, dass dieses Bündnis durch den Tod gelöst wurde. Es war ruinös, und wir haben viel zu sanieren.« (7.1.1945)

Lion Feuchtwanger hat den literarischen Stoff erkannt, der in der Geschichte dieses sonderbaren Paares lag. 1954 erschien sein Roman *Narrenweisheit*. Zwar spielt die Handlung Ende des 18. Jahrhunderts und erzählt die Vorgeschichte der Französischen Revolution; Jean-Jacques Rousseau und dessen Gefährtin Thérèse sind aber nach dem Vorbild von Heinrich und Nelly gestaltet. Von ihr hieß es: Sie war vulgär, doch nicht ohne Reiz. Und von ihm: »Es war ein Körnlein Wahrheit darin, daß der weiseste der Menschen blind und sanft verlogen und ein Stück von einem Narren war.«

Ein seltsames Nachspiel hatte die Beziehung mit Nelly: Zwischen 1946 und 1949 erhielt Heinrich Mann Briefe aus dem zerbombten Berlin, von einer Freundin von Nelly, die vor 1933 in derselben Bar wie diese gearbeitet hatte und sich nun mit Prostitution durchschlug. Margot Voss schilderte die Verhältnisse im geteilten Berlin aus ihrer Perspektive und wäre sogar bereit gewesen, Nelly in seinem Leben zu ersetzen, wenn er denn gekommen wäre.

Denn im Jahr 1946 war in Berlin von einer eventuellen Rückkehr Heinrich Manns die Rede. Diese Frage beschäftigte einen Teil der deutschen Öffentlichkeit, wenn auch nicht so intensiv wie im Fall seines Bruders. Heinrich Mann wurde auf diesem Wege wieder existent für das lesende Publikum, seine Bücher wurden verlegt, er hatte neue Einkünfte, sein Name war wieder etwas wert – vor allem aber auf der politischen Ebene, und das war das Problematische an der Sache.

Zum 75. Geburtstag im Jahr 1946 erhielt Heinrich Mann von Freunden ein in schwarzes Leder gebundenes Heft mit handschriftlichen Widmungen und Dankesbriefen. Mit Beiträgen vertreten waren Ernst Bloch, Bertolt Brecht, Ferdinand Bruckner, Lion Feuchtwanger, Berthold Viertel, Wieland Herzfelde, F. C. Weiskopf und viele andere. In Mexiko veranstalteten die kommunistischen Emigranten öffentliche Feiern zu seinen Ehren. Im April 1945 hatte der Briefwechsel mit Félix Bertaux wieder eingesetzt. Heinrich Mann schrieb, er habe nie gezweifelt, dass er sich als derselbe treue Freund erweisen werde wie bisher. Er sprach von Nellys Tod und seinem einsamen Leben seither. Mit ihr habe er eine friedliche Zeit gekannt wie selten in seinem Leben. Die Rückkehr nach Frankreich sei ihm verboten. Ohne sie dorthin zurückzukehren käme ihm unstatthaft vor. Er lebe nun in diesem endlosen Dorf am Pazifik, sehe seinen Bruder, aber sonst wenige Menschen, höre gute Musik. Nur eins sei intakt geblieben, nämlich die Freundschaft zu ihm und die Liebe zu Frankreich.

Im Mai 1945 erhielt Heinrich Mann durch seinen Neffen Klaus erste Nachrichten über das Schicksal seiner Ex-Frau und seiner Tochter Leonie. Das Verhältnis zu beiden blieb getrübt. Er zürnte Mimi in seinen Briefen wegen eines Gemäldes, das er einst für sich in Italien gekauft und das sie behalten hatte. Er schien nicht zu begreifen, was sie in Theresienstadt durchgemacht hatte. Andererseits verschwieg ihm seine Tochter, dass seine Bibliothek den Krieg überdauert hatte. Mimi, die vom Staat eine Pension erhielt, starb am 22. April 1947 an den Folgen der Internierung.

Leonie heiratete 1947 den kommunistischen Journalisten Ludvík Aškenazy. Im März 1948 erfuhr Heinrich von der Geburt seines Enkels Jindřich (Heinrich); zwei Jahre später kam ein zweiter Enkel zur Welt, Ludvík. Klaus Mann hat die Familie in Prag besucht, ließ sich von Leonies Mann für den Rundfunk interviewen. Bei allen Erwägungen einer Rückkehr nach Deutschland spielte ein Besuch bei seiner Tochter keine Rolle, obwohl der einzige Direktflug aus den USA in den Osten Europas nach Prag führte. Es war immer nur von einer Reise mit einem polnischen Schiff von New York nach Gdynia die Rede.

Nach Heinrichs Tod gab es einen unschönen Briefwechsel zwischen Leonie und Katia Mann. Die Aškenazys wurden dank ihrer Beziehung zu Heinrich Mann zu Vorzeigefiguren der ČSSR, ehe auch sie mit dem Regime in Konflikt gerieten und 1968 außer Landes gingen. Mit des Sozialismus Mächten war kein ew'ger Bund zu flechten. Das mussten auch viele Emigranten erfahren, die aus Überzeugung ins östliche Deutschland gegangen waren, etwa Alfred Kantorowicz, der sich sehr um die Veröffentlichung von Heinrich Manns Werken bemühte, aber schließlich in den Westen floh, was dazu führte, dass die von ihm betreute Ausgabe eingestampft wurde.

Schon im Februar 1945 hatte Paul Merker aus dem mexikanischen Exil an Heinrich Mann geschrieben, dass man ja gewiss bald nach Deutschland zurückkönne und dass es seine größte Freude wäre, ihn dort zu begrüßen. Im August 1946 erhielt der »liebe Freund Heinrich Mann« eine offizielle Einladung von Wilhelm Pieck und Otto Grotewohl, den Vorsitzenden der neu gegründeten SED. Der Brief wurde von einem Boten persönlich überreicht.

Die Kontakte mit den kommunistischen Kreisen in Mexico und mit Ost-Berlin, aber auch die zum Sowjetischen Konsulat in San Francisco wurden vom FBI überwacht. Viele Briefe von Heinrich Mann sind nur in seinem Dossier aufbewahrt (No. 100 – 166834). FBI-Chef John Edgar Hoover persönlich kümmerte sich um diese Papiere. Registriert war Heinrich Mann als »Alien and Communist«, gelegentlich sogar als »Russian Communist«. Im Dezember 1947 wurde angeordnet, dass keine weitere Überwachung erfolgen solle.

Bis an sein Lebensende sollte die Diskussion um die Einladung in den zweiten deutschen Staat anhalten; es war eine Art Tragikomödie, die sich zwischen ihm, den politischen Instanzen in Ost-Berlin und seinem Bruder abspielte, der ihm zur Übersiedlung riet, aus nicht ganz uneigennützigen Gründen, da er und vor allem Katia Mann nun für Heinrich verantwortlich waren. Auch Marta Feuchtwanger war in die Betreuung des alten Mannes eingebunden.

Im März 1946 meldete sich Golo Mann aus Frankfurt/Main, wo er beim Hessischen Rundfunk arbeitete. Zur Rückkehr nach Deutschland ermutigte er ihn aber nicht. Aber dazu hatte Heinrich Mann zunächst gar keine Lust: »Er lehnt die russische Aufforderung, nach Deutschland zu kommen, ab«, notierte Thomas Mann im Tagebuch. (17.2.1947) An Johannes R. Becher schrieb Eva Herrmann, man habe im kleinen Kreis bei Thomas Mann über Heinrichs Reise nach Deutschland gesprochen. Allerdings müsse man dort gut für den alten Mann sorgen. Die Jahre im amerikanischen Exil waren eine schwere Zeit für Heinrich Mann gewesen, doch er konnte sich nicht aus dem kalifornischen Klima lösen, fürchtete sich vor der Kälte, die der Gedanke an Deutschland bei ihm aufkommen ließ.

Die Versuche von staatlicher wie von privater Seite, ihn zur Rückkehr zu bewegen oder davon abzuhalten, intensivierten sich, als neue kulturelle Institutionen für die DDR geschaffen werden sollten. Im Oktober 1948 hieß es aus Ost-Berlin: »Im Zusammenhang mit Ihrer Rückkehr ist an die Gründung einer deutschen Dichterakademie gedacht, als deren Präsident Sie vorgesehen sind.« Ursprünglich hatte Heinrich Mann sogar verstanden, er solle Staatspräsident werden, was zeigte, dass er die Natur kommunistischer Regime nicht begriffen hatte. Einerseits lief der umständliche Prozess der Visumserteilung, Passformalitäten, Ticketbeschaffung, auch das Quartier wurde bereitet; andererseits wurde jeder Vorwand genutzt, um den entscheidenden Schritt hinauszuzögern.

Das Tagebuch von Thomas Mann spiegelt die Schwankungen. Bezeichnend der Eintrag vom 20.8.1949: »Heinrich zum Thee, lange. Will und will nicht.« Als er die Übersiedlung endgültig aufgegeben zu haben schien, ging es ihm gesundheitlich besser; aber dann besann er sich wieder anders und bat um praktische Hilfe bei der Reiseplanung. Von den Russen erhielt er 3000 Dollar, die als Reisegeld gedacht, doch als Tantiemen deklariert waren.

Im Herbst 1948 zog Heinrich Mann ein letztes Mal um; das Treppensteigen war ihm schwer geworden, so suchte man für ihn in Santa Monica eine Hochparterrewohnung in einem zweistöckigen Haus, 2145 Montana Avenue, Apt. B. In Berlin-

Pankow wartete auf ihn das Haus Homeyerstraße 13 mit sechs Zimmern und Garten, das einst für einen SS-Obergruppenführer gebaut worden war. Dessen enteignete Witwe schrieb ebenfalls an Heinrich Mann: Sie wollte das Haus wiederhaben.

Heinrich Mann hatte durchaus verstanden, dass seine Übersiedlung als politische Parteinahme gedeutet würde, auch deshalb zögerte er. »Heinrich erklärt, durch die bevorstehende Errichtung des Ost-Staates als Volksdemokratie sei für ihn die Situation entscheidend geändert. Will sich nicht ›verkaufen‹. Etc. Will also nicht reisen und möge bleiben.« (Tagebuch Thomas Mann, 5.10.1949)

Im Oktober 1949 wurde Heinrich Mann der Nationalpreis 1. Klasse für Kunst und Literatur zuerkannt. Die Ehrenurkunde, die Medaille und der Geldpreis von 10 000 Mark stünden zur Verfügung – was hieß, nur wenn er in die DDR käme, würde er all dies erhalten. Welche Rolle Heinrich Mann in dem um seine Legitimation bemühten zweiten deutschen Staat spielen sollte, ist eine eigene Geschichte. Über absehbare Konflikte zu spekulieren ist müßig. Bücher von ihm erschienen in den Jahren nach seinem Tod fast nur in der DDR, zum Teil mit zensierenden Eingriffen.

Am 28. April 1950 hätte Heinrich Mann mit dem Schiff in Gdynia ankommen sollen. Das Zimmer des Präsidenten im Gebäude der Akademie am Robert-Koch-Platz 7 war schon eingerichtet. Am 13. März 1950 wurde in Ost-Berlin bekannt, dass Heinrich Mann »inmitten seiner Vorbereitungen für die Heimreise« nach siebzehnjährigem Exil gestorben sei. Laut ärztlichem Befund (der auch dem FBI bekannt wurde) starb Heinrich Mann am 11. März 1950 um 23:28 Uhr. Er wurde auf dem Woodlawn-Friedhof beigesetzt, etwa 30 Meter von Nellys Grabplatte entfernt.

Im Jahr 1961 wurden seine Überreste wieder ausgegraben, verbrannt und in einer Urne nach Ost-Berlin überführt. Dieses

Mal ging die Route über Prag. Er war ja bis zuletzt tschechoslowakischer Bürger geblieben. Von der Moldau brachte ein offizieller Konvoi die Urne an die Spree, wo sie zwei Tage vor dem 90. Geburtstag des Dichters am 25. März 1961 auf dem Dorotheenstädtischen Friedhof versenkt wurde. Nellys Überreste hatte man in Santa Monica belassen. In Berlin ehrte man ihn mit einer grauen Stele und einer Bronzebüste obenauf. Der schlichte schwarze Grabstein für Heinrich Mann in Santa Monica steht noch heute, und so erinnern zwei Grabsteine an den nie wirklich Heimgekehrten, ein passendes Symbol für seine Zerrissenheit zwischen realen und imaginären Ländern, zwischen Lust und Engagement, zwischen kreativem Rausch und sozialistischer Propaganda, zwischen Stalinkult und dem Blau der Engel.

Wenn er auch nicht physisch heimkehrte, sein Werk erlebte eine gewisse Renaissance. Der im August 1945 in Berlin gegründete Aufbau-Verlag sorgte für eine umfassende Edition. Die Verfilmung des Romans *Der Untertan* durch Wolfgang Staudte (1951) erlangte nachhaltige Popularität, wobei es nun um Kritik am ganzen deutschen Irrweg bis 1945 ging. In der Bundesrepublik übernahm S. Fischer in Frankfurt/Main die in Berlin edierten Bände in Lizenz; nach der Wiedervereinigung erschien das Werk von Heinrich Mann nur noch in diesem Verlag.

Trotz der Isolation und fortschreitenden körperlichen Verfalls hatte Heinrich Mann weitergeschrieben, doch ist die literarische Bilanz der amerikanischen Jahre durchaus fragwürdig. Vergeblich hatte er 1941 versucht, sein politisches Tagebuch der Monate seit Kriegsausbruch zu veröffentlichen: Es enthielt scharfe Kritik an der Sowjetunion und an Stalin wegen des Paktes mit Hitlerdeutschland. In der DDR konnte ein solcher Text nicht erscheinen; erst im Jahr 2004 wurde er publiziert.

In den ersten Monaten in Los Angeles, als er noch recht

euphorisch war, entstand der Roman *Empfang bei der Welt*, eine Kriminalgroteske und Generationengeschichte, eine Geschichte um Betrügereien im Zusammenhang mit der Finanzierung eines Opernhauses. Alle Probleme und Missverständnisse, die sich mit dem Werk von Heinrich Mann verbinden, kulminieren in seinem szenischen Roman *Lidice*, der Ende 1943 nach einer Phase des Ringens und Überarbeitens im mexikanischen Exilverlag El libro libre erschien. Es war eine Auftragsarbeit und eine Solidaritätsgeste gegenüber den Opfern der NS-Massaker im besetzten Tschechien. Es wurde eine Verwechslungskomödie, die entfernt an den Lubitsch-Film *Sein oder Nichtsein* erinnert, aber auch an Fritz Langs Streifen *Auch Henker sterben*. Die Dialoge sind entsetzlich peinlich, die Parabel ist ohne jeden Wert. Das Unbehagen an diesem Buch schlug sich auch bei Thomas Mann nieder: »Abends gelesen in H[einrich]s Lidice. Gelitten.« (Tagebuch, 13.5.1944)

1948 schrieb er seinen letzten Roman: *Der Atem*. Der Bruder las ihn während einer Schweizreise und notierte: »Fremd, einzigartig und fragwürdig. Kann wirkliche Lese-Hingabe nicht erzwingen. Schmerz darüber.« Die Geschichte der Rivalität und schließlichen Versöhnung zweier Schwestern hat eine stark persönliche Dimension. Sie spielt am Tage des Kriegsausbruchs 1939 in Nizza, dem Tag, an dem die Welt von Heinrich Mann unterging. Es ist eine reine Fiebervision, die Realität geht endgültig verloren, der Träumer Heinrich Mann kommt zu sich – und inszeniert in der eindringlichen Schlusspassage sein Ende als Autor, der das Wort niederlegt. Die Welt der Symbole und Boten wird verdorben durch zu viel krude Politik, ja Propaganda, aber die hier so innig beschworene Sowjetunion war ja längst eine Provinz in seiner Traumwelt geworden, so wie es in seinen frühen Jahren das ferne Frankreich gewesen war.

Das lässt sich besonders an dem einzigen bemerkenswerten Werk aus der amerikanischen Zeit feststellen. *Ein Zeitalter wird besichtigt*, im Juni 1944 abgeschlossen, ist ein zwiespältiges Buch. Man kann es Antimemoiren nennen, denn es geht mit der biographischen Wahrheit sehr frei um. Es enthält alles, was an Heinrich Mann groß ist, und alles, was ihn manchmal schwer erträglich macht. Insofern ist es das angemessene Selbstbild des Autors. Als Memoirenbuch ist es zu unpersönlich, als Informationsquelle und Zeitzeugnis zu ungenau, als Erzählung zu disparat – aber es ist von allem etwas. Seine Einheit findet es nur im elegisch-eleganten Tonfall, der an seine schönsten Essays anknüpft.

Verdorben wird es durch die peinlichen Lobeshymnen auf Stalin und auf die Sowjetunion; jeder kritische Geist, der in den Aufzeichnungen bis 1941 noch zu spüren war, ist über Bord geworfen. Der Denkfehler bestand darin, dass man sich zwar mit der Sowjetunion gegen Hitler verbünden musste – als jene dazu gezwungenermaßen bereit war –, aber deswegen ihr inneres Regime nicht preisen musste. Für ihre Landung auf Sizilien haben sich die Amerikaner aus militärischen Gründen mit der Mafia verbündet, deswegen haben sie noch lange nicht deren Methoden gebilligt (sie allerdings für lange Zeit gestärkt). Seine Verklärung Stalins war ein Märchen, die Wiederkehr des Wunderbaren in einer politischen Form, ein Traum – und eine Tapete vor einem realen Alptraum.

Auch die Lobeshymnen auf die Dritte Französische Republik fielen maßlos aus. Deren Epoche war für ihn »glänzender als die Regierung des Sonnenkönigs, erfolgreicher als Napoleon und an innerem Wert von Sittlichkeit und Güte nur vergleichbar dem besten aller Könige, Henri Quatre.« Kein Wort von der schlechten sozialen Lage, von der Korruption in Politik und Presse, von der Ausbeutung der Kolonien. Keine Strömung innerhalb der Résistance dachte nach der Befreiung daran, diese Republik wiederherzustellen.

Einigen Weggefährten gelten gelungene Porträts, so Félix

Bertaux oder dem Bruder. Nur von sich kann Heinrich Mann nicht reden, erstaunlich für ein Erinnerungsbuch. Das Subjekt dieser Aufzeichnungen wird »Jx« genannt. Ein X-Beliebiger? Ein Hochstapler, dessen Identität ein Jux ist? Ein Aufschauender? »Das Beste war immer, bewundern, das heißt lieben zu können.« Anders als ihm oft unterstellt wurde, war der Hass nicht seine Sache. Für nachträgliche politische Instrumentalisierung, wie sie seit 1990 gelegentlich versucht wurde, als sei der historisch gescheiterte Sozialismus durch seine noblen Sympathisanten zu retten, eignen sich Person und Werk schon gar nicht. Liebend gern möchte man das Werk vor seiner Meinungssucht retten und die Politik abschütteln. »Wäre ich Deutschland gewesen«, seufzt Heinrich Mann in *Ein Zeitalter wird besichtigt*. Er war es aber nicht, er war ein Mann am Rande, der gleichwohl das Zentrum beleuchtete.

Bruder Viktor

In den ersten Nachkriegsjahren mussten sich die Deutschen mit einem Ersatz-Mann begnügen, dessen Existenz die Öffentlichkeit erstaunt zur Kenntnis nahm. Der 1933 in München gebliebene Viktor Mann, das jüngste der fünf Lübecker Geschwister, hat seine Familie für kurze Zeit in der alten Heimat vertreten.

Seit Beginn des Exils hatte es keinerlei Kontakt zwischen den drei Brüdern gegeben; Viktor führte eine unbehelligte ›normale‹ Existenz im München des Dritten Reiches, wenn auch nicht so hellsichtig wie die Gestalt des Zeitblom in Thomas Manns Roman *Doktor Faustus*. Viktor besaß eine solide Ausbildung als Diplomlandwirt und hatte beim Landesamt für Milchwirtschaft und später in der Bayerischen Handelsbank als landwirtschaftlicher Experte (Kreditwesen etc.) gearbeitet. Er war in beiden Weltkriegen Soldat, im NS-Regime sogar Parteimitglied, Angehöriger des NS-Kraftwagenkorps, Gruppenführer in der Arbeitsfront. Nach dem Krieg hatte man ihn aus allen Funktionen entlassen, wohl auch kurzzeitig verhaftet, weil er angeblich französische Zwangsarbeiter misshandelt hatte. Erika Mann hat den Onkel im zerbombten München besucht und etwas boshaft darüber an die Familie berichtet. Der Briefwechsel zwischen Los Angeles und München begann im Oktober 1945. Man schickte Viktor Care-Pakete, fragte nicht nach seinem Verhalten in der NS-Zeit. Er gehörte zu den Personen, die auf Heinrichs Entscheidung betreffs einer Übersiedlung in die sowjetische Zone einzuwirken versuchten, in seinem Falle zuratend.

Im Juli 1947 ist Viktor nach Zürich gereist, um dort seinen Bruder Thomas zu treffen, der sich mehrere Wochen in der Schweiz aufhielt, aber keine der vielen Einladungen nach Deutschland und speziell nach München angenommen hatte. Thomas notierte: »Lügen, Vernebelung, erdrückende Umarmung.« Zum Abschied nach einigen gemeinsamen Tagen heißt es im Tagebuch: »Unheimlichkeit Vikkos, krank aussehend, unklar belastend, erregt, über-liebevoll.« (24.7.1947) Über peinliche Themen wurde nicht gesprochen.

Im südlichen Deutschland hatte man Viktor als Vortragskünstler entdeckt. Insbesondere in der französischen Besatzungszone wurde er vielerorts von offiziellen Stellen zu Vorträgen eingeladen, auch im Rundfunk durfte er über seine Familie sprechen. Und er hatte Erfolg, war wohl ein glänzender Redner, arbeitete seine Sicht der Familiengeschichte immer weiter schriftlich aus. 1949 erschien sein Manuskript mit dem exklamatorischen Titel *Wir waren fünf!* Das hatte man bis dahin beinahe vergessen. Er hatte seine Zugehörigkeit ja wohl selbst vergessen und vielleicht auch verleugnet.

Lange sollte Viktor sich des neuen Ruhmes nicht freuen, denn im Frühjahr 1949 starb er an einer Herzkrankheit. Da war das Manuskript noch nicht druckreif. Der Südverlag fragte bei Heinrich Mann an, ob dieser das Kapitel über die Mutter vollenden wolle, doch dieser ließ es auf sich beruhen. Thomas Mann wollte übrigens nicht, dass Viktors Buch in den USA erschiene. (Brief vom 14.8.1948) Der plötzliche Tod Viktors ließ in der Familie die Vermutung aufkommen, er habe seinem Leben selbst ein Ende gesetzt, vielleicht weil peinliche Enthüllungen über seine Vergangenheit zu fürchten waren; der Autor macht immer wieder vage Andeutungen über eine Krankheit. Man weiß nur, dass er seit dem Ersten Weltkrieg mit Rheuma zu kämpfen hatte.

Sein Buch ist ein wertvoller Beitrag zur Geschichte der Familie Mann, insbesondere was die frühen Münchner Jahre und das Leben der Mutter betrifft. Dabei erwies sich Viktor als talentierter Erzähler, der eine ganz andere Lebenserfahrung und einen realistischeren Blick auf den Alltag besaß als die anderen Manns, ob als raufender Straßenbub in Schwabing, als Student und Burschenschafter, der Mensuren schlug, als Fachmann für Landwirtschaft und Kreditwesen oder eben als Soldat.

Auf das Werk seiner Brüder geht er ein, kommentiert einzelne Romane und schildert Örtlichkeiten rings um das fiktive ›Pfeifering‹ (*Doktor Faustus*). Er entschlüsselt einige Figuren von *Buddenbrooks* und *Königliche Hoheit* an. Zur Schwester Julia hatte er engen Kontakt behalten und durch deren Ehemann die Anstellung bei der Bank gefunden. Viktor besuchte seinen Onkel Friedel in Cuxhaven und in Hamburg. Er reiste kurz nach Kriegsbeginn 1914 in Uniform und mit seiner Verlobten Nelly nach Lübeck, wurde im Rathaus empfangen, an Stelle der Brüder. Er nahm die Erbschaft der Dresdner Verwandten Grammann entgegen.

Zwischen ihm und den Brüdern bestand ein großer zeitlicher Abstand, für ihn waren sie fast eine andere Generation, eher ferne Onkel. Kinder hatte er keine; Thomas Mann war überzeugt, dass er viele Affären hatte. Politisch dachte er ganz anders als die Brüder, viel stärker national als selbst Thomas damals. Er beharrte darauf, dass die Deutschen unpolitisch waren und im Feld heroisch gekämpft hätten. Schuld an der Niederlage 1918 seien der Hunger und die gegnerischen Ideen gewesen. 1919 half er, München mit Milch zu versorgen, war dafür in gefährlicher Mission unterwegs zwischen den Fronten des Bürgerkriegs. Auch Viktor war nicht ohne literarischen Ehrgeiz: Zusammen mit Thomas arbeitete er an dem Stummfilm-Projekt *Tristan und Isolde*, das aber nicht über einen ersten Entwurf hinauskam.

Leider enthält das Buch viele Fehler und Ungenauigkeiten. In vielem bleibt sein Bericht sehr vage; Namen werden nur selten genannt, mache Lebenssituationen nur angedeutet. Die Erzählung der NS-Zeit geriet äußerst knapp, was an der fehlenden Zeit für die Ausarbeitung liegen mochte. Der Ton hat hier zuweilen etwas sehr Raunendes, Finsteres, in der typischen Attitüde der Mitläufer (Viktor spricht von »Mitgetriebenen«), die nach Entschuldigungen suchen und leise Gegenklagen einbringen wollen. Nach 1933 habe es Intrigen gegen ihn gegeben, er muss die Verwandtschaft aber damals verleugnet haben. Schutz habe er durch Parteigenossen erhalten, also war er in der Partei – was er nicht ausdrücklich erwähnt. 1933 wurde er von den ausgewanderten Angehörigen nicht um Hilfe gebeten; angeblich war er krank in jenem Jahr. Er gibt zu, bei Aufmärschen mitgemacht zu haben, er durfte ja nicht auffallen. Trotzdem habe er die Rundfunkappelle seines Bruders Thomas über die BBC gehört. Sich selbst sah er als »harmlosen Außenseiter der suspekten Sippe«.

Thomas schrieb an Viktor, für ihn sei er der neunjährige Bub geblieben, was man auch als Angebot deuten kann, alles Spätere zu vergessen. Er schickte ihm seine Bücher; in *Joseph, der Ernährer* lautet die Widmung: »Für Benjamin-Viktor«, und in *Doktor Faustus*: »Dem Bruder in Deutschland«. Für Viktor war »Serenus Zeitblom [...] der schlichte Held« und zugleich die »Rehabilitierung des deutschen Menschen«. Sollte er sich in der Figur wiedererkannt haben? Zumindest war es ein Identifizierungsangebot.

Viktors Erfolg war wie ein kurzes Leuchten, dem bald dunkle Momente folgten. Einen Monat nach seinem frühen Tod am 9. April 1949 nahm sich Klaus Mann das Leben, und kein Jahr später starb Heinrich Mann. Viktor verschwand ebenso rasch von der öffentlichen Bühne, wie er aufgetaucht war, eine sonderbare Randexistenz in der Familiensaga.

Die liebe Schweiz

Was eigentlich ›home‹ ist, weiß ich längst nicht mehr recht,
habe es im Grunde nie gewußt.

Thomas Mann an Hermann Hesse, 25.11.1947

Die letzten zehn Jahre waren die sonderbarsten und widersprüchlichsten im Leben von Thomas Mann, doch sie waren entscheidend für die Vollendung und die Nachwirkung seines Werkes und für die Abrundung seiner Biographie. Es waren Jahre voller Konflikte, Kränkungen, Missverständnisse, geprägt von Krankheiten, Qualen und Übellaunigkeiten, auch vom Durchhaltewillen; sie endeten mit Ehrungen und Erfolgen über jedes Maß hinaus. Er selbst hatte das Gefühl einer feierlichen Auflösung seiner Existenz. Zugleich ging die strikte Arbeitsdisziplin allmählich verloren, bedurfte er der Hilfe seiner Tochter Erika bei der Arbeit an den letzten Romanen und Reden. Wie bei jeder Herausforderung mussten, seiner Moral gemäß, alle Aufgaben »bestanden werden«. Die schwierigste Aufgabe lag darin, nach dem langen Exil einen neuen Ort zu finden.

In der Schweiz endete die Lebensreise von Thomas Mann, nicht in Deutschland, nicht in Amerika, schon gar nicht in Frankreich. Hier war sein Leiden an Deutschland neutralisiert. Zwischen der Hochzeitsreise mit Katia im Februar 1905 und seinem Tod im August 1955 bildete die Schweiz einen ständigen Bezugspunkt. In Erinnerung an das Exil vieler Vorgänger nannte Thomas Mann die Schweiz das »Zufluchts- und Sterbeland deutscher Dichter«. (Brief vom 7.5.1951)

Als Emigrant lebte Thomas Mann auf dem Boden der deutschen Sprache, die seine eigentliche Heimat war, musste nicht am politischen Alltag der Schweiz teilnehmen. Er nahm gewisse Rücksichten auf das politische Klima, trug Sorge, sich nicht allzu sehr zu exponieren mit seinen politischen Ansichten. Im Vergleich zu anderen europäischen Ländern bot die von Kriegen (nicht aber von Belastungen und Drohungen) verschonte Schweiz ein Bild der Kontinuität, der Unversehrtheit, des Friedens, des Wohlstands, und das machte sie anziehend für den Emigranten, der nun wieder mehr auf den deutschen Buchmarkt schaute. Die Schweiz ließ ihn in Ruhe, außerdem hatte er im Land viele Freunde und Helfer. Die Schweiz war für den vielgefragten und geplagten Autor so etwas wie ein Elfenbeinturm, falls diese Metapher hier erlaubt ist.

Damit er überhaupt den Weg in die Schweiz finden konnte, musste Thomas Mann sich nach 1945 mit den USA aus politischen Gründen entzweien und Deutschland gegenüber, das sich seiner Vergangenheit nicht stellte, dafür aber zum zentralen Schauplatz des Kalten Krieges wurde, ein unüberwindliches Misstrauen behalten.

Als Thomas Mann die amerikanische Staatsangehörigkeit erhalten und die tschechoslowakische abgelegt hatte, glaubte er, dem exilierten ehemaligen Staatspräsidenten Eduard Beneš einen ausführlichen Erläuterungsbrief schuldig zu sein. Darin hieß es auch: »Der Gedanke, nach Deutschland zurückzukehren, liegt mir längst ganz fern.« Das Land sei ihm tief verleidet und entfremdet. Er bewahre seine Art von Deutschtum im kosmopolitischen Universum Amerikas auf. (29.7.1944)

Waren der Übersiedlung nach Amerika eine Reihe von Besuchsreisen vorausgegangen, um sich an die zweite Zuflucht zu gewöhnen, so geschah dies nun in umgekehrter Richtung: Seit 1947 kamen die Manns jährlich einmal (außer 1948) in die Schweiz, die ab 1952 zum Daueraufenthalt wurde. Nach Deutschland kam Thomas Mann nur 1949 und in den Jahren 1953, 1954 und 1955. Andere Reisen führten ihn nach Holland, Frankreich, England, Schweden und Italien.

Die Briefe von Thomas Mann sind voll des Lobes für das Land der dritten Zuflucht. An Alexander M. Frey schrieb er: »Die liebe Schweiz! Ich habe nun einmal an ihr einen Narren gefressen.« (17.9.1947) Das Haus in Pacific Palisades und der Garten dort seien ihm lieb: »Aber sterben möchte ich doch lieber daheim in der Schweiz.« Die Schweiz sei »nun einmal, nachgerade ziemlich unbegründeter Weise, mein Lieblingsland«, dort wolle er die letzten Jährchen verbringen. (1.2.1951)

Seit der ersten Reise in die Vereinigten Staaten war Thomas Mann ein wesentlicher Name in der amerikanischen Öffentlichkeit geworden. Sein Englisch klang etwas eigenartig, verbesserte sich aber von Mal zu Mal. Unterstützt von vielen Freunden, vor allem aber von seinem Verleger Alfred Knopf und von Agnes Meyer, erzielte er hohe Auflagen, großen Zuspruch bei Reden und Lesungen im ganzen Land, andauernde Beachtung in den Medien jener Zeit, und er hatte Zutritt zu höchsten politischen Sphären bis hinauf zum Präsidenten. Die Manns bauten sich ein Haus in Pacific Palisades, vielleicht das schönste und praktischste, das sie je bewohnt hatten. Sie gehörten zur kulturellen Elite in Los Angeles, verkehrten mit Musikern, Autoren und Filmstars. Für einen Ausgebürgerten war in einer fremden Kultursphäre mehr nicht möglich, ja seine Situation war eigentlich märchenhaft, denkt man daran, wie unerfreulich und erniedrigend die Lebenssituation vieler Emigranten war. Aber wie konnte bei ihm gegenüber Amerika Entfremdung, Zerwürfnis, ja sogar Bitterkeit entstehen?

Als die Emigranten in die USA kamen, war das Land noch neutral; sie hofften, dass der Isolationismus überwunden würde. Präsident Roosevelt wurde zwar im November 1940 mit einem ›pazifistischen‹ Programm wiedergewählt, unterstützte jedoch heimlich die Engländer, die allein noch Hitler Widerstand leisteten. Die Frau des Präsidenten, Eleanor Roosevelt, wurde von den Emigranten besonders verehrt, denn sie war der Schutzengel der Flüchtlinge aus dem besetzten Europa; mit ihrer Unterstützung war das Hilfskomitee gegründet worden, das zahlreiche Künstler und Intellektuelle aus dem besetzten Frankreich retten konnte.

Als Amerika 1941 in den Krieg eintrat, waren viele Emigranten bereit, in amerikanischer Uniform gegen Hitlerdeutschland zu kämpfen. Und als der Krieg gewonnen war, schrieben sie, auch Thomas Mann, das Hauptverdienst daran Franklin Delano Roosevelt zu. Aber der große Präsident war kurz vor Kriegsende am 12. April 1945 gestorben, es änderte sich nicht nur das politische Personal, es änderten sich die politischen Voraussetzungen. Zwischen 1945 und 1948 zerbrach die Kriegsallianz; die Sowjetunion errichtete in Osteuropa ein Imperium nach ihren Spielregeln. Doch in den Augen vieler Emigranten behielt die Sowjetunion noch einige Jahre das Prestige der großen Opfer und ihres entscheidenden Beitrags zum Sieg im Zweiten Weltkrieg. Dabei ging der Blick für die machtpolitischen Ziele Moskaus verloren.

Seit die amerikanische Armee in Japan zwei Atombomben abgeworfen hatte, strebte auch die Sowjetunion nach dieser Waffe, was ihr mit Hilfe von Spionen bis 1949 auch gelang; es begann das Gleichgewicht des Schreckens. Spionage, ideologische Subversion in beiden Richtungen, dazu Propaganda-Kampagnen bestimmten das Klima. Zwischen legitimer Verteidigung eigener Sicherheitsinteressen und purer Hysterie zu unterscheiden war nicht immer einfach, denn beides bestand nebeneinander.

Der Schreckensname in dem Zusammenhang lautet Joseph Raymond McCarthy. Nach diesem Politiker wurde eine ganze Ära benannt und eine Politik der Verfolgung von echten oder vermeintlichen Sympathisanten der Sowjetunion in den USA. Aber der republikanische Senator begann seine Kampagnen erst um 1950, da war die Politik der Denunziation längst im Gange. Bereits 1934 hatte sich ein Komitee für unamerikanische Umtriebe gebildet (HUAC), das nach dem Weltkrieg aufs Neue aktiv wurde. Es kam zu Verhören und zu Beschuldigungen, zur raschen Ausreise von Sympathisanten der Sowjetunion aus den USA, darunter vielen Emigranten. Besagtem Ausschuss gehörte Joseph McCarthy gar nicht an, wohl aber der Republikaner Richard Nixon.

Seltsamerweise trafen die Verdächtigungen und Berufsverbote vor allem Drehbuchautoren und Schauspieler in Hollywood, vielleicht um größeres Aufsehen zu erregen; in der Tat hatte der Komintern-Agent Otto Katz vor 1939 gerade in Hollywood Sympathisanten gewonnen, aber das spielte kaum eine Rolle; eher schon, dass Hollywood sich nach 1941 stark politisch engagiert hatte mit seinen Filmen (nachdem man bis 1939 noch gute Geschäfte auf dem deutschen Filmmarkt gemacht hatte). Das Klima der öffentlichen Verdächtigung und die hysterischen Kampagnen, die damit einhergingen, empörten Thomas Mann. Das Vertrauen in die amerikanische Demokratie ging verloren, und es setzte das ein, was man Emigrantenpanik nennen könnte. Bisher war ihnen der Faschismus stets auf den Fersen gefolgt, nun glaubten sie, dass er auch auf Amerika überspringen könnte.

Thomas Mann notierte erste Anzeichen von Terror, Gesinnungsspionage, politischer Inquisition und Rechtsunsicherheit. »So fing es bei uns auch an.« (12.10.1947) Ähnliche Äußerungen sind von Heinrich Mann überliefert, der den Faschismus in den USA für unvermeidlich hielt. So ärgerlich die amerikanische Hexenjagd auch war: Die Deutschen hatten keine Erfahrung mit einer stabilen Demokratie, sie hatten nur eine schnell gescheiterte Republik erlebt, unterschätzten die 200-jährige amerikanische Tradition und die Selbstheilungskräfte der amerikanischen Gesellschaft. Und so stimmte es, wenn Thomas

Mann schrieb: »Ich habe mir zu wenig Mühe gegeben, in dieser *culture* Wurzeln zu schlagen, bin zu sehr geblieben, der ich war [...]« (13.12.1951) Sich selbst nannte er einen schlechten Amerikaner, schlechten Europäer und schlechten Demokraten, obwohl er doch zur großen kulturellen Tradition des Westens beitragen wolle. (10.12.1951) Die Abwendung von Amerika steigerte sich zu maßloser Wut – wohl aus enttäuschter Liebe. Nun war die Rede von dieser »Raffer-, Narren- und Gangster-Civilisation«. Das erinnerte fast an die Tonlage der unseligen *Betrachtungen*. (1.2.1951)

Zugleich kritisierte er die Interventionspolitik der USA in der Welt, vor allem im Korea-Krieg. »Es grämt mich nur, daß dies Land der Pioniere und der Freiheit heute in der ganzen Welt das Alte, Verbrauchte, Faule, Korrupte unterstützt und in einer sich unaufhaltsam wandelnden Welt den policeman des status quo spielt.« (30.8.1950) Skandalös fand Thomas Mann einen Vortrag, in dem Ludwig Marcuse in New York ausführte, der Antiamerikanismus in Europa sei Ausdruck einer seelischen Erkrankung und ein Ersatz für den Antisemitismus. Thomas Mann hielt das für »rechten Schund«. (Tagebuch, 9.1.1954)

Die Ablösung von Amerika hatte sich seit dem ersten Europabesuch 1947 beschleunigt. Bald sprach er von den USA als seiner »verflossenen Heimat«. (11.4.1953) Ida Herz riet er dringend davon ab, ihre berufliche Laufbahn in den USA fortzusetzen: Amerika sei jetzt ein heißer Boden, dort herrsche eine bösartige Luft. (4.7.1950)

Thomas Mann unterschätzte den inneramerikanischen Widerstand. Im Februar 1954 glaubte er, dass McCarthy vollends triumphieren und wohl bald Präsident sein würde. Er wünschte, dass sich jemand fände, der den Senator erschießen möge. Dabei hatte längst der Abstieg des relativ jungen Senators begonnen, seine eigenen Parteifreunde ließen ihn fallen, nachdem er die Armee und führende Militärs kommunistischer Umtriebe beschuldigt hatte. 1957 starb McCarthy überraschend, und die verbrämten Kommuniqués konnten nicht verbergen, dass er der Alkoholsucht zum Opfer gefallen war.

In all dem Ungemach sah Thomas Mann noch positive Elemente in Amerika, denen er wohlwollend gegenüberstand. An den Vertreter der Unitarier in Los Angeles, Stephen H. Fritchman, schrieb er: »Ich fühle mich der Unitarian Church auf mancherlei Weise verbunden, auf persönliche und allgemein geistige.« Er hege wahre Sympathie für den »Geist Ihrer Kirche, den christlichen Humanismus«, den sie vertrete, aber auch für ihn persönlich. (5.12.1954) Schließlich waren seine Enkel bei den Unitariern getauft worden; Manns Sympathien galten dem starken gesellschaftlichen Engagement der Unitarier und ihrem lauten Einspruch gegen den McCarthyismus. Er wusste, dass einige Unitarier sich im besetzten Europa nach 1940 sehr um Verfolgte und Gefährdete gekümmert hatten.

Durch seine russlandfreundlichen Stellungnahmen, durch seinen häufigen Verweis auf den kommenden Sozialismus und später durch seine Reisen in die DDR geriet Thomas Mann selber in die Kritik und ins Visier von FBI und OSS (bald umbenannt in CIA). Verschiedentlich wurde daran erinnert, dass er ja nicht immer ein Anhänger der Demokratie gewesen sei. Und ganz gewiss wurde seine Sympathie von östlicher Seite gepflegt, wurden seine Äußerungen für deren Propaganda benutzt, womit er die Nachfolge seines Bruders Heinrich antrat. Zugleich bemühte man sich um sein Wohlwollen durch Werkausgaben in Ost-Berlin und in Russland, durch Einladungen und allerlei Ehrungen, die er aber nicht alle annehmen konnte oder wollte.

Es war keine Parteinahme für die östliche Seite, eher eine Art Äquidistanz zu den Blöcken. So hat er 1952 die Annahme des Stalin-Friedenspreises abgelehnt. Gleichwohl sah er sich in den

USA dem Vorwurf der Kommunistenfreundlichkeit ausgesetzt, gegen den er sich verärgert wehrte. Angesichts der irrwitzigen Anklagen schrieb er an den Chefredakteur der New Yorker Zeitschrift *Aufbau*: »Ich bin kein Kommunist und bin nie einer gewesen. Auch ein ›Reisekamerad‹ bin ich weder, noch könnte ich je einer sein, wo die Reise ins Totalitäre geht.« Doch stelle der »hysterische, irrationale und blinde Kommunistenhaß eine Gefahr« dar. Er sprach von Verfolgungswahnsinn und Verfolgungswut. (3.4.1951) Andererseits war er recht blind in Dingen, die Russland betrafen. So notierte er: »Die Russen sollen sich in Berlin sehr beliebt machen, Lebensmittel beschaffen. mit den Mädchen ausgehen. Werden noch die Beliebtesten sein.« (Tagebuch, 26.5.1945)

Ein Slogan, den Thomas Mann unfreiwillig geliefert hatte, wurde von der kommunistischen Propaganda besonders ausgeschlachtet, der vom Antikommunismus als »Grundtorheit unserer Epoche«. In dem Vortrag *Schicksal und Aufgabe* aus dem Jahr 1944 hatte Thomas Mann ausgeführt, er sei kein Anhänger eines Sozialismus, in welchem die Idee der Gleichheit vor jener der Freiheit rangiere; für einen Vorkämpfer des Kommunismus könne ihn ohnehin niemand halten. »Trotzdem kann ich nicht umhin, in dem Schrecken der bürgerlichen Welt vor dem Wort Kommunismus, diesem Schrecken, von dem der Faschismus so lange gelebt hat, etwas Abergläubisches und Kindisches zu sehen, die Grundtorheit unserer Epoche.« Er, der Zeitgenosse der Münchner Räterepublik und des späteren Aufstiegs der NSDAP, wusste, was mit Antikommunismus alles legitimiert worden war. Seine Worte waren keine Aussage über den Kommunismus, geschweige denn über die Sowjetunion; sie wurden aber so ausgelegt und genutzt. Gleichwohl finden sich bei ihm Äußerungen wie: Die Demokratie könne nur noch in Gestalt des Sozialismus moralisch existieren. (9.2.1948) Andererseits schrieb Thomas Mann an Hans Mayer: »Von der

Moskauer Kulturpolitik fühle ich mich schauerlich angeweht und möchte mich um keinen Preis auf die festlegen lassen. Die Zweiteilung Deutschlands kommt als Verhängnis hinzu.« (14.11.1948)

Auch im Briefwechsel mit Theodor Adorno, der 1949 nach Deutschland zurückgekehrt war – »Ich gönne Sie den Deutschen nicht«, hatte Thomas Mann humorvoll geschrieben –, spielte der Begriff des Kommunismus eine große Rolle. Manches in Adornos Texten sehe nach »einem geläuterten Kommunismus aus. Aber wie sieht *der* aus? Die russische Despotie ist im Irrtum. Aber ist Kommunismus ohne Despotie denkbar?« (30.10.1952)

Adorno hatte sehr positiv aus Deutschland berichtet. Thomas Mann antwortete: »[...] es macht mir großen Eindruck, daß Sie sich in der fremden Heimat drüben so frisch und wohl fühlen. Wir in der heimatlich gewordenen Fremde hier leben im Grunde am falschen Ort, was unserem Dasein etwas Unmoralisches verleiht. Das macht mir nun freilich wieder Spaß. Auch hänge ich sehr an unserem Haus, das so ganz das Rechte für mich ist, und liebe auch Land und Leute, die ja gutmütig und freundlich geblieben sind [...]« Die politische Luft werde aber immer unerträglicher. Eigentlich hielten ihn nur das Haus und die Gewohntheit noch im Lande. (9.1.1950)

Wie wenig er von den Vorgängen im Ostblock verstanden hat, geblendet durch die Ehrerbietung ihm persönlich gegenüber, zeigen seine Kommentare zum 17. Juni in der DDR. Im Tagebuch liest man: »Arbeiter-Revolte in Ost-Berlin, gewiß provoziert, wenn auch nicht ohne Spontanität, von russischen Truppen schonend niedergehalten. Panzer und Schüsse in die Luft.« Und am 26. Juni heißt es: »Heuchlerische Trauerkundgebungen in Adenauer-Deutschland für die Märtyrer im russischen Sektor. [...] Das ganze lausbübisch bis zum Exzeß.«

Seine Empfindlichkeiten, Krankheiten, sein körperliches und seelisches Befinden hat Thomas Mann stets sorgsam registriert. Das kann man als Verzärtelung und Selbstsucht auffassen oder als Beweis seiner steten Selbstbeobachtung. In seinen letzten Jahren nahm diese Attitüde zu, die Klagen häuften sich, wohl als Symptom von generellem Unwohlsein. Er litt unter den Zuständen in Amerika, wie er sie wahrnahm, und er litt am schlechten Wetter in der Schweiz. Das kalifornische Klima hatte ihn verwöhnt. Tatsächlich waren die Sommer in den Jahren nach 1950 ziemlich schlecht in der Alpenregion; ständige Erkältungen und andere Wehwehchen waren die Folge.

Auch mit seiner Arbeit war er reichlich unzufrieden. Er war nicht wirklich froh aus der aufzehrenden Arbeit am *Doktor Faustus* hervorgegangen. *Der Erwählte* hatte ihm gewiss Spaß bereitet, beim *Felix Krull* musste er sich quälen und zwingen. Unzufriedenheit mit sich selbst bilde das Grundelement des echten Talents, hatte er immer behauptet; den *Krull* erachtete er vor allem wegen seines erotischen Inhalts als unwürdigen Scherz. Dieses heitere Werk entstand in einer recht miesen Grundstimmung, er hegte »Zweifel am Wert des Buches«.

Das Schreiben war ihm als »tätige Hoffnung« unverzichtbar. Aber nach dem *Krull* fand er kein Projekt mehr, es herrschte »Arbeitsratlosigkeit«, quälende Untätigkeit. (17.6.1953) »Wachsende Unzufriedenheit mit meinem Zustand, Verlangen nach einem Unternehmen, einer zu betreuenden Aufgabe«, notierte er am 28. Mai 1954. Die Ablenkung nahm überhand: »Viel Post, viel Lektüre. Zuviel dringt auf mich ein. Mein Leben lang habe ich nach Konzentration gerungen; jetzt scheint es nicht mehr gelingen zu wollen.« (29.5.1954)

Er war wirklich aus dem Tritt gekommen, er litt unter »Zerstreutheit, Nervosität und Schlaffheit«. Er glaubte, ihm wäre schon geholfen, wenn er nur »den rechten Titel« für ein neues Projekt fände! (4.6.1954) Immer öfter ekelte ihn das Tagebuch an, unterbrach er die Aufzeichnungen, so auch, als ausgerechnet Deutschland Fußballweltmeister in der Schweiz wurde. Das Sportereignis war ihm nicht entgangen, doch hatte er nur beklagt, dass das Schweizer Publikum zu unfreundlich gegenüber ausländischen Mannschaften sei. (Tagebuch, 20.6.1954)

Empfindlich war er auch gegen Kritik, fasste sie als Majestätsbeleidigung auf. Bezeichnend seine Reaktion auf ein paar abfällige Sätze in der *Tragischen Literaturgeschichte* des Baslers Walter Muschg. »Übelkeit durch Schimpfierung meines Lebens. [...] Meine furchtbare Empfindlichkeit gegen kritische Schändungen meines Lebens.« (2. u. 3.11.1953)

Vielleicht rührte seine schwankende Gemütslage auch von seiner relativen Unbehaustheit in der Schweiz her. Oft logierte er in noblen Hotels; als ständige Adresse fand sich 1952 nur ein Haus im hinteren Teil von Erlenbach, etwas zu weit ab vom Ostufer des Zürichsees. Dort fühlte sich Thomas Mann sehr unwohl. »Werde das Haus in Pacific Palisades nie verschmerzen und hasse dieses hier.« (4.7.1953) Er konnte sich vorstellen, dorthin zurückzukehren, falls sich die politischen Verhältnisse in den USA ändern würden.

Über Monate hinweg zog sich die enervierende Suche nach einer definitiven Bleibe. Eine Übersiedlung an den Genfer See wurde erwogen, nach Montreux oder Vevey, wo Thomas und Katia Mann zweimal zu Besuch auf dem luxuriösen Anwesen von Charlie Chaplin und dessen großer Familie waren. Auch der Filmstar hatte Amerika im Unfrieden den Rücken gekehrt. Lugano, Locarno, Florenz und Rom wurden als denkbare Wohnsitze genannt, ehe Erika dafür votierte, in der Nähe von Zürich zu bleiben, weil dies doch praktischer sei. Ein Neubau auf einem zu erwerbenden Grundstück wäre zu teuer gekommen, und so war es ein Glück, dass Katia Mann am 6. Januar 1954 ein repräsentatives Haus in Kilchberg auf der Westseite des Zürichsees entdeckte.

Nachdem auch Erika Mann die Wahl gebilligt hatte, wurde der Kauf dieses Hauses beschlossen und am 2. Februar notariell beglaubigt (Kaufpreis 255 000 Franken). Für Thomas Mann schloss sich damit die Phase des Exils endgültig: »Ein Datum ohne Zweifel in diesen Aufzeichnungen seit 1933. Ich glaube, wir tun das Richtige und Vernünftige.« (28.1.1954) In der Übergangsphase bis zum Einzug am 1. April 1954 logierten die Manns im Grand Hôtel Dolder oberhalb von Zürich. »In meinen späteren Jahren gab es der Wanderschaft etwas viel«, schrieb Thomas Mann an Hermann Hesse am 26. März 1954. Das war nun vorbei: »Ein hübsches Haus und meine definitiv letzte Adresse.« (An Georges Motschan, 3.2.1954)

Thomas Mann hatte damit eine gute Wahl getroffen. Die Schweiz war eben keine abgelegene Provinz, sondern eine internationale Drehscheibe. So war er in den USA, in mehreren Ländern Europas von Italien bis Schweden präsent, als Autor und gelegentlich als Person auch in Deutschland. All das hätte so nicht geschehen können, wäre er ganz und gar in Pacific Palisades geblieben. Ein unmittelbares Anknüpfen wäre in Deutschland nicht möglich gewesen. Warum hätte der 75-Jährige in provisorischen Verhältnissen leben sollen? Er musste seine kosmopolitische Existenz fortführen, und das konnte er in jenen Jahren nur von der Schweiz aus.

Der Erwählte

Seltsam festlich geräuschvolles Abschnurren des Lebensrestes.
Thomas Mann, 13.6.1953

Es war kein Hörspiel (*play*), wie Thomas Mann missverstand, sondern eine *plea* (Bitte), die ein Berliner Sender im Oktober 1946 ausstrahlte: Thomas Mann möge nach Deutschland zurückkehren. Er hatte zu den Deutschen über die BBC gesprochen, nun schallte es aus dem Rundfunk zurück.

Im Roman verliert Joseph die Heimat und den väterlichen Segen und gewinnt nach schweren Jahren einen bevorzugten Platz in der Welt und sogar die Macht, den Seinen, die zu Verbrechern an ihm geworden waren, zu helfen. Hätte der Amerikaner Thomas Mann nach 1945 nicht den verirrten Deutschen helfen sollen? Manche erwarteten es von ihm. Aber so direkt und umweglos ging es nicht. Sie mussten ihn sich erst verdienen.

Was die schnelle Rückkehr verbaute, war nicht nur die wiederholt geäußerte Furcht vor den Trümmern in Deutschland, den realen wie den seelischen. Seine Krankheit und die Operation in Chicago Anfang 1946 verzögerten nochmals die Entscheidung. Nach der überstandenen Operation genoss er sein Haus in Pacific Palisades mehr denn je. »Freude an der Schönheit des Gartens« (1.6.1946) – »Paradiesischer Morgen. Frühstück auf der Terrasse.« (4.6.1946) Warum hätte er dies aufgeben sollen? Und wohin hätte er gehen können? Die Villa in München war nicht bewohnbar. Welche Institution hätte ihn rufen können? Es gab keine zuständige Instanz.

Deutschland lag in Trümmern, war besetzt und in vier Zonen aufgeteilt, nur auf lokaler und später auf regionaler Ebene gab es eine deutsche Verwaltung. Es dauerte eine Weile, bis sich eine überregionale Öffentlichkeit konstituierte, und dazu bedurfte es der Medien, die unter Aufsicht der Alliierten standen. In der zweiten Jahreshälfte 1945 nahmen Zeitungen, Verlage und Theater ihre Arbeit wieder auf, auch das Musikleben setzte wieder ein. Durch die Anwesenheit der Besatzungsmächte, durch die wenigen heimgekehrten Emigranten und vor allem durch den Bildungshunger der Deutschen war das kulturelle Leben insbesondere in den Westzonen bunter und internationaler als je zuvor.

Mit dem Ende des NS-Regimes kamen bei den Emigranten viele Affekte hoch, alte Kränkungen und neue schreckliche Enthüllungen über das ganze Ausmaß des Nazihorrors. Thomas Mann selber hatte den Begriff der inneren Emigration geprägt und eine exemplarische Gestalt dafür erfunden: Zeitblom. *Doktor Faustus* kam erst 1948 auf den deutschen Buchmarkt. Das Werk wurde vor allem politisch gelesen. Dabei war es doch am wenigsten ein politischer Roman gewesen und keineswegs eine Verurteilung Deutschlands.

Bei den Diskussionen der Emigranten untereinander hatte sich Thomas Mann immer vom »Emigranten-Patriotismus« abgegrenzt, worunter er die Neigung verstand, das deutsche Volk als nicht verantwortlich anzusehen. In bitteren Momenten ließ sich Thomas Mann zu Bestrafungsphantasien hinreißen. Aber wie bestraft man ein ganzes Volk? Verständlich ist die Wut des Emigranten, das Gefühl, dass Vergeltung und Entschädigung sein müssten. Doch eine unmittelbare Genugtuung konnte es nicht geben. In den letzten Kriegstagen schrieb er über die nötige Bestrafung der Deutschen ins Tagebuch: Man könne nicht eine Million Menschen hinrichten, ohne die Methoden der Nazis nachzuahmen. »Es sind aber rund eine Million, die ausgemerzt werden müßten.« (5.5.1945) Wütend machte ihn vor allem, dass sich niemand in Deutschland offen und freimütig vom Nazitum abgewandt habe. (7.5.1945) Aber wie hätte ein zureichendes kollektives Schuldeingeständnis aussehen müssen? Wie hätte es zustande kommen können? Die Emigranten hofften auf eine ausgleichende Genugtuung, gerade die konnte es im zerstörten Deutschland nicht geben. Und so wirkten die Wunden des Exils weiter.

Am 8. November 1945 antwortete im BBC Thomas Mann auf erste Rufe, nach Deutschland zurückzukehren. Er denke nicht daran, in die Politik zu gehen, und nach Deutschland schon gar nicht. Ihn habe der Teufelsdreck, der sich Nationalsozialismus nenne, den Hass gelehrt, zum ersten Mal in seinem Leben.

Im Oktober 1946 fragte die Universität Bonn an, ob Thomas Mann die erneute Verleihung der Urkunde über seine Ehrenpromotion, die ihm das NS-Regime aberkannt hatte, annehmen würde, und er sagte zu. Am 28. Juni 1947 bedankte er sich beim zuständigen Dekan für die Erneuerung des Doktordiploms. Ihn erbitterte, wenn in Deutschland kompromittierten Künstlern neue Huldigungen zuteil wurden, wie etwa dem Dirigenten Wilhelm Furtwängler; daran erkenne er, »welch ein Abgrund zwischen unserem Erlebnis und dem der in Deutschland Zurückgebliebenen« klaffe. (11.3.1947) Das hinderte ihn jedoch nicht daran, beim beliebten Schallplattenkonzert daheim Sänger anzuhören, die während der NS-Zeit in Bayreuth aufgetreten waren. Da wusste er sehr wohl zwischen politischem Opportunismus und künstlerischem Können zu unterscheiden.

Die Frage, ob Thomas Mann nach Deutschland zurückkehren solle, bewegte die Gemüter drei, vier Jahre lang. Es schien so, als wäre er den Deutschen etwas schuldig. Vor allem wurde keine Rücksicht auf seine neue Lebenssituation genommen. Viele Wortführer der Thomas-Mann-Debatte hätten besser geschwiegen, da sie sich im Dritten Reich kompromittiert hatten. Misslich war, dass Thomas Mann deren Stimmen ernster nahm als das reale Interesse und die gutwillige Neugier der Leserschaft. »Die Angriffe, Falschheiten und Dummheiten arbeiten tagsüber in mir und ermüden mich wie schwere Arbeit.« (Tagebuch, 19.9.1945) Beim Streit um Thomas Mann sprachen einige von der »großen Kontroverse«, es war eher eine unwürdige Kontroverse. Sie sagte etwas aus über Deutschland, über die Gewissenlosigkeit der Mitläufer, aber wenig über Thomas Mann.

Das nach außen gültige Wort über *Deutschland und die Deutschen* hatte er schon im Mai 1945 gesprochen. In einer langen Betrachtung zur Geschichte und Kultur Deutschlands kam er zu dem Ergebnis, »daß es nicht zwei Deutschlands gibt, ein böses und ein gutes, sondern nur eines, dem sein Bestes durch Teufelslist zum Bösen ausschlug. Das böse Deutschland, das ist das fehlgegangene gute, das Gute im Unglück, in Schuld und Untergang.« Kein Deutscher könne das Böse von sich wegschieben, auch er selbst, Thomas Mann, trage das andere Ungute in sich, habe es am eigenen Leib erfahren. Für ihn gab es nur ein Deutschland, das auch in seiner Schuld unteilbar war. Diese Rede, an der er mehrere Monate lang gefeilt hatte, wurde erstmals am 29. Mai 1945 in Washington gehalten und wenige Wochen später in New York und in Los Angeles wiederholt. In Deutschland erschien sie im Oktober 1945.

Doch die Absicht, gleichsam eine Schuldgemeinschaft von Emigranten und Daheimgebliebenen zu begründen, lief ins Leere. Dafür erregte in Deutschland ein Artikel Aufsehen, der im Herbst 1945 unter der nicht autorisierten Überschrift *Die deutsche Schuld* gedruckt und so gedeutet wurde, als wolle der Emigrant die Daheimgebliebenen allesamt für schuldig erklären. Es handelte sich um die Bearbeitung einer seiner letzten Rundfunk-Botschaften, die über *Die deutschen Lager* informierte. Auf Schulddiskussionen reagierten die Schuldigen empfindlich. Sie erwarteten eine Erlösung durch Thomas Mann, aber der wollte das Wort nicht sprechen.

Exemplarisch dafür ist sein Brief an Wilhelm E. Süskind: »Ich habe ja keine Macht zu binden und zu lösen.« Süskind, in der NS-Zeit wohlbestallter Literaturredakteur, hatte eine harsche Zurückweisung von Thomas Mann als »Hagel moralischer Ohrfeigen« empfunden. Aber Thomas Mann, der sich und seinesgleichen als die »verlorenen Kinder Deutschlands« bezeichnete, betonte nur die Verschiedenheit des Erlebens, die nicht überbrückt werden könne. (22.7.1946) Im Übrigen: »Deutschlands Schicksal, sein Elend aber geht mir näher, als meine Tadler glauben [...]« (28.12.1946)

Mehrfach hat Thomas Mann begründet, warum er nicht nach Deutschland zurückging. Exemplarisch sei die Antwort an den Publizisten Walter von Molo zitiert, die auf den 7. September 1945 datiert ist und in einem mühseligen mehrtägigen Arbeitsprozess zustande kam.

»Sind diese zwölf Jahre und ihre Ergebnisse denn von der Tafel zu wischen und kann man tun, als seien sie nicht gewesen?«, fragte er und schilderte die Nöte des Emigrantendaseins mit dem »Chock des Verlustes der gewohnten Lebensbasis«, der »mörderischen Radio- und Pressehetze«, dem »Wanderleben von Land zu Land, den Paßsorgen, dem Hoteldasein«, während man Schandgeschichten aus Deutschland hörte. Alle, die dem Führer Treue geschworen hatten, kannten nicht »das Herzasthma des Exils, die Entwurzelung, die nervösen Schrecken der Heimatlosigkeit«. Die deutsche Intelligenz hätte den Generalstreik erklären müssen. Nun sei er amerikanischer Staatsbürger und habe Grund, Amerika dankbar zu sein. Er habe »an dieser herrlichen, zukunftatmenden Küste« sein Haus errichtet, hier wolle er sein Lebenswerk zu Ende führen: »[...] weil ich den Dienst nicht sehe, den ich dem deutschen Volk leisten«

könnte. Und dann kam ein Punkt, der vor allem für Empörung sorgen sollte. »Es mag Aberglaube sein, aber in meinen Augen sind Bücher, die von 1933 bis 45 in Deutschland überhaupt gedruckt werden konnten, weniger als wertlos und nicht gut in die Hand zu nehmen. Ein Geruch von Blut und Schande haftet ihnen an; sie sollten alle eingestampft werden.«

Das war sicher im Affekt und sehr pauschal gesprochen, denn noch wusste er nicht, was denn alles gedruckt worden war in den dunklen Jahren. Auch hätte man ihm entgegnen können, dass sein zweiter Josephs-Band nach 1933 in Deutschland erschienen war sowie der Roman *Die Witwe Bosca* des Emigranten René Schickele.

Die versöhnlichen Schlusssätze seiner Rede wurden davon übertönt. Deutschland sei nicht identisch mit dem Hitlerregime, es habe Zukunft, wenn es sich reinige. Er selbst hoffe, eines Tages wieder deutschen Boden betreten zu können. Nie werde er aufhören, sich als deutscher Schriftsteller zu fühlen, er sei im Exil der deutschen Sprache treu geblieben. »Deutschland hat mir nie Ruhe gelassen.« Nach diesem Brief sollte es das erst recht nicht tun.

In den hasserfüllten Angriffen gegen Thomas Mann und in seiner Verurteilung wurde paradoxerweise seine repräsentative Rolle anerkannt. Einen Gleichgültigen hätte man nicht so attackiert. Gegenüber Hans Reisiger (der die französischen Passagen im *Zauberberg* korrigiert hatte) betonte er seine Angst, zwischen allen Stühlen zu sitzen, zwischen Ost und West; Emigranten seien in Deutschland nicht gelitten, sie hätten Deutschland nicht die Treue gehalten. »Das nächste Mal wollen wir doch ja woanders geboren werden.« (19.12.1948)

Dieses Schicksal ließ sich nun wirklich nicht korrigieren.

Alle Spekulationen, Hoffnungen, Befürchtungen wurden überholt von der realen Erfahrung. Sobald Thomas und Katia Mann wieder europäischen Boden betraten, änderte sich die Perspektive. Mehrere Monate verbrachten die Manns fern von Pacific Palisades zwischen April und September 1947. Deutschland freilich blieb noch ausgespart.

Mit dem Schiff ging es nach England. In London gab es Empfänge und Pressekonferenzen. Thomas Mann war sehr nervös, hatte mit gereiztem Magen zu tun, konnte seine Anspannung wie stets nur mit Hilfe von Medikamenten verbergen. Danach flog man nach Zürich und machte Ferien im Kanton Graubünden. In Zürich schließlich gab es mehrere offizielle Termine, auch eine Lesung im Schauspielhaus. Thomas Mann begann mit den Worten »Das ist ein Wiedersehen, ein rührendes Wiedersehen«. Neun Jahre zuvor hatte er zuletzt auf dieser Bühne gesessen und gelesen.

Mitte August machte man Ferien im holländischen Noordwijk. Es folgte eine große *Faustus*-Lesung in Amsterdam und ein Empfang durch den Bürgermeister. Die Rückfahrt auf der Westerdam dauerte viel länger als gedacht; an Bord waren auch der Maler Max Beckmann und seine Frau, mit denen Thomas Mann Umgang pflegte, wobei er seine Ferne zur modernen Malerei bekundete. Auf dem Schiff notierte er: »Hatte das Gefühl, ›noch einmal‹ zurückzukehren, so als wäre Europa doch wieder mein und meiner Arbeit Heim geworden.« (31.8.1947) Der Gedanke an eine Rückkehr spielte schon eine Rolle, doch wollte er sich nicht einer unsicheren Situation aussetzen.

Immer wieder finden sich im Tagebuch oder in Briefen Vorhersagen, die das künftige Schicksal von Deutschland betreffen. Sie aufzuzählen wäre müßig. Es gab ja niemand, der glaubhaft von innen für Deutschland sprechen konnte. Die Entwicklung des Landes war nicht vorhersehbar angesichts der komplizierten Weltlage nach dem Krieg. Er misstraute den Deutschen zutiefst, traute ihnen alles zu, verstand nicht, dass das Rückgrat des Landes gebrochen war. Das Gefühl der Emigration dauerte an, und wirkliches Vertrauen zur falschen Heimat konnte es nie wieder geben.

Noch in Zürich hatte Thomas Mann in einem Brief an Alfred Neumann bilanziert: Die Reise sei »ein recht atemloser Reigen von Anforderungen, Festen, Leistungen, auch Spannungen, Aufregungen, Abwehr-Reaktionen gegen unbehagliches Drängen, das natürlich aus D. kam« gewesen. Er habe sich nicht entschließen können, die Grenze zu überschreiten. »Scheu, Verfremdung, Verstimmung über so manches von dort Erfahrene hielten mich ab, auch die Vorstellung des Künstlichen und Prekären der Sache, die Schutzmaßnahmen und möglichen Pfiffe«. Er habe aber sein Möglichstes getan, die Bitterkeit zu stillen. (14.7.1947)

1948 gab es keine Europareise, aber das Jahr 1949 sollte nach dem Probelauf besonders ereignisreich werden: Es war das Jahr von Goethes 200. Geburtstag. Schon im November 1947 hatte Frankfurts Oberbürgermeister Walter Kolb an Thomas Mann geschrieben und ihn zur Goethefeier 1949 eingeladen. Am 4. Januar 1948 schickte er seine vorsichtige Absage. Er sei doch schon ein alter Mann und ermüdet vom Lebenswerk sowie den Erschütterungen der Zeit. Er verwies auf den neuen Roman, der nun für Deutschland gedruckt werde, eine Rückkehr zu deutschen Themen – nach langer geistiger Wanderung. Der Roman werde hoffentlich manches Missverständnis zerstreuen. Er sei eben kein »Deserteur vom deutschen Schicksal«. Das Buch könne mehr sagen als jede Paulskirchenrede.

Noch Mitte Februar 1949 war unklar, ob Thomas Mann auf seiner Europa-Tournee auch nach Deutschland kommen würde. Vielleicht gelinge es ihm ja, in Stockholm oder im Engadin »deutschlandfähig« zu werden, schrieb er einem Briefpartner. (19.2.1949) Warum müsse er überhaupt leibhaftig nach Deutschland? »›[...] wo ich bin, da ist Deutschland‹«, zitierte er sich spaßhaft selbst, »und wo meine Bücher sind, da bin ich. Sie sind ja schließlich das Destilliert-Beste von mir«.

Schließlich entschied er sich doch um, und das, obwohl er im Mai in Stockholm vom Selbstmord seines Sohnes Klaus erfuhr. Er wollte an den Goethefeiern in Weimar teilnehmen und auch dort eine Rede halten. Kritikern dieser Entscheidung hielt er entgegen: »Ich kenne keine Zonen. Mein Besuch gilt Deutschland selbst, Deutschland als Ganzem, und keinem Besatzungsgebiet. Wer sollte die Einheit Deutschlands gewährleisten und darstellen, wenn nicht ein unabhängiger Schriftsteller, dessen wahre Heimat [...] die freie, von Besatzungen unberührte deutsche Sprache ist?«

Das Tagebuch und viele Briefe geben über die Deutschlandreise des Jahres 1949 Auskunft, am anschaulichsten sind aber die Aufzeichnungen seines privaten Chauffeurs. *Thomas Mann – von nahem erlebt* heißt dessen Bericht, der erst 1988 im Druck erschien. Den Schweizer Chemieingenieur Georges Motschan hatte Thomas Mann schon 1935 in Küsnacht empfangen, nachdem der damals 16-Jährige einen begeisterten Leserbrief geschrieben hatte. 1948 hatte sich Motschan die Mühe gemacht, von New York aus, wo er geschäftlich zu tun hatte, die Manns in Pacific Palisades aufzusuchen.

Im Frühsommer 1949 trafen die Manns den Freund in der Schweiz wieder und ließen sich von ihm ins Unterengadin und zurück fahren, Thomas Mann auf dem Beifahrersitz vorne, Katia im geräumigen Fonds. Man fuhr in einem schwarzen Buick mit Schweizer Kennzeichen. Als in Zürich die Modalitäten der Deutschlandreise erörtert wurden und Sicherheitsbedenken aufkamen (Thomas Mann hatte aus Deutschland Schmähbriefe und Morddrohungen erhalten), schlug Motschan vor, den Autor und seine Frau zu chauffieren. Am 22. Juli brachte er die Manns nach Basel, wo er ein Haus besaß. Am Vorabend von Katias Geburtstag arrangierte er ein festliches Diner.

Erst später erfuhren sie, dass das Haus unter Polizeischutz gestanden hatte. Mit dem Nachtzug ging es von Basel nach Frankfurt/Main, Motschan würde mit dem Auto nachkommen. Auf der deutschen Seite, dem Badischen Bahnhof, hatte eine Ehrenkompanie der französischen Besatzungsmacht Aufstellung genommen, aber die Manns wussten nichts davon, sie hatten im Schlafwagen schon die Vorhänge geschlossen. Am Morgen erzählte es ihnen der Schaffner.

Motschan wurde wie die Manns im Gästehaus der Stadt Frankfurt in Kronberg/Taunus einquartiert. Auch dort gab es Polizeischutz draußen wie drinnen, eine große Meute Fotografen belagerte das Haus. Thomas Manns Auftritt genoss größte Publizität: es war eher ein politisches Ereignis als ein kulturelles. Der Autor selbst war so aufgeregt, dass er Nasenbluten erlitt; Spuren davon finden sich auf dem handschriftlichen Manuskript seiner Rede, das er hinterher dem Chauffeur schenkte.

Der Festakt in der Paulskirche fand am Montag, dem 25. Juli statt, an einem sehr heißen Nachmittag. Am Tag zuvor hatte Thomas Mann viele Leute in Privataudienz empfangen, darunter den Betreuer des Lübecker Thomas Mann-Archivs. Die Kirche war voll, es herrschte große Hitze drinnen, Klimaanlagen gab es nicht. Eine Delegation aus der Ostzone war auch erschienen. Offiziell hieß die Veranstaltung Goethefeier, Anlass war die Zuerkennung des Goethepreises, aber es war vor allem eine Feier für Thomas Mann, sein symbolischer Wiedereintritt in das deutsche Kulturleben. Seit seiner letzten öffentlichen Rede in Deutschland, Mitte Februar 1933 in München, waren 6017 Tage vergangen, wie Motschan ausrechnete.

In der vom Rundfunk übertragenen Rede sagte Thomas Mann, er habe mit Staunen dem Streit zugesehen, der um sein Werk und seine Person geführt werde, aber er wisse, dass dieser über seine Person hinausreiche: »Das ist nicht Literaturkritik mehr, es ist der Zwist zwischen zwei Ideen von Deutschland, eine Auseinandersetzung, nur anläßlich meiner, über die geistige und moralische Zukunft dieses Landes.« Da es das Schicksal gewollt habe, dass »unsere Existenz« symbolisch werde, wolle er sich stellen: der Freundschaft wie dem Hass. Dies waren die eigentlich ergreifenden Sätze der Rede. Niemand hätte sie so sprechen können. Und in der Tat exponierte er sich. Es erforderte Kraft und Mut. Er hätte es als Flecken in seinem Leben empfunden, Goethes Genius nur im Ausland zu huldigen, nicht auch in Deutschland. Denn es gehe jetzt um die Genesung Deutschlands.

Von Goethe war natürlich auch die Rede. Dieser habe die Pyramide seines Daseins so hoch wie möglich spitzen wollen – aber da sprach der Dichter eigentlich schon wieder von sich; ebenso, als er dessen »höchste Lebensbereitschaft« rühmte und den »Anspruch auf Menschheitsrepräsentanz«. Denn: »Ohne jene oft treulos wirkende Ubiquität hätte er nie eine Vereinigung des Urbanen und des Dämonischen vollendet, wie sie in so gewinnender Größe kein zweites Mal vorgekommen ist.« Wirklich nicht noch ein einziges Mal wenigstens?

Tosenden Beifall erntete der Redner, auch von der riesigen Menge draußen vor der Paulskirche, die alles über Lautsprecher mithören konnte. »Komm bald wieder!«, riefen viele, als er in den schwarzen Buick stieg. Golo Mann war aus München angereist, hatte aber unterwegs sein Gepäck verloren und wurde kaum beachtet. Die Eltern reisten übrigens mit elf Koffern.

In Frankfurt wurde das im Krieg zerstörte und nun wiederaufgebaute Goethehaus besichtigt. Und was dachte Thomas Mann wirklich? Im Gästehaus abends sagte der Redner zum Chauffeur: »Was glauben Sie, [...] wieviel Blut wohl an all den Händen klebt, die ich heute habe drücken müssen?« Nichts bemerkt hat Thomas Mann von einer Fressorgie der Gäste danach, die mit wüsten Gesängen gekrönt wurde wie einst bei der Wehrmacht in den besetzten Ländern Europas.

Man machte im Auto einen Abstecher nach Stuttgart, wo es einen Empfang durch Oberbürgermeister Arnulf Klett gab. Dann ging es weiter nach München. Beim Anblick der zerbombten Stadt kamen Katia die Tränen, aber sie weinte stumm, auch Thomas Mann rang um Fassung. Untergebracht wurden die Manns im Hotel Vier Jahreszeiten. Ihr früheres Haus wollten sie nicht sehen. Dass sie auf allen Wegen von einer Polizei-Eskorte auf Motorrädern begleitet wurden, brachte die Manns zum Tränenlachen. Im Hotel erhielt Thomas Mann einen Brief von Ernst Bertram, was ihn sehr freute. Man traf das aus Kalifornien zurückgekehrte Ehepaar Neumann. Die Bayerische Akademie der Schönen Künste veranstaltete einen Empfang für ihr Ehrenmitglied Thomas Mann. Der hielt eine improvisierte Rede, gab später noch eine Pressekonferenz und verlas den Vortrag *Goethe und die Demokratie*. Weiter führte die Reise nach Nürnberg, zur dortigen Thomas Mann-Gesellschaft. Man ließ sich den Saal zeigen, in dem die Nürnberger Prozesse stattgefunden hatten. Übernachtet wurde in Bayreuth.

Inzwischen beschäftigte die geplante Weimarreise die deutsche Öffentlichkeit. Die Presse diskutierte es im Für und Wider. Thomas Mann erhielt viele Briefe, darunter einen von Eugen Kogon, der mehrere Jahre im Lager Buchenwald interniert gewesen war. Er bat, Thomas Mann möge das Lager besichtigen, weil das neue Regime seine politischen Gegner dort interniere. Aber der Gast wollte sich auf keine politischen Themen einlassen. Sein Kommen war Politikum genug.

Thomas Mann erwirkte von den Russen die Einreiseerlaubnis für seinen Schweizer Chauffeur. Im Auto eines neutralen Ausländers zu reisen, sollte eine Schutzfunktion haben. Klaus Gysi und Johannes R. Becher hätten ihn in Bayreuth abholen sollen, aber man verfehlte sich. In Weimar logierten die Manns im Hotel Augusta. Sie besichtigten das Goethehaus, das Liszthaus sowie die Grabstätte von Goethe und Schiller. Man verlieh ihm den Goethepreis (die 20 000 Mark Ost wurden für den Wiederaufbau der Herderkirche gespendet), die Ehrenbürgerschaft der Stadt Weimar; im Nationaltheater hielt Becher eine Rede. Später waren die Manns Gäste vom Chef der Informationsabteilung der Sowjetischen Militäradministration Generalmajor Sergej Iwanowitsch Tulpanow, der perfekt Deutsch sprach. Auf der Rückfahrt machte man einen Abstecher nach Erfurt und eine kurze Rast unterhalb der Wartburg.

Motschan bot an, die Manns auch nach Holland zu begleiten. Das wurde dankend abgelehnt, ein Fehler, denn die Zugfahrt verlief voller Pannen und Verzögerungen. Von Bord des Schiffes, das sie von Rotterdam nach Amerika zurückbrachte, schrieb Katia einen freundlichen Brief, und Thomas Mann dankte dem »söhnlichen Betreuer« von Herzen. War der elegante und zuverlässige Schweizer, dessen schöne Frau Thomas Mann bei späteren Begegnungen bewunderte, in diesen Wochen nach dem Tod von Klaus ein Ersatz für den verlorenen Sohn gewesen, nicht nur eine nützliche Hilfe, sondern auch ein Trost?

Tochter Erika erfuhr von Katia, wie erleichtert sie sei, »dem Boden Deutschlands entronnen zu sein«, außerdem habe sie es als bedrückend empfunden, die ganze Zeit schwer bewacht worden zu sein. Sie fragte sich in Bezug auf Ostdeutschland, ob es richtig gewesen war, »der dortigen Propaganda als so überaus fetter Bissen zu dienen«. (4.8.1949) Im Übrigen: Ohne »unseren guten Motschan« hätten sie es nicht geschafft. Noch Jahre später nannte Thomas Mann ihn »unseren getreuen Gentleman-Chauffeur durch Rot-Deutschland«. (26.5.1954)

An Erich von Kahler schrieb Thomas Mann aus Pacific Palisades, »kaum zu Hause, ist alles Heldenhafte von mir abgefallen«. Die Reise war phantastisch: »[...] zu welchen königlichen Situationen so ein Spiel- und Traumleben schließlich führt, wenn man es lange genug treibt.« Doch er rügte die Unver-

300

schämtheit der Presse und glaubte, die Entwicklung in Deutschland laufe »full speed« auf renazification zu. Von einer Versöhnung konnte also nach der Reise nicht die Rede sein. (10.9.1949)

Zu den Gründen, die ihn zur Rückkehr nach Europa bewogen hatten, gehörte, dass nun der deutsche Buchmarkt wieder vorrangige Bedeutung für ihn hatte. Im August 1950 hatte er seinem Verleger geschrieben, dass er in Amerika schwindende Einnahmen befürchte (wohl auch aus politischen Gründen). Hinzu kamen die guten Honorare, die er in der Schweiz für Lesungen und Vorträge erhielt. Bereits im März 1951 hieß es, über den Verkauf seiner Bücher in Deutschland könne er sich nicht beklagen. Allerdings gab es eine Phase der verlegerischen Unklarheit, bis sich der alte S. Fischer Verlag nach langen Querelen in zwei getrennte Unternehmungen aufspaltete; Thomas Mann blieb bei Fischer, während Hermann Hesse zum neuen Suhrkamp Verlag wechselte.

Auf der Europareise 1950 wurde Deutschland gemieden. Dafür feierte Thomas Mann Triumphe in London, Zürich und Stockholm, vor allem aber in Paris. *Doktor Faustus* war auf Französisch erschienen, und Thomas Mann krönte seine Beziehung zu diesem Land, gegen das er einst so scharf polemisiert hatte und das er zu mögen begann, seit es sich ihm gegenüber wohlwollend gezeigt hatte. Nun feierte es ihn für ein Buch, das deutsch bis zum Exzess war, wie der Autor selbst befand. Im schönsten Auditorium der Sorbonne las er vor 2000 Zuhörern; das Büchersignieren in einer Buchhandlung dauerte drei Stunden, die Polizei musste ordnend eingreifen. Bei allem Gefeiertwerden habe ihn nie das Gefühl von Humbug und Hochstapelei verlassen, schrieb er an Agnes Meyer, sein Ruhm sei närrisch und konfus begründet. (21.5.1950)

An Martin Flinker, einen österreichischen Emigranten, der 1947 eine Buchhandlung am Quai des Orfèvres eröffnet hatte, unweit der berühmten Polizeiwache, schrieb Thomas Mann nach der Parisreise, Frankreich sei »das geist-erhellte Laboratorium der Zivilisation«, von französischer Dekadenz könne keine Rede sein. Es sei ihm trotz offizieller Verpflichtungen gelungen, »die unglaubliche Schönheit dieser Stadt wieder zu erfahren«, den »unauslöschlichen Glanz ihrer Architektur«, er habe sich »hineingefühlt in ihr spezifisches Leben, das sich in aller Weltumwälzung mühelos und von Natur wegen bewahrt, – diese vom Oxygen der Literatur durchtränkte Atmosphäre von Leichtigkeit, Lachlust, skeptischer Erfahrung, von immer noch die äußerste Spitze haltender Civilisation«. (21.11.1950) Das war für den einstigen Schmäher der Zivilisationsliteraten ein schöner Fall von autobiographischer Selbstironie.

Flinker hatte Zugang zu den Sphären der Politik; er half mit, dass Thomas Mann die Ehrenlegion erhielt (wenngleich nicht die höchste Klasse). An den rührigen Mittler richtete Thomas Mann die Formel, die besten Deutschen wollten »ein europäisches Deutschland« und kein »deutsches Europa«. Kurz vor seinem Tod galten Flinker die letzten Worte in Sachen Frankreich: Das Land sei keineswegs im Verfall, wie zuweilen behauptet werde, es sei das literarische Land par excellence, »ein Land von der gesegneten Gesundheit der natürlichen Lebensgrundlagen«. Im Übrigen sei er selbst ja fleißig in die Schule der französischen Autoren gegangen. Ob er sich da nicht mit Heinrich verwechselte? Und er erwähnte stolz die Ehrenlegion, deren Abzeichen er stets im Knopfloch trage – ein Land das ihn auszeichnete, konnte kein ganz schlechtes sein. (14.6.1955)

Gewiss hatte er einige französische Autoren in seinen frühen Jahren gelesen (stets in deutscher Übersetzung), aber doch immer mit Skepsis betrachtet, weil er weder die Tradition der literarischen Rhetorik verstand noch die gesellschaftskritische Auffassung des Romans teilte. Nun allerdings, in seinen letzten Lebensjahren, war er geradezu süchtig nach Balzac. Keinen

Autor las er vollständiger und begieriger als den Verfasser der *Comédie Humaine*, den er einst als Romantiker mit dem Blasebalg angesehen hatte. Sollte er dessen Lebensgeheimnis geahnt haben, das dem seinem verwandt war und seinen speziellen Blick auf die Gesellschaft begründete?

Im April 1953 weilte Thomas Mann in Rom. Der Autor des Romans *Der Erwählte* wollte vom Papst empfangen werden, vielleicht nicht ohne Hintergedanken an die Publikumswirksamkeit. Im Vatikan fürchtete man aber den angeblichen Sympathisanten der Sowjetunion und wollte ihm nicht allzu demonstrativ den Segen erteilen. Und so wurde Thomas Mann nur im Rahmen der mittwöchlichen Generalaudienz am 29. April empfangen, musste in einer langen Schlange allmählich vorrücken, bis er dem Papst die Hand schütteln konnte. An jenem Tag ist in den Unterlagen des Vatikans überhaupt keine Privataudienz vermerkt. In seinen späteren ausschmückenden Berichten und Briefen tat Thomas Mann aber so, als habe ihn Pius XII. in einer Privataudienz empfangen und eine Viertelstunde mit ihm gesprochen, auf Deutsch, das der ehemalige Nuntius in Berlin noch gut beherrschte. Thomas Mann beherrschte die Kunst der kleinen biographischen Schönheitsoperation genauso gut wie sein Bruder Heinrich.

Erst ganz zuletzt fand eine Wiederbegegnung mit Deutschland statt, bereitete ihm das Land seiner Schmerzen die Genugtuung, seine Werke wieder als großen nationalen Schatz anzusehen. Ausgerechnet das Buch, von dem er sich nichts erhofft und vieles befürchtet hatte, ließ seine Laufbahn als deutscher Schriftsteller mit einem gewaltigen Triumph enden.

Einen Vorgeschmack bekam er, als er nach einer sehr erfolgreichen Londonreise einen Auftritt in Hamburg hatte. In Oxford hatte man ihm den Ehrendoktor verliehen, und somit gehörte er zu den wenigen Personen, die in beiden großen Universitätsstädten geehrt worden waren. Ida Herz begleitete ihn, es sollte die letzte Begegnung mit ihr sein. Er traf mehrere Schriftstellerkollegen. Mit dem Flugzeug ging es nach Hamburg, wo er im Rathaus vom Bürgermeister Max Brauer empfangen wurde, einem SPD-Politiker, der im Exil gewesen war. Endlos war die Reihe der Besucher, Interviewer, Reporter. Hier konnte er etwas ahnen von seiner realen Popularität, fernab aller persönlichen Übellaunigkeit in Bezug auf Deutschland. Über 2000 Zuhörer erlebten im Großen Konzertsaal seine Lesung aus *Felix Krull.* Und der Diarist vermerkte: »Demonstrative Festlichkeit sondergleichen. Nicht endender Beifall des stehenden Massen-Publikums.«

Die Stadt Lübeck hatte eine Abordnung geschickt. An der Nordischen Woche in seiner Geburtsstadt mochte er nicht teilnehmen. Hingegen fuhr er auf Einladung der *Lübecker Nachrichten* nach Travemünde. Er genoss die Seeluft, spazierte mit einem Redakteur durch den geliebten Küstenort mit dem »Gefühl letzten Wiedersehens«. Auf der Rückfahrt wurde Lübeck im Auto durchquert. In der Königstraße hielt man am Katharineum, Erinnerungen wurden wach an Willri Timpe und Armin Martens, an ewige Knabenliebe. Es folgte ein langes stilles Innehalten vor dem zerstörten Haus Mengstraße 4. Dies war kein offizieller Termin, die Besichtigung verlief diskret. Hinterher aber stand ein Artikel über seinen Besuch in der lokalen Zeitung. Der Reporter wollte Heimweh bemerkt haben. Der große Thomas Mann habe nur schauen wollen. Vielleicht, um sich auf diese Weise auf das letzte Wiedersehen mit Lübeck vorzubereiten, um den emotionalen Schock zu dämpfen.

Im September 1954 folgte das »turbulente Gastspiel« im Rheinland. An der Universität in Köln erhielt er starken Beifall für seine Krull-Lesung, doch war er leicht unzufrieden, weil es insgesamt »nicht Theater genug (gab), was mir nie gefällt«. Es kam zu einer letzten Begegnung mit Ernst Bertram, der Katia reichlich »tantenhaft« vorkam. Aber er hatte ein schönes Mahl vorgesehen, und die Atmosphäre war freundlich und versöhnlich, im Tagebuch hieß es gar »herzliches Verhältnis«.

In Düsseldorf gab es mehr »Theater«, es ging feierlicher, festlicher, reicher zu, und der Redner trat im Smoking auf. Auch hier erlebte der *Krull* einen Triumph. Man traf auch die Eltern von Klaus Heuser, der sich zu diesem Zeitpunkt noch in Indonesien aufhielt. Im Grunde reichte dem Autor die Verewigung des Bewunderten in seinem Werk. Von der Rheinreise sei er müde und dumm-geschmeichelt zurückgekehrt, berichtete Thomas Mann einem Korrespondenten. So gefeiert zu werden, habe etwas von Betrug, wo doch seine Schreibkraft versiegt sei.

Mitte Oktober 1954 kam der Bildhauer Gustav Seitz nach Kilchberg, und Thomas Mann saß ihm Modell. Mit der entstehenden Büste war er ganz zufrieden, sie weckte besondere Empfindungen: »Eigentümlich beruhigend über den Tod und die Existenz festigend. Tod, wo ist dein Stachel.« (17.10.1954)

Zu schaffen machte aber »das beständig ins Leben sprechende Politische, Amerika und seine Verrücktheit«. (29.10. 1954) Er mochte nicht mehr alles notieren. Seine Kommentare sind keine ersprießliche Lektüre. Man hätte ihn sich beinahe wieder unpolitisch gewünscht.

Das Wochenmagazin *Der Spiegel* druckte in der letzten Ausgabe des Jahres 1954 einen sehr langen Artikel über Thomas Mann und die Seinen. Thomas Mann hatte den Herausgeber Rudolf Augstein bei sich in Kilchberg empfangen. Anlass des Beitrags, den Thomas Mann »elend verquatscht« fand und über den sich Erika maßlos ärgerte, war der kurz zuvor erschienene Roman *Die Bekenntnisse des Hochstaplers Felix Krull*. Ein Foto des Autors prangte auf dem Titelblatt, und darunter stand: »Der Tod ernährt die Kunst.« Zu viel Abschied lag in der Luft.

Als zu seiner Verwunderung der *Felix Krull* einen gigantischen Erfolg erzielte und beste Kritiken erhielt, notierte er: »Gefühl, in ein Festjahr eingetreten zu sein. Wunderlich, wie ich gestern im Theater und Hotel (die Angestellten!) selbst ganz wie eine Königliche Hoheit behandelt wurde und so reagierte. Wunderlicher Lebenstraum, der bald ausgeträumt sein wird. Kurios, kurios.« (9.10.54) Dieser Bucherfolg wurde zur Voraussetzung für die letzten Feierlichkeiten, die noch folgen sollten. Er zeigte allen, was Thomas Mann eigentlich war: der wesentliche Autor, der literarische und moralische Maßstäbe setzte, wenn sein Beitrag zur Erneuerung des Landes auch mehr indirekter und langfristiger Natur war. Ihm selbst mag diese Dimension nicht klar gewesen sein, zu sehr blieb er in das Leid an seiner literarischen Unfruchtbarkeit und seiner Empfindlichkeit Deutschland gegenüber eingehüllt.

Und doch wurden die letzten Monate nach dem Urteil seiner Tochter Erika zu einem »Gnaden- und Ernte-Jahr«.

Am 11. Februar 1955 begingen Katia und Thomas Mann ihre Goldene Hochzeit. Das Geschenk der Enkelkinder war ein neuer Pudel, der natürlich wiederum Niko gerufen wurde. »Herzliche Freude über das Wiederdasein des kreatürlichen Hausgenossen« – als handele es sich um eine Reinkarnation.

Bei der Schillerfeier in Stuttgart solle er »eine Art von Sängerkrieg mit Bundespräsident Heuss« aufführen, ließ der Autor seinen Enkel Frido wissen. (11.4.1955) In der Tat gingen seinem Auftritt zum 150. Todestag von Schiller lange Verhandlungen voraus, die hinter den Kulissen noch peinlicher waren, als dem Redner je bekannt wurde. Fast fünf Jahre lang hatte man darum gerungen, ob ihn die Deutsche Akademie in Darmstadt zum Ehrenmitglied ernennen solle, ganz so, als müsse sich der Nobelpreisträger und Emigrant als würdig erweisen. Am Rande der Stuttgarter Rede kam es zu einer Art halboffiziellen Begegnung mit dem Vorstand der Akademie. Die Ehrenmitgliedschaft in der Akademie der Künste in Ost-Berlin nahm er nun an, was er 1949 noch abgelehnt hatte. Ganz wie im Goethejahr 1949, sollte ihn nun das Schillerjahr in beide deutschen Staaten führen, als bedürfe er des symbolischen Geleitschutzes der Klassiker. Allerdings legte Thomas Mann Wert darauf, dass Bundespräsident Heuss gegen seine Weimarreise keine Einwände erhob; da diese nach Stuttgart stattfinden sollte, gab es kein Problem.

Theodor Heuss hatte darauf bestanden, in Stuttgart nach Thomas Mann zu reden; er wollte die Dinge notfalls zurechtrücken, sollte sich der Emigrant an »unserem Schiller« vergreifen. Thomas Mann arbeitete mehrere Wochen an seinem Vortrag. Er las fleißig Sekundärliteratur und mit tiefer Rührung noch einmal Schillers große Dramen, insbesondere *Wallensteins Tod*. Er sei geradezu besessen von dieser Arbeit, ließ er wissen. Es entstand ein Essay von beinahe hundert Seiten, den Erika Mann auf eine Redelänge von 22 Seiten herunterkürzen musste. Im Mai 1955 wurde diese Fassung in Stuttgart und später in Weimar vorgetragen und jeweils im Radio übertragen.

Auftritte von Thomas Mann waren zu nationalen Ereignissen geworden. Die Reise durch den Osten Deutschlands wurde zu einer »komischen Triumphfahrt«; in Weimar feierten ihn die Massen auf dem Platz vor dem Theater. Großzügig bewirtete man den hohen Gast, der nüchtern festhielt: »Die ganze Zeit viel Kaviar, der zu hartkörnig.«

Indem er über Schiller sprach, sagte er einiges über sich und zeigte an, wie einst von ihm selbst gesprochen werden sollte, welche Aspekte in Dichterbiographien gehören. Besonders eindringlich geriet die Schilderung von Schillers nächtlicher Beisetzung. Es ging ihm auch um Größe, um die Gnade des Talents, um das »verdienstlos Göttliche«, das dem Dichter zufiel. Und er zitierte aus Schillers Gedicht mit dem Titel *Das Glück*: »Alles Höchste, es kommt frei von den Göttern herab.« Ein Götterliebling war er selbst, ein Bevorzugter des Schicksals. Als er abschließend Schillers historische Sendung definierte, formulierte er seine eigene Mission. Die Arbeit des Dichters am Werk und an seiner Persönlichkeit geschieht nicht nur für das eigene Volk, sondern für die Menschheit. Das »immer zerrissene deutschen Volk« habe durch seinen Dichter Schiller die eigentliche Einheit gefunden, und zwar schon 1859, zur Hundertjahrfeier. Schiller sei der Dichter des ganzen Deutschlands gewesen – als Kulturnation verstanden.

Auf die Reise in Schillers Namen folgte eine Reise auf den eigenen Spuren: mit dem Zug nach Lübeck. Erika Mann hatte entschieden davon abgeraten und wollte nicht daran teilnehmen. Der Vater verstand sein Leben als zu vollendende Geschichte, in seiner inneren wie in seiner äußeren Biographie.

Die Geburtsstadt bereitete ihm und seiner Frau eine »fürstliche Behandlung«, es gab einen Empfang und ein Festmahl im Behnhaus, Reden im Rathaus und im Theater, einen Fototermin vor der Fassade des Buddenbrookhauses. Die Ehrenbürgerschaft wurde nur deswegen einstimmig beschlossen, weil die zahlreichen Gegner nicht zur Abstimmung erschienen waren. Im Rathaus gedachte er seines Vaters, der an dieser Stelle gewirkt hatte. Schon im März 1955 hatte er an einen einstigen Schulkameraden geschrieben, er verspüre zuweilen den irrationalen Wunsch, der Vater hätte seinen Weg noch etwas weiter verfolgen können, doch »dieser Weg, von *Buddenbrooks* angefangen, zu deren Figuren er selbst gehört, konnte ja nur ohne ihn zurückgelegt werden«. (19.3.1955)

In einem Brief an Hermann Hesse sprach Thomas Mann vom »Staatsbesuch in Lübeck«. (10.6.1955) Er war froh, nach dieser

Ehrung und vordergründigen Aussöhnung wieder im Kilchberger Haus und in Freiheit zu sein. An Wilhelm Herzog hatte er mit grimmem Humor geschrieben, die Welt nutze die Tatsache, dass er noch am Leben sei, schamlos aus. Viel Gelegenheit dazu blieb nicht. Doch bis zuletzt blieb er im Märchen seines Lebens der »standhafte Zinnsoldat«.

Anfang Juli 1955 machten Katia und Thomas Mann Ferien an der holländischen Nordseeküste, ein Aufenthalt, der ihnen immer sehr lieb gewesen war. Am breiten Strand von Noordwijk fühlte er sich »so wohl wie ich es noch vermag« (9.7.1955) Er schaute das rollende Meer mit großer Hingabe an. Er träumte, dass Erika ein Kind erwartete, auf das er sich schon freute. Es stammte von Peter Pringsheim, der aber seinerseits schwanger war. Seine Träume passten sich seinen Werken an ... (Tagebuch, 6.7.1955) Zu seiner Freude trug bei, dass ihm seine amerikanische Altersrente ausbezahlt wurde. Zudem erhielt der einstige Emigrant 75 000 Mark Entschädigung vom deutschen Staat.

Zu diesem Aufenthalt gehörten auch Feiern und Ehrungen. In Den Haag hielt er eine Rede auf Deutsch, er wurde begrüßt durch den holländischen Außenminister, der ihm das Ordenskreuz von Oranje-Nassau verlieh. Thomas Mann drückte seine Liebe und Bewunderung für Holland aus, die er seit je empfunden habe. Es war seine letzte öffentliche Rede.

Am 11. Juli wurden er und Katia von Königin Juliana im Sommerschloss Soestdijk empfangen, zwischen Hilversum und Amersfoort gelegen. Das Gespräch dauerte über eine Stunde. »Ich sagte oft Sie.« Sonst liefert das Tagebuch keine Details. Der Sohn des einstigen Honorarkonsuls der Niederlande in Lübeck wurde von der Königlichen Hoheit begrüßt, und es war kein Schelmenstreich wie im *Felix Krull*!

Am 18. Juli sprach er von starken Schmerzen, die ihn im linken Bein kürzlich angeflogen hätten, dann aber von »einfallender Krankheit«, glaubte an Rheumatismus. Er hütete das Bett im Hotelzimmer, der Arzt sprach von Venenentzündung, aber nur, um ihn zu beruhigen. »Schade um den Aufenthalt hier.« Der Maler Paul Citroen kam zum Tee ins Hotelzimmer und machte das letzte Porträt des Dichters, eine Zeichnung mit dem Kohlestift.

Der Rückflug nach Zürich am 23. Juli verlief glimpflich. Er wurde ins Kantonsspital gebracht, Zimmer 111. Noch immer wusste er nicht, dass er eine Thrombose hatte. Die Wahrheit war dem Dichter nicht zumutbar?

Seine letzte Lektüre war die Mozart-Biographie von Alfred Einstein. Noch schrieb der Kranke einige Briefe. Einem alten Klassenkameraden aus Lübeck, der sich gemeldet hatte, wollte er unbedingt noch antworten, aber die Kraft reichte nicht mehr: »Was soll der Mensch von mir denken?« Thomas Manns allerletzter Brief ging an seine italienische Übersetzerin. Die eigentliche Krankheit sei bald vorüber, hieß es darin. Meinte er damit das Leben?

In der Klinik hatte man ihm ein Grammophon hingestellt mit einer Auswahl seiner Lieblingsplatten. Man teilte ihm noch mit, dass er in den Orden Pour le Mérite aufgenommen worden sei, zur Ordensverleihung selbst kam es nicht mehr. Die offiziellen Instanzen der Bundesrepublik hatten ihm gegenüber so viel versäumt.

Der Arzt im Zürcher Hospital, Professor Löffler, sprach von Hannos Typhus und der guten medizinischen Einsicht des Verfassers der *Buddenbrooks*. Der aber notierte: »Lasse mir's im Unklaren, wie lange dies Dasein währen wird. Langsam wird es sich lichten. Soll heute etwas im Stuhl sitzen. – Verdauungssorgen und Plagen.« So lautete der letzte Eintrag. So endete das Tagebuchwerk. Das letzte Wort hatte der Körper.

Am 11. August erfolgte ein völliger Kollaps. Katia blieb bei ihm bis zum Ende. Nur noch gelegentlich wurde er wach, scherzte mit den Ärzten, sprach Französisch und Englisch mit ihnen, verlangte nach seiner Brille und schlief ein. Am Morgen des 12. August 1955 riefen die Ärzte um zehn nach acht in Kilchberg an und teilten den dort wartenden Kindern mit, ihr Vater sei soeben im Schlaf gestorben. Die Angehörigen fanden, er habe im Tode sein ›Musikergesicht‹. Die Obduktion ergab: Er hatte an Thrombophlebitis gelitten (Venenentzündungen), infolge schwerer Verkalkung der großen Beinarterie. Noch einmal gab es eine große Feier für Thomas Mann, aber nun war es der Abschied. Erika trug denselben Schleier wie ihre Mutter, als sei auch sie verwitwet. Anspruch auf Herrschaft über das Erbe des Vaters und auf das Arrangement von dessen Bild erhob sie allemal. Der Kranz der DDR-Delegation war so groß, dass er nicht durch die enge Tür der kleinen weißen Dorfkirche von Kilchberg passte, sondern während der Andacht draußen bleiben musste, bis er dann von der Delegation, zu der Johannes R. Becher und Klaus Gysi gehörten, zum Familiengrab getragen werden konnte. Der Weg zum Friedhof war kurz und gefahrlos.

In seinem »Versuch über Tschechow« hatte Thomas Mann 1954 geschrieben: »Man ergötzt mit Geschichten eine verlorene Welt, ohne ihr je die Spur einer rettenden Wahrheit an die Hand zu geben.« Und hoffte doch, »daß Wahrheit und heitere Form wohl seelisch befreiend wirken« und vorbereiten können »auf ein besseres, schöneres, dem Geiste gerechteres Leben«. Aber darauf hatte er keinen Einfluss, dieser etwas steife, groß wirkende, doch eher schmächtige Mann, elegant und zugleich etwas linkisch, konzentriert und mit verhaltener Passion (für Musik, für schöne Knaben, für Landschaften, für das Meer), dieser Beobachter mit dem genauen, unsentimentalen, kalten Blick, dieser trockene und auch pessimistische Humorist. Dieser leidenschaftliche Zigarrenraucher. Dieser einfühlsame Hundefreund. Diese Mischung aus Eleganz und Pedanterie, aus nervöser Irritation und hoheitsvoller Gegenwart. Dieser Taktiker, der seine Leserschaft wie potentielle Kunden und die Kritiker als Zwischenhändler behandelte. Dieser Liebhaber der deutschen Sprache, vielleicht seine einzige Passion – und sein Geschäft.

Er selbst nannte Künstler »Feierer von Lebensfesten«. (15.5. 1937) Das galt gewiss für den wesentlichen Akt seiner literarischen Magie, das Vorlesen vor großem Publikum, so wie ihn seine Tochter Erika im Juni 1945 beschrieb, bei seinem 70. Geburtstag: »[...] die hellen, sinnend-aufmerksamen Augen unter den dunkeln, zackigen Brauen, deren eine Du nachdenklich oder erstaunt hochzuziehen liebst; die gerade und stark vorspringende Nase, Erbteil aller Deiner Söhne und Rettungsanker aller Deiner Karikaturisten; die lange Oberlippe mit dem korrekt gestutzten Bärtchen und das lange, ovale Kinn« – der schmale, dunkle Kopf, das weiche kurz gehaltene Haar, die Hände schmal, kräftig, langfingrig; die ganze Gestalt umweht von einem zauberhaften Duft aus Leder, Druckerschwärze, Zigarrenrauch und herbem Eau de Cologne. Und über all das hinweg erklang die unvergleichliche Stimme.

Die Verfemte

Sollte es wahr sein, daß ich verloren bin,
weil ich ihn verloren habe?
Monika Mann, New York 1941

Schon das Geburtsdatum war heikel. Beinahe wäre es der 6. Juni geworden, der Ehrentag des Vaters, dieses Mal ein Sonntag wie bei seiner Geburt. Doch fiel die unkomplizierte Hausgeburt auf den 7. Juni 1910. Das Montagskind stellte die erfahrene Mutter zunächst vor keine großen Probleme. Allerdings sollte die zweite Tochter der Dynastie später »die Verfemteste unter allen Geschwistern« (Frido Mann) werden.

Böse Äußerungen über Monika (sie erhielt nur diesen einen Vornamen) von Katia, Erika, Golo oder Elisabeth lassen sich zu einer kleinen Blütenlese zusammenstellen; der Vater bedachte sie, sofern er sie überhaupt im Tagebuch erwähnte, mit besonders harschen Urteilen, attestierte ihr »eine gewisse Minderwertigkeit«. Das »arme Mönle«, das »elende Kind Moni«, das »wunderliche Mönle« wurde als Enttäuschung empfunden, als Außenseiterin. Dass sie ihren frisch angetrauten Mann 1940 bei einer Schiffskatastrophe verlor, trug ihr keine Nachsicht ein; das Unglück verschärfte nur eine längst bestehende Opposition. Als sie »auch noch« anfing zu schreiben und zu publizieren, ihre Sicht auf die Familie kundtat, nahm ihre Verfemung innerhalb des Familienverbands extreme Ausmaße an. Wenn wir uns den innerfamiliären Urteilen über Monika Mann fügten, würden wir eine Dichterin übersehen.

Erst 2010 wurde ein biographischer Versuch unternommen, ein schwieriges Unterfangen angesichts einer mageren Quellenlage; kurz zuvor war eine Auswahl von Feuilletons und Briefen erschienen. Fünf Büchlein hat sie geschrieben und etwa 500

»kleine Essays, Impressionen, Verse und Kurzgeschichten«. Liest man ihre Arbeiten unvoreingenommen, entdeckt man ein erstaunliches poetisches Talent. Freilich macht es einem die Autorin nicht leicht, ein gerechtes Bild ihrer Persönlichkeit zu zeichnen.

Die ausgebürgerte Deutsche und eingebürgerte Tschechin heiratete in England einen Ungarn, den sie in Italien kennen gelernt hatte (wodurch sie ungarische Papiere erhielt) und wurde nach dessen Tod Amerikanerin, ehe sie zuletzt wieder einen deutschen Pass annahm. Nachdem sie lange auf einer italienischen Insel gelebt hatte, wurde sie in der Familiengruft in der Schweiz beigesetzt. Das ist der kurzgefasste Lebenslauf der Emigrantin Monika Mann, zu dem auch eine Phase der Staatenlosigkeit gehört. »Wir waren dazu bestimmt, Weltbürger zu sein«, lautete ihr Lebensresümee.

Das Kinderbüchlein, das ihre Mutter über vier Jahre hinweg geführt hatte, ist erhalten geblieben. Dort lesen wir, dass sie »ein friedliches und liebenswürdiges Baby« gewesen sei, recht bald singen lernte, Lieblingspuppen hatte, was ihr den Namen Puppaliesa eintrug, den aber nur die Mutter verwenden durfte. Allerdings malträtierte sie ihre Puppen gelegentlich, ebenso ihren deutlich älteren Bruder Golo, der sich niemals wehrte. Wir erfahren auch, dass die kleine Monika ihre Mutter nicht wiedererkannte, als diese nach längeren Kuraufenthalten nach Hause zurückkehrte. Dafür schloss sie sich eng an das Hauspersonal an, vor allem an die Köchin, in deren Räumen sie sich gern aufhielt, was daheim nicht gern gesehen wurde.

Dem Vater missfiel Monikas langes seidiges Haar. Zuweilen versuchte er mit brüsken Gesten, ihre Frisur zurechtzukämmen. Sie wollte keine selbstgeschnittene Pagenfrisur tragen wie die anderen Mann-Kinder, Mädchen wie Jungen. Erika nannte ihre Schwester »Pudelmoni«. Elisabeth wurde wegen ihrer Frisur »Eisenstirnchen« genannt.

Wie alle Mann-Kinder ging Monika zuerst auf die Privatschule im Nebenhaus, dann auf die Volksschule in Bogenhausen, wo es ihr besser gefiel, denn sie hatte gern viele Leute um sich, später auf die Höhere Mädchenschule am Sankt Anna-Platz. Sie entwickelte sich (nach eigener Aussage) zu einem mürrischen Teenager, träge und übellaunig. Lehrer und Familie waren bald der Meinung, dass man sie auf eine Schule fernab von zu Hause schicken müsse. So kam sie mit 14 Jahren in das Landerziehungsheim Salem, in dem sich ihr Bruder Golo wohlfühlte.

In Salem machte sie sich schnell beliebt, glänzte bei musikalischen Aufführungen, was die übrige Familie wunderte, die ihr offensichtlich nichts zutraute. Als Katia das hörte und davon erfuhr, dass man Monikas vorzeitigen Abgang bedaure, schrieb sie an Erika: »Wir müssen also doch ausgesprochen Moni-blind sein.« Moni-blind sollten Geschwister und Eltern ein Leben lang bleiben.

Monika war vielleicht etwas nachlässig, es fehlte ihr an Humor und Witz, sie brillierte nicht, drängte sich nicht vor. Als Kind reiste sie mit ihrer Mutter nach Berlin zu ihrer Urgroßmutter, der Schriftstellerin Hedwig Dohm, die sie eine Frau mit »Bergquellaugen« nannte. »Das Ahnen meiner Zugehörigkeit erfüllte mich mit abenteuerlichem Stolz.« Sie besaß eine ausgesprochen poetische Ader, wie sich erst viel später zeigen sollte, als sie das Leben ihrer Jugendjahre in lakonischen Sätzen wie diesem resümierte: »Ich schrieb viele Liebesbriefe, ein Tagebuch und manchmal Gedichte und hatte Freunde wie Sand am Meer.« Der Stil war ihr immer wichtiger als die Wahrheit, weshalb man ihre Urteile und Berichte über die anderen, aber auch über ihr eigenes Leben mit Vorsicht nehmen muss.

Nach zwei Jahren verließ sie die Schule in Salem. Wie sie die nächsten Jahre verbrachte, ist nicht zu belegen. Sie hielt sich in Lausanne, München, Paris und Berlin auf, studierte Kunst oder Klavier oder beides. Dass sie bei berühmten Pianisten in die Lehre ging, ist eine unbewiesene Behauptung von ihr. 1932 und Anfang 1933 wohnte sie bei Verwandten in Berlin und hatte eine Affäre mit einem Pianisten. Sie verkehrte auch in jüdischen Kreisen, was ihrem Bruder Klaus missfiel. Nach der Machtergreifung der Nazis blieb keine Wahl: »Ich emigrierte automatisch mit meiner Familie.« Ganz so automatisch ging es wohl nicht, denn erst am 31. Mai 1933 tauchte sie überraschend bei ihren Eltern in Bandol auf.

Im Exil behielt sie das ziellose Vor-sich-Hinleben bei, in finanzieller Abhängigkeit von den Eltern. In Sanary blieb sie drei Monate länger als der Rest der Familie, also bis Dezember 1933; sie mietete sich dort ein Häuschen und ein Klavier, verkehrte mit den Söhnen von René Schickele und genoss die blaue Küste.

Bei den Eltern in Küsnacht hielt sie es nicht lange aus; sie wurde krank, was den Vater nicht gnädig stimmte, sondern aufregte. Alles an der Tochter, die ihre Weiblichkeit so deutlich ausstellte, irritierte ihn. Für ihn war sie nur »das recht trübe Problem Moni«. Sie ging nach Florenz, wo sie Klavier studierte. Als sie im Frühjahr 1934 wieder ins Haus der Eltern kam, erkannte man sie kaum wieder. Sie war nun schlank und schön und gut gekleidet, doch für die Angehörigen war und blieb sie »das alte dumpf-wunderliche Mönle«.

Ihr Bruder Klaus hatte eine Schwäche für sie und war wohl der Einzige in der Familie, der sie positiv sah. Klaus schrieb in einem Brief an die Mutter: »Das Mönle ist ein ganz feines Ding geworden. Nicht ohne seltsame Züge freilich. [...] Sie ist ganz leise und würdig, schwermütig halb, halb humorvoll, nicht ohne bizarre Einfälle, mit Anmut zurückhaltend, auch ziemlich hübsch.«

In Florenz war ein Mann in ihr Leben getreten, der ungarische Kunsthistoriker Jenö Lányi. 1936 stellte sie ihn als Verlobten in Küsnacht vor. Im Jahr 1937 lebte sie mit ihm in Wien, konnte sich aber nicht zur Heirat entschließen. Sie verliebte sich ohnehin sehr leicht. Man weiß kaum etwas über Lányi, es gibt nicht einmal ein deutliches Foto von ihm; er blieb eine Art Phantom in der Familiengeschichte, er schien aber vom Charakter her zu Monika zu passen, war wohl ebenso träumerisch und ehrgeizlos wie sie.

Lányi wurde 1902 in Budapest geboren, war bald darauf als Waisenkind in die Schweiz gekommen, wurde von der wohlhabenden Zürcher Familie Langnese adoptiert. Von seinen leiblichen Eltern weiß man nichts. Seit 1932 arbeitete er am Kunsthistorischen Institut in Florenz, unterstützt von seiner Schweizer Adoptivfamilie. Seine Arbeiten über den Bildhauer Donatello waren 1940 noch nicht sehr weit gediehen.

In ihrer lakonischen Art resümierte Monika Mann später ihre »eigentliche Liebe«. »Ich traf ihn in der Stadt aller Städte – Florenz – flüchtige Romanze mit einem Funken Frömmigkeit, der erlischt wie ein angenehmer Traum – In der Schweiz kamen wir uns näher – In Wien wurden wir ein Paar. Er war ein Mann von Welt, bevorzugte aber das einfache Privatleben und neigte zu Reflexion und Zurückgezogenheit. Er war Künstler durch und durch – war aber zu edel gesinnt, um die Kunst über den Menschen zu stellen.« Die Spitze gegen den Vater, dem die Kunst über alles ging, ist nicht zu übersehen. Ein frommer Hochmut habe in dieser Verbindung gelegen, aber doch auch »jener Blütenstaub der Seelen«, der eine Bindung möglich mache. Lányi sei ein Mensch der Passionen gewesen mit der Härte und Unerbittlichkeit des Außenseiters. Er suchte als Kunsthistoriker eine Verbrüderung von Kunst und Wissenschaft. Klaus

Mann hatte nach einem ausführlichen Gespräch mit Lányi die Intuition, diesem sei ein früher Tod bestimmt.

Seit dem Anschluss Österreichs an das Dritte Reich lebte Monika Mann in der Schweiz. Vom September 1938 an wohnte sie mit Jenö Lányi in derselben Zürcher Pension wie Robert Musil und dessen Frau, die aus Wien hatten fliehen können. Vielleicht hat Musil für Monika geschwärmt; dass er sie 1939 in London besucht haben soll, wie sie in einem Interview behauptete, ist ausgeschlossen, da der mittellose Schriftsteller in Genf Zuflucht fand. Geträumte Erlebnisse schienen bei Monika Mann Teil ihres Lebens zu sein. Ein realer Alptraum kam bald hinzu.

Ende 1938 gelangten die Verlobten nach England, lebten eine Weile in einem Hotel an der Küste, ehe sie am 2. März 1939 im ungarischen Konsulat in London heirateten. Monika bekam dadurch einen ungarischen Pass. Auf der überstürzten Rückreise von Stockholm in die USA machten Katia und Thomas Mann in London Station und besuchten das junge Ehepaar in seiner Wohnung. Auch Erika hielt sich zu der Zeit in England auf. Monika und ihr Mann bemühten sich lange vergeblich um ein Visum für Amerika. Schließlich konnten sie in Liverpool mit kanadischen Papieren an Bord des Schiffes City of Benares gehen, dessen Zielhafen Halifax war.

In der Nacht vom 17. auf den 18. September wurde das Schiff durch einen Torpedo des deutschen U-Bootes U-48 versenkt. Etwa 250 Passagiere und Besatzungsmitglieder kamen ums Leben, darunter 83 englische Kinder, die aus dem bombardierten London ins sichere Kanada gebracht werden sollten. Ertrunken ist auch der Emigrant Rudolf Olden, Journalist und Anwalt, Sekretär des deutschen PEN-Clubs im Exil, der am 19. Februar 1933 in Berlin die letzte freie Versammlung organisiert hatte.

In ihren Erinnerungen schildert Monika Mann »jenes alptraumhaft Wirkliche, jenes in allen Fasern Erlebte und doch so völlig Unwahrscheinliche – jenes Kriegsabenteuer«, das ihr Leben für immer prägen sollte. Lányi hatte noch Klavier gespielt, sie schlief schon in der Kabine; nach dem Alarm kam er und half ihr, die Rettungsweste anzulegen. Rettungsboote gab es nicht genug. Das Schiff sank rasch. Dreimal hörte sie ihn rufen. Jenö Lányi ertrank nach kurzem Kampf, Monika trieb fast 20 Stunden im Wasser umher, hielt sich am Wrackteil eines Rettungsbootes fest. Sie gehörte zu den wenigen Passagieren, die von einem zu Hilfe geeilten Schiff nach England zurückgebracht wurden. Erst Wochen später gelang es ihr, mit dem Schiff Cameronia New York zu erreichen, wo sie am 28. Oktober 1940 an Land ging. Die Zeitungen druckten ein Foto, auf dem die gebeugte Frau, die, an ihre Mutter geschmiegt, verzweifelt zu lächeln versucht.

Nach dem Unglück fragten sich alle in der Familie, ob sie das wohl überleben werde, aber ihr Lebenswille war stark. Ich könnte sterben, schrieb sie selbst, und will es doch nicht. Der Mitleidsbonus bei den Angehörigen hielt nicht lange; schon bald war sie ein lästiges Problem, ärger als zuvor.

Zunächst kam sie bei ihrem Bruder Michael im kalifornischen Carmel unter, aber das Zusammenleben mit ihm, seiner Frau und dem Baby Frido war nicht einfach. Ihr hatte es in dem schmucken Städtchen am Pazifik gut gefallen. Die Eltern waren unterdessen von Princeton nach Los Angeles gezogen. Für Monika bezahlten sie ein Apartment in Brentwood, dazu ein Klavier und ein Auto. Man fand sie egozentrisch, aggressiv und ungnädig, erwartete wohl von ihr, dass sie ihren Kummer schneller überwand, schließlich war Krieg und viele Menschen mussten leiden. Sie aber bewahrte ihren Schmerz wie eine wertvolle Erinnerung.

Ende 1942 zog sie nach New York, wo sie mit Unterbrechungen bis zur endgültigen Rückkehr nach Europa im September 1952 leben sollte. Zeitweise teilte sich Monika eine Wohnung mit Kadidja Wedekind, die sich als einziges Mitglied ihrer Familie für die Emigration entschieden hatte. Auch mit ihr kam es zu Streit; im Sommer 1948 trennten sich die Frauen. Monikas Beziehungen zu älteren Männern hielten nur kurze Zeit; Besuche bei den Eltern, die vergeblich hofften, dass sie eine »sinnvolle Tätigkeit« finden möge, verliefen stets problematisch; sie musste vorher um Erlaubnis fragen, ob sie kommen dürfe.

In den Tagen um Katias 65. Geburtstag eskalierte der Konflikt mit der Familie. Die Stimmung in der schönen Villa am San Remo Drive war ohnehin gereizt, da Klaus kurz zuvor einen Selbstmordversuch unternommen hatte. Von Monika hieß es wieder, sie sei eine »wunderliche Hausgenossin«, die hysterische Anfälle habe. Besonders böse ihr gegenüber war die Schwester Erika. An Klaus schrieb sie Anfang 1949, dass Monikas »Halbtalentchen durch Geschmacklosigkeit und Unbescheidenheit unwirksam gemacht« werde.

Das Unglück von 1940 hatte bei Monika keine Phobie vor Schiffsreisen ausgelöst; mehrfach hat sie den Atlantik im Dampfer überquert, so auch im Frühjahr 1949 gemeinsam mit Michael. Eigentlich hätten sie auf dieser Reise nach Genua den Bruder Klaus in Cannes treffen sollen, wo das Schiff Station machte, doch der erschien nicht zur Verabredung. Den Grund erfuhren sie ein paar Tage später: Klaus hatte sich das Leben genommen. Die Eltern hielten sich gerade in Stockholm auf. Monika fuhr nach Zürich zu ihrer Schwester Erika, während Michael als einziges Mitglied der Familie nach Cannes reiste und die praktischen Dinge regelte. Den Beitrag, den Monika ein Jahr später für das Klaus-Mann-Gedenkbuch schrieb, lehnte Erika ab, weil sie zu sehr das »Jüdische« an Klaus betont habe. Wenn es um die Deutung der Familiengeschichte ging, musste

Erika ihre Hoheit wahren. Der Vater wiederum notierte, man müsse Erika verheimlichen, dass Monika mit ihren Texten Erfolge erziele.

Das Schreiben war für Monika zunächst ein Mittel der Selbsttherapie. Im April 1945 verfasste sie (in englischer Sprache) einen längeren Text, den ihre Biographin Karin Andert unter dem Titel *New Yorker Tagebuch* herausgegeben und übersetzt hat. Darin reflektiert Monika ihre Lebenssituation und geht auch auf die Vorwürfe der Familie ein. Was man ihr als Bummelei vorhalte, sei nur eine Haltung des »Sich-noch-nicht-gefunden-Habens«. Sie empfinde jeden neuen Tag als ein Geschenk Gottes. »Es heißt auch, ich würde nicht reüssieren wegen meiner verträumten Art, wegen meiner Faulheit und Unordnung«, aber das stimme nicht, sie sei »nüchtern, ordentlich und fleißig«, und: »Meine Bummelei ist keine gewöhnliche Bummelei. [...] Doch der Weg zum Auftritt ist mir versperrt.« Sie sei noch nicht so weit, dass sie die Früchte ihrer Arbeit vorstellen könne. Der Vater hielt sie für eine »Mischung von Arroganz und Hilflosigkeit«. (Brief vom 15.2.1950)

Im Hintergrund stand noch immer der Verlust ihres Mannes. Sie fragte sich: »Sollte es wahr sein, dass ich verloren bin, weil ich ihn verloren habe?« Nein, antwortete sie selbst, niemand sei verloren, solange er lebe. Die Vergangenheit sei noch lebendig, nichts sei verloren, und der Tod sei ein Teil des Lebens. Im Kern aber ging es um ihr Verhältnis zum Vater. »Berühmte Männer schaffen berühmte Werke, aber nicht unbedingt berühmte Kinder. Einige von ihnen sind talentiert, andere sind gewöhnlich, andere verkommen. [...] Auch bin ich nicht so arrogant zu glauben, weil ich die Tochter eines berühmten Mannes bin, sei ich etwas Besonderes.« Sie gab zu, dass sie Angst vor ihren Eltern habe, die bald nach New York kommen wollten. Sie spüre das beharrliche Bedürfnis des Geringeren, die eigene Existenz vor den Überlegenen zu rechtfertigen.

Diese Fragmente einer Selbstbetrachtung lassen erkennen, dass sie mit sich gerungen hat. Ausführlich sang sie das Lob der Stadt New York, für die sie Wärme und Bewunderung empfinde, sowie von Präsident Roosevelt, der während ihres Schreibversuchs starb. In der Textsammlung *Der Start* von 1960 heißt es: »(Ich) sehe New York, wie es ist. Linear und himmelreckend. Mit feinsten Schattierungen, in verschiedensten Luft- und Lichtfächern sich bildend. Das Gigantische ist zart. Das Monumentale empfindlich. Es ist mit nichts zu vergleichen. Weder mit einer irdischen Stadt. Noch mit einer Phantasie. Niemand erträumt es sich. Noch scheint es aus realem Stoff zu sein. Es ist ein Stück neue Natur. In sich geschlossen, originell, allein. Sich beständig selbst zeugend. [...] Nichts scheint Geschichte zu sein. Und in Spiegelwesen, Monotonie, liegt keine Wiederholung. Vielmehr das Verschweben und Sichgefallen im Jetzt und Hier.«

Ein ungarischer Pass war in Zeiten des Kalten Krieges nicht sehr praktisch. 1952 erhielt Monika Mann die amerikanische Staatsangehörigkeit, aber zu dem Zeitpunkt war sie schon dabei, die Neue Welt zu verlassen, genau wie der Rest der Familie. 1958 wurde ihr auf Antrag die deutsche Staatsangehörigkeit zuerkannt, den neuen Pass ließ sie sich im Konsulat in Neapel aushändigen.

Ihr Privatleben war etwas chaotisch in dieser Zeit. Sie blieb in sich selbst gefangen und im Bannkreis des Familienmythos, wie alle Manns. Ihre etwas aufdringlichen Briefe erwecken den Eindruck, sie habe um brillante oder bekannte Männer gebuhlt. »Ich stürzte von einer Männergeschichte in die andere«, schrieb sie später; sie war aber nie glücklich. Musiker, Pianisten, Literaten, Maler interessierten sie, sie hatte die eine oder andere kurze Affäre, doch das Leitmotiv ihrer Briefe war die Einsamkeit.

Das größte Problem war, dass Monika nicht wusste, wo sie leben sollte. Die Eltern waren in die Schweiz zurückgekehrt, und sie mochte nicht allein in New York bleiben. 1954 schrieb sie an einen Münchner Journalisten, dass es viele Orte gebe, an die sie sich gebunden fühle, dass sie aber nicht wisse, wohin sie gehen könne. München komme ihr öde, falsch und frostig vor. Deutschland käme sowieso nicht in Frage, obwohl die Kindheitserinnerungen vor allem an Bad Tölz (Hunde, Wiesen, Berge, Bauernjungen) noch sehr lebendig in ihr wären. So ging sie auch nach Europa, weit genug weg von Zürich, aber doch wie mit einer unsichtbaren Leine mit dem neuen familiären Fixpunkt verbunden.

Von 1952 bis Ende 1954 lebte sie vor allem in Rom. Der Dichter Rolf Schott empfahl ihr die felsige Insel Capri im Golf von Neapel. Seit dem 19. Jahrhundert hatten dort viele große Künstler gelebt, und die Erinnerung an den römischen Kaiser Tiberius war noch präsent. Schott hatte sie auf die Villa Monacone hingewiesen, die der Familie Spadaro gehörte, Fischer und Bauern. Von dem weiß gekalkten Gebäude mit Bögen, Säulen, einer kleinen Terrasse, einigen Spitzfenstern hatte man einen schönen Blick auf die Faragioli-Klippen. Im Haus lebte ein alleinstehender Mann, Antonio Spadaro. Es war, als hätte alles auf die künftige Bewohnerin gewartet, die an Weihnachten 1954 die Insel entdeckte. 32 Jahre sollte sie hier leben und vor allem schreiben. Endlich hatte sie einen ganz eigenen Platz, wo sie »sitzen« konnte, auch schön sitzen. Monacella (wie man sie bald rief) aus Monaco di Bavaria (München) lebte nunmehr in der Villa Monacone (Mönli), an der auf einem Schild aus Plexiglas unter ihrem Namen der Begriff *scrittrice* angebracht wurde: Dichterin. Die Saga der Manns hatte einen neuen magischen Schauplatz gefunden.

Spadaro wird gelegentlich als Fischer bezeichnet; Monika Mann behauptete, er sei Maurerpolier gewesen. Besucher erlebten ihn in einem Kiosk, in dem er Erfrischungen und selbstgeschnitzte Souvenirs an Touristen verkaufte, Schiffchen in Flaschen oder die Blaue Grotte in Miniatur. Die Beziehung scheint sich wie von selbst ergeben zu haben. Er wohnte im Erdgeschoss, sie im ersten Stock (zwei Zimmer, Bad, Küche); sie ließ sich einen Schreibtisch hinstellen, den sie in ähnlicher Weise dekorierte wie der Vater den seinen. Als Monika Mann wenige Monate später ihre Erinnerungen aufschrieb, widmete sie diese schon ihrem neuen Gefährten »Toni«. Den Namen Thomas Mann hatte er noch nie gehört.

Das Inselglück fernab der Familienbande, vor der zu fliehen Monikas Lebensinhalt ausmachte, wurde ihr nicht gleich geschenkt. Denn die Erinnerungen, die sie zu Papier brachte, sollten alten Hass und Streit wieder aufflammen lassen. Im August 1955 starb ihr Vater. Als sie die Todesnachricht erhielt, malte sie ein Kreuz in das Manuskript. Bei der Beerdigung in Kilchberg ging sie im Trauergeleit der Familie ganz hinten, unscheinbar und unauffällig, nicht recht zugehörig.

Fünf kurze Büchlein schrieb sie auf der Insel und beinahe 500 Kurztexte, auch Gedichte und Kurzgeschichten, Erinnerungen wie im Halbtraum. Veröffentlicht wurden ihre Texte im *St. Galler Tageblatt*, in *Die Tat* (Zürich), *Der Bund* (Bern), in der Monatszeitschrift *DU*, seltener in der *NZZ*, gelegentlich in der *Stuttgarter Zeitung*, der *Süddeutschen Zeitung*, in *konkret*, in *neue deutsche hefte*. Im Sommer, wenn die Touristen Capri bevölkerten, floh sie in die Alpen, zum Beispiel nach Südtirol. Wenn sie anderswo zu Gast war, hatte sie sehr genaue Ansprüche, erwartete bevorzugte Behandlung und Bedienung.

Ein Jahr nach dem Tod des Vaters erschien ihr Buch *Vergangenes und Gegenwärtiges*, beinahe zeitgleich mit Erikas Bericht über *Das letzte Jahr* des Vaters. Dass Monikas Erinnerungen großen Erfolg hatten und respektvoll besprochen wurden, oft parallel mit ihrem eigenen Buch, machte Erika wütend. In den nächsten Jahren verfolgte sie Monika mit unbändigem Hass. In die dreibändige Ausgabe der Briefe des Vaters nahm sie auch ein Schreiben aus der kalifornischen Zeit auf, in dem der Nobelpreisträger die arme Monika in mokanter Weise auf die Deutsch-Fehler in einem Schreibversuch aufmerksam machte.

Erika schrieb von dem »widrigen Mönle mit ihrem unaufrichtigen, schiefen und illegitimen Buch« und wollte ihr verbieten lassen, weiter über die Familie zu schreiben. Aber Erika täuschte sich. Monika hatte einen sehr persönlichen Text geschrieben, in dem sie den Ton des New Yorker Tagebuchs wieder aufnahm. Endlich hatte sie ihre Stimme gefunden.

Vergangenes und Gegenwärtiges bietet keine Erinnerungen der üblichen Art, keinen Lebensbericht und auch keine Beichte; es ist ein flüssig geschriebenes Prosagedicht (die Form, die Monika am besten lag), trotz einiger Schwächen mit evidenten literarischen Qualitäten, knapp und konzentriert, traumhaft suggestiv, Namen und Umstände werden beiläufig erwähnt oder ausgespart. Nur die Untergangsepisode auf dem Atlantik ist schmerzhaft detailliert, eine beeindruckende Szene, als deren Pointe der Name des verlorenen Gefährten genannt wird. Der Name *Mann* kommt nicht ein einziges Mal vor im Buch.

Sie beginnt und endet mit ihrer (damals neuen) Lebenssituation auf der Insel, mit dem Lob des einfachen Lebens unter einfachen Leuten, ohne konkret zu werden. Die Lektion, die sie hier lernt, lautet: das Leben ist eine Selbstbefreiung. Beim Lesen kann man nachvollziehen, dass hier, für einen Augenblick, die Befreiung gelungen ist. Kurz bevor sie das Todeskreuz für den Vater eingetragen hatte, schilderte sie den Tod ihres Mannes im Atlantik. Danach verliert der Text kurz seine Linie und Dichte, doch bald fängt er sich wieder, bietet Tempo, Knappheit und suggestive Formulierungen.

In der Schwebe zwischen Vergangenem (Familie, Verluste) und Gegenwärtigem (Capri) findet sie ihr Gleichgewicht. Und sie kann auf ihre Weise vom Vater sprechen. In dem Haus, aus dem sie stammte, herrschte das »Unleben« der Poeten. Der Geist des Vaters war selbstbezogen und doch weltverbunden. »So lebte ich von früh auf im Zwielicht der mondänen Einsamkeit.« – »Die starke und verhaltene Persönlichkeit meines Vaters und das dynamische Gegenspiel meiner Mutter bildeten eine atmosphärische Macht und Einheit, gegen die das fremde Leben verblasste.« Das Wesen des Vaters war gekennzeichnet von einem »sanft-fanatischen Sinn für Gleichmaß und Sichgleichbleiben«. Bei ihm fand sie ein Nebeneinander von Askese und Pomp, und genau das habe er bei Richard Wagner gefunden.

Sie äußert sich über keines ihrer Geschwister, sie begleicht keine Rechnung. Ein paar Kindheitserlebnisse mit Golo führt sie an (ohne dass sein Name fällt) – Spukgeschichten, Napoleonsvisionen. Immer wieder kommt sie zu sprechen auf den »schönen, gleichsam erbarmungslosen Lebensrhythmus« des Vaters, auf seinen Liberalismus, seine Strenge ohne fixe Regeln, nur »gewisse Grundgesetze« waren einzuhalten. Das Leben »im Lichtkreis des Vaters« war Fluch und Segen zugleich. »Unser Vater dominierte auf passive Weise – weniger sein Tun als sein Sein bestimmte uns. Er war wie ein Dirigent, der seinen Taktstock gar nicht zu regen brauchte und das Orchester durch sein bloßes Dastehen beherrschte.« Die großen Ferien an der See waren das eigentliche Leben.

Der Vater konnte auch feiern, tanzen, sich kostümieren, ebenso wie die Mutter. »Mama als indische Prinzessin und Papa in einem Talar angetan von bunt-glühendem Glanze – schwarze Schulterlocken, gewaltige Augenbrauen und silberne Spitzpantoffeln, [...] Zauberstab in der funkelberingten Hand« – und seither nannten ihn die begeisterten Kinder Zauberer. In dieser

Verkleidung flossen die Maske, ein bestimmtes Selbstbild und die kindliche Vision des mächtigen, geheimnisvollen Vaters zusammen.

Die Zeitgeschichte wird gestreift mit der schönen Formulierung »Das Herz unseres Landes wurde gefoltert«, nämlich durch die Herrschaft der Nazis, für sie ein »motorisiertes Mittelalter«. Das Exil zwang alle, sich neu zu orientieren. Und doch musste man sich an etwas festhalten. »Der Exilierte wurzelt im Ursprung, trägt seine geistige Herkunft gleichsam wie Nägel an den Stiefeln, um auf dem Glatteis der Fremde nicht auszurutschen.« Aus ihrem privaten Unglück zog sie eine moralische Lektion: »Daß meine Brüder gegen ihr Vaterland kämpften, daß mir mein Vaterland meinen Mann raubte, wies auch auf das unumgängliche Eins der Welt hin; die tragische Verschlungenheit und Konfusion der Völker würde in ihrer harmonischen Auflösung enden.«

Ob sie über Sanary-sur-Mer schreibt, über die Schweiz, über Los Angeles, über einzelne Personen, immer ist die Stimmung, die Bedeutung in wenigen Strichen erfasst; so in der Passage über Kalifornien: »Die Palmenboulevards, Blumengärten und Orangenhaine, das pazifische Blau, die gelbgrünen Steppenberge, die ewige Sonne, der immense Sternenhimmel und die ewigen Düfte – die ferne Unschuld und Leichte dieser Sphären war voll Gewicht der eigenen Seele.« Wer hier lebte, konnte nicht glauben, dass das Böse jemals siegen würde. Der Vater habe sich »stets gewundert über seine kalifornische Existenz – wenn auch sein universeller Geist Freude und Nutzen aus ihr zog –, begraben wollte er dort nicht sein.«

Gegen Ende der knapp 150 Seiten wird der Mutter ein Porträt gewidmet, »diesem kindlichen, pittoresken, tapferen Menschen«, der bei allem Konservatismus sehr modern war. Ihr machte es Spaß, »im offenen Ford oder Buick die Boulevards entlangzusausen« oder auf den Markets einzukaufen. In ihr wohnte »etwas Ungestümes, eine Urkraft [...], die sie ihrer Gattin- und Muttermission opferte.« In den Augen ihrer Tochter handelte sie mehr aus Ehrfurcht vor dem Schicksal denn aus Pflichtbewusstsein. Manchmal habe es so ausgesehen, als spiele sie alles nur, als würde sie lieber eigenen Interessen folgen, etwas Verrücktes unternehmen, aber dann ließ sie sich wieder vom Papa Briefe diktieren. Niemand könne 50 Jahre lang zu etwas gezwungen werden, also habe sie wohl doch dieses Leben gewollt. Am Ende der Erinnerungen, die in schöner Flüchtigkeit dahinschweben, geht die Autorin auf ihren Weg nach Italien ein, die »Heimat ihres Herzens«. Nirgends war die Fremde so heimatlich. Sie lebte unter Bauern und armen Leuten. Das Dasein der Armen sei »von biblischer Primitivität und Schönheit«.

Monika plante eine Anthologie über alle schreibenden Mitglieder der Familie von Hedwig Dohm bis zu den Manns der Gegenwart unter dem Titel *Wir waren elf.* Die Schwester Erika verhinderte diese »Liköridee«, die in ihren Augen den Rang des Zauberers herabgemindert und den von Monika aufgewertet hätte.

Am 13. Januar 1964 schrieb Erika einen bitterbösen Brief, der den Eindruck erweckte, Katia, Golo und Erika hätten eine Art Femegericht über Monika gehalten und sie verstoßen. Ihre Erinnerungen seien Quellenmaterial fünften Ranges, zu viel Erfundenes stehe darin. Sie möge ihre Privatdinge erzählen, wie wahr oder unwahr auch immer: »Aber den Zauberer und die Seinen mußt Du von nun an eisern aus dem Spiel lassen.« Es folgte eine unerhörte Drohung: »Solltest Du noch ein einziges Mal ›Erinnerungen‹ öffentlich auskramen, in denen Z. oder (und) sein Haus figuriert oder figurieren und die Unwahres enthalten, so werden Mielein und ich an die Presseagenturen eine Notiz versenden, derzufolge solche Erinnerungen [...] als Quellenmaterial unbrauchbar und daher unzulässig sind.« Die Sätze überschlagen sich vor Wut.

Monika reagierte darauf mit einem »imaginären Brief« an Erika. »Das Unerfüllte macht Dich bös.« Klaus sei in ihrer Gewalt gewesen. Und alle hätten unter der »Überspanntheit des Familienbandes« gelitten – erzeugt durch den großen Vater. Zwanzig Jahre später war Monika zu einem einfühlsamen Porträt der Schwester fähig, sprach von ihrem Bayerntum mit »Giehse, Rettich und Bier« und behauptete, etwas überraschend: Der Vater lag ihr nicht, er habe Erikas eigentliche Natur gehemmt. »Ihre Bereitschaft für Exponiertheit, Gefahr und Kampf findet den Schauplatz, oder sie findet ihn aus wie der Jäger das Wild.«

1979 äußerte Monika in einem Radiogespräch mit Gabriel Laub: »faulenzen ist ja fruchtbar«. Als Autorin aber war sie fleißig. In ihren kleinen Texten (sie selbst nannte sich »Kleinkrämer«), vor allem in den Prosagedichten, aber auch in Feuilletons finden sich schöne Bilder, nachhallende Sätze. 1985 fiel ihr angesichts der Flüchtlingsströme eine Formulierung ein, die immer noch aktuell ist: Es sei, als fliehe die Welt vor sich selbst. Immer wieder gelang es ihr, Elemente der Erinnerung ins traumhaft Skurrile abzubiegen. »Mutter schlug uns nie, sie fischte Perlen und hatte eine Stimme aus rotem Samt, sie liebte die Nacht mehr als die Sonne und den kahlen Winter mehr als die Blüte, und die Furcht war ihr unbekannt. [...] Vater, der ihr nachstarb, schwebt mir vor wie ein großes dunkles Tier, das uns mit Füßen trat und die Mutter anbete.« Ihre Verse allerdings sind eher stumpf, ohne markante Rhythmen. Wenn sie nur etwas sorgfältiger gewesen wäre und nachgeschlagen hätte, wie sich manche Wörter oder Namen schreiben.

In Tagebüchern falle die Schminke der Fiktion weg, sie seien ein Gemisch aus Preisgabe und Tabu, schrieb sie. Die Tagebücher ihres Vaters zu lesen, bedeutete für sie eine große Belastung. Die Enthüllungen über seine homophilen Neigungen gefährdeten ihr Vaterbild. Sie verstand ihn außer- und übersexuell. An den Herausgeber Peter de Mendelssohn schrieb sie: Sie wolle all das lieber nicht wissen. Die Tagebücher zerstörten ihren »Daseinsmythos.« Als Publikumsfraß seien sie nicht zulässig. Sie habe Angst, nicht mehr zu wissen, wie ihr Vater eigentlich war. Sie wünschte die Tagebücher zum Teufel. Lieber erinnerte sich Monika Mann an die Stimme des Vaters, der ein begabter Vorleser war: »Die lange Geistesstraße von *Buddenbrooks* bis *Der Erwählte* ist für mich stets mit seiner Stimme verbunden.«

Nach Thomas Manns Tod erbte Monika Mann eine ansehnliche Summe; sie erhielt zudem 15 Prozent der Einnahmen aus Tantiemen; sie hätte aber auch von ihren eigenen Autorenhonoraren leben können. Die bösen Kommentare aus ihrer Familie hatten Spuren hinterlassen. In einem Interview mit der Münchner *Abendzeitung* am 24. September 1979 brach der aufgestaute Unwillen aus ihr heraus. »Meine Schwester Elisabeth schwirrt in der Welt herum, wirft all ihr Geld in den Ozean. Manchmal schreiben wir uns böse Briefe, weil sie nicht genug bekommen kann, aber das verraucht dann auch wieder.«

Die Moni habe halt nicht so viel hergegeben, meinte Elisabeth in Breloers TV-Serie über die Manns. Dabei hatten beide Frauen einiges gemeinsam, etwa die Liebe zum Meer. »Das Meer ist die Weite [...] das Offene«, sagte Monika Mann, und: »Das Meer verbindet«. Auch mit ihrer fernen Antipodin Elisabeth, die in Halifax lebte, dem Ort, den Monika im September 1940 mit ihrem Mann hätte erreichen sollen. So bestand eine indirekte Verbindung zwischen dem Golf von Neapel und der Küste von Neuschottland.

1985 starb Monikas Gefährte Antonio Spadaro. Sie hatte ihn auf Reisen mitgenommen, nach Zürich, sogar ins Thomas Mann-Archiv, nach Bad Tölz und an andere Orte, die für ihr Leben wichtig gewesen waren. Nach seinem Tod hat sie keine Zeile mehr geschrieben. Kurz bevor sie die Insel verließ, wurde sie von Raffaele La Capria interviewt, der ihr Italienisch etwas eigentümlich fand. Sie zeigte ihm ihren täglichen Spazierweg, der nach 50 Metern an Treppenstufen endete. Die kurze Strecke lief sie hin und her, bis das Pensum von einem Kilometer erreicht war. Den Journalisten erinnerte ihr Inseldasein an ein Gefängnis, aber Monika widersprach: »Es ist wunderbar. Man spaziert wie auf dem Deck eines Schiffes. [...] Das Schiff ist die Phantasie.« Sie wirkte »dünn, klein, grazil«, etwas mürrisch, hörte nicht immer auf die Fragen des italienischen Journalisten oder beantwortete sie nicht. Als Zeugin war sie noch immer nicht sehr glaubwürdig.

Der Interviewer hatte eine schöne Intuition: Die Insel sei für Monika Mann so etwas wie ein Stück Treibholz gewesen, an dem sie sich festhalten konnte, so sei sie zum zweiten Mal gerettet worden. Nein, sie war nicht untergegangen, sie lebte ihr eigenes Leben auf Capri, »wo Himmel und Meer Geträumtes und Ungeträumtes, Gelebtes und Ungelebtes reflektieren«, hier gelang es ihr, »alles Gegensätzliche (zu) versöhnen«, und das war ihr eigentlicher Wunsch.

1986 zog sie nach Kilchberg, in das Haus der Eltern. Dort begann das letzte Drama ihres Lebens: Golo, der das Haus für sich, seine Freunde und seine Hunde haben wollte, ertrug das Zusammenleben mit der Schwester nicht. Bitterböse Sätze über sie stehen in seinen Briefen. Als sie Pflege brauchte, schickte Golo sie zur Witwe seines früh verstorbenen Adoptivsohnes, einer gelernten Krankenschwester. In deren Obhut starb Monika Mann am 17. März 1992. Elisabeth Mann hatte sich zuvor erfolglos bemüht, Monika auf der Basis eines psychiatrischen Gutachtens entmündigen zu lassen. Nach Golos Tod im Jahr 1994 stritt die Leverkusener Familie mit anderen Nachkommen der Manns vor Gericht um das Erbe von Monika; der Streit endete 1996 mit einem Vergleich.

Monikas Tod war mit einem Monat Verspätung gemeldet worden, dafür hatten Golo und Elisabeth gesorgt; ihre Beisetzung in Kilchberg hatte in aller Stille stattgefunden, als sollte sie bis zuletzt als illegitim gelten, dabei war sie doch ein ansehnlicher Farbtupfer in der Familienpalette. Und so sollte man sie auch sehen – nicht als peinlichen Ballast einer erhabenen Sippschaft, sondern als ganz eigene Stimme, der zum Beispiel eine wunderbare Definition der kleinen literarischen Form gelang: »Im Feuilleton liegt etwas Erhaschendes, Eilendes, es liegt darin die Geschicklichkeit des Schreibens auf ein fallendes Blatt.«

Verlorenes Spiel

Zu sein wie Du – doch wer bin ich?
Michael Mann, 1976

Als Katia Mann im Herbst 1918 schwanger wurde, war der Vater überrascht und erschrocken; die Ärzte hatten schwere Bedenken und rieten zu einer Abtreibung. Da Katia dies entschieden ablehnte, war's der Vater zufrieden und freute sich auf das neue Leben. Michael Thomas kam am 21. April 1919 zur Welt. Man könnte es auch wunderbar finden: ein nicht geplantes Kind, Resultat eines lebensfrohen Überschwangs! Der Vater begrüßte im Tagebuch »das männliche Geschlecht« des Kindes, weil das für Katia eine psychische Stärkung bedeute. Damit sei die Pärchenbildung der Kinder komplett, sechs insgesamt, je drei Mädchen und drei Jungen. Die Hausgeburt des Knaben am Ostermontag verlief problematisch, es musste eine Zange eingesetzt werden. Draußen, auf den Straßen von München, hörte man den Geschützdonner der untergehenden Räterepublik. An diesem Tag hatte der Vater die vor dem Krieg unterbrochene Arbeit eines großen Romans wieder aufgenommen: *Der Zauberberg*. Als der Geburtskampf vorbei war, kamen die anderen Kinder als kleine Delegation, um der Mutter artig zu gratulieren.

Bald schon war im Tagebuch die Rede von Fremdheit und Kälte gegenüber dem Knaben, der sich als renitent erwies. In der Erzählung *Unordnung und frühes Leid* wird der Vierjährige als »der Beißer« verewigt. Michael entdeckte das, als er elf Jahre alt war. Das »Milieu« fand er durchaus treffend geschildert, mit seinem Porträt hat er gehadert. Das lag weniger am Wort »Beißer«, denn Spottnamen und skurrile Ausdrücke für alles und jedes gehörten zum Familienjargon, sondern eher an Bemerkungen über die Neigung des Jungen zu »Jähzorn und Wutgetrampel«, über sein »labiles und reizbares Nervensystem«. Literarische Anverwandlung kann auch spätes Leid auslösen. Michaels erstem Sohn sollte über 20 Jahre später Ähnliches widerfahren.

Ihm selbst blieb eine andere Traumatisierung tiefer im Gedächtnis. Als er sechs Jahre alt war, parkte das neue Auto der Familie vor dem Haus. Der spielende Junge löste die Handbremse, das Auto rollte rückwärts gegen eine Mauer. Der Vater, der sonst nicht zu dergleichen Strafen neigte, hielt es für angebracht, ihn mit dem Spazierstock zu schlagen. Das habe jahrelang an ihm genagt, erzählte Michael Mann in einem Interview. (7.10.1975)

Er begriff früh, dass der Vater ein berühmter Schriftsteller war. Mit sieben Jahren begann er selbst, Erzählungen zu schreiben. Mit neun Jahren erhielt er die Geige seines Vaters zum Geschenk. Musik war seine Passion. Mit 13 Jahren las Michael *Tonio Kröger* und war zu Tränen gerührt. Zum Revoltieren habe der Vater wenig Gelegenheit gegeben, sagte Michael später; er (Bibi genannt) und Elisabeth (Medi) hätten ihn meist nur bei den Mahlzeiten gesehen. Es wird glaubhaft berichtet, dass Michael zu Wutanfällen neigte, zu unbeherrschten Reaktionen. Man hat das Gefühl, die große Lebenswut des Michael Mann zu verstehen. Er ist eingenäht in die Haut eines großen Namens, aber als der letzte und kleinste Zwerg. Die großen Rollen waren alle schon vergeben. Es war eine existenzielle Wut, der Zorn auf das Schicksal, das ihm nur eine Nebenrolle in einem großen Epos beschert hatte.

Und man sagt sich: Er hätte ein großer Musikclown werden können, wenn er es verstanden hätte, seine Aggression in Spiel zu verwandeln. So einer hätte dem Familienpanorama gut getan. Einer, der nicht alles furchtbar ernst nimmt, der den Rahmen sprengt, der sich nicht einfügt, der alles und alle parodiert. Als Spiel gab es dergleichen durchaus in der Familie. Man führte Parodien auf, pflegte einen ulkigen Jargon und eigene Redensarten, die sich auf bestimmte Ereignisse und Erlebnisse bezogen. Irgendwann richtete sich Michaels große Wut gegen sich selbst. Weil er nicht aus seiner Haut konnte?

Was bremste ihn? Vielleicht das, was alle zwanghaft aneinander rücken ließ: das Leben im Exil. Er war 13, als die Familie die Heimat verließ. In Sanary hat es ihm wohl gefallen; er und Medi gaben dort kleine Konzerte. Doch später in Küsnacht wurde er zum Sorgenkind. Immer wieder ist von dummen Streichen die Rede, von Alkoholexzessen, von kleineren Fluchten, nach denen er tagelang von zu Hause fortblieb. Aber die Flucht hatte kein Ziel; dafür beherrschte auch ihn das Phantom des Suizids, ähnlich wie Klaus Mann.

Seine Schullaufbahn hatte Michael am Wilhelmsgymnasium in München begonnen; nach dem ersten Exilsommer in Sanary-sur-Mer ging er wie seine Schwester Elisabeth in Zürich auf ein privates Gymnasium. Vor allem aber widmeten sich »Medi und Bibi« der Musik. Die Geschwister ähnelten einander sehr, traten als falsche Zwillinge auf, wie einst Erika und Klaus, konzertierten gern zusammen, sie am Klavier, er mit der Geige des Vaters. Klaus Mann hatte das etwas unangenehme Gefühl, die beiden würden ihn und Erika nachahmen. Überhaupt sollte es einige Parallelen in ihren Lebensläufen geben, aber nur bis zum Zeitpunkt ihrer jeweiligen Eheschließung. Im Übrigen nannten sie ihre Eltern »Frau Mamale« und »Herr Papale«, nicht »Zauberer« und »Mielein« wie die älteren.

Als Person war Michael unausgeglichen, jähzornig, impulsiv, unberechenbar; auch er hat Drogen probiert unter dem Einfluss der Älteren, aber das verstärkte nur eine vorhandene Neigung. 1935 machte er einen ersten Selbstmordversuch. 1936 zog er aus dem elterlichen Haus aus. An Eva Herrmann schrieb er, er wohne nicht »bei den Alten« in Küsnacht, sondern sei in ein drolliges kleines Mansardenzimmer in das ›Niederdorf‹ umgezogen, er sei nun einmal kein netter Hausgenosse. »Hier kann ich doch ungestört meine ordinären [...] kleinen Nachtfeste veranstalten, auf denen sich mit Vorliebe der Abklatsch der traurigsten Züricher Bohème versammelt.« Er nannte sich sentimental und »sanarysüchtig«, träumte von Skiferien mit Eva, aber daraus wurde nichts.

Der Vater nahm seine musikalische Begabung ernster als die von Medi. Beide besuchten das Zürcher Konservatorium. Aber nur Medi legte dort das Konzertdiplom ab; Michael verdarb sich alles durch einen bezeichnenden Zwischenfall. Als er sich von dem (allgemein unbeliebten) Direktor der Institution ungerecht behandelt fühlte, hat er diesen geohrfeigt. Insgeheim wurde er dazu beglückwünscht, aber er musste das Institut verlassen und seine Ausbildung 1937 in Paris fortsetzen. Zuvor hatte er geschrieben, er werde seine Laufbahn in München fortsetzen, was er gegenüber Eva Herrmann als makabren Scherz bezeichnete. Seine Lust, die Seinen zu erschrecken, muss groß gewesen sein.

Das Verhältnis zum Vater blieb schwierig. Im Tagebuch steht 1934, dass Bibi bei Ermahnungen gleich bockig, frech, grob werde; dass er verschwinde und dann eine stundenlange Suche nach ihm beginne. Es ist die Rede von Fluchtversuchen, Trinkgelagen, fragwürdigen Freunden, unklaren Krankheiten, Neigung zu Unfällen. »Traurig und fremd«, kommentierte der Vater, der auch bedauerte, dass Michael außer der musikalischen keine andere Bildung besitze. Warum erwartete er eigentlich, dass seine Kinder solidere Schullaufbahnen absolvierten als er selbst?

Für den Zusammenhalt war wie immer die Mutter zuständig. Im Verfassen von witzigen Bettelbriefen entwickelte Michael großes Talent. Diese clownesken Züge in seinem Wesen darf man nicht übersehen. Was nicht dagegen spricht, dass er ernsthafte musikalische Ambitionen hegte, wie seine Briefe bezeugen.

Noch in Zürich hatte er die Frau seines Lebens gefunden, die Schweizerin Gret Moser, eine Schulkameradin und Freundin von Medi. 1939 haben sie geheiratet und zogen bald darauf ins kalifornische Carmel. Dort kam 1940 ein Junge zur Welt (Fridolin, Rufname Frido); als 1942 ein zweiter Junge geboren wurde (Anthony, genannt Toni), lebte die Familie in Ross bei Mill Valley. Michael hatte inzwischen die tschechoslowakische Staatsangehörigkeit erworben, Gret blieb Schweizerin, die Buben waren qua Geburt Amerikaner.

Der Einberufung zum Militärdienst entging Michael, auch ohne Simulation à la Felix Krull, weil ihn die Musterungsbehörde 1944 als viel zu nervös einstufte (»over tense«). So konnte er seine musikalische Laufbahn fortsetzen. Gret nahm vorübergehend einen Job in Militärdiensten an, ihr Beitrag zum Kampf gegen die Nazis.

1940 hatte Michael geschrieben, in absehbarer Zeit werde wohl kaum etwas Anständiges aus ihm werden. Doch im gleichen Jahr gab er ein Konzert im Küstenort Carmel. Von 1942 bis 1949 spielte er im San Francisco Symphony Orchestra, das seit 1911 existierte und in jenen Jahren von Pierre Monteux geleitet wurde. Zugleich befasste er sich mit Musiktheorie, publizierte Aufsätze darüber und unterrichtete am San Francisco Conservatory of Music. Er wurde einer der wichtigsten Berater für die musiktheoretischen Passagen im Roman *Doktor Faustus*. Im Juli 1943 erläuterte er seinem Vater in einem langen Brief die Grundregeln des Kanons und der Harmonielehre, 1945 informierte er ihn über die Literatur für Viola d'amore.

Ende der 40er Jahre gewann er großes Ansehen als Solobratschist. Komponisten wie Ernst Křenek oder Darius Milhaud schätzten ihn und ließen ihre neuen Werke von ihm uraufführen und einspielen.

1949/50 unternahm Michael Mann eine Konzertreise nach Europa. Die Freundin Eva Herrmann hatte er um eine Zeichnung für Programmhefte gebeten. In der Karikatur traktiert er sehr energisch sein Streichinstrument. Er bedankte sich mit zweideutigen Worten, sprach von »schon fast etwas pathologischem Künstlergefratze. Und zu allem auch noch Zauberers Augenbrauen«. Er hat Eva wohl öfter um Geld gebeten, was ihr eher schmeicheln sollte, als sie empören. »Sei der Engel, der Du bist.« Beide Söhne wie auch die beiden Töchter von Medi wurden in Los Angeles getauft, in der Unitarischen Kirche, der Thomas Mann besonders zugewandt war. Eva Herrmann wurde Taufpatin von Frido.

In Bayreuth trat Michael 1950 beim Jugend-Festspieltreffen als Bratschist auf. Aus West-Berlin berichtete er dem Vater, dass ein Konzertauftritt verhindert wurde, weil er der Sohn von Thomas Mann sei. Vitrinen mit dessen Büchern hätten polizeilich geschützt werden müssen. Das mag stimmen, aber er absolvierte keine vorausgeplante Tournee, sondern spielte hier und da vor in der Hoffnung auf eine Konzerteinladung. So verlief es auch bei seinen Reisen nach Japan und Indien in den Jahren 1952 bis 1954. Seine Frau begleitete ihn; die Kinder besuchten in dieser Zeit ein Internat bei Bern und verbrachten ihre Ferien bei den Großeltern entweder in Erlenbach oder in Zollikon.

1951 unternahm er eine längere Konzertreise durch die USA mit der Pianistin Yaltah Menuhin, der Schwester des Geigers Yehudi Menuhin. Die Familie stammte aus der südlichen Ukraine, lebte aber schon länger in Kalifornien. Yaltah war zwei Jahre jünger als Michael Mann, hatte als Wunderkind begonnen und schon früh Konzerte mit dem San Francisco Symphony Orchestra gegeben. Die gemeinsamen Auftritte mit ihr versprachen eine große Zukunft.

Am Sonntag, dem 4. November 1951, war Eva Herrmann zum Mittagessen bei den Manns am San Remo Drive. Später sollte aus San Francisco ein Live-Konzert von Michael und Yaltah im Rundfunk übertragen werden. In Pacific Palisades wartete man auf diesen Moment; dann kam aber ein Anruf, der von einem Malheur berichtete. Auf der Fahrt ins Studio hatten sich beide gestritten, wohl nicht zum ersten Mal. Michael schlug die Kollegin und verletzte sie am Kopf. Das Konzert wurde abgesagt; als Grund nannte der Sender einen Autounfall. Katia Mann sagte zu ihrem Sohn später nur: »Du hast dich um vieles gebracht.« Es war wohl eine Art Selbstsabotage.

Eva Herrmann gelang es, die Pianistin von einer Strafanzeige abzuhalten. Mit dem Übeltäter noch einmal zusammentreffen wollte Yaltah Menuhin auf keinen Fall. Sie trat in den nächsten Jahren mit vielen anderen Solisten auf, unter anderem mit Joel Ryce, den sie später heiratete. Ihr war eine lange, weltweite Karriere beschieden; auch mit Gedichten und Gemälden machte die gesellige Frau von sich reden.

Michael war mit sich selbst unzufrieden, fand sein eigenes Spiel zu verkrampft. Er wollte kein trauriger alter Geiger werden. Der Versuch, in einem Filmorchester in Hollywood unterzukommen, scheiterte. Er befasste sich ausgiebig mit den Berufskrankheiten von Musikern, als suche er Vorwände für eine Abkehr vom eingeschlagenen Weg. Vielleicht fehlte ihm auch jene Art von Stetigkeit, die sich der Vater auferlegt hatte. Er hatte keinen Beruf gewählt, den er durchhalten konnte. Wenn er seine unterdrückte Wut in Komik verwandelt hätte! Denn er konnte durchaus theatralisch und witzig sein.

Michael Mann unternahm Konzert- und Vortragsreisen durch ganz Europa, wohnte in der Schweiz und dann wieder in Florenz, wo seine Söhne eine Zeitlang dieselbe Schule besuchten wie die beiden Töchter seiner Schwester Elisabeth. Bei zeitgenössischen Komponisten blieb er ein gefragter Mann, ob bei Benjamin Britten, Ernst Křenek oder René Leibowitz. Nach dem Tod von Thomas Mann lebte Frido einige Zeit bei der Großmutter in Kilchberg. Dort machte er sein Abitur, während sein Bruder Toni bei den Großeltern in Zollikon lebte. 1970 haben Michael und seine Frau ein indisches Mädchen mit dem Namen Raju adoptiert.

Vielleicht dachte Michael Mann zu viel über seine Tätigkeit nach, was seinem Spiel nicht bekam. Er fühlte sich unausgefüllt und wurde immer stärker von Theorie und Reflexion angezogen – und vom Schreiben. Nachdem er den *Wallenstein* seines Bruders Golo gelesen hatte, schrieb er: »Ich beneide ihn um seine Naivität, die den wahren Künstler macht und ihn vom ätzenden Literarhistoriker unterscheidet, der ich geworden bin.« (Brief vom 5.4.1968) Da hatte er längst von der Musik auf die Germanistik umgesattelt. Die Musiktheorie hatte ihn dem Vater näher gebracht als je zuvor. Thomas Mann vertraute ihm durchaus, lobte seine Theorien wie sein Spiel. In einem Brief an den Vater meinte Michael: »Überhaupt ist ja wohl das Theoretisieren und Spintisieren im Grunde eher meine Sache als das sportliche Instrumentalistentum.« (2.3.1953)

Zum Spintisieren gehörte ein Ausflug ins Gebiet des Esoterischen, unter Anleitung von Eva Herrmann. Sie empfahl ihm esoterische Literatur, die er aufmerksam las. In langen Briefen an sie versuchte er, sich einen Reim auf das »ganze spiritistische Unwesen« zu machen, das er schließlich ablehnte. Immerhin ließ er sich von Eva Herrmann zu Yoga-artigen Entspannungsübungen anregen. Sie machte sich über die Entwicklung von Michael Mann große Sorgen. Bibi sei sehr nervös, arbeite verbissen, trinke leider zwei Flaschen Wein am Tag, schrieb sie an ihre Freundin Sibylle Bedford. (13.6.1963). Mit dem Alltag komme er nicht zurecht. Seine immer noch attraktive Frau – »good wife, bad mother« – liebe ihn, aber es schwebe Gefahr über ihnen. Eva hielt sich für ein Medium, das Botschaften aus dem Jenseits empfing, vor allem von verstorbenen Mitgliedern der Familie Mann. Auf ihre Visionen war kein Verlass. Dafür konnte sich Michael auf sie verlassen, wenn er sie um Hilfe bat. Sie hielt den Kontakt, besuchte seine Familie in Berkeley oder in Orinda, machte gemeinsam mit ihnen Skiferien in den Bergen.

Zwei Jahre nach dem Tod des Vaters, bei dessen Beisetzung er tief erschüttert war, vollzog Michael den großen Umbruch in seinem Leben. Mit seiner Frau Gret zog er nach Massachusetts und widmete sich an der Harvard-Universität ganz der Literaturwissenschaft, nachdem er schon ab 1955 in Pittsburgh ein Literaturstudium begonnen hatte. 1961 promovierte er mit einer Arbeit über Heinrich Heine als Musikkritiker. Wenig später wechselte er in den Fachbereich Germanistik an der University of California in Berkeley. Die meisten Kollegen waren froh, den Sohn des großen Thomas Mann in ihren Reihen zu haben, nur der Germanist Frederic C. Tubach stimmte gegen ihn, eben der wurde sein Freund – und gab 1983 ein Gedenkbuch für Michael Mann heraus, das wichtige Texte und Selbstaussagen sowie Zeugnisse von Freunden und Kollegen enthielt.

1964 wurde Michael Mann in Berkeley ordentlicher Professor für Deutsche Literatur. Er arbeitete über Autoren des 18. und 19. Jahrhunderts, mehr über die Außenseiter als über die Klassiker. Ihn interessierten tragische Schicksale, Selbstmörder, Opfer von Verfolgungen. Dann holte ihn das Werk des Vaters ein; es schien, als habe er diesen Umweg gesucht, um eine andere Form der Auseinandersetzung mit ihm zu finden. Die publizierten Äußerungen enthalten großartige Einsichten in das Denken und Schreiben von Thomas Mann, über den er durchaus mit methodischer Distanz schreiben konnte.

1965 – zum 10. Todestag und 90. Geburtstag – veröffentlicht er auf Wunsch des Verlages S. Fischer *Das Thomas-Mann-Buch. Eine innere Biographie in Selbstzeugnissen.* Diese kompakte Sammlung hat bis heute ihren Wert behalten. Übrigens hat er sich intensiv mit dem Thema der »feindlichen Brüder« befasst, las auch die Werke von Heinrich Mann.

1975 übernahm er, ebenfalls auf Wunsch des Verlages, eine Aufgabe, die für jeden eine Herausforderung darstellen musste, besonders aber für den Sohn des Autors: Er las als erster Mensch die Tagebücher des Vaters und sollte sie für eine Veröffentlichung vorbereiten. Michael Mann erhielt die abgetippten Texte schubweise, las sie vor allem während einer ausgedehnten Reise durch die USA und ganz Europa, auf der er unzählige Vorträge über seinen Vater hielt; Anlass war dessen 100. Geburtstag im Jahr 1975. Der Germanist aus Kalifornien begab sich in die Alte Welt und war dabei doppelt und dreifach mit Leben, Werk und intimen Aufzeichnungen eines großen Autors befasst, der außerdem sein problematischer Vater war.

Die große Reise begann recht ordentlich mit einer Festrede am 30. April 1975 in Berkeley. Auf einer der nächsten Etappen ereignete sich ein Unfall. Während eines Vortrags an der Rutgers University in New Jersey stürzte er vom Podium, kletterte wieder nach oben und sprach weiter. Am Ende des Vortrags musste er sich hinsetzen, denn er spürte, dass er sich schwer verletzt hatte: Er hatte sich das rechte Bein gebrochen. Die erste Behandlung erfolgte nicht sachgemäß, so dass sich die Heilung lange hinzog und er fast seine gesamte Reise mit Gipsbein und teilweise im Rollstuhl absolvieren musste. Wer will, mag darin einen symbolischen Unfall sehen, eine jener rätselhaften Verletzungen, die schon seinen Vater in den 30er Jahren beunruhigt hatten.

Michael Mann hielt Vorträge an vielen Orten, darunter an den Goethe-Instituten von Skandinavien bis Griechenland. Auf die Weise habe er Deutschland gut kennengelernt, scherzte er. So setzte er die Tätigkeit seiner Geschwister Erika und Klaus fort, die in den 30er und 40er Jahren Vorträge über ihren Vater oder über ihre Familie gehalten hatten. Unterwegs parodierte er den Tagebuchstil seines Vaters und formulierte eigene Aufzeichnungen in dessen Manier. Auch dabei zeigte sich seine clowneske Begabung. Der Inhalt der Tagebücher amüsierte ihn aber immer weniger.

Am 14.10.1975, er war gerade in Oslo, las er, dass er als Embryo abgetrieben werden sollte, die Mutter sich aber doch für ihn entschied. Solch »ungeschminkte Intimität« stellte ihn als Herausgeber der Tagebücher vor große Probleme. Durfte er, da er selber im Text vorkam, über dessen Edition entscheiden? Am 12. August 1975 schrieb Michael Mann einen Text über die Tagebücher seines Vaters. Tagebücher zerstören die Persönlichkeitsmythen, meinte er. Das täglich zu schreibende Blatt hielt Michael für eine Legende, der Vater habe oft überhaupt nicht gearbeitet. Seine Ehe sei vor allem in den ersten Jahren weitaus schwieriger gewesen, als man denke, obwohl er die Glückhaftigkeit der Verbindung mit Katia Pringsheim nicht leugnete. Angesichts der vielen »Heimsuchungen« hatte sich der Vater gefragt, »ob nicht die gebethafte Mitteilung im Tagebuch Schutz gewährt«. (Eintrag vom 31.7.1919) Diesen Gedanken fand Michael einleuchtend. Auch bemerkte er die schreckhafte Angst des Vaters, die Tagebücher könnten verloren gehen (auf Reisen) oder gestohlen werden.

Michael Mann war klar, dass seine große Vortragsreise ein Triumphzug für seinen Vater war. Als er 1976 ins heimische Kalifornien zurückkam, war er körperlich und seelisch erschöpft. Kurz vor Jahresende schloss er seine Auswahl der Tagebuch-Notizen ab, die jedoch nie gedruckt wurden. Der Verlag publizierte eine weniger ausgedünnte Fassung, für die zunächst

Peter de Mendelssohn und später Inge Jens verantwortlich zeichneten.

Im Jahr 1971 hatte Michael Mann bei St. Helena ein kleines Haus im Weinland von Napa Valley gekauft, unweit der Schwefelquellen von Calistoga Spa und etwas mehr als eine Autostunde von Orinda entfernt, wo er mit Frau und Adoptivtochter wohnte. In seiner Zweitresidenz arbeitete und kochte er, empfing auch Freunde. Aus Bayreuth hatte er ein bemaltes Cembalo kommen lassen. Hier lebte er in seiner eigenen Welt.

In jenen Jahren entstanden Texte, die er *Selbstmördergedichte* nannte und gern seinen Freunden vorlas, in durchaus heiterer Stimmung. In einem dieser Gedichte stehen die Verse »Zu sein wie Du – doch wer bin ich?/Verfehlt die Frage«. Haben die Kinder von Thomas Mann dessen Lebensform als Imperativ verstanden, es ihm irgendwie nachzutun? Übrigens schrieb er auch Erzählungen, die aber nie Beachtung fanden.

Freunde und Bekannte, die Frederic Tubach später befragte, betonten das Unstete in seinem Wesen, seine sonderbare Redeweise bei Vorträgen, die einen ganz eigenen Rhythmus hatten, eher Selbstgesprächen glichen. Michael Mann gab sich oft bohemehaft nachlässig, hatte aber immer wieder großbürgerliche Anwandlungen. Er schwankte zwischen Formalität und Zügellosigkeit. Er liebte es zu feiern, fein zu essen. Und er trank guten Wein; zu viel, nach dem Urteil von Eva Herrmann.

Der 31. Dezember 1976 war ein grauer Tag. Mit seiner Frau fuhr Michael Mann an den Pazifik, schaute lange auf das Meer, als wolle er sich etwas einprägen. Gret fühlte sich erkältet und ging früh zu Bett. Er wurde von Freunden zur Silvesterfeier erwartet. Der Sekt war schon kalt gestellt. Hatte er es vergessen? Seine Adoptivtochter Raju fand ihn angegriffen, er klagte über heftiges Herzklopfen. Sie riet ihm, früh schlafen zu gehen. Am nächsten Morgen lag er tot im Bett. Die Autopsie ergab viel

Alkohol im Blut, aber auch Barbiturate. Nie würde man wissen, ob er noch im alten Jahr gestorben war. Seine Asche wurde in die Schweiz überführt und im Kilchberger Familiengrab beigesetzt. Er selbst sprach einmal von seinem »infantilistischen Leben«, womit er wohl eine lebenslange fatale Abhängigkeit meinte, die sich niemals lösen ließ. Aber vielleicht war es ja von vornherein ein verlorenes Spiel.

Einsamkeit und Skepsis

Ein Schatten liegt auf jedem Glück.
Golo Mann

Historiker geht ja noch«, hat Katia Mann über die Berufswahl ihres dritten Kindes gesagt, womit sie wohl meinte, dies wäre vom literarischen Exempel des Vaters weit genug entfernt, doch gerade darin täuschte sie sich. »Historiker, anders ging sein Weg ins Schreiben nicht«, hätte das Motto lauten müssen. Im Werk von Golo Mann erreichte die Auseinandersetzung der Familie Mann mit »ihrem Jahrhundert« den Höhepunkt und Abschluss. Bedeutsam ist nicht nur die spezielle Methode des »Geschichtsschreibers« Golo Mann, sondern auch seine Persönlichkeit, geprägt von abgrundtiefer Melancholie, von »Einsamkeit und Skepsis« (Joachim Fest), die einherging mit engagierter Zeitgenossenschaft. Durch seine Arbeit trug er dazu bei, die Deutschen mit ihrer Geschichte auszusöhnen und die Manns in ihr Jahrhundert einzuordnen.

Als Kind durfte er bei der Theaterspielerei der Älteren mitmachen, gern auch als trauernde Witwe oder in anderen Frauen-Rollen (stets sehr glaubhaft). Auswendiglernen war ein Vergnügen für ihn, und am Ende seines Lebens soll er Hunderte Gedichte in verschiedenen Sprachen im Gedächtnis gehabt haben. Diesen lyrischen Untergrund seines Sprachbewusstseins darf man nicht übersehen, wenn man den besonderen Reiz seiner Essayistik verstehen will. Übrigens schrieb er selbst zu jeder Gelegenheit amüsante und einprägsame Verse.

»Wir sind von Kindheit an, was wir sind, und alles Spätere ist Auslegung des Frühesten.« Diese Maxime findet sich in seiner

Studie über Friedrich von Gentz. Im ersten Band seiner Erinnerungen lesen wir: »Die Kindheit ist des Menschen wahre Wahrheit und alles Spätere ein Verfall, ein Abfallen von ihr.« Und doch sprach er im Rückblick auch von »törichter Kindheit« und »unguter Jugend«.

Geboren am 27. März 1909 – an dem Tag beging sein Onkel Heinrich Mann den 38. Geburtstag –, wurde er auf die Namen Angelus, Gottfried, Thomas getauft. Den Vornamen Angelus hatte die Schwester Erika gewünscht, die in Bad Tölz einen Bauernbuben dieses Namens bemuttert hatte; er selbst erfand für sich den originellen Rufnamen Golo. In seinen Erinnerungen zitiert er aus dem Büchlein, das seine Mutter über ihn wie über alle ihre Kinder in den ersten Lebensjahren geführt hat. Katia Mann, die Golo als starke, aber naive Persönlichkeit beschrieb, fand den Kleinen aufgeregt und nervös, ängstlich und schreckhaft, manchmal auch furchtbar komisch. Den Vater konnte er mit seiner Verstocktheit und Unbeholfenheit zu Wutanfällen reizen. Ausbrüche väterlichen Jähzorns kamen häufig vor; wenn dessen Arbeit nicht gut lief, ließ er es jedermann im Haus spüren; seine Nervosität, sein Zorn, sein drohendes Schweigen übertrug sich auf alle anderen. Der Bruder Klaus charakterisierte den kleinen Golo als tückisch und unterwürfig, doch fand er in ihm einen geduldigen Zuhörer für seine Monologe und für die ersten ›Romane‹, die er mit 14 Jahren schrieb.

Golo seinerseits muss eine gewisse Furcht vor den Eltern gehabt haben; noch im hohen Alter spürt man so etwas wie alptraumartige Lasten. Er sprach von den »grausamen Idiotien der Eltern, so ungeheuer weit unter ihrem Niveau«; der Mutter warf er Ungeduld vor, Mangel an Takt und Einfühlung, auch Sadismus; aber vielleicht war sie schlicht überfordert? Glücklich war er in der Familie nicht immer, allerdings blieb er ein anhängliches Kind. Erst als er selber zu publizieren begann, errang er die Achtung des Vaters. Noch im fortgeschrittenen Alter hat ihn der Vater eingeschüchtert. Konrad Kellen gegenüber hat Golo eingeräumt, dass er sich immer vorbereitete, wenn er mit den Eltern bei Tisch saß, um ein Gespräch über würdige Themen führen zu können.

Er selbst war bescheiden, zurückhaltend, ruhig, zeigte keine Spur von Überheblichkeit, wie man sie den Geschwistern Erika und Klaus attestierte. Doch war er zu stillen Bösartigkeiten fähig. War es seine etwas düstere Wesensart, die den Vater zu anderen Kindern sagen ließ, der Golo habe eigentlich einen Buckel? Mit schöner Selbstironie schrieb Golo Mann in seinen Memoiren, es habe eine Zeit gegeben, in der er die großen Bösewichter bewundert und selber einer in der Art von Fouché zu werden gehofft habe. Sein Haus in Berzona, westlich von Locarno, war an einem Grundstück erbaut worden, auf welchem der Legende nach Kobolde ihren Tanzplatz hatten. Besucher fragte er gern, ob sie etwa die Nachtgeister gehört hätten. Er konnte selbst eine Art Kobold sein; solche Quällust verbarg vielleicht eine Portion Masochismus. Öffentliche Anerkennung errang er spät, aber dann in hohem Maß. Noch als gefeierter Bestsellerautor und als wichtige Stimme im öffentlichen Leben in Deutschland behielt er etwas Melancholisches, Widersprüchliches, Gehemmtes, das man nicht recht verstand.

Historiker ist er aus eigenem Antrieb geworden, und er entwickelte eine eigene Form der Geschichtsschreibung, in der seine bewusste Zeitgenossenschaft eine größere Rolle spielte als seine familiäre Abstammung. In seinem Werdegang haben ihn andere Persönlichkeiten geprägt als der Vater, auf den man ihn gleichwohl vorrangig bezog. Am sinnfälligsten wird seine zwiespältige Stellung auf dem bekannten Foto, das ihn an der Tür des Kilchberger Hauses zeigt, den Kopf neben dem Klingelschild, auf dem deutlich »Thomas Mann« zu lesen ist.

In der Familie Mann (nicht aber in der Pringsheim-Linie) war Golo Mann der Erste, der eine vollständige akademische Laufbahn absolvierte, und das unter schwierigen Bedingungen. Nur kurz besuchte er in München das renommierte Wilhelmsgymnasium; 1922 fanden die Eltern, dass er anderswo zur Schule gehen solle. Nach einem Probebesuch mit der Mutter schickte man ihn fünf Jahre lang auf das Schloss-Internat in Salem am Bodensee. Diese Anstalt, geleitet von Kurt Hahn, vermittelte ihm erste Bildungserfahrungen außerhalb der Familie.

Hier wurde Golo Mann seine homosexuelle Veranlagung bewusst, was dem Schulleiter, selbst homosexuell, nicht verborgen blieb. Er schrieb deshalb an den Vater, schlug Therapien vor. Thomas Mann nahm das nicht allzu ernst, lieh sich vielmehr ein Foto des jungen Spaniers Julio del Val Caturla aus, für den Golo schwärmte und dessen Gesicht den Dichtervater für seine Romangestalt des »Joseph« inspirierte. Etwas wie sexuelle Aufklärung gab es weder in der Familie noch in der renommierten Anstalt.

Golo und bald auch seine Schwester Monika lernten trotz mancher Krisen brav in Salem, während Erika und Klaus sich schon im mondänen Münchner Nachtleben austobten. Kurt Hahn hat Golo Mann entscheidend geprägt; er kümmerte sich sehr um jeden einzelnen Schüler; der Berater von Prinz Max von Baden, dem letzten Kanzler des Kaiserreichs, wollte eine neue Art Elite heranziehen. In Salem entstand Golos große Liebe zu den lateinischen Historikern und Autoren, Cicero, Sallust, Horaz, Tacitus. Bei den Pfadfindern, denen er seit seinem 12. Lebensjahr angehörte, sowie in Salem begann seine Liebe zum Wandern. Seine größte Leidenschaft war damals das Theaterspielen; er trat als Dorfrichter Adam auf und als Wallenstein.

Das Abitur legte Golo 1927 extern in Konstanz ab (Salem war dazu noch nicht berechtigt). Nach einem verlorenen Semester in München studierte er in Berlin Geschichte bei Friedrich Meinecke. In der Hauptstadt lernte er auf Wunsch der Eltern Pierre Bertaux kennen, den Sohn des Germanisten Félix Bertaux, der ihn an Charme und gesellschaftlicher Gewandtheit leicht ausstach. Die beiden wurden gute Freunde, kamen mit Joseph Roth, Alfred Döblin und der Verlegerfamilie Fischer zusammen, erhielten Freikarten fürs Theater und die Oper.

Am nachhaltigsten war seine Begegnung mit Ricarda Huch, die er immer respektiert hat und die mit ihrer historischen Schriftstellerei gewiss ein Vorbild wurde. Bei ihr fand er »Geschichtsgefühl und Gestaltungskraft«, eine sehr persönliche Methode des Erzählens, poetisch und gerecht, was allerdings leichter war, da sie sich mit dem Alten Reich bis zur Romantik befasste, nicht mit Zeitgeschichte. Ihr Kontakt blieb auch in Briefen intensiv. Für ihre mutige Haltung im Dritten Reich hat Golo Mann sie aufrichtig bewundert.

Zu seinem weiteren Werdegang gehörten ein Sommersemester in Paris und einige Wochen im Bergbau in der Niederlausitz, wo er die Arbeitswelt kennen lernte. 1929 verlagerte sich sein Studienort nach Heidelberg. Dort promovierte er bei dem Philosophen Karl Jaspers, der seine Doktorarbeit (*Der Einzelne und das Ich in Hegels Philosophie*) zurückhaltend beurteilte und ihm riet, Gymnasiallehrer zu werden. In Heidelberg schrieb Golo Mann seine ersten politischen Artikel, in denen er den Vater gegen die Kritik nationalistischer Studenten ebenso verteidigte wie den von der Universitätsleitung gemaßregelten Pazifisten Emil Julius Gumbel, der bald zu den ersten Emigranten gehören sollte.

Vom Nobelpreis des Vaters erfuhr er aus der Zeitung. Die Eltern beglichen die Schulden von Erika und Klaus und schenkten Golo ein kleines DKW-Auto, das Deutschland-Touren ermöglichte, aber wegen häufiger Pannen Ärger und Kosten verursachte. Auskommen musste er mit etwa 280 Mark pro Monat.

Nach Kurt Hahn war der Philosoph Karl Jaspers die zweite prägende Persönlichkeit für Golo Mann, wenngleich es zwischen ihnen nicht ohne Reibungen abging. Hahn habe seine Art zu leben beeinflusst, Jaspers aber sein Denken, befand Golo Mann. Von Jaspers habe er gelernt, »daß der Mensch immer mehr ist, als er selber von sich wissen kann; [...] daß es unlösbare Denkkonflikte gibt; daß jedes behauptete Totalwissen falsch ist und Schaden stiftet«.

1932 war ein Jahr voller politischer Spannungen. In dieser Zeit begann Golo Mann mit dem Tagebuchschreiben – unter dem Eindruck der Tagebücher von Friedrich Hebbel, die er ausgiebig las. Der Vater hieß darin immer nur »der Alte«. Von Hamburg aus hatte Golo einen Abstecher nach Lübeck gemacht, das Grab der Vorfahren und das Buddenbrookhaus besucht, wohl sein einziger Aufenthalt in dieser Stadt, deren Staatsangehörigkeit er dank seines Vaters noch besaß.

Golo Mann verstand sich damals als »links« und gehörte einer sozialistischen Studentengruppe an. Seine konservativen Instinkte, immer schon vorhanden, entfalteten sich erst nach 1933. Früh übte er Kritik an der Selbstdemontage der deutschen Universitäten. Das Erlebnis der schwarzen Jahre und das Exil haben ihn nicht nach »links« driften lassen, anders als den Onkel, den Vater oder die älteren Geschwister.

Der Weg in die intellektuelle und praktische Selbstständigkeit wurde durch die Machtergreifung jäh unterbrochen. Er hatte zusätzlich in Hamburg das Staatsexamen abgelegt, aber an eine Anstellung als Lehrer war nun nicht mehr zu denken; es blieb nur der Weg ins Exil. Menschlich waren es trübe Jahre, die seine depressiven Tendenzen und seine Passivität verstärkt haben.

Noch dem Sommer in Sanary kam Golo im November 1933 als Lektor für Deutsche Sprache an die École Normale Supérieure im Pariser Vorort Saint-Cloud, eine unbezahlte Stelle bei freier Kost. Dort freundete er sich an mit dem Schulleiter Félix Peccaut, mit dem er später noch viele Briefe wechselte, in denen es um Deutschland und die Deutschen ging. Wiederholt war Golo zu Gast bei der Familie Bertaux in Sèvres, in deren Villa La Source er Walter Benjamin und andere Emigranten traf, die dort bewirtet wurden.

Ein Jahr danach wurde Golo Lektor an der Universität in Rennes, einem »düsteren Nest«, wo man ihn als deutschen Spion verdächtigte. Trost boten nur die Lektüren; in dieser Zeit entdeckte er den Historiker Alexis de Tocqueville und den politischen Schriftsteller Friedrich von Gentz. Die Vorstellung, in Frankreich eine zweite Heimat und eine feste Stelle finden zu können, musste er bald begraben.

Von November 1936 bis Juni 1937 hielt er sich in Prag auf, wo er Tschechisch zu lernen versuchte, nachdem ihm die tschechoslowakische Republik, wie den anderen Familiemitgliedern, die Staatsbürgerschaft angeboten hatte. Hier besuchten ihn die Eltern sowie der Bruder Klaus; Golo kümmerte sich um Heinrich Manns geschiedene Frau Mimi, die mit ihrer Tochter Leonie seit 1933 in Prag wohnte. Er half ihnen bei der Bewältigung des Alltags, der Mietschulden, denn das Leben der beiden Frauen verlief recht ungeordnet, seit sie Deutschland verlassen hatten.

Hilfe aber brauchte er selbst. Er fand sie bei der Malerin und Karikaturistin Eva Herrmann, die bis dahin eher mit Erika und Klaus befreundet gewesen war. Eva hat Golo damals in einer schweren Krise, die vielleicht mit Selbstmordgedanken einherging, aus dem seelischen Tal geholfen. Seine dankbaren Briefe bezeugen ihre freundliche und aufbauende Zuwendung. In Kalifornien sind die Zeichnerin und der Historiker nach 1940 einander recht nahe gewesen, haben viele gemeinsame Ausflüge gemacht und lange Briefe gewechselt.

Im November 1938 fuhr Golo Mann mit dem Schiff *Aquitania* in die USA, besuchte seine Eltern in Princeton, kehrte im Juli 1939 mit demselben Schiff nach Europa zurück und ließ sich in Zürich nieder. Sein Status dort war nicht einfach zu regeln, zumal der Schweizer Schriftstellerverband Stimmung machte gegen ausländische Autoren deutscher Zunge, aber auch die Fremdenpolizei erwies sich als sehr abweisend. Die Franzosen wiederum ließen ihn nicht einreisen, als im September 1939 der Krieg ausbrach. Unterdessen hatte Golo die Redaktion der Zeitschrift *Mass und Wert* (schweizerische Schreibweise) übernommen, für die sein Vater als Herausgeber zeichnete. Hier endlich hätte Golo das intellektuelle Forum gefunden, das ihm so sehr fehlte; die vom ihm betreute Ausgabe im November 1939 bewies seine Qualitäten als Redakteur. Doch die Zeitgeschichte – der Krieg – beendete das kurze Leben dieses Organs.

Nachdem am 10. Mai 1940 die deutsche Wehrmacht in Belgien, Holland und Frankreich eingefallen war, wollte Golo Mann sich der tschechoslowakischen Legion als Soldat zur Verfügung stellen und überschritt die Grenze ohne Erlaubnis. Er wurde noch im Grenzort Annecy verhaftet und zunächst in ein Lager bei Loriol (im Departement Drôme) gesteckt. Vergeblich beantragte er, als »prestataire« in die französische Armee aufgenommen zu werden. Schließlich schickte man ihn in das Internierungslager Les Milles bei Aix-en-Provence. In der stillgelegten Ziegelei traf er auf prominente Leidensgenossen wie Lion Feuchtwanger, Walter Hasenclever, Max Ernst, Franz Hessel und viele andere. Die französische Bürokratie machte keine Unterschiede zwischen Emigranten und Reichsdeutschen. Das Leben in dem staubigen, finsteren Gebäude kam Golo Mann vor wie das verrückte Treiben im Berliner Nachtleben von 1928.

Es gab sogar ein Kabarett mit dem Namen Katakombe – etabliert in einer riesigen Brennkammer für Dachziegel.

Nach der völlig sinnlosen Fahrt eines Zuges mit den Lagerinsassen in Richtung Bayonne und wieder zurück bis Nîmes wurde er mit den anderen in einem Zeltlager interniert. Er versuchte zu fliehen, wurde aber verhaftet und in Marseille ins Gefängnis gesteckt. In den Zellen waren Flüchtlinge, Spione und Gangster zusammengepfercht. Anfang August wurde Golo freigelassen und kam vorübergehend im Haus des (gegen seine Dienstvorschriften) hilfreichen amerikanischen Vizekonsuls Hiram Bingham unter, wie schon Lion Feuchtwanger und dessen Frau Marta. Politisch verstanden sich die drei Münchner gar nicht.

Mit Hilfe von Varian Fry, den ein New Yorker Hilfskomitee geschickt hatte, überschritt eine kleine Gruppe von Flüchtlingen am Freitag, dem 13. September 1940 die Grenze zwischen Cerbère und Portbou, zu Fuß, während Varian Fry deren Gepäck mit dem Zug durch den kurzen Grenztunnel nach Spanien brachte. Zu dieser Gruppe gehörten Heinrich Mann und seine Frau Nelly, Franz Werfel und seine Frau Alma, sowie Golo Mann. Sie schlugen sich durch bis Lissabon, wo sie nach drei Wochen Wartezeit das Schiff Nea Hellas nach New York bestiegen, das am 13. Oktober 1940 in New York anlegte. Dort wurden die Geretteten von Thomas und Katia Mann sowie einer Vielzahl von Journalisten begrüßt.

Nun begann der zweite Teil des Exils. Versuche als Publizist in New York schlugen fehl, da erging es Golo nicht besser als seinem Bruder Klaus. Eine Zeitlang gehörte er zu einer Wohngemeinschaft homosexueller Künstler wie Benjamin Britten oder seinem »Schwager« Wystan H. Auden, mit dem er lange Gespräche führte und der ihn mit Sentenzen und Zitaten verblüffte. So blieb nur die Suche nach einer Arbeit als Lehrer. Die fand sich vom September 1942 bis zum August 1943 am College von Olivet, Michigan, einer sehr kleinen Stadt 150 Meilen westlich von Detroit. 1942 beschloss Golo, sich zur Armee zu melden; zuvor unterzog er sich einer Leistenbruchoperation, und er täuschte ein Verlöbnis mit Eva Herrmann vor, um den Verdacht der Homosexualität zu zerstreuen, der ihn vom Armeedienst ausgeschlossen hätte. Die Musterung erfolgte in Princeton, die Grundausbildung in Fort Mac Lane, Alabama. Bevor er nach Europa aufbrach, verbrachte er die Sommerferien 1943 bei den Eltern in Pacific Palisades.

Für die kämpfende Truppe war der sprachbegabte Intellektuelle nicht so geeignet wie für Aufgaben beim Geheimdienst OSS (Office of Strategic Services). Im April 1944 fuhr er – wiederum mit dem Schiff *Aquitania*, das nun als Truppentransporter diente – nach England. In London arbeitete er bis Januar 1945 bei der Voice of America, betreute Sendungen nach Deutschland und hielt einige Rundfunkansprachen an die Deutschen, genau wie sein Vater. Später bezeichnete er diese Phase als schnellen Aufstieg und illusionäres Wirken, das er mit zuviel Medikamenten teuer bezahlt habe. Er verdiente gut damals, gab aber alles Geld aus. »Das wahre von mir ersehnte Soldatentum war es freilich nie.« Die letzten Kriegsmonate verbrachte er in Frankreich und in Deutschland.

Weihnachten 1944 feierte er mit seiner Schwester Erika in Paris, wo Amerikaner nach seiner Erinnerung nicht sonderlich willkommen waren. In Luxemburg traf er seinen Bruder Klaus, auch er in amerikanischer Uniform. Im Sommer 1945 blieb er in Paris, das ihm angesichts des regen Schwarzmarktes ziemlich trist vorkam. Bei einem Abstecher nach Zürich empfand er ein starkes Gefühl von Heimkehr.

Bis 1946 arbeitete er im besetzten Deutschland als Presseoffizier der Amerikanischen Armee, vor allem beim Rundfunk, was ihm wie eine Schlaraffenexistenz vorkam. Er reiste nach

Berlin und nach München, machte Interviews am Rande des Nürnberger Prozesses, sein Standort war aber Frankfurt/Main. Zweimal wurde er in schwere Autounfälle verwickelt, die zu längeren Krankenhausaufenthalten führten. Er schämte sich, neben Soldaten mit Kriegswunden zu liegen.

In seiner neuen Rolle nahm er wieder Kontakt mit Karl Jaspers auf, der sich in der NS-Zeit nicht von seiner jüdischen Frau scheiden lassen wollte und deshalb sein Lehramt verlor. Das sicherte ihm Golos Respekt. Im August 1945 ließ Golo Mann Jaspers' Rede zur Wiedereröffnung der Universität Heidelberg aufzeichnen und von Radio Luxemburg ausstrahlen, ein ergreifendes Schuldbekenntnis, das in der Welt ein großes Echo fand und seinem einstigen Lehrer eine starke Position in der deutschen Öffentlichkeit sicherte. Als Golo ihn Jahre später um Beiträge für die von ihm herausgegebene Propyläen-Weltgeschichte bat, lehnte Jaspers ab – das Honorar war ihm zu gering.

Im Herbst 1946 kehrte Golo Mann in die USA zurück. Eine Weile lebte er in New York, wo sich auch Klaus und Monika aufhielten, ehe er mit seiner Schwester den Zug nach Los Angeles bestieg. Drei Jahre lang hatte er seine Mutter nicht gesehen. In den nächsten Monaten schickte er viele Care-Pakete nach Europa, auch an Karl Jaspers.

1935 in Zürich hatte er seinem Bruder Michael Nachhilfestunden in Latein gegeben, was ihm durchaus Vergnügen bereitete. An ihm sei doch ein Lehrer verloren, schrieb er ins Tagebuch. Seine realen Unterrichtserfahrungen boten ihm nur selten Befriedigung. Bis 1960 dauerten die Versuche, eine Lehrtätigkeit zu finden. Seit 1947 war er – mit Unterbrechungen – am Claremont Men's College tätig, etwa 50 Meilen östlich von Downtown Los Angeles. An den Wochenenden fuhr er zu den Eltern nach Pacific Palisades, was einer Fahrt von zwei Stunden gleichkam. Im Schuljahr 1957/58 lehrte er ein letztes Mal in

Claremont. Mit Ed Klotz fand er dort für einige Zeit einen Gefährten. Enger als an Menschen schien seine Bindung an Hunde zu sein; er sprach von echter Liebe.

Die amerikanische Zeit ging zu Ende, aber eine Anstellung in Deutschland, die er aushalten konnte, ergab sich nicht. Dass er kein Amt fand, lag nicht nur an Intrigen und Anfeindungen (etwa jenen von Adorno und Horkheimer, die seine Berufung an die Universität Frankfurt vereitelten), sondern auch an seiner inneren Unruhe. Nach mehreren vergeblichen Versuchen musste er einsehen, dass es seine Berufung war, ohne Ruf auszukommen und als freier Autor zu existieren. »Daß ich im Grunde ja doch zum Schriftsteller bestimmt war, sei es auch nur zum historisierenden, ein wenig philosophierenden, verbarg ich mir lange Zeit; unbewußt wohl darum, weil ich meinem Bruder Klaus nicht ins Gehege kommen und weil ich den Tod des Vaters abwarten wollte.«

Die Suche nach einer Professur war eine Art Flucht vor dieser Einsicht: er musste sich dazu durchringen, seiner eigentlichen Begabung zu folgen, als hätte ihm eine Aufforderung von allerhöchster Stelle gefehlt. 1958/60 nahm er eine Gastprofessur in Münster in Westfalen wahr. Die Stadt fand er überraschend angenehm, und er wanderte gern im nahen Teutoburger Wald, trotz zunehmender Knieprobleme. 1960 erhielt er einen Ruf an die Technische Hochschule in Stuttgart auf den Lehrstuhl für Politische Wissenschaften. Er glaubte, dort kein Echo zu finden, doch die Universität war durchaus daran interessiert, ihn zu halten. 1962 erlitt er eine schwere Krise, musste aussetzen und sich in Kliniken begeben; 1963 versuchte er es noch einmal in Stuttgart, gab aber bald seine Tätigkeit auf.

Inzwischen hatte er längst Anerkennung und Erfolg als freier Publizist gefunden, war er zu einer maßgeblichen Stimme in der Bundesrepublik geworden. Das Exil war für ihn ein Wartesaal und ein Abstellgleis gewesen, und es war hart, daraus eine

Lehrzeit zu machen; nach dem Krieg wurde es nicht einfacher; er blieb passiv und abwartend, entwickelte zu wenig Initiative, ließ die Dinge auf sich zukommen, und zum Glück kamen sie auch. Aber was hemmte ihn? Der zu große Anspruch an sich selbst, der sich in seinem Namen versteckte?

»Mein Leben ist kein glückliches«, lautete der Refrain seiner späten Privatbriefe. Hielt er sein Leben für verfehlt? So dachte er, als er in einer Reihe führender Publizisten Europas nicht genannt wurde (wohl aber sein Freund Raymond Aron). »Meine eigene Schuld: ich war nicht stetig genug, und es fehlte mir die Basis, die klare Identifizierung mit einem Staat, einer Nation«. Das konnte aber für einen Emigranten in *seiner Zeit* kaum anders sein. 1962 war er übrigens Schweizer Staatsbürger geworden.

Einen gewissen Einblick in seine innere Befindlichkeit geben die Briefe an die Freundin Eva Herrmann, die ihn »den grimmen Golo« nannte. Vor allem fehle ihm das menschliche Glück: »Too much pain, too little fun, darauf läuft's hinaus. [...] Das Intimste, Beglückende, Erfrischende fehlt durchaus.« (18.12.1953, aus Zürich) Äußere Erfolge hatten bei ihm nie eine besänftigende Wirkung, rissen manchmal geradezu alte Wunden auf, was man auch als fortwirkenden Masochismus deuten kann, als mache ihn nur die Selbstqual produktiv. An Eva Herrmann schrieb er: »Was meinen Ruf und Namen anbelangt, der hat in der letzten Zeit erstaunlich zugenommen; aber was soll es mir? Was hat unsere Welt und nur gar die deutschsprechende heutzutage noch für Ruhm zu vergeben?« Die Vorstellung, jemals in die USA zurückzukehren, ließ ihn schaudern. Überhaupt sei er in seinem Leben so oft abgereist und habe so oft Abschied genommen, dass er gegen den Tod eigentlich immunisiert sein sollte. (29.12.1959)

Zehn Jahre später schrieb er an die Freundin: »Übrigens

glaube ich kaum, dass ich je noch nach Amerika kommen werde. An Einladungen hat es nicht gefehlt: aber einen elevator in einem Hochhaus könnte ich NIE mehr betreten, kaum ein Flugzeug, kaum ein Schiff. [...] Auch graut mir bei dem Gedanken an ›lectures‹ in Amerika: graut mir überhaupt vor den Spuren meiner Vergangenheit. Grand Dieu: comme j'étais malheureux en Amérique, wie habe ich da schier den kostbarsten Teil des Lebens sträflich, schwer sträflich vertan.« (18.12.1969)

Der Historiker Golo Mann betrat die Bühne im Jahr 1946, also gleich nach seiner Zeit in der US-Army, mit einer Arbeit über den Publizisten und Politikberater Friedrich von Gentz. Ruhm und Anerkennung hat er als freier Autor errungen, allerdings wurde er auch selbst zum Politikberater und griff als solcher in die Kontroversen im Nachkriegsdeutschland ein. Dabei war er immer für überraschende Wendungen gut. Er war ein Konservativer und ein Nonkonformist, ein intellektueller Provokateur und als Autor ein großer Stilist. Auf solch eine »Mischung« war die Öffentlichkeit im geteilten Deutschland gar nicht eingestellt. Spross einer bedeutenden und markanten Familie und doch einzig in seiner Art zu sein, das war das Lebensparadox von Golo Mann.

»Ich bin ein guter Kenner der Werke meines Vaters«, sagte Golo Mann in seiner verschmitzten Art, aber sein Stil war nur bedingt auf diesen Einfluss zurückzuführen. Er hat sich an großen historischen Autoren geschult wie Burke, von Ranke, Mommsen oder Lord Acton, allerdings auch an Tacitus, vor allem aber an Friedrich Schiller.

Wenn der Vater über andere Autoren sprach oder schrieb, so diente das der Aufwertung seines eigenen Bildes. Bei Golo Mann war das kaum der Fall. Das zeigt seine ganz andere Art des Zitierens. Zitate, zumal von Klassikern, sind bei ihm keine winzigen Spiegel, in denen er sich selbst betrachtet. Golo Mann zitiert ausgiebig und mit Genuss, stets in der Absicht, die Persönlichkeit des anderen Historikers oder der jeweiligen historischen Gestalt zur Geltung zu bringen.

Bevor er sich an die große Arbeit über den Feldherrn Wallenstein machte, schrieb Golo Mann im Schillerjahr 1959 einen Essay über *Schiller als Geschichtsschreiber*. Golo Mann untersuchte Schillers Umgang mit Quellen und Sekundärliteratur, vor allem aber die Kunst der Darstellung und seine historische Prosa. Geschichtsschreibung im Sinne von Erzählung war für Golo Mann das Entscheidende, einen wissenschaftlichen Status für die Geschichte lehnte er konsequenterweise ab, trotz aller Bezugnahme auf Quellen und Archive (und er war ein fleißiger Sammler von Informationen, ein gründlicher Leser der Sekundärliteratur sowie ein emsiger Besucher von historischen Schauplätzen).

In seinen Augen war der Historiker Schiller kein Forscher, sondern Erzähler und Darsteller, und Golo Mann zeigte an mehreren Beispielen, wie dieser Funde aus anderen Darstellungen für seine Zwecke umarbeitete. Golo Mann rühmt die Fülle der Gedanken, die Energie seiner Satzrhythmen, den vorwärtsdrängenden Gang der Erzählung, prachtvoll und sparsam zugleich, den Sprachfluss, der nie von Rhetorik gehemmt werde. Golo Mann zeigt an Beispielen, wie die Kenntnis der Geschichte dem dichterischen Werk Schillers zugute kam, vor allem in dessen Wallenstein-Trilogie, die Arbeit als Historiker war also keine verlorene Zeit.

Schillers *Geschichte des Dreißigjährigen Krieges* war für Golo Mann vor allem ein stilistisches Vorbild. Seine Sprache wird in diesem Werk nüchtern und genau, fließt elegant in ganz eigenem Rhythmus, im Wechsel von langen Perioden und immer wieder prägnant kurzen Sätzen; es ist Sachprosa, klangvoll geschrieben, mit Lust am Erzählen, mit klugem Gebrauch des

Semikolons, voller Gedanken und Aphorismen und sehr kurzen moralischen Einschüben oder Kommentaren. Schillers Sprache kann Inhalte transportieren, Ereignisse schildern, politische Dinge präzisieren, Urteile oder Porträts nachvollziehbar machen. An diese »schönfließende, vergoldete Sprache« hat Golo Mann angeknüpft.

Friedrich von Gentz, der Publizist des frühen neunzehnten Jahrhunderts, hatte einen üblen Ruf als engster Vertrauter des Reaktionärs Metternich, als bezahlter Agent fremder Mächte, als heimlicher Strippenzieher auf Kongressen. Golo Mann schildert ihn als farbige Persönlichkeit, als klugen Analytiker, als entschlossenen Gegner Napoleons, als brillanten politischen Schriftsteller und als Vordenker der Einheit Europas. Zugleich bietet er ein anschauliches Beispiel für Biographie als Mittel zur Erhellung einer Epoche.

Das Gentz-Buch erschien 1946 auf Englisch als *The Secretary of Europe* in der Yale University Press, ein Jahr später auf Deutsch in Emil Oprechts Europa Verlag in Zürich. Höchstes Lob erfuhr er vom Vater dafür, der das Buch gescheit, geistig originell, faszinierend fand. Gentz war für Golo Mann einer der schärfsten und kühnsten Denker, keinesfalls ein Doktrinär, und der Autor bezeichnet sich im Text wiederholt als dessen »Verteidiger«. Seine Methode: einfühlendes, erhellendes historisches Erzählen. Ein Exempel für Golo Manns Porträtkunst: »Rahel Lewin war weder reich noch schön, ein blasses, schmächtiges altes Mädchen mit großen Augen und einem Zug von Leiden im Gesicht; zu gebrechlich zur Liebe, obendrein noch etwas derb und burschikos in ihren Manieren. Aber sie war über die Maße klug und gut, unvergleichlich als Anregerin, Vermittlerin und Vertraute.«

Wichtige Elemente von Golo Manns Geschichtsphilosophie werden in diesem ersten Buch schon abgehandelt, etwa historische Vergleiche oder das Verhältnis von Geist und Politik (denn Gentz war mehr Beobachter als Akteur). Dabei mag Golo Mann an die Definition seiner eigenen Traumrolle gedacht haben: der großen Politik nahe genug sein, ohne von ihr verschlungen zu werden.

Gentz war für Mann einer der Ersten, der eine politische Vision von der Einheit des Kontinents hatte, deshalb nennt er ihn »Sekretär Europas«. Sein Einfluss hatte Grenzen, doch war er nicht erfolglos. Zugleich hatte er ein finsteres Geheimnis, trug er sich an einer »geheimen Schuld«, die sich in bösen Träumen manifestierte. »Einmal, früh, muss er vor einer Aufgabe zurückgeschreckt sein, an sich selbst Verrat geübt haben, und so sein ganzes Leben lang. Die nicht verwirklichten, die verratenen Möglichkeiten, soziale, moralische, unmenschliche, sind seine wie unser aller Dämonen.« Sollen wir darin ein indirektes Geständnis von Golo Mann sehen? Aber was wäre seine geheime Last? Nicht den Roman geschrieben zu haben, der ihm vorschwebte? Er lebte, wie sein Held, mit einer intimen Enttäuschung, einer geheimen Trauer. Das Leben von Gentz hatte allerdings eine operettenhaft hübsche Pointe: der 65-Jährige verliebt sich in die 19-jährige Tänzerin Fanny Elßler, die seine Liebe durchaus erwiderte.

Das erste Buch ist ein lesenswert gebliebenes Wunder an Frische und Farbigkeit. Es ist eigentlich eine Vorgeschichte zu seinem großen Buch über Deutschland im 19. und 20. Jahrhundert. Golo Mann will Deutschland im europäischen Kontext verstehen. Er erzählt die deutsche Geschichte aber nicht als verfehlte Einheit, versagte Liberalisierung oder gar versäumte Revolution. Es ist eine reine Ideen- und Geistesgeschichte. Golo Mann teilt die Skepsis gegen Preußen sowie die Ansicht, dass ein geeintes Deutschland ein Problem für Europa darstellte.

Vom Geist Amerikas hieß im Untertitel *Eine Einführung in amerikanisches Denken und Handeln im zwanzigsten Jahrhundert.* Dieser schmale, stringente Essay von 1953 ist ein Beweis für Golo Manns Bemühen um Gerechtigkeit und Vermittlung; er sollte dem Vater und mehr noch der Schwester Erika zur Anschauung dienen, damit sie ihre heftige Abneigung überwänden gegen ein Land, dessen politische Traditionen sie nie recht verstanden hatten. Das hielt Golo Mann nicht davon ab, die amerikanische Außenpolitik immer wieder zu kritisieren, so in seinen regelmäßigen Beiträgen für die Schweizer Zeitung *Die Weltwoche*.

Auch im Amerika-Buch geht Golo Mann von diesem Ansatz aus: »In der Menschenwelt ist alles vom Geistigen mitbestimmt.« Er beleuchtet die Geschichte, um die Gegenwart zu erklären, beschreibt beispielhaft die spezielle demokratische Kultur, das Denken und Verhalten der Amerikaner: Puritanismus, moralische Ansprüche, Pragmatismus und spezielle Konventionen stehen nebeneinander, auch Konformismus und Narrenfreiheit. Die USA sind ein konservatives Gemeinwesen, das seinen Ursprung einer Revolution verdankt, geschichtslos *und* gegenwartsbezogen, und doch zugleich tief in der Geschichte verwurzelt ist. In vier großen Abschnitten behandelt er das Geschichtsbild des Landes sowie Innenpolitik, Außenpolitik und Philosophie. Ausführlich schreibt er über Walt Whitman, auf den sich der Vater 1922 etwas leichtfertig berufen hatte.

Golo Mann verklärt Amerika nicht; Rassenprobleme werden durchaus angesprochen. Gezeigt wird auch: Die USA brauchen Europa nicht. Sie haben eine untragische Geschichtsphilosophie. Der McCarthyismus werde überwunden, sei kein Grund zur Verteufelung. Besonderes Lob gilt Präsident Roosevelt, der sozial agierte ungeachtet seiner »aristokratischen« Herkunft. Erklärt wird die Abhängigkeit der Außenpolitik von der Innenpolitik, die Bedeutung des Philosophen John Dewey, das Bündnis von Pragmatismus, Positivismus und patriotischem Fortschrittsglauben. Hinter der Hymne auf die amerikanische Jugend stand seine Erfahrung als Lehrer am College.

Eine Auftragsarbeit bescherte Golo Mann nachhaltigen Erfolg und etablierte ihn als Stimme in Deutschland. 1958 erschien seine *Deutsche Geschichte des neunzehnten und zwanzigsten Jahrhunderts.* In zwölf Kapiteln wurde die Zeit von der Französischen Revolution bis in die Jahre nach 1950 behandelt. Es ist eine schwungvolle, mitreißende Erzählung, getragen von beinahe jugendlichem Elan und Neugier, was kritische und harte Urteile nicht ausschließt, und vor allem ganz frei von Geschichtsverachtung und Geschichtsüberdruss, was in Deutschland nach 1945 verbreitet war. Golo Mann vermeidet eine grundsätzliche Verurteilung Deutschlands. So wurde das umfangreiche Buch auch für konservative Leser interessant. Nach einem Resümee der Ereignisse bis 1848 behandelt er die Abschnitte bis zum Ende des Zweiten Weltkriegs. Die Darstellung wird immer wieder unterbrochen von »Zwischenbetrachtungen«, Porträts und Kommentaren.

Der Fischer Verlag, aber auch der Autor verstand die Darstellung als Anknüpfung an Ricarda Huchs Erzählungen zur deutschen Geschichte, *Im alten Reich.* Niemand könne es ihr stilistisch gleich tun, meinte Golo Mann; zudem war die neue Epoche nicht geeignet für ihre »Kunst liebender, mitfühlender Vergegenwärtigung«. Gleichwohl bewegte er sich literarisch durchaus auf dieser Höhe.

Deutsche Geschichte sei heute europäische Geschichte mit deutscher Akzentuierung. Die Frage »was ist deutsch?« sei falsch gestellt. Es gebe keinen einheitlichen deutschen Charakter, Deutschland sei eine Nation der Widersprüche. Golo Mann ist sehr wohl bewusst, was die Auseinandersetzung mit der Geschichte blockiert: Das Dritte Reich stehe »wie eine Mauer zwischen der Gegenwart und aller früheren Vergangenheit«. Sowohl Festreden wie Anklagen hätten falsche Kontinuitäten gesetzt; es habe viele Traditionen in der deutschen Geschichte gegeben, nicht eine einzige. Man dürfe das Mörderhaus in der Mitte der »Gemeinde« nicht leugnen; aber man könne nicht behaupten, dass alle deutschen Wege notwendig zu dieser Katastrophe geführt hätten. Immer gelte es, das ganze Europa im Auge zu behalten.

Zu den Grundtatsachen der deutschen Geschichte rechnet er das Fehlen natürlicher Grenzen und einer Zentralmacht, sowie die politische Vielgestalt. Das Reich sei mehr Legende und Einbildung als Wirklichkeit gewesen. Luthers Rebellion habe Deutschland erst recht zweigeteilt. Die protestantische Revolution sei schließlich politisch und geistig erstarrt. Vom Dreißigjährigen Krieg bis zum 19. Jahrhundert habe Deutschland nicht mehr in der ersten Reihe der europäischen Mächte gestanden.

Mit klaren Thesen behandelt Golo Mann auch das Dritte Reich. »Der wilde Mann« wird im entsprechenden Kapitel lediglich mit der Chiffre H. bezeichnet. »H. lebte mit wenigen einfachen Ideen.« Der Judenhass sei das echteste Gefühl gewesen, dessen Hitler fähig war, aber keine Weltanschauung. 1933 habe ein Teil der Nation kampflos über einen anderen Teil triumphiert. Die Intensität des Machtwillens der Nazis sei beträchtlich gewesen. Hitler sei von vornherein entschlossen gewesen, den Ersten Weltkrieg noch einmal zu führen, aber dieses Mal »richtig«. »H.« ruinierte sich durch dieselben Künste, durch die er hochkam. Der Kampf bis zuletzt war nur möglich, weil die Führung den Deutschen einbläute, dass sie alle zusammen untergehen würden; und die Alliierten taten nichts, um das zu dementieren, lautet eine These des Autors. Er übt Kritik am Bombenkrieg, sogar an Churchill, der nach seinem heroischen Nein von 1940 keine glückliche Rolle mehr gespielt habe.

Von den Untaten der Wehrmacht im Osten und von der Judenvernichtung ist knapp, aber deutlich die Rede. »Unter der Anleitung Hitlers sind von Deutschen Verbrechen begangen worden, wie sie in christlichen Zeiten kein anderes Herrschaftssystem sich hat zuschulden kommen lassen [...], und durch die der tiefste dem Menschen erreichbare Punkt an Schuld und Schande erreicht wurde.« Diese Wahrheit müsse man sich immer wieder vor Augen führen. Mann hat noch keinen Namen für die Untat, und es gibt kein eigenes Kapitel dafür, es wird im Kontext des Russlandfeldzugs geschildert. Eine Holocaust-Forschung fing um die Zeit, als dies Buch erschien, gerade erst an. Weiterhin gibt es ein großes Kapitel über den deutschen Widerstand, für dessen Rehabilitierung in Deutschland Golo Mann viel getan hat, auch wenn er dessen Wirken eher moralisch einstufte.

Dieses Buch, das bald nach dem Tod des Vaters entstand, erlaubte den maximalen intellektuellen Abstand zu den Seinen, ihre historische Objektivierung, ihre Abschiebung in eine vergangene Epoche. Das war seine Art, sich von ihrer übergroßen »Gegenwart« zu befreien.

Golo Mann räumt der Geistesgeschichte und den Intellektuellen, darunter dem Vater und dem Onkel, einen großen Platz ein. Im Kaiserreich lebten »Geist und Staat getrennt voneinander«. Es war eine sorglose Zeit, in allgemeiner Wohlhabenheit, auch eine glänzende, freie, produktive Zeit für Kritik und Spott. Der Geist blühte und war doch ohnmächtig; große Kunst stand neben der Stillosigkeit des Kaisers, zur Schau gestellte Macht und eine vorwiegend militärische Repräsentation in veraltetem Stil gehörten dazu. Wer aber wirken wollte, wie Heinrich Mann mit seiner Gesellschaftskritik im französischen Stil, wurde als fremd angesehen, zumal er für seine Landsleute keine warme Liebe empfand. In der Weimarer Zeit verschärfte er das Profil. Golo Mann schreibt ein grandios-kritisches Porträt von Heinrich Mann. »Als Kritiker des Wilhelminischen Zeitalters [...] hatte er Großartiges geleistet. Zum bejahenden Erzieher taugte er weniger; ein volksfremder Romantiker im Grunde, der den Volksmann nur spielte, unerfreulichen Wahrheiten aus dem Weg ging und ein stark idealisiertes Frankreich im gläsernen Kunststil zur Nachahmung bot.«

Gerhart Hauptmann wird als König der Intellektuellen gewürdigt, Thomas Mann als dessen Nebenkönig. Thomas Mann sei 1914 zum Kriegsschriftsteller geworden und habe doch festgehalten an »Musik, Adel, Träumerei und Todesliebe«. Über die *Betrachtungen* urteilt Golo Mann: »Insofern dieser schöne, hoch gescheite, redliche Wirrwarr praktisch überhaupt einen Sinn hatte«, verteidigte er den längst erschütterten Obrigkeitsstaat. Er erfand dem Krieg einen Sinn, der nichts mit der Wirklichkeit zu tun hatte. Seine spätere Begründung der Republik war auch nur zusammengereimte Literatur, unhistorisch und unpolitisch. Von Demokratie wollte er eigentlich nichts wissen.

Gleichwohl meint der Familienhistoriker: »Thomas Mann war ein tieferer Denker als sein Bruder Heinrich. Dieser hielt den Gedanken an, wo es ihm passte. [...] Das aber hatten die Brüder gemeinsam, daß, wie sie sich auch verpflichtet fühlten, in die Politik klärend einzugreifen, sie im Grunde doch nur mit den Produkten ihres eigenen Geistes hantierten und an die Wirklichkeit kaum herankamen.« So sei etwa der *Zauberberg* ein Puppentheater, auf dem alles diskutiert und nichts entschieden wurde. Kritik übt Golo Mann an den linken Kritikern der Republik: »Die radikale Literatur gehörte nicht zur Republik, wohl aber zur republikanischen Zeit. [...] Sie tat der Republik doppelt weh. [...] Aber es war kein Heil darin, keine Heimat, kein Halt.«

Um als Autor in Erinnerung zu bleiben, muss man mit wenigstens einem markanten Werk in Verbindung gebracht werden.

Im Fall von Golo Mann wäre das vermutlich *Wallenstein*. Im Untertitel hieß das 1971 erschienene Buch: *Sein Leben erzählt von Golo Mann*, was an den Untertitel des Romans *Doktor Faustus* erinnert. Es war nicht als Biographie ausgewiesen, aber auch nicht als Essay, als was man es am ehesten bezeichnen kann, trotz seiner 1300 Seiten.

Es sollte kein historischer Roman sein und schon gar nicht eine »biographie romancée«, weil dies eine trivial-kitschige Form gewesen wäre. Andererseits erlaubte sich Golo Mann Schritte über das rein Historiographische hinaus. Zweimal schob er innere Monologe ein und begründete dies so: »Darf man dem, womit man sich so emsig befaßt, denn gar nicht näher kommen, ganz nahe, so, daß man darinnen wäre, nicht ewig draußen?«

Aber darf ein Biograph sich mit seinem »Helden« identifizieren? Denn das bedeutet diese Lizenz ja, zumal die darauf folgende »Nachtphantasie« in Ich-Form daherkommt. Übrigens steht der erste innere Monolog im Kapitel über Wallensteins Sternenglauben. Ein zweiter findet sich am Ende, als der verratene Feldherr Untergangsvisionen hat und in Abgründe der Seele blickt.

Diese Einschübe sind Grenzfälle der Geschichtsschreibung wie der Biographik und geben auf jeden Fall zu erkennen, dass der Historiker Golo Mann unter der strengen Disziplin seines Genres litt. Hätte er dann nicht den radikalen Übertritt ins Fiktionale wagen müssen? Übrigens taucht gelegentlich das »Ich« des Erzählers auf, auch manche laxe Formulierung. Seine Aufgabe, durch das Porträt einer bedeutenden Gestalt zugleich eine Epoche zu beleuchten, vernachlässigt der Autor keinen Moment.

Wallenstein ist nicht einfach »gut geschrieben«, eine scheußliche Formulierung, die eher ein abträgliches Urteil beinhaltet; es ist ein Werk, das Stil und Erzähllust in die Geschichtsschreibung einführt. Der Autor hat viele Quellen und Sekundärwerke ausgewertet, wie die ausführlichen Fußnoten belegen, hat Landschaften und Städte aufgesucht, auch in der damals zum Ostblock gehörenden Tschechoslowakei; er schrieb das Buch in einer theoriesüchtigen Zeit und demonstrierte brillant, wozu die erzählende Form fähig ist und warum die Biographie eine legitime Form der Geschichtsschreibung ist.

Aber war der ehrgeizige und gescheiterte Feldherr Wallenstein der geeignete Stoff für das Opus Magnum? In Deutschland war das Thema durch Friedrich Schiller geadelt worden, dessen Wallenstein-Trilogie Golo Mann weithin auswendig konnte, und hinter Schiller stand vielleicht doch der Schiller-Verehrer Thomas Mann. Der ungeheure Erfolg des Buches in Deutschland gab dem Autor zunächst Recht. Im Ausland sah das anders aus. In England oder Frankreich besaß der Name Wallenstein nicht dieselbe Magie wie in Deutschland.

Gewiss war das Buch auch eine Hommage an das »schöne Land Böhmen« und an Prag, also mit persönlichen Erinnerungen von Golo Mann verbunden. Versprengt finden sich Maximen und Reflexionen, die sich auf seine Familie oder auf ihn selbst beziehen lassen. Muss man nicht an die Manns denken, wenn es (vom Bruderzwist im Hause Habsburg) heißt: »Wieso nun eine einzige Familie, sich das hohe Erzhaus nennend, zwei Monarchen, ein paar Dutzend Prinzen, meist sehr mittelmäßig begabt, göttergleich über einem Großteil Europas waltete, diese Frage möchte Antwort verlangen.« Ein echter Insider-Scherz, doppelbödige Ironie, nicht jedem erkenntlich. Und wie soll man nicht auch an seine Mutter Katia denken, wenn er schreibt, dass »Frauen von Tatkraft und gesundem Verstand« oft in Europa auf gute Weise die Regentschaft (für noch nicht volljährige Monarchen) ausgeübt haben?

Der heutige Leser wird lieber zu den kleineren historischen Arbeiten von Golo Mann greifen. Sie sind die beste Einführung in sein Denken und Schreiben, in seine Methodik, in seine Geschichtstheorie und seine Grundurteile (zum Dritten Reich, zur Unperson Hitler, zur Rolle der Armee in Deutschland). Seine Vorträge, Essays, Buchbesprechungen haben nichts von ihrer Frische und Schärfe verloren. Diese Gelegenheitsarbeiten zeigen, wie souverän er eigene Lebenserfahrung mit politischer Urteilsfähigkeit und historischen Lektionen verband.

Mit welcher Liebe und Genauigkeit er über Heinrich Heine spricht, wie gut er die politische Entwicklung im kurzen Leben von Georg Büchner rekonstruiert, wie er das Wanderleben von Heinrich von Kleist aufschlüsselt, wie wenig Konzessionen er dem Zeitgeist macht (auch im aufgeregten Jahr 1968), wie differenziert er über Adenauer, Bismarck, Willy Brandt spricht! Zeitlose Meisterstücke finden sich darunter, etwa ein »Besuch« im Schloss Arenenberg, der Schweizer Zuflucht der Familie Bonaparte, deren Geschichte über drei Generation hinweg mit leichter Hand erzählt wird. Ein sehr persönliches Glanzstück ist die ausgreifende Betrachtung über den antiken Historiker Tacitus, dessen Werk noch gültige Lektionen enthalte. In Nebenbemerkungen definiert Golo Mann seine eigene Haltung, seine Methode, seine historische Erfahrung: Vielfalt des Wahren, Skepsis statt Bundesgenossenschaft, Einsamkeit und Freiheit.

Selbst Prophetien wagt er, etwa in Richtung Ostblock. Der sowjetischen Illusion war er nie erlegen. »Dieses imperiale Netz ist so gemacht, daß es reißen müßte, fort und fort, wenn eine Masche risse.« So ist es zwischen 1989 und 1991 ja gekommen. Zum Brillantesten, was Golo Mann geschrieben hat, gehört der Essay über Charles de Gaulle von 1989, eine in Deutschland nie recht verstandene Gestalt. »Nur in Frankreich ist er denkbar; einem Frankreich, halb Wirklichkeit, halb Traum.«

Golo Mann *war* ein Schriftsteller, auch im traditionellen Sinn, und er war es nicht nur als *historischer* Schriftsteller. Die aus dem Nachlass veröffentlichten literarischen Texte erweisen sich als kleine Prosa-Wunder, die man ganz und gar seinem Werk zurechnen muss, übrigens auch seine Briefe, die inzwischen ediert werden.

Sieben wunderbare Erzählungen sind erhalten, voller Feinheiten und Witz, darunter ein kurzes, dichtes, suggestives, wundervoll-ironisches Porträt der Freundin Eva Herrmann, die sich immer mehr in esoterischen Visionen verlor (1965). Es gibt sehr persönliche Geschichten, etwa *Vom Leben des Studenten Raimund* (1927). Glänzend ist die historische Erzählung *Herr und Frau Lavalette. Eine Episode aus der napoleonischen Zeit.* Die Geschichte einer ungerechten Verurteilung in der frühen Zeit der Restauration und der kühnen Rettung eines napoleonischen Beamten durch seine Frau, die ihm durch Kleidertausch zur Flucht aus dem Gefängnis verhilft, selber verhaftet und gefoltert wird und die darüber den Verstand verliert, so dass sie Jahre später den aus dem Ausland Zurückgekehrten nicht mehr erkennt. Man muss bedauern, nicht mehr »wahre Geschichten« von ihm zu haben. Übrigens hatte er diese Texte unter Pseudonym veröffentlicht, und erst sein Biograph Tilmann Lahme hat den Verfasser identifiziert.

Nicht nur Melancholie gehörte zum Temperament von Golo Mann, durchaus auch Zorn. Er war ein begnadeter Polemiker und ging Auseinandersetzungen nicht aus dem Weg, auch nicht mit Historikern, die seine Methode für altmodisch, reaktionär, beschönigend, oberflächlich hielten. 1978 widersprach er dezidiert jüngeren Vertretern der Schule von Hans Ulrich Wehler und verteidigte das erzählerische Verfahren gegen die postulierte »Theoriebedürftigkeit der Geschichte«. Die Geschichte handele vom Einmaligen, und da gelten keine Gesetze wie in der Physik. Überdies: »Formal stehen Erzählung und Theoriebewusstsein nicht im Gegensatz zueinander.« Es gebe in der Geschichte eben die Möglichkeit rechter oder falscher, närrischer, wahnsinniger oder anachronistischer Eingriffe durch Einzelne – seine Lektion aus 1933. Für ihn galt: »Die geschichtliche Wirklichkeit ist unerschöpflich, und keine Theorie gibt sie uns ganz in die Hand.« Die Folgerung daraus lautet, dass eine Vielfalt von Deutungsansätzen nötig sei.

Er verteidigte die narrativen Werke von Theodor Mommsen oder Marc Bloch oder Fernand Braudel, die ohne Strukturanalysen auskamen. Biographie müsse ohnehin Erzählung sein. Kurzum: »Ich glaube an die ganze Theoriebedürftigkeit der Geschichte nicht. Die Historie ist eine Kunst, die auf Kenntnissen beruht, und weiter ist sie gar nichts.« Niemals könne sie Wissenschaft sein wie Medizin oder Physik. Wichtig für den Historiker sei es, im Laufe seines Lebens eine gewisse Erfahrung aufzubauen, die zum Urteil befähige.

Ein anderes grundsätzliches Problem der historischen Darstellung sah er in der Auseinandersetzung mit dem »Bösen«, insbesondere mit der Figur Hitler. Wie von diesem Tyrannen zu reden sei, das war für Golo Mann eine zentrale Frage, auf die er selbst auch keine gültige Antwort fand. Galt bei diesem »widerlichen Gegenstand« der Leitsatz vom *sine ira et studio* nicht, den er in seiner Tacitus-Studie so schön dargelegt hatte? Für Golo Mann war Hitler ein Grenzfall der historischen Darstellung. In einem Kommentar zu Sebastian Haffner schrieb er: »Es schickt sich nicht, die Biographie eines Massenmörders zu schreiben.« Und: »Adolf Hitler taugt für eine Biographie traditionellen Stils überhaupt nicht. Sein persönliches Leben ist nichts wert, hat keinen Reiz, gibt nichts her.«

In einem langen und erregten Kommentar zur großen Hitler-Biographie von Joachim Fest, den er als Autor durchaus schätzte, schrieb er: »Hitler war der abscheulichste, zugleich minderwertigste Bösewicht in Europas vieltausendjähriger

Weltgeschichte«. Joachim Fest kaufe Hitler das Bild ab, das dieser von sich selbst entworfen hatte, er falle darauf herein. So habe er diese »Unperson« größer gemacht, als sie war. Die Folge: »Je interessanter der Mensch, desto uninteressanter die Todesqualen, die er Abermillionen von Menschen antat.« Hitler liebte die Menschen nicht, auch nicht die Deutschen, er hatte keine Visionen oder Pläne, Frieden hätte es mit ihm nie gegeben; seine Ansichten waren »Blödsinn«. »Wie [...] sollte denn ein bloßes Bündel kranker Energien auf Begriffe zu bringen sein?« Als typisch deutsch im Nationalsozialismus empfand Golo Mann »den Glauben, daß der Wille Berge versetzt und dem zu allem Entschlossenen Alles möglich ist«. Und er lobt Fest für den bei Tacitus gefundenen Satz: »Nie hat es bessere Sklaven, nie schlechtere Herren gegeben.«

Die pure Niedertracht habe kein Anrecht auf den Geist von unsereinem, hat Golo Mann im Gespräch mit Joachim Fest gesagt. Überdies gab er zu, die Zeitgeschichte eigentlich zu hassen, eben weil sie vor solche Aporien stelle – ein erstaunliches Geständnis. Und man versteht, warum er als Gegengewicht den Ausflug zu Tacitus brauchte: als würdigen Gegenstand für seinen Geist.

Der Kontakt mit seinem philosophischen Lehrer Karl Jaspers war 1963 abgebrochen, als dieser Golo Manns heftige Kritik an Hannah Arendts Eichmann-Buch missbilligte. Und doch konnte er seinen Lehrer weiterhin respektieren, er fand sogar bei ihm eine wesentliche Antwort auf seine Fragen. Es war eine schöne Volte in seinen Erinnerungen, mit Argumenten des gemeinsamen Lehrers eine Replik auf dessen Schülerin Arendt zu finden und ihren Begriff von der »Banalität des Bösen« zurückzuweisen.

Golo Mann kritisierte die Geltungssucht von Arendt und schrieb, ihr Eichmann-Buch stifte nur Verwirrung. Hilfreiche

Argumente für seine Sicht fand er bei Karl Jaspers, und zwar in einem Text von 1931/32, also schon vor der Machtergreifung geschrieben. Aus dem Band zwei von Jaspers' dreibändiger *Philosophie* zitiert er: »Das Böse erscheint [...] im Haß gegen alles, was Wahrheit aus möglicher Existenz zeigt. [...] (Es) ist der *Wille zum Nichts.* Es ist nur zu erhellen als der Widerspruch: in voller Klarheit das Nichts zu wollen; in der Leidenschaft des Vernichtens von Anderem sich selbst vernichten zu wollen; ein Ziel zu verfolgen, das erreicht, sogleich verloren ist. Der böse Wille ist unbegreiflich; *wissentlich* ergreift er sich, in verzweifelter Leidenschaft sich selber nicht weniger hassend als alles andere. [...] Es ist die Leidenschaft ohne Gehalt. [...] Es ist eine Energie, die dem Guten Widerpart hält, und in der Unbedingtheit des Zerstörens [...] sich selbst miteinsetzt.«

Dieser Wille zum Nichts war für Golo Mann die eigentliche »Erklärung« für das Dritte Reich, geschrieben, noch bevor dieses Realität wurde. Mit solchem absoluten Vernichtungswillen, der im anderen noch sich selbst zerstört, ist eine angebliche »Banalität des Bösen« nicht vereinbar. Ähnliche Argumente hat Mann auch in dem von ihm hoch geschätzten Buch *Revolution des Nihilismus* von Hermann Rauschning gefunden (1938).

1986 erschien das letzte große Werk von Golo Mann: *Erinnerungen und Gedanken. Eine Jugend in Deutschland.* Diese Memoiren reichen von der Kindheit in München bis zum Beginn des Exils 1933. Das farbige, schwungvolle, lustvoll erzählte Buch war ein unmittelbarer Erfolg. Über 100 000 Exemplare wurden im ersten halben Jahr abgesetzt. Die wohltuend unverkrampfte, freimütige Darstellung der eigenen Familie machte diesen »Stoff« auf neue Weise populär. Die Züge von Selbstkritik darin kamen ganz ohne Koketterie daher. Übrigens erscheint darin nicht nur das Kürzel H., sondern auch »T. M.«, damit der eigene Name nicht zu oft genannt würde, nicht etwa, um den Vater zu verdrängen.

»Vor der Frage, ob der Erfolg recht und unrecht gibt, scheiden sich die Philosophien«, hatte er schon im Buch über Gentz geschrieben. Der Erfolg seiner Autobiographie war ihm selbst ein unerfreuliches Rätsel, erschien ihm als Missverständnis. Das Publikum erhoffte einen zweiten Band über die Exiljahre in Frankreich und in den USA, über das zerbombte Deutschland der Nachkriegszeit, über die Arbeit für Willy Brandt. Aber man hoffte vergebens.

Golo Mann war oft krank in den Jahren darauf, musste sich Operationen unterziehen. Die Arbeit am Manuskript geriet immer wieder ins Stocken. Erst postum erschien ein fragmentarischer zweiter Band, *Lehrjahre in Frankreich*, der viel mehr Ideen und Lektüren als Erinnerungen enthielt.

Gewiss hat Golo Mann unter seiner Schwester Erika gelitten, wie andere Familienmitglieder auch. Aber so leicht war das sentimentale Ausscheren nicht. An Eva Herrmann schrieb er, dass er seit Erikas Tod seelisch umdüstert sei, dass für ihn kaum zähle, was anderen als Erfolg erscheine. (Brief vom 18.12.1969) Er sei nun noch mehr an das elterliche Haus gefesselt, wolle die Mutter nicht allein lassen. Eva habe von seelischen Dämonen geschrieben, aber deren bedürfe es nicht, antwortete Golo, die Gründe für seine Stimmung seien handfest genug. »DEINE zweite Welt – vielleicht weißt Du noch, wie mein Gemüt sich zu ihr verhält. Nämlich, dass sie mir nicht heimlich ist. Ich ahne wohl, dass was dran ist. Aber es liegt mir nicht. Eher noch würde mir Religion liegen: wenn ich nur den richtigen Religiösen fände.« Erstaunliches Bekenntnis.

Als Golo Mann im Jahr 1994 starb, war das sogar der Boulevardpresse Schlagzeilen auf der ersten Seite wert. Eine solche Popularität hatte er sich gewiss niemals träumen lassen. Sein Adoptivsohn war noch vor ihm an einer unheilbaren Krankheit gestorben. Dessen Witwe pflegte Golo Mann an ihrem Wohnort Leverkusen in den letzten schweren Monaten, wie zuvor die Schwester Monika. Beigesetzt wurde Golo Mann auf dem Friedhof in Kilchberg, aber nicht in der Familiengruft, sondern deutlich abseits in einem schlichten Einzelgrab.

Seine klarste Selbstanalyse hatte Golo Mann schon 1966 verfasst. Eine Rede vor dem Jüdischen Weltkongress in Brüssel verband anhand des Themas *Der Antisemitismus* persönliche Erfahrung, Familiengeschichte, durchdachte Zeitgenossenschaft und die Reflexion des Historikers mit einem sehr persönlichen Bekenntnis. »Ich weiß nicht, ob ich zu sehr viel Lebensfreude überhaupt bestimmt war. Aber ich weiß, daß das Maß an Lebensfreude, das ich je besaß, durch die Erfahrung der dreißiger und vierziger Jahre, vor allem eben durch den Judenmord, sehr stark reduziert wurde und immer reduziert bleiben wird. [...] Diese Hypothek auf meinem Leben werde ich nicht mehr los. Ich kann meinen Landleuten, den Deutschen, nie wieder völlig trauen. [...] Wo das möglich war, da wird immer alles möglich sein.«

Als der Referent über das Selbstverständnis der deutschen Juden vor 1933 sprach, hatte er gewiss die Situation seiner Großeltern Pringsheim vor Augen. Die deutschen Juden hätten sich als Deutsche betrachtet, ebenso die Prager Juden deutscher Zunge. Erst im Rückblick habe sich das Sicherheitsgefühl als tragisch und entsetzlich entpuppt. »Die Verbindung deutschen und jüdischen Lebens (war) intensiver als anderswo« in Europa, ebenso war der Einfluss der Juden auf Wirtschaft und Geistesleben größer. »Die Assimilierung der deutschen Juden war vor 1914 nahezu vollendet.« Antisemitismus habe es überall gegeben. »Die Katastrophe des deutschen und mit ihm des europäischen Judentums war in der deutschen Geschichte nicht vorgezeichnet.«

Den Antisemitismus in Deutschland deutete er als dumpfen Protest gegen die moderne Welt, die Industrialisierung und Urbanisierung. Gefährlich sei der deutsche Antisemitismus erstmals zwischen 1919 und 1922 geworden; in Hitlers Propaganda habe er bis zur Machtergreifung kaum eine Rolle gespielt. Seine antijüdische Politik sei überdies nicht populär gewesen bei der Bevölkerung.

Auch bei diesem Thema vermied Golo Mann pauschale Polemik. Er fühle sich als Deutscher beschämt durch die Verbrechen. Die Deutschen hätten sich nach 1933 wie stets verhalten: »Alles wurde befohlen, alles wurde ausgeführt, ohne Spontaneität, ohne Hysterie, ohne Glauben oder Aberglauben. [...] Ein einziger Teufel in Menschengestalt entschied im Großen.« In seinen Augen konnte man die Rolle Hitlers nicht deutlich genug herausstellen. Es habe des einen Individuums bedurft, des faszinierenden Demagogen, des begabten Teufels, um die negativen Kräfte und Instinkte zusammenzubinden.

Abschließend hieß es: »Wer die dreißiger und vierziger Jahre als Deutscher durchlebt hat, der kann seiner Nation nie mehr völlig trauen. [...] Der wird, wie sehr er sich auch Mühe geben mag und soll, in tiefster Seele traurig bleiben, bis er stirbt.« Hier haben wir den Schlüssel zu Golo Manns Haltung, den Grund für sein schwankendes Gemüt und seine wechselnden politischen Sympathien – eine historische Melancholie und ein wirkliches Leiden an Deutschland.

Vaters Element

Und jeder Künstler, Mensch oder Affe,
spielt hin und wieder einen falschen Ton.
Elisabeth Mann Borgese, *Die Probe*

Im Dezember 2001 entdeckte das deutsche Fernsehpublikum eine kleine, schlanke, selbstbewusste Dame mit kurzem grauen Haar, deren Alter man nicht erraten konnte. In Heinrich Breloers dreiteiligem Doku-Drama *Die Manns* führte sie durch die Etappen und Orte der Familiengeschichte, die erstmals als geschlossene Saga vorgeführt wurde. Das gewaltige Echo der Serie löste eine massive »Rezeptionswelle« aus, die fast allen Büchern der Manns zugute kam. Dieser Erfolg markierte den Abschluss der Auseinandersetzung der Deutschen mit den Manns, ihren Werken und ihrem Wirken, wie es sich seit 1945 entwickelt hatte, eigentlich auch den Abschluss der öffentlichen Geschichte der Manns, die hundert Jahre zuvor begonnen hatte.

Elisabeth Mann Borgese, bis dahin nur wenigen Fachleuten bekannt, wurde für einige Monate der Liebling der Medien, zumal man von ihrem Engagement für ökologische Belange erfuhr; sie gab zahllose Interviews, hatte öffentliche Auftritte und leuchtete im neu erstrahlenden Glanz der Familie. Kaum ein Jahr nach dem Fernsehereignis starb sie, so dass ihr nur ein kurzer, später Ruhm vergönnt gewesen war; auch viele andere Zeitzeugen, die man in der Serie gesehen hatte, starben bald nach deren Ausstrahlung. Zeugnis abzulegen für die schweren Jahre bedeutete eine größere Anstrengung und Belastung, als es nach außen hin scheinen konnte.

Eine erste Biographie sowie eine große Ausstellung, die in den Jahren 2012 und 2013 zunächst in Lübeck und dann in anderen Städten gezeigt wurde, beleuchteten den Lebenslauf des fünften Kindes von Katia und Thomas Mann, einer erstaunlichen und zuweilen wunderlichen Persönlichkeit.

Das letzte Überlebende von den »Kindern der Manns« war, als es am 24. April 1918 zur Welt kam, in den Augen des Vaters das eigentlich Erstgeborene, nämlich das erste, das bei ihm wahrhaft väterliche Gefühle auslöste. Das lag auch daran, dass Thomas Mann bei und nach Kriegsende politisch und menschlich isoliert war, Trost und Ablenkung durchaus gebrauchen konnte. Die Beziehung zu der Neugeborenen war eher gefühlsmäßiger Art, denn praktisch konnte er wenig helfen.

Den Namen Elisabeth (Zweitname Veronika) hatte er bestimmt, in Erinnerung an die Großmutter Marty sowie an die Schwester seines Vaters. In der Familie blieb die Anrede Dulala lange üblich. Ein schwäbisches Kindermädchen führte, nachdem das sechste und letzte Kind (Michael) gekommen war, die Namen Medi für das Mädchen und Bibi für das Bübchen ein, und dabei ist es geblieben. Als es ein Jahr alt wurde, war das Mädchen schon Thema der väterlichen Literaturproduktion und damit Gegenstand einer öffentlichen Ausstellung – das eigentliche Schicksal aller Personen im engeren Umkreis des Dichters.

Im Frühjahr 1919 erschien der *Gesang vom Kindchen*. Der Prosaautor bediente sich rhythmischer Verse, um seinen Vatergefühlen Ausdruck zu verleihen. Was in pseudo-griechischen Hexametern berichtet wurde, war reichlich prosaisch; man konnte diese Diskrepanz auch grotesk finden. Es sollte aber Literatur sein und keine Privatdichtung, und so kam der Zeitgeist durchaus darin vor mit bösen Seitenhieben auf die Franzosen, die unwürdigen Sieger des Weltkriegs, die kargen Lebensverhältnisse im besiegten Deutschland, und auch Bruder Heinrich wurde verspottet.

Der *Gesang* beginnt mit einer poetologischen Einleitung: Für sein Thema eigne sich der Hexameter, das Versmaß der alten epischen Dichtung, das bestimmt ist durch den Wechsel kurzer und langer Silben, ein Rhythmus »zwischen Gesang und verständigem Wort«. Neues Vatergefühl erzeugte metrische Dichtung. Nach der Erinnerung an seine eigene »bürgerliche Befestigung«, an seine »Märchenbraut [...] von einstmals«, an seine anderen Kinder beschreibt er die Geburt, »das schwere, heitere, heilige Wunder«. Auch für das Kind im Bade ist ihm die ungereimte Lyrik nicht zu schade. Von der schlechten Ernährung aufgrund der Blockade Deutschlands durch die feindliche Kriegsmacht ist die Rede. So kam das Mädchen zur Welt als »Blüte unserer Sorgen« und trug als Signatur dieser Zeiten ein »feurig Mal« an der linken Schläfe; so sei es erkennbar als »Kind dieser Zeiten«.

Nach Gedanken über den Unterschied zwischen schläfrigen Buben und früh aufgeweckten Mädchen folgt die befremdlichste Passage: Der Dichter beschreibt die eigene Tochter als Halbjüdin, ein Beleg für die Hartnäckigkeit seines Denkens im Rasse-Schema. Im Gesicht seiner Tochter erkennt er semitische Züge neben solchen der Norddeutschen. Und er assoziiert die Juden mit dem Orient. »Heimat und phantastische Ferne treffen sich in dir, / [...] Nieder- und Morgenland.« Vom »arabischen Näschen« ist gar die Rede. Sie trage Züge von exotischer Schwermut, ähnele andererseits ihren »hansischen Vätern«. Doppelt sei ihre Heimat, niederdeutsch und exotisch. Doppelte Heimat? Aber sie stammt doch aus München? Auch wenn der Herzogpark im Osten der Stadt liegt ... Ist das spätere Exil auch doppelt? Der Text lädt zum Spott ein – nicht über das Vatergefühl, das echt ist, aber doch über die Grenzen seines »Denkens«, die hier manifest werden.

Problematisch wird es, wenn er seine private Rassentheorie auf Katia ausdehnt, hier »Prinzessin des Ostens« genannt, die ihm so anders vorkam als »unsere Frauen« mit ihren »Schultern des Nildeltas« (dabei stammte sie doch von der Isar und ihre Vorfahren aus Schlesien). Ihr Ursprung? »Märchenosten! Traum vom Morgenland!« Wobei der Osten verstanden wird als »Heimat der Seele, / Heimat des Menschen, Heimat ältester, mildester Weisheit«. Hier wandelt sich das Klischee zum Vorspiel des übernächsten Schreibprojektes: Man ahnt die persönlichen Quellen des Joseph-Projektes, des großen Menschheitsromans. Als Jüdin gesehen und beschrieben zu werden, das musste Katia kränken, denn sie selbst verstand sich nicht so, man weiß auch, dass sie gegen einige Passagen protestiert hat, aber wohl nicht entschieden genug. Auch die Taufe wird detailliert beschrieben; sie geschieht über der alten Taufschale, dem Familien-Erbstück der Lübecker Manns. Zuletzt wird der Taufname genannt: Elisabeth.

Direkter konnte man nicht in der Literatur landen, doch die literarische Karriere von Elisabeth hatte mit dem *Gesang vom Kindchen* gerade erst begonnen: 1925 erschien eine weitere Geschichte aus der Familie, novellenhaft verformt dieses Mal, aber doch leicht durchschaubar: *Unordnung und frühes Leid*. Elisabeth wird hier Lorchen genannt. Die älteren Kinder treten hier auf wie im wahren Leben auch, in den damals modischen Russenkitteln und mit Pagenfrisur.

Elisabeth war ein braves Kind, keine Spur aufsässig wie die älteren Geschwister; sie ähnelte stark der Mutter mit ihren dunklen Augen und dem ernsten Blick. Früh schon hatte sie ein Gespür dafür, dass Jungen und Mädchen unterschiedlich behandelt wurden, was sie aber nicht hinnehmen wollte, sie wollte es immer den Jungen gleichtun. Oder hatte sie die kindliche Intuition, dass der Vater eigentlich nur Knaben lieben konnte?

Sie hatte keine Probleme mit der Schule, wäre bestimmt den direkten Weg zum Abitur gegangen, wenn es nicht das Exil gegeben hätte, das ihrem Leben eine völlig neue Richtung verlieh. 1933 war sie 14 Jahre alt. Zunächst hatte sie Privatunterricht im Elternhaus erhalten, dann war sie auf eine Privatschule gegangen und schließlich 1931 auf das Lyzeum in der Luisenstraße gewechselt.

Ende Februar weilte sie bei ihren Eltern in der Schweiz. Als nach der Wagner-Kampagne gegen den Vater klar war, dass die Eltern außerhalb Deutschlands bleiben würden, fuhr Elisabeth auf eigenen Wunsch zurück in die Poschingerstraße, denn sie fühlte sich eigentlich wohl in ihrer Schule. Sie hielt es nur zwei Wochen aus: Die Atmosphäre war völlig verändert, jüdische Mitschülerinnen wurden belästigt, Lehrpersonal und Schülerschaft erwiesen sich als nazistisch verseucht. Ihr Patenonkel Ernst Bertram, Freund und Berater des Vaters, konnte ihre Klagen nicht begreifen; ihm behagten die neuen Verhältnisse. Elisabeth rief die Eltern an und bat darum, in die Schweiz kommen zu dürfen. Golo begleitete sie mit dem Zug nach Friedrichshafen am Bodensee, von wo sie mit dem Schiff ins Schweizerische Romanshorn übersetzten. Schließlich fuhren sie weiter nach Lugano.

Die Sommermonate in Sanary konnten ihr noch als lange Ferien vorkommen; dort wurden sie und ihr Bruder Michael von Golo in Geschichte und Latein unterrichtet. Ab Herbst 1933 versuchten beide, ihre Ausbildung in Zürich fortzusetzen, und zwar am Freien Gymnasium in der St. Annagasse, einer Privatschule. Außerdem wurde sie zum Konservatorium zugelassen und besuchte eine Klavierklasse. In der Schweiz entstand ihre große Liebe zum Skifahren, die buchstäblich bis zu ihrem Lebensende Bestand hatte.

Für die beiden letzten Mann-Kinder bedeutete das Exil einen tiefen Bruch in einer empfindlichen Lebensphase. Beide wurden entwurzelt, während die älteren Geschwister in ihrer persönlichen Entwicklung schon weiter waren. So wuchsen sie auch nicht mit der deutschen kulturellen Tradition auf wie die anderen – außer in der Musik, denn die wurde nun ihre Leidenschaft. Genau wie Michael flüchtete Elisabeth sich in die Musik, doch nur ihm trauten die Eltern zu, Berufsmusiker zu werden. Sie übte besonders fleißig, was der Vater als »starrsinnige Musikversessenheit« tadelte. Schließlich errang sie nach dem Abitur (1935) und dem Führerschein (1936) ein Konzertdiplom (1937). Ihre Mitschülerin Gret Moser, der sie Nachhilfe gegeben hatte, liierte sich bald mit ihrem Bruder Michael.

Als Elisabeth 18 wurde, schenkten die Eltern ihr ein gebrauchtes Auto, und kaum hatte sie den Führerschein, fuhr sie mit Gret und Michael nach Südfrankreich. Viele illustre Gäste von Stefan Zweig bis Ignazio Silone durfte sie zwischen Küsnacht und Zürich chauffieren; im Auto wagte sie auch, mit ihnen zu sprechen. Zu Hause hörte sie nur stumm und bewundernd zu. Silone faszinierte sie, aber er lenkte ihr Interesse auf einen tapferen Autor und Antifaschisten, Giuseppe Antonio Borgese. So hörte sie als 18-Jährige diesen Namen zum ersten Mal und beschloss, dessen Bücher zu lesen.

Sie besorgte sich *Das Mutterrecht* von Johann Jakob Bachofen und brauchte für die Lektüre ein Jahr. Mit ihrer Körpergröße von 1,63 Meter zog sie sich eher wie ein Junge an, wollte auf ihre eigene Art ernst wirken (was man auf den Fotos aus jener Zeit gut erkennt). Junge Männer bemühten sich um sie, aber sie war nicht interessiert. Von Liebe, Lust, Familiensinn schien sie nichts zu halten. Sie wirkte eher gefühlsgehemmt, scheu, zurückhaltend, hatte nichts von dem exzessiven Selbstbewusstsein von Klaus und Erika. Konzerte gab die diplomierte Klavierspielerin Elisabeth nur im Freundeskreis, und stets gemeinsam mit dem Bruder Michael. Wenn Heinrich Mann anwesend war, mussten sie dessen Lieblingsstück spielen, die Cavatina des deutsch-schweizer Komponisten Joseph Joachim Raff.

Michael war ein schwieriger Charakter, labil und jähzornig; er geriet leicht in Rage, wenn er sich zurückgesetzt fühlte. Nach Streit mit den Eltern trieb er sich manchmal herum, betrank sich. Elisabeth ihrerseits hatte psychosomatische Beschwerden, litt unter Atemnot, Schluckproblemen, Angst bei Tisch. Sie suchte in Zürich den Psychoanalytiker Erich Katzenstein auf, einen emigrierten Münchner, der schon Klaus und Golo betreut hatte.

Gelegentlich musizierte auch ein Gast mit den beiden Jüngsten der Manns, der emigrierte Lektor Fritz Landshoff, der ausgezeichnet Cello spielte. Dies führte zum ersten Liebesdrama im Leben von Elisabeth Mann. Sie verliebte sich in Landshoff, der die schmale Person noch als Kind ansah, seinerseits unglücklich in Erika Mann verliebt war, was wiederum die Eifersucht der Schauspielerin Therese Giehse auslöste. Das war eine theatralische Situation à la Racine, die sich weiter komplizierte, als sich Landshof mit einer Frau verband, die nur ein Jahr älter war als Elisabeth, und er diese Gefährtin bei Besuchen mitbrachte.

Elisabeth, von ihrer Schwester Erika als »das trotzige Sonderlingl« bezeichnet, folgte einem Lebensmodell, das sie sich ausgedacht hatte. Sie nahm sich vor, ihren künftigen Mann zu erobern. Und so las sie alle Bücher von Giuseppe Antonio Borgese. Familie und Kinder wollte sie durchaus, aber sie suchte einen Mann zum Bewundern, zum Aufschauen, zum Lernen. Borgese war nicht schön, aber er machte Eindruck auf Frauen, war als feuriger Redner von ansteckender Begeisterung. Er war verheiratet, lebte aber schon lange getrennt, hatte erwachsene Kinder, war nur sieben Jahre jünger als Thomas Mann.

Elisabeth begleitete ihre Eltern 1938 in die USA. In Princeton lernte sie Borgese kennen; in New York, wo sie von den Eltern bezahlte Klavierstunden nahm, begann sie eine Affäre mit ihm. Er ließ sich scheiden für Elisabeth. Bald schon hielt er bei den

Eltern um ihre Hand an. Wirklich begeistert waren die Eltern nicht, sie wollten sich aber nicht widersetzen. Am 4. Juni 1939 antwortete Thomas Mann, bevor er mit Katia nach Europa aufbrach. Dem »lieben Freund Borgese« schrieb er von Rührung und Sympathie; sie würden die Verbindung von Herzen begrüßen, »die uns im Persönlichen glückverheißend und im Überpersönlichen schön und sinnvoll dünkt.« Statt *schön* hatte zuerst *gut* im Brief gestanden. Borgese hatte die Loyalität ihres Herzens gerühmt, dem stimmten die Eltern zu. Elisabeth sei aber noch jung und kindlich. Die »experimentelle Trennung« falle der Mutter schwer.

Borgese hatte das faschistische Italien schon seit 1931 verlassen. In seinen Büchern (wie *Goliath. Der Marsch des Faschismus*) hatte er das Regime von Mussolini scharf kritisiert. Er schrieb auch autobiographische Romane (*Rubè*). In Chicago lehrte er Italienische Literatur und Politik. Thomas Mann nannte er den Präsidenten einer geistigen Republik. Und Elisabeth? Wollte sie sich das aneignen, was sie einschüchterte? Dass sie eine Art Vaterfigur heiratete, dürfte ihr selbst klar gewesen sein. Der angeheiratete Zivilisationsliterat war genauso temperamentvoll und aufbrausend und widersprüchlich wie der von Thomas Mann im *Zauberberg* erdichtete Settembrini. Wollte sich die Realität an dem Literaten rächen?

Die Heirat fand am 23. November 1939 in Princeton statt, bei den Unitariern. Einen amerikanischen Pass erhielt Elisabeth Mann Borgese erst im Jahr 1941. Sie war nun Sekretärin, Chauffeurin, Köchin, Ehefrau und bald auch Mutter. Ihr prominenter Mann war äußerst eifersüchtig, was ja wohl bedeutete, dass er seinem Glück nicht ganz traute, es als irgendwie fragwürdig und unglaubhaft empfand. Elisabeth nutzte die Lehrzeit, die sie gewünscht hatte, es waren keine verlorenen Jahre. Borgese wurde mit 60 Jahren noch einmal Vater. 1940 kam Tochter Angelica zur Welt. Vier Jahre später wurde die Tochter Domenica geboren. Thomas Mann hatte Probleme mit seinem Schwiegersohn, wovon aber nur das Tagebuch erfuhr und natürlich Katia. Er war auch etwas eifersüchtig auf Borgeses Erfolge in Gesellschaft. Wenn er da war, zog er alle Aufmerksamkeit auf sich.

Eine italienische Studentin, die auch in Borgese verliebt war, führte Elisabeth in die italienische Küche ein. In Chicago hörte Elisabeth die Vorlesungen ihres Mannes über Dante oder Machiavelli, sie half auch, seine Korrespondenz zu erledigen. Untereinander sprachen sie Englisch, denn die Töchter sollten zu guten Amerikanerinnen erzogen werden. Wie so viele Emigranten bewunderten und verklärten sie die USA zur Zeit von Roosevelt, doch sollte sich ihre Einstellung nach dem Krieg rasch ändern.

Politisch war Borgese radikal, Agnostiker und Freimaurer; ein Flirt mit der Religion wie bei Thomas Mann war für ihn undenkbar. Privat war er ein traditioneller Patriarch. Schon lange hatte er sich für Deutschland interessiert und Bücher über die deutsch-italienischen Beziehungen geschrieben. Die Verbindung mit Borgese machte aus Elisabeth ein politisches Wesen. Er engagierte sich nach 1945 aktiv in der Bewegung für Welt-Föderalismus, deren Ziel es war, eine Verfassung für die ganze Welt zu redigieren. Er gründete die Monatszeitschrift *Common Course*, nach dem Titel eines seiner Bücher. 1948 war die »Weltverfassung« des so genannten Chicago-Komitees fertig. Zur deutschen Ausgabe schrieb Thomas Mann ein Vorwort. Elisabeth durfte für Borgeses Gruppierung verhandeln, da sie verbindlicher agierte als ihr Mann, nicht so schroff auftrat wie er. 1948 reisten sie gemeinsam nach Rom und nach München, 1949 sie allein nach Paris.

Als 1950 das Internationale Komitee der Welt-Föderalisten gegründet wurde, übernahm Elisabeth den Vorsitz. Nach dem

Krieg hatten sich viele solcher Initiativen gegründet, die nach dritten Wegen zwischen den Machtblöcken suchten. Nicht alle diese Gruppen waren wirklich unabhängig, manche wurden von der einen oder anderen Großmacht beeinflusst oder überhaupt erst gegründet. Das Chicago-Komitee geriet natürlich in das Visier des FBI, wurde von McCarthy-Leuten angegriffen. In Borgeses Umkreis berief man sich gern auf den »roten Dekan« von Canterbury, Hewlett Johnson. Sein Buch *Ein Sechstel der Erde*, das auch Heinrich Mann stark beeinflusst hatte, war das Werk eines Sympathisanten der Sowjetunion, die er vorbehaltlos bewunderte und von der er höchste Auszeichnungen annahm.

Die größere Eigenständigkeit Elisabeths führte zu privaten Problemen. Ihr Gatte ertrug die erfolgreichen Aktivitäten nicht, die er ja gefördert hatte. Es begannen schwierige Jahre, in denen sie Borgese allmählich hart, brutal, eigensüchtig fand, aber sie ging still und zielstrebig ihren Weg. Bei ihm zeigte sich auch ein starker Verfall der Kräfte. Thomas Mann, der es aus der Ferne beobachtete, fand den Schwiegersohn chauvinistisch-italienisch, sprach vom Vulkanismus seines Charakters. Im Tagebuch nennt er ihn den »armen, tollen, unseligen Borgese«. (26.11. 1950)

Im November 1950 hatte Elisabeth eine Affäre mit einem jungen Argentinier namens Pierre Hovelaque, den sie 1949 in Paris kennengelernt hatte. Als sie es ihrem Mann gestand, folgte eine große Krise. Elisabeth wollte ihren Mann verlassen, hatte schon einen Scheidungsanwalt beauftragt. Nach Katias Vermittlung war Borgese bereit, seiner Frau zu verzeihen, wollte nun aber Amerika verlassen. Elisabeth und die Kinder sollten mitkommen nach Italien, sie sollte nur für ihn da sein. Elisabeth war zum Verzicht auf eigene Tätigkeiten bereit, da ihr Komitee sowieso in einer Sackgasse steckte.

Und so kehrte Giuseppe Antonio Borgese aus dem Exil in die Heimat zurück, mitsamt seiner neuen Familie. Er genoss die Heimkehr, ehrenvoll an die Universität in Mailand berufen, sein öffentliches Glück, die Anerkennung, den neuen Triumph. Er als Professor und sie als Hausfrau im neuen Haus in Fiesole – so hatte er sich das neue Leben in der befreiten Heimat vorgestellt. Das Schicksal wollte es anders. Borgese starb noch vor Ablauf des Jahres 1952 mit 70 Jahren, und Elisabeth (34 Jahre alt) saß plötzlich mit zwei noch nicht volljährigen Töchtern allein in der Fremde. Nach Monika war sie die zweite Witwe unter Katias Töchtern. Zu ihrem Glück erwies sich Italien als freundliches Land, zudem hatte sie genügend Freunde und Bekannte, so dass von Isolierung keine Rede sein konnte, und Resignation lag ohnehin nicht in ihrem Charakter.

Zunächst musste sie zwei Jobs ausüben, sie gab Deutschunterricht für Studenten an der Universität Florenz, zudem arbeitete sie als Redakteurin der italienischen Ausgabe der internationalen Zeitschrift *Perspectives*, die in den USA von der Ford Foundation herausgegeben wurde, sowie der UNESCO-Publikation *Diogenes*. Dabei hatten ihre Kontakte in den USA genützt. Sie verdiente ihren Lebensunterhalt eigenständig. So konnte sie das Haus in Fiesole finanzieren.

Sie fand bald einen neuen Gefährten, den Arzt und Autor Corrado Tumiato, der auch schon 70 war, aber ein wesentlich ruhigeres Temperament hatte als Borgese. Das Schema der Verbindung mit einem älteren Mann und Arbeitskameraden blieb somit erhalten. Liebe, Bewunderung und Zusammenarbeit, das waren die Elemente ihrer Affekte, allesamt töchterliche Formen der Liebe.

In den ersten Monaten ihrer Witwenschaft entstanden literarische Versuche, auf Englisch verfasst. 1953 schrieb Elisabeth ihre erste Erzählung: *Das andere Delphi*. 1962 erschien ein Novellenband: *To whom it may concern* (auf Deutsch *Zwei Stunden*, 1965). Erfolge hatte sie weder damit noch mit späteren Erzählungen. Damals schrieb sie auch zwei Theaterstücke, eines davon wurde als Libretto für eine Oper benutzt und sogar aufgeführt.

Man muss es deutlich sagen: Ihre literarischen Proben sind peinlich zu lesen und inhaltlich bedenklich. Was sie schrieb, geriet ihr düster, blutig, alptraumartig. Die Texte zeigten ihre abgrundtief schwarze Seite, auch einiges an kaum verhaltener Grausamkeit. Im Vorwort zur Neuausgabe ihrer Erzählungen in deutscher Übersetzung, 1998 unter dem Titel *Der unsterbliche Fisch* gedruckt, zählte sie ihre Grundfragen auf: Was ist ein Individuum? Wie ist es abgegrenzt gegenüber Raum und Umwelt? Ist das Schicksal nur eine äußere Gestalt des jeweiligen Charakters? Wie verhält sich das Einzelschicksal zum Zeitschicksal? Zur Beantwortung solcher Fragen könne man auch die Astrologie heranziehen (»natürlich noch die Sterne dazu, warum nicht?«).

Das Gedankengut ihrer Erzählungen ist problematisch, die Wendungen sind brüsk und unmotiviert, es fehlt jede sprachliche Magie. In der Sammlung *Wie Gottlieb Hauptmann die Todesstrafe abschaffte* finden sich skurril-makabre Alpträume, eine Art Science Fiction ohne suggestive Wirkung, Beschwörungen von Weltuntergängen und Fragmente oder Namen, die an die eigene Familiengeschichte denken lassen. Makabre Visionen enthält die frühe Erzählung *Die Probe*, in der Menschen und Affen als Dirigenten miteinander konkurrieren. Oft geht es rabiat und brutal zu, etwa, wenn ein Kampf der Kinder gegen die Eltern geschildert wird oder die Erzeugung von künstlichen Nachfahren. Man erfährt von brutalen Mordvisionen, von Tötungen der Eltern durch ihre Kinder. Ein Mädchen namens Molly wünscht sich, »nur anders (zu) sein als die Mutter«; Mutter und Tochter konkurrieren um denselben Mann –

obwohl sich die Mutter nie für Männer interessiert habe. Sollte in dieser zarten Person so viel Aggressionspotential verborgen gewesen sein, fragt man sich verwundert.

Ihre Eigenart zeigte sich an ihrem Buch *Ascent of Woman* (1963), das noch in Florenz entstanden war. Auf Deutsch erschien es zwei Jahre später unter dem Titel *Aufstieg der Frau – Niedergang des Mannes?* Mit Feminismus im üblichen Sinn hat der Essay wenig zu tun, sehr viel hingegen mit den privaten Phantasien und den zuweilen befremdlichen Ideen der Autorin. Zwar geht sie auf die Benachteiligung der Frauen vor allem in der italienischen Gesellschaft ein und entwickelt eine gewisse Sympathie für die kommunistische Auffassung der Frauenfrage, aber sie verliert sich in mythologischen Spekulationen, ohne die alten Mythen auf moderne Art zu rationalisieren. Ihre Zukunftsvision war eher abschreckend.

Ihr Utopia ist als föderalistische Weltrepublik gedacht, stark zentralisiert, kollektivistisch, ohne Grenzen, bewohnt von neuen Wesen. »Diese neue Rasse werden große, starke, dunkeläugige Menschen sein mit großen, gut ausgebildeten Hirnschädeln und relativ kleinen Gesichtsschädeln.« Solche Wesen hätten in der schönen neuen Welt (und sie bezieht sich ausdrücklich auf Huxley) kein Schicksal mehr, von dem man erzählen könnte.

Die Pointe ihrer Vision: Alle Menschen würden Frauen, das Weibliche würde sich auflösen und zur Männlichkeit reifen. Familien wären lockere Gemeinschaften mit 10 bis 15 Mitgliedern. Die »jungen, schönen, aufnahmefähigen, opferwilligen, loyalen, diensteifrigen Frauen« würden von »älteren, reifen Männern« lernen, wie sie aus Platons *Politeia* zitiert, gelegentlich sei auch Liebe möglich. Aber irgendwann würden sich die Männer im Kosmos verlieren, es bedarf ihrer nicht mehr. Ein »Superorganismus« werde entstehen, analog zum Ameisenstaat, in dem jede Zelle eine Funktion hat. Allerdings ahnt auch die Utopistin, dass es stets einzelne Unbekehrbare geben würde; nun, für die fänden sich gewiss niedere Aufgaben. Hier wird (analog zu Nietzsches Übermenschen) die Über-Frau verkündet; sie spricht von »Neo-Spezies«. Dass dies alles satirisch gemeint sein könnte, glaubt man keine Sekunde.

Der Wunsch nach Überwindung der eigenen Weiblichkeit war der Antrieb ihrer Phantasien. In ihren radikalen Utopie wird alles Individuelle überschritten; sie ›löst‹ nicht die Frauenfrage, sie löst sie gleichsam auf in einer Welt ohne den Gegensatz Männlich-Weiblich. Dass eine gutartige Weltdiktatur und globale Menschenzucht nur durch massive Gewaltakte durchsetzbar wäre, blendet die eher mythisch als rational denkende Autorin völlig aus.

Elisabeth besaß ihr Leben lang Hunde, meist Setter. Ihren Tieren brachte sie an einem eigens konstruierten Apparat Klavierspielen bei. Als sie 1964 nach Indien reiste, trainierte sie dort asiatische Elefanten. Zwei Jahre lang übte Elisabeth Kommunikation mit Schimpansen. Sie schrieb über die Sprachgrenze zwischen Tier und Mensch, machte sich Gedanken über deren Überwindung. Sie neigte zum Okkulten, glaubte an Telepathie, konsultierte vor wichtigen Reisen Wahrsager; sie hatte Ticks und Eigenarten und etwas verbohrt Irrationales. Das zeigte sich auch in ihrer Freundschaft mit der Malerin und Karikaturistin Eva Herrmann, die immer stärker ins Übersinnliche abdriftete. Elisabeths Leben hätte in Marotten versanden können.

Der amerikanische Freund Robert Hutchins, Kanzler an der Universität Chicago, als ihr Mann Borgese dort noch lehrte, eröffnete ihr eine neue Perspektive. Er hatte als Reaktion auf den McCarthyismus an der Universität von Santa Barbara, Kalifornien, das Center for Study of Democratic Institutions gegründet, das seinen Sitz in einer alten Villa hatte. Er forderte Elisabeth Mann auf, an sein Institut zu kommen. Nach Tumiatos

Tod im Jahr 1967 folgte sie der Einladung; ihre Töchter waren nun 24 und 20 Jahre alt, konnten auf eigene Faust Naturwissenschaften studieren.

In Santa Barbara kam Elisabeth Mann Borgese in einem großen Bungalow unter, den sie sich mit mehreren Hunden und einem Affen teilte. Ihren Lieblingshund nahm sie mit in die Sitzungen. Aus Zürich kam ihre Mutter zu Besuch und aus Santa Monica die Freundin Eva Herrmann, der diese Gegend so sehr gefiel, dass sie beschloss, sich im Hinterland ein Haus bauen zu lassen.

15 Jahre lang wirkte Elisabeth Mann Borgese als Senior Fellow am Zentrum zum Studium der Demokratie in Santa Barbara. Zugleich unterstützte sie Robert Hutchins in seiner Tätigkeit als Herausgeber der *Encyclopaedia Britannica*. Sie bereitete die täglichen Sitzungen mit bis zu 20 Fachleuten aus allen Disziplinen vor, betreute die Redaktion der Artikel, lernte dabei, wie man Konferenzen organisiert.

1967 erhielt sie einen Brief von Arvid Pardo, dem Vertreter Maltas bei den Vereinten Nationen. Darin ging es um die Perspektiven einer Politik zum Schutz der Ozeane. Noch vor Ablauf des Jahres hielt Pardo eine bedeutende Rede zu diesem Thema vor der UNO. Elisabeth Mann war begeistert, und es gelang ihr, ihren Freund Hutchins davon zu überzeugen, dass sein Center sich diesen Fragen widmen solle. Nach vielen Umwegen hatte sie ihr eigentliches Thema gefunden: die Sorge um das Meer. Das Thema war politisch genug, es passte zu ihrer Eigenart, zu ihrem Leben, zu ihrer Vorgeschichte und entfernt auch zu ihrem Erbe. Sie war 49, als sie dem Meer verfiel, wie sie es ausdrückte.

Arvid Pardo war Jahrgang 1914, also nur vier Jahre älter als sie. Elisabeth hielt ihn für ein Genie, einen Visionär, der zugleich Realist war. Nach ihrem Vater und nach Borgese habe er sie am meisten beeinflusst, sagte sie später. 1974 wurde aus ihrer Zusammenarbeit eine Liaison. Sie lebte nur ein paar Wochen im Jahr mit ihm zusammen, denn er war verheiratet.

1968 wurde der Club of Rome von Aurelio Peccei und Alexander King gegründet. Wissenschaftler, Ökonomen, Geschäftsleute, internationale Beamte, führende Politiker sollten sich um globale Probleme kümmern, die durch das grenzenlose Wirtschaftswachstum entstehen. Elisabeth Mann Borgese war als einzige Frau Gründungsmitglied seit 1970. Bald beriet sie auch andere internationale Organisationen. Ihre Hauptarbeit galt nun der Vorbereitung einer Weltverfassung für den Umgang mit den Ozeanen sowie einer internationalen Konvention über die Seerechte. Sie organisierte die Konferenz *Pacem in Maribus* (Friede den Meeren, analog zur päpstlichen Enzyklika *Pacem in terris*), auf der solche Fragen erörtert wurden. Das Meeresforum tagte erstmals 1970 auf Malta, später in Ländern der Dritten Welt. 1982 wurde die Seerechtskonvention von 159 Staaten unterzeichnet, aber nicht von allen ratifiziert.

Die Unterzeichnung der Seerechtskonvention war gewiss ihr größter politischer Erfolg. Viele Ehrungen wurden ihr daraufhin zuteil, in Österreich, Kanada, China, Kolumbien, in Großbritannien und bei der UNO. 2001 erhielt sie in Deutschland das Große Bundesverdienstkreuz. 1972 war sie beteiligt an der Gründung des »International Oceans Institute« (IOI), das auf Malta seinen Sitz hatte, unterstützt von der UNO und von der maltesischen Regierung und der Royal University of Malta.

Ihr größter Bucherfolg war *The drama of the Oceans* (New York 1975). In den USA wurde es ein Bestseller und sogar – wie einst die Werke des Vaters – zum Buch des Monats gewählt. Auf Deutsch erschien der reich bebilderte Band bei S. Fischer im Jahr 1977 unter dem Titel *Das Drama der Meere*. Ihre Darstellung wollte umfassend sein: Natur und Geschichte, Mythos und

Wissenschaft, Märchen und Technik, Ökologie und Ökonomie, Katastrophen und Verantwortung, Ernährung und Seerecht, von den ersten Schöpfungsmythen bis zum Wissen über die Entstehung des Wassers auf der Erde. Die Autorin brachte auch mythisches Denken ein: »Der Schoß jedes Weibes ist ein Mikro-Ozean.« Jeder Tropfen Wasser, den es je auf der Erde gegeben habe, sei in irgendeiner Form noch da, das Meer gebe also eine Vorstellung von der Überzeitlichkeit.

1998 hatte die UNO das Jahr des Meeres ausgerufen. Aus diesem Anlass legte Elisabeth Mann Borgese einen Bericht an den Club of Rome vor, der auf Englisch im Verlag der Vereinten Nationen unter dem Titel *The Oceanic Circle. Governing the seas as a global resource* publiziert wurde und 1999 auf Deutsch unter dem Titel *Mit den Meeren leben*. Im Vorwort für die deutsche Ausgabe geht die Autorin auf die Antriebe für ihr Engagement ein: Zum einen sind es Erinnerungen an die Kindheit, an die Liebe des Vaters zum Meer, an ihre ersten Reisen, nach Sylt, an die Ostsee, an italienische Küsten, es waren also emotionale und ästhetische Gründe. Zum andern verwies sie auf ihr Engagement für eine Weltverfassung ab 1946, gemeinsam mit Borgese.

1978 gab es einen letzten Orts- und Tätigkeitswechsel. Mit 60 Jahren erhielt Elisabeth Mann eine Berufung an die Dalhousie University im kanadischen Küstenort Halifax. Zwei Jahre später wurde sie ordentliche Professorin für Politische Wissenschaft, obwohl sie nur ein Konzertdiplom besaß. Das Seerecht spielte in ihrer Arbeit weiterhin eine zentrale Rolle. Statt Vorlesungen bevorzugte sie Arbeitsgruppen und förderte freie Aktivitäten der Studenten. Neben dem amerikanischen erhielt sie auch einen kanadischen Pass. Kanada erinnerte sie an die (mehrsprachige) Schweiz; Deutschland war für sie ein fremdes Land geworden, in dem sie niemals hätte leben können.

So erfuhr die Saga der Manns eine völlig neue *location*, wie in einer Fiktion, einem Film im Stil von Ingmar Bergman über *The Lady of the Oceans*, wie man sie gelegentlich nannte. Im Übrigen war Halifax der Zielhafen für das Schiff City of Benares gewesen, das Monika Mann und Jenö Lányi im September 1940 in Liverpool betreten hatten und das nach Torpedobeschuss durch die Deutschen sank.

Elisabeth Mann Borgese bezog ein Haus nah am Meer; aus ihrem Arbeitszimmer schaute sie direkt auf den Atlantik; an einsamen Stränden konnte sie mit ihren Hunden spazieren gehen, gern empfing sie Gäste, für die sie dann ausgezeichnet und liebevoll kochte, allerdings vegetarisch. Serviert wurde in ihrem Haus auf Porzellantellern der KPM, die aus der mütterlichen Aussteuer stammten. Noch immer spielte sie Klavier, übte gern Stücke von Bach, reiste weiterhin in alle Welt. Sie bekundete Respekt für Greenpeace, fand aber deren Aktionen übertrieben. Andererseits erklärte sie: Wenn es nicht mit der Durchsetzung des Seerechtes klappe, wolle sie Meeres-Terroristin werden. Sie hatte gegen den Vietnamkrieg protestiert, sich aber nicht organisiert. Krieg sei nie die Lösung, sagte sie in ihren letzten Jahren; sie wurde Pazifistin und fragte sich sogar, ob man nicht auch Hitler mit Sanktionen hätte besiegen können.

An einen Familienfluch der Manns glaubte sie nicht. Sie hatte eine von der Familie finanziell unabhängige Existenz geführt, ihre Kindheit und Jugend aber waren schwieriger gewesen, als es den Anschein haben mochte. Ihre persönlichen Probleme musste sie allein bearbeiten. Nur ein einziges Mal habe sie ein ausführliches persönliches Gespräch mit ihrem Vater geführt, sagte sie, 1945 in New York, als sie ihn im Umfeld seines 70. Geburtstags eine Weile für sich hatte.

Manches an ihren wunderlichen Gedankenexperimenten schien auf massive Identitätsstörungen hinzuweisen. Golo Mann hatte gesagt: Wir sind Nester voller Widersprüche. Elisabeth lag mit ihrem Bruder Golo politisch nicht auf einer Linie, aber sie vertrugen sich, neckten sich eher, als dass sie stritten. Der räumliche Abstand war auch groß genug. Gemeinsam reisten Elisabeth und Golo in die DDR, er hielt Vorträge oder las aus *Wallenstein*, sie besuchten Weimar. Elisabeth versuchte sogar, ihn vom Sozialismus zu überzeugen (den sie nur aus der Ferne kannte), aber da war sie bei Golo an der falschen Adresse.

Mit 80 Jahren schrieb sie wieder Novellen, nun auf Deutsch, nachdem einige frühere neu aufgelegt worden waren. Im Schreiben gab sie ihrer Nachtseite auf beinahe erschreckende Weise Ausdruck, zeitigte Weltuntergangsvisionen, die einer inneren Tendenz bei ihr entsprachen. Schließlich holte sie Heinrich Breloer in die Familiengeschichte zurück, womit sie das letzte Kapitel in der Saga der Manns schrieb.

Bei ihr sind wir fernab der üblichen Themen der Familiengeschichte. Aber immer war ihr bewusst, dass der Vater das Meer geliebt hatte, dass sie mit ihrem letzten Anliegen sich in Vaters Element bewegte. An Gott glaubte sie nicht, ein religiöses Bedürfnis bestand bei ihr nicht. Nach ihrem plötzlichen Tod in Sankt-Moritz, während eines Ski-Urlaubs mit einem befreundeten Schweizer Bergführer, wurde sie im Familiengrab auf dem Friedhof von Kilchberg beigesetzt. Gern hatte sie sich auf einen Satz aus der Schlusspassage von *Tonio Kröger* bezogen: »Während ich schreibe, rauscht das Meer zu mir herauf, und ich schließe die Augen. Ich schaue in eine ungeborene und schemenhafte Welt hinein, die geordnet und gebildet sein will, ich sehe in ein Gewimmel von Schatten menschlicher Gestalten, die mir winken, daß ich sie banne und erlöse.« In der Erzählung ihres Vaters waren damit die künftigen Werke gemeint, die er im Geiste schon vor sich sah. Der Vater wie seine Figur hatten die Vision ihrer künftigen Werke gemeint. Sie sah hoffentlich lebensfreundliche Gestalten an rettenden Gestaden.

Novellenverbrechen

Ich möchte nur in aller Demut auf die Konflikte hinweisen,
deren Beute die Seele des Erzählers einer solchen Geschichte ist.
Thomas Mann, *Der Erwählte*, 1952

Nicht von euch ist die Rede, gar niemals, [...] sondern von mir, von mir ...« So rechtfertigte sich Thomas Mann gegenüber Vorwürfen, er habe in seinen Erzählwerken reale Personen beleidigt oder gar ganze Städte (Lübeck, Davos). Bezugnahme auf Realitäten leugnete er nicht, aber für ihn galt die Maxime: »Phantasie haben heißt nicht, sich etwas ausdenken; es heißt, sich aus den Dingen etwas machen.«

Er schreibe keine Schlüsselromane, wollte er damit sagen. Schon immer habe sich Literatur realer Vorbilder bedient, der Realitätsbezug mache ein Werk aber noch nicht zur Kolportage, zum puren Abklatsch. Auf das Beseelen des Stoffes komme es an. So sei das Lübeck seines ersten Romans nicht identisch mit der realen Stadt. Was Skandal errege, sei vielmehr die unzulässige Gleichsetzung einer realen Person mit der Figur einer Erzählung. Der Dichter fülle die gewählte Maske mit Eigenem. Und doch stellte auch er Namenslisten auf.

Anstoß hat Thomas Mann bei manchen erregt mit seiner Art, Menschen aus seinem Umkreis in Figuren seiner Texte zu verwandeln, vom ersten Roman an bis zum allerletzten. Sein Sohn Klaus hat mit Blick auf die Erzählung *Unordnung und frühes Leid* (1925) von des »Zauberers Novellenverbrechen« gesprochen. Darin wird der Sohn Michael mit liebevoller Ironie als »Beißer« und Choleriker geschildert, wird die Tochter Elisabeth in einer verzweifelten kindlichen Schwärmerei vorgeführt, wird der älteste Sohn als talentloser Angeber gezeichnet, kommen der Dichter und seine Frau, die beiden ältesten

Kinder sowie einige Freunde des Hauses vor. Übrigens ist es eine wunderbare Erzählung, die in wenigen Strichen die Atmosphäre der Inflationsjahre im Nachkriegs-München anschaulich macht.

Klaus Mann selbst hat einige Novellenverbrechen begangen, hat reale Personen in Texte transponiert. In seiner Erzählung *Der Alte* wird eine Figur, die an seinen Direktor in der Odenwaldschule erinnerte, der sexuellen Belästigung von Schülerinnen bezichtigt. Paul Geheeb beschwerte sich darüber bei Thomas Mann, der aber seinen schreibenden Sohn verteidigte.

Die Rache am Vater erfolgte in der *Kindernovelle*, die Klaus Mann ein Jahr nach *Unordnung und frühes Leid* publizierte (1926). Darin geht es um eine Witwe und ihre vier Kinder. Der als Philosoph berühmte Familienvater starb noch vor der Geburt des jüngsten Kindes und ist nur noch als Totenmaske präsent, die im Zimmer der Witwe an der Wand hängt; die Züge des Vaters sind unverkennbar: »große Nase, unerbittlich verkniffener Mund und ein strenger träumerischer Blick«. Ein ähnliches Szenario wird Klaus Mann 20 Jahre später in dem Theaterstück *Der siebente Engel* entfalten.

Thomas Manns Roman *Königliche Hoheit* kann geradezu als symbolischer Brudermord an Heinrich gelesen werden, mit einer leicht ödipalen Note, insofern der Jüngere hier sein einstiges Vorbild überspielt. Auch Heinrich Mann war zu literarischen Untaten fähig. Zwischen 1910 und 1912 spielte die Wienerin Edith Elisabeth Kann eine Rolle in seinem Leben als Geliebte und sogar als erhoffte Ehefrau, obwohl sie vielfach gebunden und allseits umschwärmt war und als Gastgeberin eines Salons mitten im Wiener Gesellschaftsleben stand. Die kurze Leidenschaft war wohl echt, die Vorstellung von einer dauerhaften Verbindung eine Selbsttäuschung Heinrich Manns. Von all dem blieb das rasch geschriebene und bald nach Ende der Affäre aufgeführte

Theaterstück *Die große Liebe* mit leicht identifizierbarem Personal aus dem Umkreis von Edith Kann. Nachdem sie das Stück gelesen hatte (der Autor hatte es ihr nicht zugestellt, sie nicht um Erlaubnis gefragt), klagte sie: »Es ist ein Unrecht, das Sie mir zufügen. Aber Sie wussten ja nichts von mir. Sie sind ein Künstler, Herr Mann und haben andere Moralbegriffe. [...] Denn ich bin eine Frau, nicht wahr und muss schweigen.«

Die Beschwerden, welche Thomas Manns Roman *Der Zauberberg* auslöste, sind gut bekannt. Der Klinikdirektor, der sich getroffen fühlte, hat eine Klage erwogen, schließlich aber darauf verzichtet. Katia Mann, die den Arzt erlebt hatte, fand die Figur des Doktor Jessen im Roman durchaus apart. Gerhart Hauptmann reagierte wütend auf seine Verwandlung in den temperamentvollen Mynheer Peeperkorn. »Ich soll Ähnlichkeit mit diesem Schwein haben?«, schrieb er an den Rand seines Exemplars. So hatte der für den Realismus seiner Stücke berühmt gewordene Autor Probleme mit dem Realismus der anderen. Peeperkorn ist eine sehr gelungene Gestalt, farbig, temperamentvoll, und hat auf seine wüst stammelnde Art Wesentliches zu sagen. Thomas Mann verteidigte seine Methode: »Glauben Sie doch nicht, dass ich ihn belauert und heimtückisch beschlossen hätte, ihn abzukonterfeien. So geht dergleichen nicht vor sich.« Es handle sich nicht um »sündhaften Verrat«, eher um eine Huldigung mittels einer »Porträt-Phantasie«.

Ein »Novellenverbrechen«, das man Klaus Mann vorgehalten hat, war die literarische Ausbeutung des Jugendfreundes Richard Hallgarten, genannt Ricki, Sohn eines Gelehrten und einer engagierten Pazifistin. Rickis exzessiver Charakter, seine wechselnden Partnerschaften mit Männern und mit Frauen, sein Schwanken zwischen Sensibilität und Brutalität, seine suizidären Anwandlungen haben die Freunde zu literarischer Gestaltung gereizt. Den Anfang machte Wilhelm Emanuel Süskind in dem Roman *Jugend* (1929). Darin muss ein Ricki-Abbild sterben.

In Klaus Manns rasantem Zeitroman *Treffpunkt im Unendlichen* (1932) treten viele identifizierbare Gestalten auf, darunter Gottfried Benn und Gustaf Gründgens. Ricki heißt hier Richard Darmstädter und erschießt sich in einem Hotelzimmer in Nizza, weil seine Liebe zu einem blonden Knaben zerbrach. Am 5. Mai 1932 hat sich Richard Hallgarten in seinem Häuschen am Ammersee erschossen, und so konnte der Eindruck entstehen, er sei dem »Drehbuch« aus dem Roman des Freundes gefolgt. Rickis Bruder Wolfgang Hallgarten hat noch in seinen Memoiren Klaus Mann vorgeworfen, an dessen Tod mitschuldig geworden zu sein.

Komplexer ist der Fall von Klaus Manns Werk *Mephisto. Roman einer Karriere*, 1936 im Amsterdamer Exilverlag Querido erschienen. Dieser Roman beschäftigte die bundesdeutschen Gerichte noch 20 Jahre nach dem Tod von Klaus Mann und endete mit dem Publikationsverbot für eines der bedeutendsten Zeugnisse der literarischen Emigration. Ein verflossener Geliebter und späterer Adoptivsohn von Gründgens hatte gegen *Mephisto* Beschwerde eingelegt. In der DDR konnte der Roman ungehindert gedruckt werden. Inwieweit der Opportunist Hendrik Höfgen, dessen Karriere im Dritten Reich geschildert wird, die reale Person des Schauspielers und Regisseurs Gustaf Gründgens abbildet, ist eine Frage, die sich juristischen Kriterien entzieht. Auf jeden Fall war das Werk kein Novellenverbrechen, sondern eine Zeitkritik unter kämpferischen Umständen, und das anhand einer Gestalt, die differenziert dargestellt wurde. Es bedurfte des Erfolges einer Theaterfassung von *Mephisto* durch die Pariser Truppe Théâtre du Soleil (1979), um den Roman wieder zugänglich zu machen und damit die Wiederentdeckung des Werkes von Klaus Mann zu beschleunigen.

Der Theorie nach erzählt man, um zu belehren und zu unterhalten, darf man den Ich-Erzähler einer Geschichte nicht mit dem Autor verwechseln; ›Textpersonen‹ oder geschilderte Ereignisse sollen nicht auf reale Personen, Vorkommnisse oder Orte bezogen werden. Doch gibt es immer wieder Beschwerden, Klagen oder gar gerichtliche Urteile, weil Elemente aus einer Fiktion als Beleidigung, Verunglimpfung oder Blasphemie aufgefasst werden. Wenn es nur so einfach wäre, wie es die Literaturtheorie vorgibt! Textpersonen sind Teil eines erzählerischen Ganzen und nur so zu lesen, auf welchen Anregungen und Anstößen von außen auch immer sie basieren mögen. Und doch kann man nicht völlig leugnen, dass im Schreiben und Beschreiben eine heimliche Aggressivität liegt.

Wütend protestiert hat der österreichische Autor Arthur Holitscher, der sich in dem Porträt des Dichters Spinelli aus der Novelle *Tristan* wiedererkannte, dem mehr an der Pose als an der literarischen Arbeit gelegen ist. »Das bin ja ich – aber ich bin nicht so!«, soll er ausgerufen haben. Im Gegenzug setzte er böse Gerüchte über Thomas Mann in Umlauf, der seine Opfer angeblich mit dem Opernglas belauere. Die Verwendung realer Vorbilder nannte Holitscher »literarischen Vampirismus«.

Der vielleicht dramatischste Fall von »literarischem Vampirismus« findet sich im Roman *Doktor Faustus*. Als Modell für das hübsche Kind Nepomuk Schneidewein, genannt Echo, in das sich Adrian Leverkühn verguckt, diente dem Dichter sein Lieblingsenkel Frido Mann. Doch hat der Teufel ein Liebesverbot über Adrian erlassen, weshalb der Bube an Meningitis sterben muss. Über den Verlauf dieser Krankheit bei einem Knaben von fünf Jahren hatte sich Thomas Mann bei seinem Hausarzt Arzt Frederick Rosenthal Ende Oktober 1946 erkundigt und genaue Auskunft erhalten. Der Roman-Tod hat auf das Modell zurückgewirkt und bei diesem eine Art Trauma ausgelöst.

Er habe den Roman *Doktor Faustus* erst mit 40 Jahren gelesen, sagte Frido Mann in einem Interview (also über 30 Jahre nach dessen Erscheinen); lange habe er geglaubt, dass seine persönlichen Lebensprobleme mit dieser frühen literarischen »Ermordung« zu tun gehabt hätten. »Ich wurde in der Familie immer als der Knabe Echo, als Himmelsbote vorgeführt.« Wenn Besuch kam, hieß es: »Das ist er jetzt!« – und alle schauten auf ihn aus Mitleid, Bewunderung und Sensationslust. (In: *Die Welt*, 12.2.2007)

Für die Zuneigung des dichtenden Großvaters, die alle Züge einer sinnlichen Liebe trug, gibt es viele Belege. An Agnes Meyer schrieb Thomas Mann, er sei regelrecht vernarrt in seinen Enkel. »Ein reizenderes Baby hat es nie gegeben. Er ist meine letzte Liebe.« (22.1.1941) Sein Tagebuch variiert diesen Ausdruck immer wieder. Der Dichter hat sich seinem »verdienten Freund Frido« sehr zugewandt, ihn für längere Zeit in seinem Haus aufgenommen, für ihn gezeichnet, ihm Märchen vorgelesen, seine Entwicklung verfolgt, seine lustigen, manchmal tiefsinnigen Äußerungen festgehalten und sie anderen mitgeteilt.

Als letzte Liebe wurde das Kind zur erdichteten Figur, dem Diesseits entrückt, ein Jenseitsbote wie einst der schöne polnische Knabe in der Novelle *Der Tod in Venedig*. Neben der Frage, was der Roman-Tod für Frido bedeutete, steht die Frage, was dieser Vorgang über Thomas Mann aussagt. Der todgeweihte Knabe, für dessen Vorbild er ja schwärmte, verkörpert vielleicht eine unmögliche, eine unerlaubte Liebe. Und der Tod der Figur ist vielleicht nur Indiz des Verbotenseins.

Im Übrigen gestand er in einem Brief, dass er beim Schreiben der Echo-Szenen Tränen vergossen habe. (14.6.1952) Er berichtet auch, dass beim Vorlesen der entsprechenden Passagen in der Familie große Rührung geherrscht habe. Später notierte Thomas Mann, ›Echo‹ sei der einzige Punkt in seinem Werk, an dem er sentimental würde. (Tagebuch, 29.10.1953)

Von Sadismus kann also keine Rede sein, eher schon von Masochismus. In Wahrheit war die tragische Szene aus Gründen notwendig, die allein im Kunstwerk selbst lagen. Gleichwohl meinte Erika Mann, der Zauberer habe im *Doktor Faustus* ein paar Dinge getan, die er selbst als ruchlos empfand.

Echo-Frido ist nur einer von vielen Märtyrern der Fiktion. Vielleicht kann man zur Vertiefung der Abbild-Problematik einen Satz von Nietzsche anführen, der in einem Brief an Heinrich von Stein aus dem Dezember 1892 schrieb: »Man gewinnt etwas lieb: und kaum ist es einem von Grund aus lieb geworden, so sagt der Tyrann in uns (den wir gar zu gerne ›unser höheres Selbst‹ nennen möchten): Gerade das gib mir zum Opfer. Und wir geben's auch – aber es ist Tierquälerei dabei und Verbranntwerden mit langsamem Feuer.«

Hier wird an die Metaphysik der Kunst gerührt. Das Reale, das Zufällige muss überwunden und in ein Anderes und Zeitloses überführt werden, doch eben dadurch ist es lebensfeindlich. Dieser diabolische Antrieb des Gestaltens ist ja das Thema von *Doktor Faustus*.

»Verbrechen« dieser Art sind ein unvermeidlicher Aspekt der Literatur, die der Versuch ist, das Gegebene um ein Gedichtetes zu erweitern. Die produzierten und verbreiteten Erzählungen werden als Fakten der Kulturgeschichte selbst wieder zu Realien (zu Büchern, zu Waren, zu Gegenständen der Analyse). Darüber haben Gerichte nicht zu befinden, imaginäre Taten sind keine Verbrechen im Sinn des Gesetzbuches. Sie sind bestenfalls Fragen des Geschmacks oder des Stils. Wer sich beleidigt fühlt durch Literarisierung, verdient diese Auszeichnung nicht.

Martin Gumpert fand Thomas Manns Gestaltungen rücksichtslos und entlarvend, wobei dieser sich selbst aus solch grausamen und komischen Analysen nicht ausgenommen habe. Zugleich sei diese Behandlung »ein einmaliges und erhebendes Erlebnis.«

Michael Mann, selber ein Opfer der Literarisierung durch seinen Schöpfer-Vater, hat sehr einfühlsam über dessen Modell-Politik geschrieben. Die abkonterfeite Welt gehöre zu den Vorstellungen des Autors, der Eigenes einbringe, um Überpersönliches zu geben. Michael Mann sprach von der »bewussten Ausdehnung des ›dichterischen Ichs‹ ins Repräsentative«. Er gebrauchte den schönen Begriff »verletzte Vorbilder«, die gleichsam vom Pfeil Apollos getroffen und nur symbolisch tangiert werden (aber eben doch tangiert).

Intern konnte Thomas Mann ganz anders über seine Untaten reden. Auf der Europareise 1947 sprach er mit Katia über »die Morde des Buches«, womit er die Vorbilder der Gestalten in *Doktor Faustus* meinte (»schlimm, schlimm«), deren Namen er sogar im Tagebuch aufzählte. Und er gab zu, dass diese fiktiven Untaten mit echten Emotionen einhergingen: »Der tief erregende Radikalismus des Ganzen. Jene ›Morde‹ habe ich mit der Lungenoperation bezahlt.« (18.7.1947) Am 9. April 1947 hatte er notiert: »Überhaupt gerechte Besorgnis wegen all der Opfer des kalten Blicks.«

Der Dichter und sein Opfer ist ein zentrales Thema im Roman *Lotte in Weimar* (1939). Charlotte Sophie Henriette Buff, inzwischen die verwitwete Hofrätin Kestner, galt als das Modell der hoffnungslos geliebten Lotte in Goethes europaweit erfolgreichem Roman *Die Leiden des jungen Werthers*. In Wahrheit hatte Goethe mehrere Vorbilder für seine Gestalt. Bei einem Besuch in Weimar, wie ihn Thomas Mann ausmalt, wird aber nur sie als das Urbild der Romanfigur angesehen.

Die Literatur wird im Roman als eine Art der Ausbeutung und Verbrechen, als Parasitentum bezeichnet; sie sei »ein göttliches Schmarutzertum, ein Sich-Niederlassen der Gottheit auf menschlicher Lebensgründung, [...] ein göttlich schweifendes Participieren an irdischem Glück«. Immerhin erbittet der Dichter im

Schlussgespräch vom Modell Verzeihung, und so erfolgt zum Abschied die Versöhnung. Aber das Modell beharrt: »[...] allzusehr riecht es nach Opfer in deiner Nähe«. Und immer seien es Opfer für die Größe des Dichters. Lotte spricht den unauflöslichen Widerspruch aus, der hierin liegt: »Ach, es ist wundervoll, ein Opfer bringen, jedoch ein bittres Los, ein Opfer sein!«

Der Verbrecher-Dichter versteht sich selbst als ein Gleichnis für alle Opfer von Leib und Leben im Sinne einer geistigen Wandlung: »ich zuerst und zuletzt bin ein Opfer. [...] Metamorphose ist deines Freundes Liebstes und Innerstes, seine große Hoffnung und tiefste Begierde, – Spiel der Verwandlungen«. Insofern ist die Verwandlung einer Person in eine literarische Gestalt nur ein Vorspiel der letzten Verwandlung, nach dem Tod, zum Wiedersehen im Jenseits (wie es am Ende der *Buddenbrooks* schon anklang). Thomas Mann legte Goethe im letzten Dialog mit Lotte eine Sentenz aus *Die Wahlverwandtschaften* in den Mund: »[...] und welch freundlicher Augenblick wird es sein, wenn wir dereinst wieder zusammen erwachen.« So gesehen ist die dichterische Untat fast eine Gnade.

Karl Kerényi hatte vielleicht Recht, als er Thomas Mann (wie jeden großen Dichter) selber als Hermes-Figur verstand, als der Knabe Tadzio und der Ästhet Aschenbach zugleich. Der Dichter als Beschwörer des Schicksals ist der Mittler zwischen Realität und Ideal, zwischen Leben und Tod, Sehnsucht und Schönheit; als Textgestalter ist er den Lebenden zugewandt und den Sinnen. Zwischen dem Apollinischen (dem Geist, der Form) und dem Dionysischen steht die Literatur als das scheinbar unmögliche Dritte. In dieser Sphäre leben Opfer wie Dichter ewig weiter, dort auch weidet »das Tier, das es nicht gibt«, um ein Bild von Rilke zu gebrauchen. In dieser Sphäre leben, jenseits ihrer persönlichen Wege, »die Manns«.

Das Glück der Manns

*Wie reich ist doch die Quelle Eures Lebens, daß davon Wildfremde
ein ganzes Leben lang wie aus einem Jungbrunnen schöpfen können!*
Karl Kerényi, 1949

Am Freitag, dem 21. Dezember 1945, saßen einige Emigranten im Santa Monica Canyon beisammen. Die Malerin Eva Herrmann hatte in ihr Haus geladen. Anwesend waren Thomas und Katia Mann, Hilde Kahn, die Sekretärin des Nobelpreisträgers, der Romancier Wilhelm Speyer sowie der Filmproduzent Gottfried Reinhardt mit seiner Frau Sylvia. An jenem Abend gab Wilhelm Speyer Kostproben aus seinem gerade beendeten Roman *Das Glück der Andernachs*, dem die eigene Familiengeschichte zugrunde lag. »Das Glück« meinte hier ein Kunstwerk aus Goldbronze, Emaille und Messing, das den großen Salon einer deutsch-jüdischen Familienfirma schmückte, deren Aufstieg und Erfolg im Kaiserreich begann und nach 1933 brutal beendet wurde.

Und welches wäre das greifbare Symbol für das ›Glück der Manns‹, wenn der Nebensinn des Wortes erhalten bliebe: Schicksal, Werdegang, bestandene Prüfung? Vielleicht das Haus in der Lübecker Mengstraße, nunmehr Buddenbrookhaus genannt, das so viele reale und virtuelle, erhaltene und verlorene Häuser mitmeint. Es verweist auf die ursprüngliche Geschichte der Familie, da es der Firmensitz der Getreidehändler war, wie auf die Geschichte der Literatenfamilie, für die es der symbolische Ausgangspunkt war.

Ob Glück, ob Unglück aufgeht, lehrt das Ende, heißt es in Schillers *Wallenstein*. Zu den Manns zu gehören war ein »problematisches Glück«, wie Klaus Mann sagte, zuweilen eine kaum zu tragende Last. *Die Manns*, das ist eine Erfolgsgeschichte, die aus lauter kleinen Tragödien besteht. Sie waren nicht die deutschen Windsors, denn sie herrschten ja nicht (trotz anhaltender Präsenz). Sie waren eine Art kollektiver Hamlet: Es war ihre Mission, sich den schwierigsten Fragen einer aus den Fugen geratenen Epoche zu stellen. Dass sie gelegentlich geirrt haben, dass es bei manchen fragwürdige Züge gab, ändert nichts an ihrem besonderen Status, ihrem bleibenden Beispiel.

Durch viele Krisen, Konflikte und Missverständnisse hindurch hat sich Deutschland an die historische Rolle der Familie Mann gewöhnt, hat aus deren Werken und Wirken vielfachen Nutzen gezogen. Wie in Deutschland zwischen dem fast zeitgleichen Erscheinen der ersten Romane der Brüder Mann im Jahr 1901 bis zur Ausstrahlung der Fernsehserie *Die Manns* im Jahr 2001 mit dieser produktiven und provozierenden Familie umgegangen wurde, das besagte stets etwas über den Zustand des Landes. Längst hat sich das Verhältnis entspannt; das Erbe ist gesichert und liegt bereit für ein neues Jahrhundert.

Wir wissen nicht, welche Gedanken Thomas Mann streiften an jenem Dezemberabend 1945 in Eva Herrmanns Haus, dicht am Stillen Ozean. Angeregt von Speyers Roman redete man lange vom Schicksal der Juden in Deutschland, deren Hoffnung auf gesellschaftliche Teilhabe so grausam enttäuscht wurde. Das gesellige Beisammensein hatte auch praktischen Nutzen: Thomas Mann bestellte bei Gottfried Reinhardt eine größere Packung Zigarren. Der Filmmogul bezog sie direkt aus Kuba.

Hinweise

Thomas Manns Werke sind zitiert nach:

Briefe 1899–1955 und Nachlese. Hg. von Erika Mann. Bd. 1–3. © S. Fischer Verlag, Frankfurt am Main 1961–1965

Briefe an Otto Grautoff 1894–1901 und an Ida Boy-Ed 1903–1928. Hg. von Peter de Mendelssohn. © S. Fischer Verlag, Frankfurt am Main 1975

Essays. Nach den Erstdrucken, textkritisch durchgesehen, kommentiert und hrsg. von Hermann Kurzke und Stephan Stachorski. © S. Fischer Verlag, zugleich Fischer Taschenbuch Verlag, Frankfurt am Main, 6 Bände, 1993–1997

Gesammelte Werke in 13 Bänden. © S. Fischer Verlag, Frankfurt am Main 1974

Notizbücher 1–14. Hg von Hans Wysling und Yvonne Schmidlin. 2 Bände, © S. Fischer Verlag, Frankfurt am Main 1991

Tagebücher in zehn Bänden. Hg. von Peter de Mendessohn (Bd. 1–5) und Inge Jens (Bd. 5–10). © S. Fischer Verlag, Frankfurt am Main 1977–1995

Mann, Thomas / Mann, Heinrich: Briefwechsel 1900–1949. Hg. von Hans Wysling. Fischer Taschenbuch Verlag GmbH, Frankfurt am Main 1995, © S. Fischer Verlag, Frankfurt am Main 1984

Mann, Thomas / Meyer, Agnes, Briefwechsel 1937–1955. Hg. von Rudolf Vaget. © S. Fischer Verlag, Frankfurt am Main 1992

Mann, Erika:

Blitze überm Ozean. Aufsätze, Reden, Reportagen. Hg. von Irmela von der Lühe und Uwe Naumann. Rowohlt Taschenbuch Verlag, Reinbek bei Hamburg 2001, © 2000 by Rowohlt Verlag GmbH, Reinbek bei Hamburg

Mein Vater, der Zauberer. Hg. von Irmela von der Lühe und Uwe Naumann. Rowohlt Taschenbuch Verlag, Reinbek bei Hamburg 1998

Junger Holländer im Engadin. 1938: https://www.helveticarchives.ch/detail.aspx?ID=204598

Mann, Golo:

Deutsche Geschichte des 19. Und 20. Jahrhunderts. 10. Aufl. Fischer Taschenbuch Verlag, Frankfurt am Main 1992. © Büchergilde Gutenberg, Frankfurt am Main 1958

Erinnerungen und Gedanken. Lehrjahre in Frankreich. Hg. von Hans-Martin Gauger und Wolfgang Mertz. Fischer Taschenbuch Verlag GmbH, Frankfurt am Main, © S. Fischer Verlag GmbH, Frankfurt am Main 1999

Man muss über sich selbst schreiben. Erzählungen, Familienporträts, Essays. Hg. von Tilmann Lahme. Mit einem Nachwort von Hans-Martin Gauger. © S. Fischer Verlag, Frankfurt am Main 2009

Zeiten und Figuren, Schriften aus vier Jahrzehnten. © S. Fischer Taschenbuch Verlag, Frankfurt am Main 1979

Mann, Heinrich

Studienausgabe in Einzelbänden. Hg. von Peter-Paul Schneider. © S. Fischer Verlag, Frankfurt Main 1995 ff.

Briefe an Ludwig Ewers. 1889–1913. Hg. von Ulrich Dietzel und Rosemarie Eggert. Aufbau-Verlag Berlin und Weimar 1980

Mann, Klaus :
Alexander. Roman der Utopie. Mit einem Vorwort von Jean Cocteau und einem Nachwort von Dirk Heißerer. Rowohlt Taschenbuch Verlag, Reinbek bei Hamburg 2006
Briefe und Antworten. 1922–1949. Hg. von Martin Gregor-Dellin. Rowohlt Taschenbuch Verlag GmbH, Reinbek bei Hamburg 1991
Der Vulkan. Roman unter Emigranten. Rowohlt Taschenbuch Verlag GmbH, Reinbek bei Hamburg 1999
Kind dieser Zeit. Mit einem Nachwort von Uwe Naumann. Rowohlt Taschenbuch Verlag GmbH, Reinbek bei Hamburg 2000
Tagebücher 1931–1949. Hg. von Wilfried F. Schoeller u.a. Rowohlt Taschenbuch Verlag GmbH, Reinbek bei Hamburg 1995

Mann, Monika:
Das fahrende Haus. Aus dem Leben einer Weltbürgerin. Hg. von Karin Andert. Rowohlt Taschenbuch Verlag, Reinbek bei Hamburg 2007
Vergangenes und Gegenwärtiges. Erinnerungen. Nachwort Inge Jens. Rowohlt Taschenbuch Verlag GmbH, Reinbek bei Hamburg 2001
New Yorker Tagebuch. Aus dem Englischen von Heiko Arntz. In: Karin Andert, Monika Mann. Eine Biografie. © 2010 by mareverlag, Hamburg

Die Briefe und das Tagebuch von Golo Mann werden zitiert mit freundlicher Erlaubnis von Claudia Beck-Mann, Leverkusen.
Aus Werken von Elisabeth und Michael Mann wird zitiert mit freundlicher Erlaubnis von Frido Mann.
Kommentierte Literaturhinweise finden sich auf der Homepager des Autors: www.manfred-fluegge.de

Danksagung

Bei der Arbeit über die Familie Mann und ihren Umkreis erfuhr ich von vielen Seiten Zuspruch und Unterstützung. Ich bedanke mich bei Gesine Bey, Berlin; Karsten Blöcker, Lübeck; Martin Dreyfus, Zürich; Mila Ganeva, Oxford OH; Alfred Grosser, Paris; Thomas Gruber, Berlin; Dirk Heißerer, München; Gabriele Hollender, Zürich; Nathalie Huet, Paris; Christa Kassner, Berlin; Patricia Kellen, Santa Monica CA; Fredric Kroll, Freiburg; Barbara Lekisch, San Rafael CA; Irmela von der Lühe, Berlin; Frido Mann, München; Uwe Naumann, Reinbek; Käte Richter, Lübeck; Silvia Ryf, Zürich; Klaus Täubert, Berlin; Michail Schischkin, Kleinlützen; Martina Schofeld, Stuttgart; Erwin Schumacher, München – und vielen anderen.

Dankbar erinnere ich mich an die hilfreichen Gespräche mit Peter Paul Schneider, der im April 2014 verstarb.

Meiner Lektorin Maria Matschuk danke ich für die umsichtige und inspirierende Betreuung des Manuskriptes.

Berlin/Lübeck/Zürich/Sanary/Pacific Palisades
M. F., 1999–2015.

Personenregister

413